信託法講義

第2版

神田秀樹・折原　誠

HIDEKI KANDA
MAKOTO ORIHARA

弘文堂

第2版はしがき

　本書の初版が発刊されてから5年弱が過ぎようとしているが、その間、信託をめぐる法的研究は着実に進展している。理論と実務の両面から多様な研究成果が発表され、また、信託法に関する体系書や注釈書等の発刊、さらにはさまざまな信託実務書の刊行も相次いでいる。特に、民事信託に関する実務書が多いのが近年の特徴となっており、少子高齢社会を反映して民事信託への関心が従前にも増して高まっていることが窺える。
　一方、社会経済環境の変化に対応して私法の基本法である民法（債権関係・相続関係）が改正され、この民法の改正に合せて信託法等も改正されるに至っている。
　このような近年の信託に対するニーズの変化や信託法改正等に対応すべく、信託法や信託規制法に関する研究成果をも踏まえて、本書を全般にわたって改訂することとした。
　今回の改訂にあたっては、信託法を中心とする日本の信託法制の全体像を簡潔に述べるという本書の性格を維持しつつ、最新の立法動向や研究の成果を反映させるように努めた。
　信託法に関しては、まず、民法（債権関係・相続関係）の改正に伴う信託法の改正は、本書執筆時には未施行であるが、それらの改正内容を反映させることとした。そして、今後改正が見込まれる成年被後見人の権利制限の適正化に伴う受託者等の欠格条項の見直しについては、関連法案が国会審議中であること、また、公益信託法の改正については平成31年2月に法制審議会の要綱が取りまとめられたという状況であることから、それぞれ、コラムにおいてその改正経緯や内容等について解説することとした。
　次に、信託法に関する研究成果を踏まえた見直しは、本書全体について必要な見直しを行ったうえで、主な学説上の対立点や実際上の問題点等をコラムで取り上げ、対立点や問題点等の解説とそれに対する本書の考え方を示すようにした。見直しに際しては、主として、能見善久＝道垣内弘人編著『信

託法セミナー1〜4』(有斐閣・2013年〜2016年)、道垣内弘人著『信託法』(有斐閣・2017年)、道垣内弘人編著『条解信託法』(弘文堂・2017年)を参照させていただいた。

なお、旧「第6章 受益者代理制度」は、受益者との関係が強いことから、章立てを改めて「第5章 受益者等」に含めることとした。

以上に加えて、信託業法・金融機関の信託業務の兼営等に関す法律(信託兼営法)および金融商品取引法等の信託規制法に関して、大幅な見直しを行った。まず、信託業法・信託兼営法に関しては、信託業法について、信託規制の基本法としての性格を踏まえ、規制法としての比較可能性を踏まえた編成としたうえで内容を充実させるとともに、話題となることが多い「指図権者」と「信託契約代理店」を新たに追加した。また、信託兼営法について、この法律がわが国における信託業務の大部分を担っている信託兼営金融機関(信託銀行等)の信託業務兼営に関する基本法的性格を有するものであることにかんがみ、今回新たに解説を追加することとした。

次に、金融商品取引法については、信託規制法研究会報告書『金融商品取引法と信託規制』(トラスト未来フォーラム研究叢書・2017年10月)に基づいて本書初版の記述を全面的に書き改めることとし、信託と金融商品取引法との関係を明らかにしたうえで、信託の受益権に関する開示規制と信託取引に関する行為規制について解説することとした。

今回の改訂にあたっては、学習院大学法学部の山下純司教授と信託協会調査部の工藤慶和主任調査役にお手伝いをいただいた。特に、コラムの作成に関しては、準備の段階から参加していただき、取りまとめ作業等もしていただいた。また、この第2版の出版にあたっては、初版と同様、弘文堂編集部の北川陽子さんに大変お世話になった。これらの方々に厚く御礼申し上げる。

本書が、信託法のみならず信託規制法を含めた信託法制全体を学ぼうとする方々にとって、参考になれば光栄である。

　　平成31年2月

神田　秀樹

折原　誠

はしがき

　平成 16 年に信託業法が全面改正され、平成 18 年に信託法が全面改正された（正確には、いずれも、平仮名口語体化された新法が制定された）。

　本書は、東京大学法学部において、平成 20 年度から平成 24 年度までの間、樋口範雄教授と筆者らがオムニバス方式で行った特別講義「信託法」に際して、筆者らが作成し受講者に配布した日本の信託法制に関するテキストに加筆・修正を施したものである。本書は簡素なものであるが、講義のために作成したテキストを基礎としているので、『信託法講義』とすることとした。

　本書は、信託法を中心とする日本の信託法制について、その全体像を簡潔に述べたものである。本書では立法趣旨を重視することとし、信託法に関しては、法務省の立案担当者による解説書である寺本昌広『逐条解説 新しい信託法〔改訂版〕』（商事法務・2008 年）と村松秀樹＝富澤賢一郎＝鈴木秀昭＝三木原聡『概説 新信託法』（金融財政事情研究会・2008 年）を参照し、信託業法に関しては、金融庁の立案担当者による解説書である小出卓哉『逐条解説 信託業法』（清文社・2008 年）を参照した。なお、道垣内弘人『信託法入門』（日本経済新聞出版社・2007 年）、田中和明『信託法務』（清文社・2010 年）等も参考とさせていただいた。

　本書では、通常の信託である受益者の定めのある信託を前提として述べている。受益者の定めのない信託については、原則として、特例信託の中で触れるにとどめた。また、信託法においては、いわゆる任意規定が多く、これらの規定については、信託行為に別段の定めを置くことができる旨が定められ、信託法の基本ルールに反しない限りにおいて、さまざまな定めを置くことが認められる。信託行為の定め方によってさまざまな権利義務関係を構築することができるが、それは、信託設定当事者の創意工夫に委ねられる。本書では、原則として、このような定めのない場合、すなわち、任意規定がその内容どおりに適用される場合について述べるにとどめている。

　本書が、信託法を中心とする日本の信託法制を学ぼうとする方々にとって、

参考となれば光栄である。

　本書の出版については、弘文堂編集部の北川陽子さんに細かな点に至るまで大変お世話になった。厚く御礼申し上げる。

　　平成26年4月

　　　　　　　　　　　　　　　　　　　　　　　　神田　秀樹
　　　　　　　　　　　　　　　　　　　　　　　　折原　誠

信託法講義◎目次

第2版はしがき　i
はしがき　iii
凡例　xvi

第1章　総説　　1

I　信託制度……1
1　財産管理制度としての信託………1
2　信託の機能………4
3　民事信託と商事信託………5
4　信託と他の類似制度との比較………7
5　信託の分類………10
6　信託の法体系………12

II　信託の歴史……17
1　英米の信託の歴史………17
2　日本の信託の歴史………20

第2章　信託の成立　　28

I　信託の定義……28
1　信託法上の信託………28
2　信託行為………32

II　信託の設定……38
1　信託設定の意義………38
2　委託者の財産の処分………38
3　受託者の任務………42
4　受託者の資格と利益享受の禁止………42

III　脱法信託・訴訟信託・詐害信託……45
1　脱法信託の禁止………45
2　訴訟信託の禁止………45
3　詐害信託………45

4　詐害信託の否認等…………49
　Ⅳ　信託の会計…………50

第3章　信託財産　51

Ⅰ　信託財産の概要…………51
　1　信託財産の意義…………51
　2　信託財産の独立性を確保するための措置…………51

Ⅱ　信託財産の同一性…………52
　1　信託財産の範囲…………52
　2　信託財産の帰属…………53
　3　信託財産と固有財産等とに属する共有物の分割…………54
　4　信託財産に関する混同の特例…………55
　5　委託者の占有の瑕疵の承継…………56
　6　信託財産責任負担債務…………56

Ⅲ　信託財産の独立性…………61
　1　信託財産に対する強制執行等の制限…………61
　2　信託財産の受託者の破産財団への不帰属等…………62
　3　信託に係る相殺の制限…………63
　4　信託の公示…………68
　5　不動産登記法上の信託の登記手続…………70

第4章　受託者　73

Ⅰ　受託者の概要…………73
　1　受託者の意義…………73
　2　受託者の資格…………73
　3　受託者の信託の利益享受の禁止…………74

Ⅱ　受託者の権限…………74
　1　受託者の権限の意義…………74
　2　受託者の権限の範囲・内容…………75
　3　受託者の権限外の行為の効力…………76

4　信託事務の処理の第三者委託…………78

Ⅲ　受託者の義務…………80

1　信託事務遂行義務…………80
2　善管注意義務…………80
3　忠実義務…………81
4　公平義務…………87
5　分別管理義務…………88
6　信託事務処理の委託における第三者の選任・監督義務…………90
7　情報の提供義務等…………90
8　受益者の帳簿等の閲覧等請求権…………92
9　受益者の他の受益者の氏名等の開示請求…………94

Ⅳ　受託者の責任…………95

1　受託者の損失の塡補責任等…………95
2　法人受託者の役員の連帯責任…………98
3　受益者による受託者の損失塡補責任等の免除…………98
4　損失の塡補責任等に係る債権の期間制限…………99
5　受益者による受託者の行為の差止め…………100
6　検査役の選任請求…………101

Ⅴ　受託者の権利…………102

1　受託者の権利の意義…………102
2　信託財産からの費用等の償還等…………103
3　信託財産からの費用の償還等の方法…………106
4　信託財産からの損害賠償…………109
5　信託報酬…………109

Ⅵ　受託者の変更…………110

1　受託者の変更の意義…………110
2　受託者の任務終了…………110
3　前受託者等の信託財産の保管および信託事務の引継ぎに必要な行為…………113
4　新受託者の選任…………117
5　受託者の変更に伴う権利義務の承継等および信託事務の引継ぎ…………119
6　信託財産管理者による信託財産の管理または処分および信託事務の引継ぎ…………122

7　信託財産法人管理人による信託財産の管理または処分および信託事務の引継ぎ……………125

Ⅶ　受託者複数の信託……………126
　1　受託者複数の信託における信託財産の合有……………126
　2　信託事務処理の方法……………127
　3　信託事務処理に係る債務の負担……………128
　4　受託者複数の信託におけるその他の特例……………129

第5章　受益者等　　　131

Ⅰ　受益者と受益権……………131
　1　受益者と受益権の意義……………131
　2　受益権の取得……………131
　3　受益権の行使……………132

Ⅱ　受益権と受益債権等……………138
　1　受益権の譲渡・質入れ・放棄……………138
　2　受益債権……………142
　3　受益権取得請求権……………144

Ⅲ　受益者集会……………148
　1　受益者集会制度……………148
　2　受益者集会の招集……………148
　3　受益者集会における決議等……………151
　4　受益者集会の議事等……………155

Ⅳ　受益者代理制度……………156
　1　受益者代理制度の概要……………156
　2　信託管理人……………159
　3　信託監督人……………163
　4　受益者代理人……………167

第6章　委託者　　　171

Ⅰ　委託者の意義……………171

II 委託者の権利……171
1 委託者として有する権利……171
2 信託行為で留保することができる権利……174
3 遺言代用信託における委託者の権利等の特例……175

III 委託者の地位……176
1 委託者の地位の移転……176
2 委託者の地位の承継……176
3 遺言信託における委託者の地位の不承継……176

第7章 遺言代用信託等　178

I 受益者指定権等……178
1 受益者指定権等の意義……178
2 受益者指定権等の行使……178
3 受益者指定権等の非相続性……179

II 遺言代用信託……179
1 遺言代用信託の意義……179
2 委託者の受益者変更権……180
3 遺言代用信託における委託者の権利等の特例……180

III 後継ぎ遺贈型受益者連続信託……181
1 後継ぎ遺贈型受益者連続信託の意義……181
2 後継ぎ遺贈と受益者連続信託の関係……181
3 後継ぎ遺贈型受益者連続信託の存続期間の制限……182

第8章 信託の変更、併合・分割　184

I 信託の変更……184
1 信託の変更の意義……184
2 関係当事者の合意による信託の変更……184
3 裁判所の命令による信託の変更……187

II 信託の併合……187

1. 信託の併合の意義……187
2. 関係当事者の合意等による信託の併合・分割……188
3. 信託の併合に係る債権者異議手続等……189
4. 信託の併合の効果……190
5. 信託の併合の公示……191

III 信託の分割……191

1. 信託の分割の意義……191
2. 関係当事者の合意等による信託の分割……192
3. 信託の分割に係る債権者異議手続……194
4. 信託の分割の効果……195
5. 信託の分割の公示……196

第9章　信託の終了・清算・破産　197

I 信託の終了……197

1. 信託の終了の意義……197
2. 信託の終了事由……197
3. 委託者と受益者の合意による終了……200
4. 特別の事情による裁判所の終了命令……201
5. 公益の確保のための裁判所の終了命令……201

II 信託の清算……204

1. 信託の清算の意義……204
2. 清算受託者の権限等……205
3. 残余財産の給付および帰属……207
4. 清算受託者の職務の終了等……211

III 信託の破産……212

1. 信託財産の破産制度……212
2. 信託財産の破産手続……213

第10章　特例信託　　　222

Ⅰ　受益証券発行信託……222
1. 受益証券発行信託の意義……222
2. 受益権原簿制度……223
3. 受益権の譲渡等の特例……227
4. 受益証券……231
5. 関係当事者の権利義務の特例……233
6. 受益証券発行信託の受益権の振替制度……236
7. 信託社債……236

Ⅱ　限定責任信託……237
1. 限定責任信託の意義……237
2. 限定責任信託の成立……238
3. 限定責任信託の表示……240
4. 財務情報に関する情報開示の強化……242
5. 信託財産の確保……247
6. 受託者の責任の強化……250
7. 限定責任信託に係る清算の特例……250
8. 限定責任信託の登記……251

Ⅲ　受益証券発行限定責任信託……253
1. 受益証券発行限定責任信託の意義……253
2. 会計監査人……253
3. 会計監査人の選任・辞任・解任……254
4. 会計監査人の権限・義務・責任等……255
5. 会計監査人設置信託における計算関係書類等の作成・報告・保存と会計監査……258
6. 受益証券発行限定責任信託の受託者等の贈収賄罪……258

Ⅳ　受益者の定めのない信託……259
1. 受益者の定めのない信託の意義……259
2. 目的信託に係る制限等……261
3. 目的信託の監督……262
4. 目的信託に関する規定の読替と不適用……264

第11章 信託業と信託業法　265

I 信託業法の概要……265
1 信託業規制の意義……265
2 開業規制……265
3 行為規制……267
4 監督……268

II 信託業と信託会社の業務範囲……270
1 信託業……270
2 信託会社の業務範囲……272

III 信託会社の行為規制……273
1 信託会社に係る規制……273
2 信託の引受けに係る行為規制……275
3 特定信託契約による信託の引受けに係る行為規制……283
4 信託会社の義務……291
5 信託財産に係る行為準則……292
6 分別管理体制の整備義務……298
7 信託業の信用失墜防止体制の整備義務……299
8 信託財産状況報告書の交付義務……301
9 重要な信託の変更等に係る規制……303
10 費用の償還または前払いの範囲等の説明義務……306
11 信託の公示および相殺に関する特例……307

IV 自己信託の特例……308
1 自己信託に係る規制（50名規制）……308
2 開業規制（登録）……308
3 行為規制……309

V 指図権者……311
1 指図権者の忠実義務……311
2 指図に係る行為準則……312

VI 信託契約代理店……313
1 信託契約代理店の信託契約代理業……313

2 信託契約代理店の行為規制……………315
3 所属信託会社の損害賠償責任……………318

第12章　信託業と信託兼営法　　323

Ⅰ　信託兼営法の概要……………323
1 信託兼営法の意義……………323
2 信託兼営法の信託業規制……………324

Ⅱ　信託兼営金融機関の開業規制……………327
1 信託業務の兼営の認可……………327
2 信託業務の範囲……………328

Ⅲ　信託兼営金融機関の行為規制……………329
1 信託業法の行為規制の適用……………329
2 金融商品取引法の行為規制の適用……………330

Ⅳ　信託業務に係る特例……………331
1 同一人に対する信用の供与等……………332
2 定型的信託契約約款の変更等……………333
3 損失補填・利益補足を行う信託契約の締結……………334
4 商号……………335

Ⅴ　信託兼営金融機関の有価証券関連業務……………335
1 銀行等の金融機関の有価証券関連業務……………335
2 信託兼営金融機関の有価証券関連業務……………336

第13章　信託の受益権と金融商品取引法　　340

Ⅰ　信託の受益権に係る金融商品取引法の適用と規制上の調整……………340
1 信託の受益権（信託受益証券・信託受益権）に係る金融商品取引法の適用……………340
2 信託の受益権に係る開示規制上の調整……………341
3 信託の受益権に係る業規制上の調整……………344

Ⅱ 信託の受益権に係る金融商品取引法上の開示規制 ……… 345
1 特定有価証券の開示………………345
2 信託の受益権に係る有価証券届出書・目論見書……………352
3 信託の受益権に係る有価証券報告書………………353
4 信託受益権（第二項有価証券）の不開示………………355

Ⅲ 信託取引に係る金融商品取引法上の業規制 ……… 358
1 信託業務類型に応じた金融商品取引法の適用関係……………358
2 信託取引類型に応じた金融商品取引法の適用関係……………362

主要参考文献………………369
信託法………………372
信託業法（抄）………………426
金融機関の信託業務の兼営等に関する法律（抄）………………438
事項索引………………441

■コラム目次

コラム1	民事信託と商事信託の法解釈……………14	
コラム2	信託の成立が認められた判例―最判平成14年1月17日民集56巻1号20頁……………30	
コラム3	信託財産となるべき財産の引渡し義務……………33	
コラム4	信託型ライツプラン……………40	
コラム5	受託者等に係る欠格条項の見直し……………43	
コラム6	損失填補・原状回復の方法に関する特約の有効性……………96	
コラム7	受益者からの費用償還……………104	
コラム8	信託と遺留分……………183	
コラム9	残余財産の移転時期……………208	
コラム10	最終計算終了後に判明した債権・債務……………211	
コラム11	公益信託法の改正……………260	
コラム12	「旧法信託」に対する信託業法(信託兼営法)の適用関係……………319	

凡　例

信託法　（信託法の条文は、条文番号だけで引用する）
信託法施行令　施行令
信託法施行規則　規則
信託計算規則　計算規則
公益信託ニ関スル法律　公益信託法
不動産登記法　不登法
不動産登記令　不登令
信託業法　信託業法
信託業法施行令　信託業令
信託業法施行規則　信託業規則
金融機関の信託業務の兼営等に関する法律　信託兼営法
金融機関の信託業務の兼営等に関する法律施行令　信託兼営令
金融機関の信託業務の兼営等に関する法律施行規則　信託兼営規則
貸付信託法　貸信法
投資信託及び投資法人に関する法律　投信法
投資信託及び投資法人に関する法律施行規則　投信規則
資産の流動化に関する法律　資産流動化法
社債、株式等の振替に関する法律　振替法
金融商品取引法　金商法
金融商品取引法施行令　金商令
金融商品取引業等に関する内閣府令　金商業府令
金融商品取引法第二条に規定する定義に関する内閣府令　金商定義府令
特定有価証券の内容等の開示に関する内閣府令　特定開示府令
民事訴訟法　民訴法
非訟事件手続法　非訟法
民事執行法　民執法
民事再生法　民再法
会社更生法　会更法
会社法施行規則　会社規則
特許法施行令　特許令

　条文上は「生ずる」「準ずる」「命ずる」等と表記されるが、本書では、条文中の文言を「　」で引用した箇所を除いて、「生じる」「準じる」「命じる」等と表記した。
　本書では、平成29年および30年に行われた民法の改正に伴う改正後の条文を記載している。

第 1 章
総　説

I　信託制度

1……財産管理制度としての信託

　自分の財産は自分で管理するのが原則であるが、何らかの理由で自分では管理することができない場合や、他人に管理を頼んだ方がよいような場合には、他人に財産の管理を頼み、他人が財産の管理を行うことになる。このように財産の所有と管理が分離する場合において、財産主体以外の者の行為が財産主体を拘束することを可能にするのが財産管理制度であり、これにより財産主体の私的自治の拡充をすることができる。

　たとえば、代理の場合であれば、代理人が本人から授与された代理権に基づいて売買を行うと、その法的効果は本人に帰属し、本人が売買を行った場合と同様になり、本人は自ら行為しなくても活動範囲を拡大することができる。また、代理人の専門知識や経験を活用することができるから、活動内容をより充実させることができる。

　このような財産管理制度としては、委任に基づく代理のほか、寄託、遺言執行、匿名組合など、さまざまなものがあるが、受託者が、委託者から財産の移転を受け、それを信託財産として一定の目的に従い受益者のために管理する信託もその1つである。

(1) 信託の仕組みと主要構成要素

(a)　**信託の仕組み**　　信託においては、委託者が、信託する目的（「信託目的」または「信託の目的」という。）を定めて財産を受託者に移転し、受託者は、その財産を信託財産として信託目的に従い受益者のために管理または処分等を行う。受益者は、信託財産を裏付けとする受益権を取得して、信託の利益を享受する。

(b) 信託の主要構成要素　信託は、さまざまな法的要素によって構成されるが、その主なものは、以下のとおりである。

① 信託目的

　信託目的とは、信託の基本的な性格を定めるものである。それはまた、受託者の権限の範囲を示すものであり、受託者がどのような行動をとるべきかを決定する基準となる（2条1項）。これには、信託財産をどのように管理・運用するかというだけではなく、受益者にどのように利益を与えるかということも含まれる。

② 信託行為

　信託行為とは、信託を設定するための法律行為である。信託に関するさまざまな定めをすることが認められる。信託を設定する方法としては、信託契約の締結による方法（契約信託）、信託遺言による方法（遺言信託）、信託宣言による方法（自己信託）の3つがある（同条2項）。

③ 信託財産

　信託財産とは、受託者に属する財産であって、信託により管理または処分をすべき一切の財産をいう（同条3項）。

④ 委託者

　委託者とは、信託をする者で、信託契約、信託遺言、信託宣言の方法によって信託を設定する者である（同条4項）。

⑤ 受託者

　受託者とは、信託の担い手（信託財産の名義人）であり、信託行為の定めに従い、信託財産に属する財産の管理または処分およびその他の信託の目的を達成するために必要な行為をすべき義務を負う者である（同条5項）。

⑥ 受益者

　信託は、受益者のための財産管理制度であるから、受益者は、信託の

主役であり、信託の利益を享受することができる権利である受益権を有する（同条6項）。

受益権とは、信託行為に基づいて受託者が受益者に対し負う債務であって信託財産に属する財産の引渡しその他の信託財産に係る給付をすべきものに係る債権（「受益債権」）およびこれを確保するために信託法の規定に基づいて受託者その他の者に対して一定の行為を求めることができる権利をいう（同条7項）。

受益者は、信託行為の当事者ではないので、信託の成立の局面では、委託者と受託者の背後に隠れて表には出てこないが、一旦、信託が成立すると、すべてが信託行為に基づいて受益者のために動き始め、逆に委託者が背後に隠れることになる。

(2) 信託の法的特質

(a) **信託の法的構造**　信託は、財産管理制度の1つであるが、財産を移転して行う財産管理制度であるところに、その特質がある。自己の財産を管理させるのに、財産自体の移転、すなわち財産の所有権等を移転してしまうのであるから、そこには高度な信頼関係が存在することが前提となる。

委託者は、信託の目的を定めて財産を受託者に移転し、受託者はその財産を信託財産として信託の目的に従い受益者のために管理または処分等を行う。受託者は、信託財産の所有者（権利者）になるが、自己のためではなく受益者のために管理または処分等を行い、それから得られる信託の利益は、受益者が享受する。

このように、信託財産は、受託者の所有に属するが、受託者自身の財産である固有財産や他の信託の信託財産とは別なものとして取り扱われ（信託財産の独立性）、受託者は、信託財産を信託の目的に従って受益者のために管理または処分等を行う厳しい義務と責任を負う（受託者責任）。

言い換えれば、信託は、受託者を信じて財産を託す仕組みであり、「信認」と「財産」からなる制度であって、信託を「信認」（債権債務関係）の側面から見たのが「受託者責任（信認義務）(fiduciary duty)」であり、「財産」（物権関係）の側面から見たのが「信託財産の独立性（倒産隔離性）」であるということができる。

(b) **信託財産の独立性（倒産隔離性）**　信託では、財産は、委託者から受

託者に移転して信託財産になるので、その財産は委託者の倒産等の影響を受けない。また、信託財産は、受託者の所有に属するが、受託者の債権者は信託財産に対して強制執行等をすることはできず、また受託者が破産してもその破産財団には属しないので、受託者の債権者や受託者の倒産等からの影響も受けない（倒産隔離性）。もちろん、受益者は信託財産の所有者ではないので、信託財産は、あたかも委託者、受託者および受益者のいずれにも属しない財産（nobody's property）のようになる。

このような信託財産の独立性によって信託財産が保護され、信託財産を裏付けとする受益権を有する受益者が保護されることになる。

(c) **受託者責任（信認義務）**　受託者は、委託者からの高度な信頼に応えて、さまざまな厳しい義務と責任を受益者に対して負う。

すなわち、受託者は、受益者に対して善管注意義務、忠実義務、分別管理義務、公平義務、帳簿等の作成・報告・保存義務等の各種の義務を負い、それに違反した場合には、損失の塡補または原状回復の責任を負う。

また、受託者は信託財産の所有者（権利者）であるから、信託財産のためにした行為であっても、その行為によって第三者（信託債権者）に対して負担した債務については、信託財産のみならず固有財産でも履行責任を負う（受託者の対外的無限責任）。

2……信託の機能

信託には、もともと財産の管理・承継機能があり、信託を利用すれば、財産を管理しながら、安全かつ確実に承継させることができるが、経済社会が進んだ現代においては、信託の有するオーガナイザー（統合）機能や多様な転換機能が信託の主要な機能になっているということができる。

(1) オーガナイザー（統合）機能

財産を信託すると、すべて1つの信託財産となる。どのような財産でも、また多数の財産でも1つの信託財産を構成する。これを受託者側から見ると、一種の取りまとめ機能、いわゆるオーガナイザー（統合）機能があるといえる。

多数の投資家から資金を集めて規模の大きなファンドを組成することによって効果的な分散投資を可能にしたり、また、地権者の多数いる土地の権利

関係を単純化することによって地域の再開発を容易にするのが、この機能である。

(2) 転換機能

財産を信託すると、その財産は信託財産となり、信託財産を裏付けとする受益権に転換される。受益権の内容は、信託行為で自由に定めることができるから、財産権者のさまざまな目的に応じた形に転換することが可能となる。

(a) 性状・性質の転換　土地を信託すれば、その土地は信託財産となり、土地を信託財産とする受益権が生まれる。受益権の内容は、信託行為で定めることができるから、たとえば、優先・劣後構造をもった受益権、すなわち、優先受益権と劣後受益権にすれば、そのようなものに性状を変えることができるわけである。

(b) 数の転換　土地を信託すると、その土地が信託財産となり、土地を信託財産とする受益権が生まれるが、その際、受益権を分割すれば、土地は実質的に受益権の数だけ存在することになる。

(c) 時間（世代）の転換　土地の所有権には期限等を付けることはできないが、土地を信託すればその土地が信託財産となり、土地を信託財産とする受益権になるから、受益者を妻から子、子から孫へと順に指定しておくと、その土地を信託財産とする受益権が世代を超えて引き継がれることになる。

このように、受益権を順次承継させるような信託、たとえば、後継ぎ遺贈型受益者連続信託にしておくと、自らは生存していない何年も先の財産の管理・承継が可能となる。しかも、土地自体は受託者の下にあり続けるので、権利関係は安定している。

3……民事信託と商事信託

信託は、その使われ方によって、民事信託と商事信託に大別することができる。

(1) 民事信託

民事信託は、その原因となる経済行為は、長期の財産管理制度と組み合わされた贈与（gift）であり、主として財産の管理・承継のために利用される信託である。委託者、受託者、受益者がそれぞれ1人の三者関係であり、委託者と受益者が異なる他益信託が基本型である。

委託者が自己の有する財産を受託者に信託し、受託者がそれを信託財産として受益者のために管理または処分等を行い、信託が終了したら受益者にその財産を引き渡すことによって、委託者の有していた財産を管理しながら受益者に移転していくのが典型的な姿である。

英米においてファミリートラスト（家族信託）、パーソナルトラスト（個人信託）といわれるものがこれであり、たとえば、妻の生存中は、妻のために財産を管理し、妻の死亡後は、子供や孫に財産を承継させるような場合に用いられる。

(2) 商事信託

商事信託は、その原因となる経済行為は、民事信託における贈与のような財産の無償譲渡ではなく、対価の交換を伴う取引（deal）、すなわち、商取引である。商事信託は、主として財産の管理・運用（投資）に利用される信託であり、オーガナイザー（統合）機能や転換機能をより積極的に活用して資産の運用や流動化が行われている。

商事信託も委託者、受託者、受益者の三者関係であることは民事信託と同様であるが、それぞれが複数であることが多く、特に受益者については多数であることが多いという特徴があり、委託者と受益者が同一人である自益信託が基本形となる。

商事信託を機能的に分類すると、運用型、転換型、預金型、事業型の4つに分類することができる（商事信託の4類型）。

① 運用型商事信託

　商事信託の基本形であり、運用（投資）目的で行われる信託である。受益者は、投資家として登場し、投下資金の範囲内でリスクを負う。例としては、実績配当型金銭信託、投資信託等がある。

② 転換型商事信託

　主として信託の転換機能を利用して各種資産の流動化・証券化をする目的で行われる信託である。受益者は、投資家として登場し、投下資金の範囲内でリスクを負う。例としては、金銭債権信託、特定目的信託等がある。

③ 預金型商事信託

　利殖目的（貯蓄目的）で行われる信託である。受益者は、実質的に預

金者と同様であり、貯蓄者として登場する。受託者が元本保証を行い、配当についても予定（予想）配当制が採用されており、受益者は、実質的にはリスクを負わない。例としては、合同運用指定金銭信託、貸付信託等がある。
　④　事業型商事信託
　　　事業を行うことを目的とする信託である。受益者は、事業者として登場し、事業リスク（投下資金を上回るリスク）を負う。例としては、土地信託がある。

(3) 日本の信託の特徴

　信託の発祥地である英米では、まず民事信託として広く普及し、資本主義経済の発展に伴い、主としてアメリカにおいて商事信託が発展した結果、民事信託と商事信託が、それぞれの分野で併存して発展している。

　これに対して、日本では、当初から商事信託が導入され、しかも金銭信託を中心にして金融分野において発展した結果、民事信託はほとんどなく、商事信託が中心になって発展してきている。

　しかし、日本でも、成熟した少子・高齢の経済社会を迎え、民事信託の発展が期待されており、将来は、民事信託と商事信託の双方の発展、さらには両者を有機的に結合した信託の発展が望まれている。

4……信託と他の類似制度との比較

　信託は、上述したように、財産管理制度の1つであるが、財産を移転して行う財産管理制度であるところに特質がある。そこで、他の財産管理制度と比較しながら、その内容について考察する。

(1) 民法上の類似制度との比較

(a)　**委任による代理と信託**　委任は、委任者が一定の事務の処理を受任者に委託する契約であり（民法643条・656条）、受任者は、善良な管理者の注意をもって委任事務を処理する義務を負う（同法644条）。受任者が委任者のために自己の名において取得した権利は、委任者に移転する義務を負うが（同法646条2項）、受任者が委任者の代理人として法律行為を行う場合は、委任者に直接その法律効果が帰属する（同法99条1項）。

　以上のように、委任による代理と信託は、他人による財産の管理という点

では類似するが、以下のような法律上の相違点がある。

① 信託では、財産が受託者に移転して名義も受託者の名義になるが、代理では、財産は代理人に移転せず、名義も本人のままである。

② 信託では、信託財産の管理・処分権限は受託者に専属し、委託者または受益者が直接に管理・処分等を行うことはできない（委託者または受益者が受託者を指図することはある。）が、代理では代理人と本人が競合して管理・処分等を行うことができる。

③ 信託では、受託者による信託財産の管理・処分等の法律効果は、信託財産の所有者（権利者）である受託者を通して信託財産に帰属するのに対して、代理では、代理人の行った法律行為の効果は、直接に本人に帰属する。

④ 信託は、信託契約の当事者が死亡しても終了しない。委託者が死亡しても信託には特段の影響はなく、また、信託財産の所有者（権利者）である受託者が死亡しても、新受託者が選任されて前受託者の任務を引き継いで信託を運営していく。これに対して、代理は、本人または代理人のいずれかが死亡すれば終了してしまう。

(b) 寄託と信託 　寄託は、寄託者が受寄者に保管を目的として物を預ける契約であり（民法657条）、受寄者は、無償の場合は自己の財産に対するのと同一の注意をもって寄託物を保管し（同法659条）、返還する義務を負う（同法662条・663条）。

　信託と寄託は、他人による財産管理であり、また、財産の引渡しが行われるという点で類似するが、①信託では、財産の所有権が受託者に移転するのに対して、寄託では、財産の占有権が移転するだけで、所有権は移転しない、②信託では、受託者は信託財産の管理・処分等を行う権利義務を有するのに対して、寄託では、受寄者は単に寄託物を保管し返還する義務を負うだけである、という点で異なる。

　受寄者が寄託物を消費することができる消費寄託（同法666条）の場合は、目的物の所有権が受寄者に移転するという点において、財産の所有権が受託者に移転する信託と類似する。

　しかし、信託では、受託者は、受益者のために信託財産の管理・処分等を行い、その効果は信託財産に帰属するのに対して、消費寄託の場合は、寄託

物は受奇者の完全な所有物になるから、受奇者自身のために寄託物の管理・処分等を行い、その効果も受奇者に帰属することになる点が異なる。

(2) 商法上の類似制度との比較

(a) **匿名組合と信託**　匿名組合は、当事者の一方が相手方の営業のために出資をし、その営業から生じる利益を分配することを約する契約である（商法535条）。すなわち、営業者がある営業のために匿名組合員から出資を受け、その財産によって行う営業から生じる利益を匿名組合員に分配する制度で、出資された財産は組合財産になるのではなく、営業者の財産に帰属し（同法536条1項）、営業者が匿名組合の事業運営を行うというものである。これは、匿名組合員が財産を営業者に移転して、営業者に一定の営業を行わせるものであると言い換えることができるから、委託者が財産を受託者に移転して、受託者が信託の目的に従い信託財産の管理・処分等を行わせる信託と同じような制度であるともいえる。

しかし、匿名組合においては、出資された財産は営業者の財産に属するのに対して、信託では、信託された財産は信託財産を構成し、受託者の固有財産とは別なものとして取り扱われる（信託財産の独立性）。したがって、営業者が破産すれば出資された財産は営業者の破産財団を構成するのに対して、受託者が破産しても信託財産は受託者の破産財団を構成しないので（倒産隔離性）、信託された財産は、受託者破産の影響を受けないという点が異なる。

(b) **問屋（間接代理）と信託**　問屋とは、自己の名をもって他人のために物品の販売または買入れをすること（取次ぎ）を業とする者をいう（商法551条）。「自己の名をもって」行うので、自ら直接に法律行為の当事者となり、その行為から生じる権利義務の主体となるが（同法552条1項）、「他人のために」行うので、その行為から生じる経済効果（損益）は取次ぎを依頼した委託者に帰属する（同条2項）。これは、いわゆる間接代理といわれるもので、取引の目的物は完全に問屋に帰属するから、その財産の名義も管理権も問屋に帰属することになる。

信託との対比でいえば、委託者が問屋に財産を移転して、問屋にその財産の管理・処分等をさせ、その行為の効果を委託者に帰属させるものであるということができるから、信託と酷似しているといえる。しかし、問屋の権限内の行為の効果が一次的に問屋に帰属し、最終的に委託者に帰属するのに対

して、信託の場合は、受託者の権限内の行為の効果は信託財産に帰属し、その信託財産について倒産隔離機能が認められる点が異なる。また、問屋の取次ぎは、財産の一時的管理であるのに対して、信託は一般的に継続的財産管理制度である点が異なる。

(3) 法人と信託の比較

法人と信託は、財産の拠出者である出資者（信託では委託者）が、ある財産を分離した上で、その財産を取締役等（信託では受託者）に管理・処分等をさせ、それにより生じる収益を株主（信託では受益者）に分配するという点で類似している。また、取締役等（受託者）が死亡しても、法人（信託）は終了しないという点も類似している。しかし、法人には法主体性があり、法人が権利・義務の主体になるのに対して、信託には法主体性はなく、受託者が権利・義務の主体になる点において異なる。

5……信託の分類

信託は、以下のように、さまざまな観点から分類することができる。

(1) 契約信託・遺言信託・自己信託

信託の設定方法による分類である。契約信託は、委託者と受託者との信託契約により設定される信託であり、遺言信託は、委託者の遺言によって設定される信託である。日本における信託は、ほとんどがこの契約信託である。

自己信託は、信託宣言によって設定される信託で、自分だけで信託が設定できることから、執行免脱や濫用等の弊害を防止するために、要式性や強制執行等の容易性が特則として定められている。

(2) 設定信託（任意信託）と法定信託（構成信託・擬制信託）

信託の成立の原因による分類である。設定信託（任意信託）は、信託行為、すなわち、信託契約、信託遺言、信託宣言によって設定される信託であるのに対して、法定信託（構成信託、擬制信託）は、法律の規定や解釈により成立する信託である。

日本では、信託が終了しても信託の清算が結了するまでは、なお信託は存続するものとみなされるので（176条）、ここに法定信託が認められるが、法律の解釈で信託の成立が認められることは稀である。

(3) 受働信託と能働信託

信託が設定されると、受託者は積極的に信託財産の管理または処分等をすることになるが（能働信託）、積極的に管理または処分等をすべき権利・義務を負わない信託を受働信託という。

受働信託のうち、受益者が管理または処分等を行い、受託者はそれを容認する義務を負うにとどまる信託を名義信託という。この名義信託については、これまで無効であるといわれてきたが、受託者は、信託財産を管理または処分をする積極的義務を負わなくても、信託財産に損失が生じたときは損失の塡補責任等を負うので、無効とする必要はないと解される。

したがって、委託者または受益者の指図によって管理または処分等を行う場合（例：証券投資信託や特定金銭信託等）はもちろん、資産流動化信託のように、受託者の役割が保全機能にとどまる場合であっても、信託を仮装したような場合を除き、有効であると解される。

(4) 自益信託と他益信託

委託者自らが受益者となる信託を自益信託といい、委託者以外の者が受益者になる信託を他益信託という。他益信託は、民法上の第三者のためにする契約（民法537条）に類似するが、信託の受益者は、受益の意思表示なしで当然に受益する点が異なる。

(5) 個別信託と集団信託

信託契約が委託者ごとに締結され、信託財産も別々に管理される信託を個別信託という。これに対して、不特定多数の委託者との間で、定型的な契約約款に基づいて信託契約が締結され、信託財産が合同運用される信託を集団信託という。

集団信託に関しては、運用方法の特定しない金銭信託に限って元本補塡または利益の補足契約が認められており（信託兼営法6条）、また、預金と類似するため、預金保険の対象にもされている（預金保険法2条2項4号）。

証券投資信託も同じような機能を有するが、1人の委託者と受託者との間で締結された信託契約に基づく受益権を証券化し、多数に分割して販売するものであるので、受益者は多数であるが、信託契約自体は1個であり、集団信託とは異なる。そのため準集団信託と呼ばれる。

(6) 私益信託と公益信託

公益信託は、学術、技芸、慈善、祭祀、宗教その他公益を目的とする信託で、主務官庁の許可を受けたものであり（公益信託法1条）、それ以外が私益信託である。

公益信託は公益を目的とするので、受益者は社会一般であり、私益信託におけるような受益者は存在しないから、受益者の定めのない信託（目的信託）の1つである。

このように、公益信託は目的信託の一つであるが、公益信託の有する公益性を踏まえて、公益信託は主務官庁の許可がなければ成立せず（同法2条1項）、また、その運営については主務官庁の監督に服する（同法3条）。一方、目的信託の期間制限（20年）は適用されない（同法2条2項）ので、存続期限は無制限である。

(7) 営業信託と非営業信託

受託者が営業として引き受ける信託を営業信託といい、そうでない信託を非営業信託という。営業信託は、信託業法の適用を受け、信託の引受けには主務官庁の免許等を要する等の開業規制のほか、行為規制等の適用を受ける。

営業信託は、当初信託財産の種類によって分類され（信託業規則6条）、当初信託財産が金銭か金銭以外かにより、「金銭の信託」と「ものの信託」に分かれる。

「金銭の信託」は、信託終了時の交付財産が金銭か金銭以外かで、「金銭信託」と「金銭信託以外の金銭の信託（金外信）」に分かれ、さらに、運用方法が「単独運用」か「合同運用」か、また、運用の指定方法が「指定」（受託者が運用裁量を有する。）か「特定」（受託者は運用裁量を有せず、指図を受けて運用を行う。）かにより分けられる。たとえば、指定合同運用金銭信託、指定単独運用金銭信託、特定金銭信託（特金）等である。

「ものの信託」は、当初信託財産の種類により、「有価証券の信託」、「金銭債権の信託」、「動産の信託」、「不動産の信託」等に分けられる。

なお、種類を異にする複数の財産を信託するものを「包括信託」という。

6……信託の法体系

信託に関する法制としては、信託に関する一般法である信託法と信託業規

制に関する一般法である信託業法に大別できる。

(1) 信託法等

信託法は、信託に関する私法上の法律関係を規律する一般法であり、信託の基本法であって、民法・商法に対しては特別法の関係に立つ。

ただし、信託のうち、公益を目的とする公益信託については、「公益信託ニ関スル法律」（公益信託法）が適用される。公益を目的とする信託であることから、受益者の定めのない信託に関する特則や主務官庁による許可・監督について規定しており、信託法に対して特別法の関係に立つ。

(2) 信託業法等

信託業法は、信託が営業として行われる場合において、委託者・受益者の保護や信託会社の健全性維持の観点から、信託業を営む信託会社に対して開業規制や行為規制等を行う信託業規制法である。

また、銀行その他の金融機関が信託業を兼営することを認める法律として「金融機関の信託業務の兼営等に関する法律」（信託兼営法）があり、これも、委託者・受益者の保護や信託兼営金融機関の健全性維持の観点から、信託業

【信託の分類と適用される主な法律】

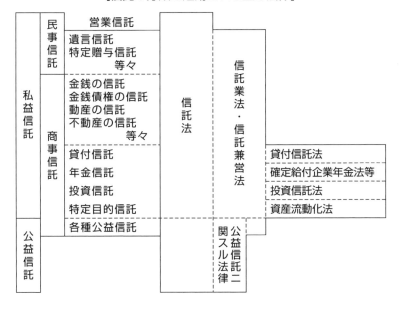

を兼営する金融機関に対して開業規制や行為規制等を行う信託業規制法である。

(3) 商事信託特別法

このほか、貸付信託、投資信託、資産流動化信託等の商事信託について規律する法律として、「貸付信託法」、「投資信託及び投資法人に関する法律（投信法）」、「資産の流動化に関する法律（資産流動化法）」があり、これらは信託法・信託業法に対して特別法の関係に立つ。

また、担保付社債信託について規律する担保付社債信託法がある。信託法・信託業法よりも先に制定された法律であるが、会社法（社債法）や信託法・信託業法に対して特別法の関係に立つ。

■コラム1──民事信託と商事信託の法解釈
1. 民事信託と商事信託

信託は、民事信託と商事信託に大別される。民事信託は、財産の管理・承継を目的とする信託（受託者の果たす役割が財産の管理・処分に止まる信託）であり、財産管理制度と組み合わされた贈与（gift）であるから、民事信託契約は、原則として無償・片務契約となり、基本的に委託者と受益者が異なる他益信託になる。

これに対して、商事信託は、財産の管理・運用を目的とする信託（受託者の果たす役割が財産の管理・処分を超えるか、あるいはそれと異なる信託）であり、財産を運用（投資・事業）するために信託（受託者の信用と専門的能力）を利用するための対価の交換を伴う取引（deal）であるから、商事信託契約は、有償・双務契約となり、基本的に委託者と受益者が同一の自益信託になる。

商事信託の目的である「運用」に関しては、4つのタイプがある。投資を目的とする運用型のほか、転換機能を利用して投資を行う転換型、貯蓄を目的とする預金型、事業を目的とする事業型がある。
　① 運用型商事信託：受益者（投資者）は、投資リスク（信託財産の範囲内）を負う。
　② 転換型商事信託：受益者（投資者）は、投資リスク（信託財産の範囲内）を負う。
　③ 預金型商事信託：受益者（貯蓄者）は、投資リスクを負わない（元本保証が付く）。
　④ 事業型商事信託：受益者（事業者）は、投資リスクを上回る事業リスク

（信託財産の範囲を超える責任）を負う。

2. 営業信託と非営業信託

一方、信託は、営業として行われる営業信託とそれ以外の非営業信託に大別される。

営業信託においては、顧客である委託者・受益者と信託会社等である受託者との間に資力・能力や情報量において格差がある場合が多く、委託者・受益者を保護するために信託業法等の規制法が適用され、開業規制（免許・登録）や行為規制のほか、行政庁による指導・監督が行われる。

営業信託には、信託法が適用されるだけでなく、信託業法等の規制法（強行法規）が適用されるが、非営業信託には、信託業法等の規制法は適用されないので、信託法だけが適用されることになる。

3. 民事信託・商事信託に対する法適用

民事信託は、無償・片務契約が原則であるから、原則として非営業信託となり、信託法の適用があるのみで信託業法等の規制法の適用は受けない。ただし、営業信託として行われる場合は、有償・双務契約となり、民事信託であっても信託業法等の規制法が適用されることになる。

商事信託は、有償・双務契約であり、原則として営業信託になるから、信託法のみならず、信託業法等の規制法が適用される。

すなわち、信託に関する取引（信託取引）は、信託の引受け（信託契約の締結等）と信託の受益権の譲渡等に大別されるが、信託の引受けを営業として行う場合には、上述したように、信託業として信託業法が適用され、開業規制（免許・登録）と行為規制の適用を受ける。投資性の強い特定信託契約による引受けの場合は、さらに金融商品取引法（以下「金商法」という。）上の販売・勧誘に関する行為規制が準用される。

また、信託の受益権は金商法上の有価証券とされることから金商法が適用されることになり、信託の受益権の募集・売出しには開示規制（有価証券届出書・有価証券報告書等の提出）が適用され、信託の受益権の売買等を業として行うと、金融商品取引業として開業規制（登録）や販売・勧誘に関する行為規制の適用を受ける。

4. 民事信託と商事信託の法解釈

信託に関する法解釈は、信託法のみならず信託業法等の規制法を含めて適用される法律全体の中で解釈されるべきである。

民事信託には信託法しか適用されないので、受益者保護の観点から、適用される信託法の規定は強行法規的に解釈すべき場合が多い。

すなわち、民事信託では、原則として信託行為の別段の定めを置くことは認めず、信託法の規定がそのまま適用されるべき場合が多い。さらに、受益者保護上必要があれば、信託法の規定を補充適用すべき場合がある。

　たとえば、受益者保護の観点から、原則として、受益者が現に存しない場合は信託管理人を設置すべきであり、受益者が受託者を監督することができないような場合には信託監督人を設置すべきである。

　商事信託には、信託法だけでなく、信託業法等の規制法も適用されるから、信託法の規定はより柔軟に解釈すべきで、任意法規として解釈してよい場合が多い。現行の信託法どおり、信託行為の別段の定めを認めるとともに、一般には必ずしも任意規定とはいえないと解されている信託法の規定についても、任意法規として解釈すべき場合がある。

　すなわち、商事信託は、財産の管理・運用のために利用されるものであり、委託者・受益者と受託者は信託契約上対等の関係に立つ（顧客である委託者・受益者と受託者である信託会社等との格差の是正は、信託業法等の規制法で対応する）から、信託法の適用に関しては、信託法の規定は任意規定として、信託設定当事者（委託者・受益者と受託者）の創意・工夫に委ねられるべきであるということができる。一定の合理性のある場合には、信託行為で別段の定めをすることが認められるべき場合が多い。

　受益者は、帳簿等の閲覧請求権等（38条1項・6項、なお92条8号を参照。）を有し、受託者が保存義務を負うすべての書類の閲覧・謄写請求をすることができるが、たとえば、預金型商事信託の場合には、受益者は、実質的に預金者と同様であって、投資リスクを負わないで信託の利益を得ることに主眼があり、信託の運営に関与することまでは望んでいないのが通常であるから、このような受益者にとっては、むしろ信託の利益（配当等）に係る情報の提供がより重要になる。受託者には、信託財産状況報告書を作成して受益者に交付する義務が強行法規的に課せられ（信託業法27条1項）、受益者に対して信託財産の運用状況等を定期的に報告しなければならないことになっているので、信託行為において多数の受益者が存在する信託の円滑な運営を確保する観点から信託帳簿等の閲覧・謄写について一定の制限を設けても、受益者保護に欠けることにはならず、合理的な制限として認められると考えられる。

II 信託の歴史

1……英米の信託の歴史
(1) 英国の信託の歴史
(a) 信託制度の成立　信託の起源に関しては、ローマ起源説、イギリス固有説、ザールマン共同起源説等の諸説があるが、11世紀から13世紀に誕生したイギリス慣習法であるユース（use）に起源を求めるイギリス固有説が有力であるといわれている（以下の記述は、一般社団法人信託協会の資料および水島廣雄『信託法史論（改訂版）』（学陽書房・1967）、新井誠『信託法（第4版）』（有斐閣・2014）その他の研究（本書巻末に掲げた参考文献参照）に基づいている）。

　ユースは、A（委託者）が財産をB（受託者）に譲渡して（A to B）、その財産をC（受益者）のために（to the use of C）保有するよう命じることによって設定される。ユースは、十字軍兵士が出征に際して、妻子等のために他人に財産の管理を頼む場合や教義上財産の所有を禁止されている聖フランシスコ教団に寄進するために財産の管理を町村に頼むような場合等において利用されたといわれている。

　やがて14世紀に入ると、さまざまな目的のために広く利用されるようになり、とりわけ種々の封建的負担や課税の回避手段として利用される一方で、受託者の約束違反による受益者の被害も増加するようになった。すなわち、ユースの受託者は、コモンロー上の権利を取得しているから、受託者が信頼に背いて受託した財産を横領したり、受託者の債権者がその財産を差し押さえたりすると、ユースの目的の実現が困難になってしまうのである。そこで、受益者側からコモンローを適用した場合の不合理性の是正を求めてエクイティ裁判所に訴えを提起するようになり、エクイティ裁判所も次第に受託者に対してユース上の義務の履行を命じるようになった。このように、ユースの受益者の個別的救済を通じて、エクイティによるユース受益者の法的救済が確立していくことになった。

　しかし、ユースが封建的負担や課税の回避手段として広く利用されるということは、国王・封建領主にとっては財源確保の観点から大きな脅威となっ

た。そこで、ヘンリー8世は、1535年にユース禁止法（Statute of Uses）を公布してユースを禁止した。これにより、その後1世紀にわたりユースは行われなくなったが、二重のユース（use upon use）が考案されて復活した。すなわち、「委託者Aが、受益者Cのためのユース（第1のユース）として受託者Bに財産を譲渡するとともに、この受益者Cもまた、本来の受益者Dのためのユース（第2のユース）として、その受益権を受託者として保有する。」というもので、ユース禁止法は、第1のユースには適用されるが、第2のユースには適用されないとするものである。このような方法は、必ずしも法的に説得力のあるものではなく、1557年にコモンロー裁判所（Tyrrel事件）によって無効とされたが、その後の社会の変化により、1634年にエクイティ裁判所（Sambach v. Dalston事件）によって有効とされた。

これ以降、二重のユースという方法をとる必要がなくなり、シンプルなユースが認められるようになっていくが、社会に定着するにつれて旧来の伝統的呼称も次第に使われなくなり、これに代わって「トラスト」という呼称が確立した。その後、ユースの発展形であるトラストは、次第に変容を遂げ、対象財産が不動産から金銭や有価証券に拡大されたほか、有償の観念が導入されるようになるなど、近代的信託へと変化していくこととなった。

(b) **信託法制の整備**　20世紀初頭に、中世以来の複雑な財産法について抜本的な改革が行われ、その際に、1925年財産権法（Law of Property Act 1925）によってユース禁止法が廃止された。同時に、1925年受託者法（Trustee Act 1925）が制定されて信託法の整備がされた。近時では、2000年11月に2000年受託者法（Trustee Act 2000）が制定され、①受託者義務の基準の明定、②受託者の投資権能の拡大、③土地取得権能の明定、④代理人の利用の弾力化、⑤受託者報酬の承認等の改正が行われている。

なお、信託業規制については、一般的な規制法はなく、たとえば、ユニット・トラストであれば金融サービス・市場法が適用されるなど、個別業務ごとに関係する法律が適用される。

(2) アメリカの信託の歴史

(a) **信託業の成立・発展**　イギリスで生まれた信託制度は、アメリカにも継受されたが、アメリカは新興国家であり、古い伝統にしばられることなく、その豊富な資源を背景として、信託会社が業として行う信託業として発

展していった。

　最初に信託業の免許を受けたのが、1822 年のニューヨークの農民火災保険貸付会社（Farmers' Fire Insurance and Loan Company）であり、保険会社の兼営業務として信託業務（遺言の執行や財産管理等の個人信託業務）を営んだ。1830 年には、社名に「Trust」を用いた最初の会社であるニューヨーク生命保険信託会社（The New York Life Insurance and Trust Company）が登場した。さらに、国法銀行制度の整備（1864 年国法銀行法）に伴い金融業が発達したことから、信託業務も個人業務から信託預金や法人信託業務（株式・社債の発行および登録の代理業務等）に移行し、1864 年には、ニューヨークの Union Trust Company が法人信託業務を行うことを認められた。

　1890 年頃には、多くの信託会社は、銀行業務を兼営するようになっていたが、1913 年連邦準備法により国法銀行にも信託業務の兼営が認められるようになった。

(b)　信託法制の整備　　アメリカの信託法制は、州法・判例法が基軸となっており、日本の信託法のような統一した実定法があるわけではない。信託業規制法としては、信託業務を営む金融機関に適用される連邦および州法の銀行法等とそれに基づくレギュレーションがある。信託制度の利用の高まりに伴い、州法の違いが障害になるようになり、信託法制の統一化を図る取組みがされている。

　その 1 つは、判例法の概要を条文の形にまとめて裁判所の判決に反映させようとする信託法リステイトメント（Restatement of the Law of Trusts）策定作業であり、もう 1 つは、モデル法案の形で州議会に提示して採択させることで州法の統一化を図ろうとする統一信託法典（Uniform Trust Code）策定作業である。

　信託法リステイトメントに関しては、1935 年に第 1 次リステイトメントが、1957 年に第 2 次リステイトメントが、そして 2011 年に第 3 次リステイトメントが採択・公表されている。統一信託法典に関しては、1973 年に採択されて以降、1994 年に統一プルーデントインベスター法（Uniform Prudent Investor Act）が採択され、2000 年には、その統一プルーデントインベスター法も組み入れた形の統一信託法典が採択されている。

　信託業規制は、連邦レベルでの銀行法とそれに基づいて連邦通貨監督局

(OCC) が信託業務規制の細目について定めるレギュレーション9によって行われている。レギュレーション9は、1962年に公布され、1996年12月に大幅な改正がされて、現在に至っている。各州にも信託業規制法として銀行法や信託会社法があるが、国法銀行と州法銀行等は同じ条件を満たすべきとされ、実質的には、レギュレーション9に合わせた運用が行われている。

2……日本の信託の歴史
(1) 信託制度の導入と法制
(a) 海外（特にアメリカ）の信託業務の導入 　明治政府は、富国強兵、殖産興業のスローガンの下、先進資本主義諸国の近代的制度を次々と導入した。金融関係では、銀行、保険会社が設立され、信託制度についても、アメリカで発展した信託業務が導入された（以下の記述は、一般社団法人信託協会の資料その他の研究（本書巻末に掲げた参考文献参照）に基づいている）。

　1891（明治24）年に、土子金四郎が国家学会で「信託会社の業務」について講演し、初めて日本にアメリカの信託業務（株式の名義書換、社債の元利金の支払、株券・約束手形の証明等）を紹介した（土子金四郎「信托會社ノ業務」国家学会雑誌5巻55号1231頁（1891年））。その後、第一銀行頭取の渋沢栄一の命により、同行検査課長の高木正義がアメリカにおける信託会社の業務について調査し、1901（明治34）年に「米国信託会社業務調査報告書」をとりまとめ、アメリカの信託業務（個人信託、法人信託等）についてより詳細に紹介した。

　このような信託制度導入の機運の高まりを背景として、明治の末から大正にかけて、信託会社が登場した。東京信託（1906（明治39）年4月）、神戸信託（1907（明治40）年2月）、関西信託（1912（明治45）年5月）等の優良な信託会社もあったが、大半は、無尽会社や貸金業者が看板を掛け替えただけの、経営が不健全で資力・信用力に乏しい会社であったといわれている。

(b) 信託業務関係法令 　法律上に信託業務が登場するのは、1900（明治33）年に制定された日本興業銀行法である。同法9条4号に、その業務の1つとして「地方債証券、社債券及株券ニ関スル信託ノ業務」があげられている。この法律は、最初に「信託」という用語が登場した法律としての意義はあるものの、本来的な信託業務が開始されるのは、担保付社債信託法制定後

のことになる。

担保付社債信託法は、イギリスにおける信託を利用して社債に担保を付す担保付社債の制度を導入するために、1905（明治38）年に制定された法律であり、これにより企業が社債を発行して多額の資金を調達する方法が整備された。

(2) 信託二法の制定と信託会社時代

(a) 信託二法（信託法・信託業法）の制定　こうした中で、信託の概念を明確にして信託制度の健全な発展を図るため、信託関係法令制定の必要性が痛感されるようになった。すなわち、信託の一般的観念を明確にして信託関係の本質を確立すべき基本法の制定と、併せて、経営が不健全な信託会社を取り締まるとともに、信託業務を整理し、健全な信託業の保護・育成を図るための信託業法の制定が急務とされた。

信託二法、すなわち信託法と信託業法は、1922（大正11）年に制定されたが、信託法は司法省、信託業法は大蔵省が所管し、並行的に作業が進められた。信託法制定にあたっては、英米法系のインド信託法やカリフォルニア州信託法が参照され、主に民事信託を想定して制定された。また、信託業法制定にあたっては、アメリカを模範としながらも、公共性・非営利性の強い信託業務は普通銀行とは相容れないとして、信託会社には銀行業務の兼営は認められなかった。

(b) 有力（財閥系）信託会社の設立　信託二法の制定により、弱小信託会社は整理され、有力な信託会社の設立が促進された（なお、信託業を営んでいない会社は「信託」の商号の使用が禁止された）。

1924（大正13）年に三井信託、1925（大正14）年に安田信託と住友信託、1927（昭和2）年に三菱信託が設立される一方で、弱小信託会社が整理されたため、1928（昭和3）年には、新法制定以前500社近くあった信託会社が37社になったといわれている。

信託業務も、金銭信託、金外信託、ものの信託等に整理されるとともに、併営業務として、公社債の募集・引受け、有価証券の代理業務等の証券業務や不動産業務等が認められた。

1929（昭和4）年には、併営業務として遺言の執行と会計の検査が加えられて業務範囲が拡大し、不況下にありながらも信託業務は徐々に発展してい

った。

(c) 戦時下の信託会社　1937（昭和12）年の日中戦争の勃発により戦時経済色が強くなると、戦時金融を促進するため、金融機関は臨時資金調整法に基づき政府の統制下に置かれて整理統合が進められた。信託会社も整理統合が進められ、1941（昭和16）年には、21社に減少した。

さらに、貯蓄推進のため、1943（昭和18）年に、銀行にも信託業務を認める「普通銀行等ノ貯蓄銀行業務又ハ信託業務ノ兼営等ニ関スル法律」（信託兼営法）が公布された。これにより、銀行による信託会社の吸収合併が進み、第二次世界大戦終戦時には、専業信託6社、投資信託専門会社1社の7社を残すのみになった。

(3) 貸付信託法の制定と信託銀行時代

第二次世界大戦後は、インフレの昂進・戦災による個人資産の滅失等により、信託業は大きな打撃を受け、信託会社の経営は苦境に追い込まれた。そうした中にあって、1948（昭和23）年4月に制定された証券取引法が銀行と証券の分離を打ち出し、信託会社は証券業務を取り扱えなくなったことから、さらに追い打ちをかけられる結果となった。

このような苦境の打開策として連合国軍最高司令官総司令部（GHQ）から提案されたのが、銀行業務の兼営であった。しかし、信託業法では銀行業務の兼営を認めていなかったので、それを認める方法として、金融機関再建整備法に基づいて再建計画書を提出することによって、信託会社は銀行法上の「銀行」に転換し、その上で前述した「信託兼営法」により信託業務を兼営することになった。信託会社が銀行になるので、名称も改めて「信託銀行」となった。

銀行業務は順調な伸びを示したが、普通銀行に比べて店舗網において著しく劣勢にあった信託銀行には、資金力強化には限界があった。そこで、信託の仕組みを利用した指定単独運用金銭信託（指定単：1年未満の大口資金の吸収）の売出しにより盛況をみるようになったが、普通銀行との間で軋轢が起きた。そのため、信託を利用する形のもので、当時、戦後復興のために必要であった長期資金の安定供給の一環として、1952（昭和27）年に貸付信託法が制定された。

その後、信託銀行は、貸付信託を中心とする長期金融機関として飛躍的発

展を遂げるとともに、財務管理機関としても新種業務の開発に積極的に取り組んだ。

　1956（昭和31）年には、動産担保金融機能を有する動産設備信託、1962（昭和37）年には、適格退職年金信託、1966（昭和41）年には、厚生年金信託等の金融機能と財産管理機能を併せ持つ年金信託、さらに、1972（昭和47）年には、勤労者に財産形成手段を提供する財産形成信託の取扱いを開始した。

　他方、1975（昭和50）年には、福祉型信託である特定贈与信託（特別障害者扶養信託）、1977（昭和52）年には、公益を目的とする公益信託の取扱いを開始した。

(4) 信託業のさらなる発展の時代

　この時代は、信託の有する金融機能、財産管理機能、倒産隔離機能等を積極的に活用した商品が多数登場したところに特徴がある。

　1980（昭和55）年12月の国税庁の「簿価分離通達」（[旧]法人税基本通達6-3-3の2（現2-3-16）：単独運用の金銭信託についても、法人が信託した金銭で取得した有価証券と法人が有する同一銘柄の有価証券の簿価とを分離して経理することを認めた通達）をきっかけとして、有価証券投資を目的とする信託（証券信託）が急激に拡大した。主として有価証券に運用する目的で投資顧問会社に運用指図を委ねる特定金銭信託（いわゆる特金）と、運用を信託銀行に委ねるファンドトラストが、法人の大口の資金運用の手段として活発に利用された。

　1982（昭和57）年頃からは、財政負担なしで内需振興を図る「民間活力の導入」が叫ばれるようになり、1984（昭和59）年に、民間活力導入の一環として商品化された土地信託が登場した。この信託は、受託者が受託した土地をもとに、資金調達、ビル建設およびその賃貸・テナント管理等の事業を行うところに特色がある。1986（昭和61）年5月には、国有財産法および地方自治法の一部改正がされ、国公有地の信託が可能となったことから、多数の土地信託が行われるようになった。

　さらに、企業の保有する資産を流動化・証券化するために信託が利用されるようになった。1973（昭和48）年に住宅金融専門会社の住宅ローンの流動化に信託が利用され始めてから利用が増加し、1988（昭和63）年頃からは、

金融機関の自己資本比率の改善にも金銭債権の信託が利用された。1991（平成3）年には新型住宅ローン債権信託、1992（平成4）年には一般貸付債権の信託の取扱いも開始された。

このほか、1992（平成4）年には実績配当型金銭信託、1998（平成10）年には顧客分別金信託、1999（平成11）年には退職給付信託の取扱いも開始されている。

また、年金制度改革に伴い、これまでの年金信託に加えて、2001（平成13）年には確定拠出年金信託、2002（平成14）年には確定給付企業年金信託の取扱いが開始される一方、税制上の適格退職年金信託は、2012（平成24）年3月末で廃止された。

（5）金融制度改革と信託二法の全面改正（新法制定）

金融の自由化・国際化に対応してさまざまな金融制度改革が行われ、それに対応した法整備がされる中、信託についてもさまざまな改革が行われ、それに対応して商事信託特別法の改正や新しい信託二法の制定が順次行われた。

まず、1992（平成4）年の金融制度改革法により、子会社方式による銀行、証券、信託、保険の相互参入が認められた際に「信託兼営法」も改正され、信託業の担い手の範囲が拡大された。

次に、1996（平成8）年11月には、いわゆる日本版金融ビッグバン宣言がされた。これを受けて1998（平成10）年6月に金融システム改革法が制定され、資産流動化法の制定、投資信託法の改正による会社型投信の導入のほか、信託業法の一部改正がされて、信託の公示の特則が設けられた。

さらに、2000（平成12）年には資産流動化法の改正により特定目的信託が導入され、また投資信託法も改正されて、いわゆる二者型といわれる委託者非指図型投資信託が導入された。

この間、信託二法は、1922（大正11）年に制定以降さしたる改正もされないままにあったが、このような商事信託特別法の制定・改正を受けて、信託二法の全面改正（新法制定）が行われることとなった。

2002（平成14）年1月に金融審議会金融分科会第二部会（「信託に関するワーキンググループ」）において、信託業規制の一般法である信託業法の改正についての検討が開始された。翌2003（平成15）年7月には「信託業のあり方に関する中間報告書」がとりまとめられ、①受託可能財産の拡大、②信託

業の担い手の拡大の2つについて改正提言がなされた。この改正提言を受けて2004（平成16）年3月に信託業法案が国会に上程され、同年12月に成立した。

この信託業法案の国会上程を受けて、2004（平成16）年9月に法制審議会信託法部会において、信託に関する一般法である信託法の改正について検討が開始された。2005（平成17）年7月に「信託法改正要綱試案」が、翌2006（平成18）年2月に「信託法改正要綱」が取りまとめられ、これを受けて、同年3月に信託法案が国会に上程され、同年12月に現在の信託法が成立した。

(6) 信託業の現状と将来
(a) 金融経済構造の変化に対応して変化する信託業

① 預金型商事信託の発展と衰退

預金型商事信託、すなわち、貸付信託や合同運用指定金銭信託等の元本保証付きの金銭信託は、高度成長期において信託銀行が長期金融機関としてめざましく発展した時期には、信託財産残高の70％を超えるシェアを占め、信託業の中核をなしていたが、バブル崩壊後の低成長期で長期資金の需要が低迷する中では、長期減少傾向が見られる。近時、貸付信託の募集が中止される等、信託業全体に占める割合は極端に小さくなっている。

② 運用型商事信託の発展・拡大

運用型商事信託は、指定単独運用金銭信託や証券投資信託等に始まり、1965（昭和40）年代にスタートし、その後大きく成長した年金信託が中核となって発展してきているが、1981（昭和56）年にファンドトラスト、1992（平成4）年の実績配当型金銭信託（ユニット型）も加わり、現在では信託業の中核をなしている。

③ 転換型（流動化型）商事信託の成長

1973（昭和48）年の住宅ローン債権信託に始まり、1988（昭和63）年の新型住宅ローン債権信託、1992（平成4）年の一般貸付債権信託、1994（平成6）年の地方公共団体向け貸付債権信託へと拡大し、現在では、金銭債権の信託としてさまざまな債権が流動化されている。

1998（平成10）年に「特定目的会社による特定資産の流動化に関する

法律」(資産流動化法)が制定され、2000(平成12)年には資産流動化法の改正により信託型の特定目的信託が導入されたが、これはあまり活用されてはいない。

流動化型商事信託は、信託業全体に占める割合はそれほど大きなものとはなっていないが、今後の成長が見込まれる。

④ 事業型商事信託の今後の可能性

1982(昭和57)年頃から、財政負担なしで内需振興を図る「民間活力の導入」が叫ばれるようになり、政府の総合政策にも土地信託の活用が盛り込まれ、1984(昭和59)年にその第1号が誕生した。1986(昭和61)年には、国有財産法等が改正され、国公有地の信託が可能となり、多数の土地信託が設定されたが、バブル崩壊に伴い減少傾向が続き、現在では新たなものはほとんどないという状況にある。

今後は、成熟した少子高齢社会を迎えて、新たな土地活用が必要となることが予想され、新しい事業型信託の登場が期待されている。

(b) 受託機能の変化と新しい信託の登場

① 受託機能の変化

信託は、主として財産の管理・承継に用いられる民事信託と財産の管理・運用(投資)に用いられる商事信託に大別され、商事信託はさらに、運用型、転換型(流動化型)、預金型、事業型の4つの類型に分けることができ、そのうちの商事信託の基本形である運用型が信託業の中核を占めていることは、前述したとおりである。しかし、運用型商事信託における受託者の役割についてみると、運用型商事信託の半分以上が運用指図に基づく財産の管理であり、財産の管理・運用のうち、財産の管理の方に重点が移行しつつあるということができる。

② 新しい類型の信託の登場

他方、2006(平成18)年の信託法の全面改正(新法制定)により、解釈上明確にされたものも含め新しい類型の信託として、受益証券発行信託、限定責任信託、目的信託、自己信託、事業の信託、担保権の信託(セキュリティトラスト)、家族信託等についての規定が整備されたことから、さまざまな新しい信託が登場している。

最初に登場したのが、シンジケートローン等の協調融資における担保

権の効率的管理を可能にする担保権の信託、いわゆるセキュリティトラストである。その後、徐々にではあるが、貴金属等の商品現物や指数連動証券に対する投資を主たる目的とする受益証券発行信託、債権等の流動化を目的とする自己信託のほか、事業承継を目的とする遺言代用信託や家族間の財産の承継を目的とする後継ぎ遺贈型受益者連続信託等の民事信託等も登場しており、これ以外の新しいタイプの信託も早晩登場することが予想されている。

③　多様な信託の登場

これまで公益・福祉の分野において、公益信託や特定贈与信託（特別障害者扶養信託）があったが、これに加えて、2012（平成24）年1月には、委託者が指定した公益法人等に寄付をする特定寄附信託が、同年2月には後見人制度の適正な運営を確保するための後見制度支援信託が登場している。

一方、国の進める政策をサポートする政策支援型の信託として、2013（平成25）年4月に教育資金贈与信託が、2015（平成27）年4月には結婚・子育て支援信託の取扱いが開始されている。

(c)　信託業の将来　英米における信託が民事信託から商事信託へと発展し、民事信託と商事信託が並存して発展しているのに対して、日本における信託は、当初から商事信託として発展してきた。特に信託は金融制度の1つとして位置付けられ、主として長期の間接金融機能を担ってきた。しかし、現在では、金融経済構造の変化に伴い、間接金融機能から市場型間接金融機能へと重点が移行するとともに、金融機能の面よりもそれを支える財産管理機能の面に重点が置かれるようになってきているということができる。

また、信託法の全面改正（新法制定）後、新しいタイプの運用型商事信託の誕生とともに、これまでほとんど見られなかった民事信託も登場するようになってきており、信託業は、今後ますます多様化が進むものと予想される。成熟した少子高齢社会を迎えて、信託の有する多様な機能を最大限に活用する、民事信託と商事信託を融合したような新しいタイプの信託の登場が期待される。

第 2 章 信託の成立

I　信託の定義

1……信託法上の信託
(1) 信託法上の定義

　信託法は、2条1項で、信託について、「この法律において『信託』とは、次条各号に掲げる方法のいずれかにより、特定の者が一定の目的（専らその者の利益を図る目的を除く。同条において同じ。）に従い財産の管理又は処分及びその他の当該目的の達成のために必要な行為をすべきものとすることをいう。」と定義する。また、同条2項で、信託を設定する法律行為である信託行為について次のように規定して、信託行為には、信託契約、信託遺言、信託宣言の3種類があることを明確にしている。

① 　3条1号に掲げる方法による信託、すなわち、信託の契約を締結する方法による信託は、信託契約
② 　3条2号に掲げる方法による信託、すなわち、信託の遺言をする方法による信託は、信託遺言
③ 　3条3号に掲げる方法による信託、すなわち、信託の宣言をする方法による信託は、信託宣言（書面または電磁的記録によってする委託者自らを受託者とする信託の意思表示）

　以上から、信託法上の信託は、下記のように定義されることになる。

　この法律において「信託」とは、信託契約の締結、信託遺言または信託宣言のいずれかの方法により、「特定の者」（受託者）が「一定の目的」（信託の目的）に従い、財産の管理または処分およびその他の当該目的の達成のために必要な行為をすべきものとすることをいう。

信託は、財産を移転して行う財産管理制度であるにもかかわらず、「財産の移転」が法律の定義上に明示されていないが、これは、これまで認められていなかった信託宣言を認めて信託行為に加えたことによる。

　旧信託法1条では、「本法ニ於テ信託ト称スルハ財産権ノ移転其ノ他ノ処分ヲ為シ他人ヲシテ一定ノ目的ニ従ヒ財産ノ管理又ハ処分ヲ為サシムルヲ謂フ」〔傍点は筆者による〕と信託を定義し、「財産権の移転」が信託法の定義上に明示されていた。しかし、信託法では、信託宣言が、委託者が自らを受託者とする単独行為であり、形式的には財産の移転がないので、旧信託法の委託者と受託者を中心とする定義規定から、受託者を中心とする定義規定に改められた。そのため、信託法2条の信託の定義上には「財産の移転」が明示されていない。

　その結果、信託宣言を認めている英米法系の信託の定義、たとえば、米国信託法リステイトメントの定義（2条）「信託とは、財産の権原（title）を所有する者に、その財産を公益または1人以上の者の利益のために処理すべき義務を負わせる旨の意思表示により生じる財産に関する信認関係（fiduciary relationship）である。」に類似することになった。

　このように、信託法2条の信託の定義には「財産の移転」が明示されていないが、信託行為である信託契約および信託遺言の定義においては、委託者が受託者に対して「財産の譲渡、担保権の設定その他の財産の処分」を行うことが明示されており（3条1号・2号）、「財産の移転」があることは明白である。信託宣言の場合は、形式的には委託者から受託者への財産の移転はないが、実質的には財産の移転があるのと同じような取扱いがされるので（266条2項）、その意味においては、他の信託行為と大きな相違はない。

(2) 他の類似制度との区別

　信託法上の信託の定義や信託行為の定義を踏まえ、これを簡略化すると、信託は、「財産の移転＋委任契約」と表すことができる。しかし、これでは、他の類似制度、たとえば匿名組合や、所有権を移転した上で委任・準委任により一定の事務の処理を委ねる行為等との区別が明確にはつかない。

　そこで、立法時に、信託により生じる法的効果（財産の分離や独立性の確保等）の一部を定義に盛り込むことについて検討がされた。しかし、信託の成立する範囲を必要以上に狭くしてしまうおそれがあること、他方で、信託の

成立要件を広くしておいても、たとえば、匿名組合であることが明確であれば、信託の定義には当てはまるとしても例外的に「信託」とは扱わないと整理すればよいし、また、広く捉えられるようにしておけば、委託者または受益者の救済のためにある行為を信託と認定することが容易になるので、むしろ救済に資するとも考えられること等から、結局、信託により生じる法的効果の一部を定義の中に盛り込むことはしないことになり、現在のような信託の定義となっている。

信託は、確かに「財産の移転＋委任契約」と簡略化できるが、形式的にこの要件に該当すれば直ちに信託の効力が発生するというものではない。信託となるためには、信託設定当事者に信託財産の独立性を確保する意思があることが信託法上の書かれざる要件としてあるのであって、これらを踏まえて「信託」に当たるか否かが判断されるべきことになる。

■コラム2──信託の成立が認められた判例─最判平成14年1月17日民集56巻1号20頁

　地方公共団体は、その発注する公共工事について、「公共工事の前払金保証事業に関する法律」（以下「保証事業法」という。）所定の前払金保証事業を営む保証事業会社により前払金保証がされた場合には、請負者に対し、その工事に要する経費につき前金払いをすることができるとされている。

　本件では、公共工事の請負会社Aが、保証事業会社Y1の保証のもとに地方公共団体B県から前払金の支払を受け、その前払金を金融機関Y2に預金していたが、Aが営業を停止し、公共工事の続行が不可能となり、Aは請負契約が解除された後に破産した。そこで、Aの破産管財人XとB県に対する保証債務を履行したY1との間で当該預金の帰属などが争われた。

　Xは、本件預金は破産財団に属すると主張して、Y1に対し本件預金についてXが債権者であることなどの確認、Y2に対し本件預金の支払を求めた。これに対し、Y1とY2は、本件預金は、発注者であるB県を委託者兼受益者とし、請負者であるAを受託者とする信託契約上の信託財産ときわめて類似したものと位置づけられるので、Aの破産によってこれがAの破産財団に帰属することはないなどと主張した。

　第1審・原審ともXの請求棄却。原審は、Y1は、Aから、本件預金につき債権質等の担保権の設定を受けたものと認めるのが相当であり、Y1は別除権を有するとした。

最高裁は、次のように述べて、上告を棄却した。
　「本件請負契約を直接規律するＢ県公共工事請負契約約款は、前払金を当該工事の必要経費以外に支出してはならないことを定めるのみで、前払金の保管方法、管理・監査方法等については定めていない。しかし、前払金の支払は保証事業法の規定する前払金返還債務の保証がされたことを前提としているところ、保証事業法によれば、保証契約を締結した保証事業会社は当該請負者が前払金を適正に使用しているかどうかについて厳正な監査を行うよう義務付けられており……、保証事業会社は前払金返還債務の保証契約を締結しようとするときは前払金保証約款に基づかなければならないとされ……、この前払金保証約款である本件保証約款は、建設省から各都道府県に通知されていた。そして、本件保証約款によれば、……前払金の保管、払出しの方法、Y_1 による前払金の使途についての監査、使途が適正でないときの払出し中止の措置等が規定されているのである。したがって、ＡはもちろんＢ県も、本件保証約款の定めるところを合意内容とした上で本件前払金の授受をしたものというべきである。このような合意内容に照らせば、本件前払金が本件預金口座に振り込まれた時点で、Ｂ県とＡとの間で、Ｂ県を委託者、Ａを受託者、本件前払金を信託財産とし、これを当該工事の必要経費の支払に充てることを目的とした信託契約が成立したと解するのが相当であり、したがって、本件前払金が本件預金口座に振り込まれただけでは請負代金の支払があったとはいえず、本件預金口座からＡに払い出されることによって、当該金員は請負代金の支払としてＡの固有財産に帰属することになるというべきである。
　また、この信託内容は本件前払金を当該工事の必要経費のみに支出することであり、受託事務の履行の結果は委託者であるＢ県に帰属すべき出来高に反映されるのであるから、信託の受益者は委託者であるＢ県であるというべきである。
　そして、本件預金は、Ａの一般財産から分別管理され、特定性をもって保管されており、これにつき登記、登録の方法がないから、委託者であるＢ県は、第三者に対しても、本件預金が信託財産であることを対抗することができるのであって（[旧]信託法3条1項参照）、信託が終了して同法63条のいわゆる法定信託が成立した場合も同様であるから、信託財産である本件預金はＡの破産財団に組み入れられることはないものということができる（同法16条参照）。
　したがって、本件事実関係の下において Y_1 がＡから本件預金につき債権質等の担保の設定を受けたものとした原審の判断は相当ではないが、Ｘの請求

を棄却すべきものとした結論は是認することができる。」

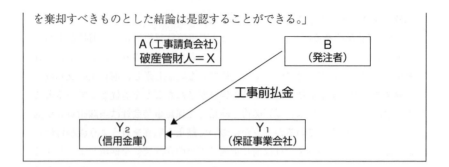

2……信託行為

　信託行為は、委託者と受託者との双方行為である信託契約と、委託者による単独行為である信託遺言と信託宣言に分けられる。一般的には、信託契約によって設定される信託が圧倒的に多い。

　信託法には、要式行為である信託宣言の場合を除いて、信託行為に関する形式や書式に関する定めはない。したがって、法律行為に関する方式自由の原則により、口頭でも書面でも信託を設定することができる。ただし、信託遺言の場合は、信託法には要式に関する定めはないが、遺言に関する民法の規定が類推適用されるので、要式行為になる。

(1) 信託契約

(a) 信託契約の意義　信託契約とは、委託者と受託者との間で行う、委託者が受託者に財産の譲渡、担保権の設定その他の財産の処分をする旨ならびに受託者が一定の目的に従い財産の管理または処分およびその他の当該目的の達成のために必要な行為をすべき旨の契約である（3条1号）。

　信託契約により信託を設定する場合、委託者は受託者に無償で財産の移転等を行い、受託者も無報酬で信託事務の処理を行うのが原則であるから、片務・無償契約となり、受託者に報酬が認められている場合は、双務有償契約となる。

　なお、受益者は、信託の設定当事者ではないので、信託の設定時に特定し存在している必要はないが、信託の重要な構成要素であり、確定できる程度には明示される必要がある。

(b) 契約信託の効力発生　信託契約により設定される信託（契約信託）

は、信託契約の締結により効力が生じる（4条1項）。

信託契約の締結により信託の効力が生じるとしても、信託財産の分別管理義務（34条）やその管理に関する善管注意義務（29条2項）、あるいは信託財産に関する帳簿作成義務（37条1項）等については、財産が受託者の支配下に実際に入るまでは具体的義務として観念することはできないので、実際上適用される余地がない。

■コラム3──信託財産となるべき財産の引渡し義務

信託契約については、信託を設定する合意の他に財産の処分がなければ信託は成立しないという見解（要物契約説）と、信託を設定する合意があれば財産の処分がなくても信託は成立するという見解（諾成契約説）がある。旧信託法においては、信託とは「財産権ノ移転其ノ他ノ処分ヲ為シ他人ヲシテ一定ノ目的ニ従ヒ財産ノ管理又ハ処分ヲ為サシムルヲ謂フ」（〔旧〕信託法1条）と規定されていたから、要物契約説も有力であった。これに対して、現行の信託法においては、たとえば、信託契約について「財産の…処分をする旨…の契約」〔傍点は筆者による〕と規定されており（3条1号）、財産の処分がない状態であっても信託が成立することが明確にされている。諾成契約とされたのは、信託の効力発生を早めることにより、財産の引渡し前であっても受託者が忠実義務等の受託者責任を負うこととして、委託者や受益者の利益を保護する必要があると考えられたためである。

信託契約を諾成契約とする信託法のもとでは、信託契約が成立したが、委託者が信託財産となるべき財産を受託者に引き渡していない（「財産の処分」がない）という状態が生じうる。この場合、信託契約の効果として、委託者は引渡義務を負い、受託者は引渡請求権を有すると考えられるが、常にそのように解してよいか。

すなわち、信託は委託者が受益者のために利用する制度であり、受託者の利益のための制度ではない。委託者および受益者が信託の利用を撤回したいという場合、たとえば、委託者が自ら保有する財産の運用のために信託を設定する合意をしたが、何らかの理由で信託の利用を取りやめたいという場合は、受託者のために引渡しを強制するまでのことはないと考えられる。

信託は、その利用目的に応じて民事信託と商事信託とに分類することができる。このうち、民事信託については、財産の管理・承継を目的とするから、基本的には他益信託であり、信託行為がされた時点で、受益者に信託の利益を享受する利益が生じているといえる場合が多い。したがって、民事信託において

は、原則として、委託者よりも受益者の利益を優先し、委託者に信託財産となるべき財産の引渡義務を認めるべきと考えられる。ただし、遺言代用信託のように、委託者が受益者変更権を行使することで受益者の権利を失わせることができる場合（90条参照）には、引渡義務を認める必要はないと考えられる。

　これに対して、商事信託においては、財産の管理・運用を目的とするから、基本的には自益信託であり、運用型商事信託の場合は、信託契約が締結されたとしても、信託財産の管理・処分等が行われるのは財産の引渡しを受託者が受けてからであるから、それまでに委託者（兼受益者）が信託財産の運用を取りやめたいというときには、原則としてその意思を尊重して、引渡しを強制する必要はないと考えられる。ただし、流動化型商事信託の場合のように、信託設定後、委託者が受益権を譲渡して資金調達を行うことが予定されている場合には、受益権を購入する者があらかじめ決まっていることも少なくない。そのような場合にまで委託者の意思を尊重して信託の設定を撤回できることとしてしまうと受益権の購入予定者の利益を害するので、受益権を購入する者があらかじめ決まっているような場合には、引渡義務を認めるべきと考えられる。

（2）信託遺言

（a）　信託遺言の意義　　信託遺言は、委託者が受託者に財産の譲渡、担保権の設定その他の財産の処分をする旨ならびに受託者が一定の目的に従い財産の管理または処分およびその他の当該目的の達成のために必要な行為をすべき旨の遺言である（3条2号）。

　信託遺言は、相手方のない単独行為であり、遺留分に関する規定をはじめとして、遺贈に関する民法の規定が類推適用され、遺言の方式および効力についても民法の規定に従う（要式行為）。要式性を欠く信託遺言は無効である。

　なお、単独行為である信託遺言においては、信託契約と異なり、受託者の指定は必須要件ではない（6条）。

（b）　遺言信託の効力発生　　信託遺言によって設定される信託（遺言信託）は、遺言の効力の発生によって効力を生じる（4条2項）。すなわち、通常は遺言者の死亡時であり、遺言に停止条件が付されている場合は、条件成就時となる（民法985条）。

（c）　遺言信託における受託者就任諾否の催告　　遺言信託において、遺言

に受託者となるべき者を指定する定めがあるときは、利害関係人は、相当の期間を定めて、その期間内に信託の引受けをするかどうかを確答すべき旨を催告することができ（その定めに停止条件または始期が付されているときは、停止条件が成就し、または始期が到来した後に限る。(5条1項)）、指定された受託者が期間内に委託者の相続人（委託者の相続人が現に存しない場合は、受益者（複数の受益者が現に存する場合は、その1人、信託管理人が現に存している場合は、信託管理人）(同条3項)）に対し確答をしないときは、信託の引受けをしなかったものとみなされる（同条2項）。

(d) **裁判所による受託者の選任**　遺言信託において、遺言に受託者の指定に関する定めがないとき、または受託者となるべき者として指定された者が信託の引受けをせず、もしくはこれをすることができないときは、裁判所は、利害関係人の申立てにより、受託者を選任することができる（6条）。

(3) 信託宣言

(a) **信託宣言の意義**　信託宣言は、委託者が、一定の目的に従い自己の有する一定の財産の管理または処分およびその他の当該目的の達成のために必要な行為を自らすべき旨の意思表示を公正証書その他の書面または電磁的記録で、その目的、財産の特定に必要な事項その他の法務省令（規則3条）で定める以下の事項を記載しまたは記録したものによってすることである（3条3号）。

① 信託の目的
② 信託をする財産を特定するために必要な事項
③ 自己信託をする者の氏名または名称および住所
④ 受益者の定め（受益者を定める方法を含む。）
⑤ 信託財産に属する財産の管理または処分の方法
⑥ 信託行為の条件または期限を付すときは、条件または期限に関する定め
⑦ 信託行為で定めた信託の終了事由（163条9号）（当該事由を定めない場合は、その旨）
⑧ 上記①から⑦のほか、信託の条項

(b) **自己信託の効力発生**　信託宣言によって設定される信託（自己信託）は、その意思表示が公正証書等（公正証書または公証人の認証を受けた書面も

しくは電磁的記録）によってされる場合は、公正証書等の作成によって直ちに効力が生じる（4条3項1号）。

公正証書等以外の書面または電磁的記録によってされた場合は、受益者として指定された第三者（第三者が複数の場合は、その1人）に対して確定日付のある証書による信託がされた旨およびその内容の通知により効力を生じる（4条3項2号）。

公正証書等は、その作成日が公証されるため、作成によって直ちに効力を生じるが、公正証書等以外の書面または電磁的記録の場合には、必ずしもその作成が公証されないため、書面等の作成によって直ちに効力を生じることとはせず、受益者として指定された第三者に対し、確定日付のある証書による信託がされた旨およびその内容が通知された時（通知が到達した時）に効力が生じることとされている。

したがって、事後に受益権を第三者に売却することを予定しつつ自己信託の当初受益者を委託者兼受託者自身と指定する場合には、公正証書等によって意思表示する必要がある。

(c) 自己信託の弊害防止措置　信託宣言によって設定される自己信託（規則2条1号）は、信託を設定しようとする委託者自身が受託者になる信託であり、信託設定当事者が同一人（委託者兼受託者）であるので、これにより生じやすい執行免脱や濫用（詐害信託）等の弊害を防止するために、要式性や強制執行等の容易性等が特則として定められている。

① 要式性

自己信託の設定の意思表示は、公正証書その他の書面または電磁的記録によって行わなければならない（要式行為）（3条3号）。

これにより、自己信託の日時等が客観的に明確になり、事後的に設定日を遡らせることによって委託者の債権者を違法に詐害すること等が防止される。

② 自己信託の登記・登録

自己信託の場合は対象財産に権利の変動は生じないが、固有財産に属する財産から信託財産に属する財産へとその性質を変えるので、自己信託を原因として「変更の登記」を行うほか、信託財産であることを対抗するために信託の登記をする必要がある（14条）。この信託の登記は、

共同申請の例外として受託者が単独で申請することができる（不登法98条1項・3項）。
③　信託財産に対する強制執行等の特則

　信託財産に対して強制執行等をすることができる者は、信託財産責任負担債務に係る債権者に限定されており、委託者の債権者はこれに含まれないので、委託者の債権者が詐害信託であることを理由に信託財産に対して強制執行等をしようとする場合は、まず、詐害信託の取消訴訟を提起して、信託財産として拠出された財産を委託者の責任財産に復帰させる必要がある。

　しかし、自己信託の場合については、通常の信託よりも債権者詐害の可能性が高いので、自己信託が詐害信託の場合は、信託前の委託者の債権者は、信託が設定されてから2年間に限り、詐害信託の取消しの訴えを提起することなく、直ちに信託財産に対して強制執行等をすることができる（23条2項～4項）。
④　受益者の定めのない信託の設定不可

　受益者の定めのない信託は、信託宣言によって設定することができない（258条1項）。

　受益者の定めのない信託については、受益者の受託者に対する監督権限を委託者に付与することによって受託者の信託事務の処理の適正化を確保することにしているが（260条1項）、自己信託は、委託者と受託者が同一人であり、このような措置を取ることができないので、受益者の定めのない信託の設定行為から信託宣言は排除されている。
⑤　法人の事業譲渡に関する会社法等の適用

　株式会社が事業用資産を自己信託した場合は、事業用資産が実質的に移転しているとみて、事業譲渡に関する会社法その他の法律の規定が適用される（266条2項）。したがって、自己信託の対象が「事業の全部または重要な一部」に該当するときは、株主総会の特別決議を要し、反対株主には株式買取請求権が認められることになる（会社法467条1項1号・2号、同法309条2項11号）。

 **信託の設定**

1……信託設定の意義

　信託を成立させることを信託の設定といい、信託を設定する法律行為である信託行為（信託契約、信託遺言、信託宣言）の効力発生により、信託は有効に成立する。

　信託が成立すると、信託行為の定めに基づいて、委託者は、受託者に対して財産の譲渡、担保権の設定その他の財産の処分を行い、受託者は、信託の目的に従って受益者のために信託財産の管理または処分およびその他の当該目的を達成するために必要な行為を行う。受益者は、受益権を取得して、受託者を監視・監督しながら信託の利益を享受する。

　なお、受益者の存しない信託は、受益者の定めのない信託として、設定方法や存続期間に対する制限、受託者に対する監督方法等について特例が定められている（受益者の定めのない信託の特例（信託法第11章：258条～261条））。

2……委託者の財産の処分

　委託者は、信託を設定するにあたり、受託者に対して、財産の譲渡、担保権の設定その他の財産の処分を行う。

(1) 財産の譲渡

　信託の対象となるのは「財産」であるから、金銭に見積もれるものでなければならず（金銭換算性）、かつ、積極財産でなければならない（積極財産性）。また、信託は、委託者から財産を切り離して受託者がそれを管理する制度であるから、委託者から移転または分離可能なものでなければならない（処分・移転可能性）。

(a)　**金銭換算性**　著作権、特許権、鉱業権等、物理的に形のないものであっても、金銭に見積もれるものは信託できるが、人格権等の身分権は信託することができない。

(b)　**積極財産性**
　① 消極財産である債務は、「財産」には含まれないから、債務は信託できない。

② 積極財産と消極財産を含む包括財産の信託はできない。積極財産の部分のみが有効となる。消極財産を分離できない場合や分離することが当事者の意思に反する場合は、全体が無効となる。

③ 事業の信託

積極財産と消極財産（債務）の集合体として運営されている事業自体を信託すること（事業の信託）はできないが、信託の設定時において、信託行為の定めをもって、ある事業の積極財産を信託するとともに、受託者が債務引受けをすることによって委託者の負担する債務を信託財産責任負担債務にすることはできるから（21条1項3号）、両者を組み合わせることによって、実質的に、「事業の信託」をしたのと同様の状態を作り出すことはできる。

(c) 処分・移転可能性　信託は、委託者から財産を切り離して受託者がそれを管理する制度であるから、財産が委託者の処分行為によって委託者から移転可能または分離可能でなければならない。したがって、譲渡禁止財産等は、信託することができない。

(2) 担保権の設定

委託者は、委託者が有する権利を受託者に移転するだけでなく、担保権を設定して受託者が担保権を有するようにすることもできる（いわゆる設定的移転）。

この担保権の信託に関しては、債務者が債権者に担保権を設定した上で、その債権者が受託者に担保権を信託譲渡する場合と、このような過程をとらず、債務者が当初から担保権を受託者に信託する場合がある。後者がセキュリティトラストといわれるもので、債務者である担保権設定者が委託者、担保権者が受託者、債権者が受益者となる信託である。これにより、担保権の一元管理ができ、被担保債権が譲渡されても担保権がそれに随伴して移転することがなく登記手続・費用が不要となることなどから、多数の債権者が登場するシンジケートローンのような場合において利用されている。

セキュリティトラストにおいては、同一人に帰属すべき担保権と被担保債権が受託者と受益者とに分属することになるので、被担保債権の債権者が担保権を実行して配当や弁済を受けることを前提とする民事執行法との関係を明確にしておく必要がある。そこで、信託法55条において、「担保権が信託

財産である信託において、信託行為において受益者が当該担保権によって担保される債権に係る債権者とされている場合には、担保権者である受託者は、信託事務として、当該担保権の実行の申立てをし、売却代金の配当又は弁済金の交付を受けることができる。」と規定されている。

(3) その他の財産の処分

上述したように、委託者が信託を設定するにあたり受託者に対して行う財産の処分として、「財産の譲渡」および「担保権の設定」があるが、これは例示であり、これ以外の財産の処分も認められる。

信託は、財産（権利）を移転して行う財産管理制度であるから、委託者の行為によって、受託者が財産（権利）の所有者（権利者）となり信託財産として管理または処分等を行うようになる場合には、その委託者の行為は、財産の処分に該当する考えられる余地がある。

たとえば、信託型ライツプランの場合、発行会社である委託者が、一定の株主を受益者として、新株予約権の受託者への割当てをもって信託を設定するが、新株予約権の割当ては会社法上認められた権利設定行為であり（会社法236条1項）、これにより受託者は新株予約権者となり信託財産として管理または処分等を行うことになるので、「その他の財産の処分」に該当すると考えることができよう。

■コラム4 ── 信託型ライツプラン

企業の敵対的買収防衛策の1つとして、信託型ライツプランという仕組みが利用されている。信託型ライツプランにおいては、まず、会社が委託者となって、新株予約権を受託者となる信託銀行等に付与する形で信託を設定する。そして、信託契約において、受益者については、敵対的買収者が現れた時点以降を基準日とする株主名簿上の株主で、敵対的買収者は除いた者と定めておく。後に敵対的買収者が現れ、買収によりその会社の価値や株主の利益を損なうような事態が生じたときには、受託者が、敵対的買収者を除く株主全員に対して新株予約権を付与する。新株予約権を付与された株主が予約権を行使すると、敵対的買収者が保有する議決権比率が低下することになるので、結果として敵対的な買収を防ぐことができるという仕組みである。企業が買収を仕掛けられたときに、会社の価値や株主利益を低下させる敵対的買収なのかどうかの判断や、買収防衛のために受託者から株主に新株予約権を付与するかどうかについ

ての判断は、委託者である会社が行うこととなっている。ただし、会社の経営陣が自己保身のためにこの仕組みを利用するおそれがあることから、運用において、社外者などにより構成される独立の第三者委員会を設けておき、その買収提案が会社の価値や株主利益を損なうものかどうかを検討のうえ、信託型ライツプランを発動するかどうかを取締役会に勧告することとされている。取締役会は、勧告を踏まえて上記の判断を行い、必要な場合には、受託者に対して新株予約権の付与について指図する。信託型ライツプランが発動され、株主全員に新株予約権が付与された場合、新株予約権を行使するかどうかは株主が判断する。

　信託型ライツプランについては、信託の設定に関連する問題として、委託者が新株予約権を受託者に対して付与することによって信託が成立するのかということがある。この点について、新株予約権の付与は委託者が自ら債務を負担するという約束であるが、信託の設定方法として「債務の負担」ということは明示的に規定されていないこと、および自分の一般財産すべてを引当てにして約束しているにすぎないから、信託設定行為としての「財産の処分」（3条1号）がないのではないかという考え方がある。

　これを踏まえ、会社が新株予約権を信託銀行等に付与した上で信託銀行等に自己信託させることで新株予約権の付与によって信託を設定するのと同じ効果が得られるとの説明もされている。また、実際に利用されている仕組みにおいては、上記のような疑問を回避するために、委託者が名目的な金銭を信託財産として信託を設定し、その後に受託者に新株予約権を付与することや、新株予約権をいったん別会社（SPCと呼ぶことが多い）に付与し、SPCが委託者となって信託銀行等との間で信託契約を締結することなどが行われている。

　新株予約権の付与が「財産の処分」に該当するかどうかという問題は、新株予約権が「財産」に該当するかどうかということと、新株予約権を付与する行為が「処分」に該当するかどうかということに分けることができる。

　まず、新株予約権は、会社法上認められた権利（会社法236条1項）であるから「財産」に該当する。次に、「処分」とは、受託者が財産（権利）の所有者（権利者）となり、それを信託財産として管理できるような状態にする行為であるから、委託者が受託者に対して債務を負担する約束をし、それによって受託者が債権を取得して管理できる状態となれば、委託者によるその行為は「処分」と認めてよい。新株予約権の場合も同様であり、委託者による新株予約権の付与によって、受託者は新株予約権者となり、これを信託財産として管理することが可能となるから、「処分」があると考えることができる。

3……受託者の任務

受託者は、信託の設定によって信託が成立すると、信託の目的に従い、財産の管理または処分およびその他の当該目的を達成するために必要な行為をしなければならない。

(1) 信託の目的

(a) **信託の目的の意義**　信託の目的は、委託者かみれば、信託の設定によって達成しようとする基本目的を指すものであり、受託者からみれば、信託財産の管理または処分等を行う際の指針または基準となるものである。信託は、信託の目的の達成のために行われるものであるから、信託の目的の達成または達成不能により、信託は終了する（163条1号）。

なお、信託法2条1項の信託の定義規定において、「一定の目的」から、「専ら受託者の利益を図る目的」は除かれている。受託者は、受益者のために信託事務の処理をするのであるから当然のことであって、そのことを確認的に規定したものである。

(b) **信託目的の確定性・多様性**　信託の目的は、信託関係の成立、存続、消滅に係る基本的要素となるものであるから、信託関係者にとって明確かつ一定でなければならず、委託者は、受託者がその趣旨にそって義務を履行できる程度には明定する必要がある。

また、信託は、その目的が不法や不能でない限り、どのような目的でも設定できるが、公序良俗（民法90条）や強行法規に反するものは許されない。

(2) 受託者の職務

受託者は、信託財産について保存・利用・改良行為等の管理行為や処分行為を行うほか、「当該目的を達成するために必要な行為」として、第三者から権利を取得する権利取得行為や必要な費用の借入れを行う債務負担行為、さらには訴訟行為等を行う。

4……受託者の資格と利益享受の禁止

(1) 受託者の資格

受託者は、信託の目的を達成するために信託財産に属する財産の管理または処分等をする者であるから、単独で財産の管理または処分等をすることができない制限能力者（未成年者、成年被後見人、被保佐人）は、受託者になる

ことはできない（7条）。

　制限能力者を受託者とする信託は、無効であり、信託設定後に受託者が後見開始または保佐開始の審判を受けた場合は、その任務は終了し、原則として新たな受託者が選任されることになる。

> ■コラム5──受託者等に係る欠格条項の見直し
>
> 　2018（平成30）年3月に、「成年被後見人等の権利の制限に係る措置の適正化等を図るための関係法律の整備に関する法律案」が第196回国会に提出され、2019（平成31）年2月現在、継続審議となっている。この法律案は、成年被後見人・被保佐人・被補助人の権利に係る制限が設けられている制度（いわゆる欠格条項）が数多く存在していることが成年後見制度の利用を躊躇させる要因の1つになっているとの指摘があることを踏まえ、成年被後見人等であることを理由に不当に差別されないよう、関係法令について必要な見直しを行うものであるとされており、信託法等も改正の対象とされている。
>
> 1. 信託法
>
> 　現行信託法において、成年被後見人および被保佐人は、受託者となることができず（7条）、いったん選任された受託者について後見開始決定または保佐開始の決定（以下「後見開始決定等」という。）がされると受託者の任務が終了する（56条1項）。信託管理人、信託監督人および受益者代理人についても同様であり、成年被後見人および被保佐人がこれらの地位に就任することはできず（124条1号・137条・144条）、いったん選任されてからも後見開始決定等がされるとその任務が終了する（128条1項・134条1項・141条1項）。
>
> 　上記法律案においては、信託法7条および124条1号から「又は成年被後見人若しくは被保佐人」という文言を削除するものとされている。この文言の削除により、成年被後見人および被保佐人であっても、受託者、信託管理人、信託監督人および受益者代理人（以下「受託者等」という。）となることができるようになる。
>
> 　また、信託法56条1項ただし書を「<u>第2号又は第3号に掲げる事由による場合にあっては</u>、信託行為に別段の定めがあるときは、その定めるところによる」と改正するものとされている〔下線は筆者による〕。現行法のもとでは、後見開始決定等がされた受託者等について任務を継続させることはできないが、この改正により、信託行為の定めを置くことによって、受託者等について後見開始決定等がされた場合であっても、その任務を継続させることができるようになる。

なお、経過措置により、上記法律案による改正の施行日以前に成立した信託については、従前のまま取り扱われる。

2. 信託業法・信託兼営法

　現行の信託業法・信託兼営法のもとでは、次に掲げる者が成年被後見人または被保佐人である場合、信託会社の免許・登録等の申請段階では拒否事由となり、また、免許・登録等の後の段階では監督処分の対象となるとされている。

- 運用型信託会社の取締役等または法人である主要株主の取締役等（信託業法5条2項8号イ・10号ハ、同法44条2項）。
- 管理型信託会社の取締役等または法人である主要株主の取締役等（信託業法10条1項1号・45条2項）。
- 自己信託会社の取締役等（信託業法50条の2第6項8号）
- 特定大学技術移転事業に関する計画について承認を受けた事業者の取締役等または法人である主要株主の取締役等（信託業法52条2項）
- 外国信託業者の役員（当該法人に対し役員と同等以上の支配力を有すると認められる者を含む。）または国内における代表者（信託業法53条6項8号・59条1項1号・60条2項）
- 信託契約代理店である個人（信託業法70条1号）
- 信託契約代理店である法人の取締役等（信託業法70条2号・82条）
- 指定紛争解決機関の申請者である法人の役員（信託業法85条の2第1項4号イ・85条の24、信託兼営法12条の2第1項4号イ・12条の4（信託業法85条の24の準用））

　上記法律案においては、上記の趣旨を踏まえ、欠格条項は削除され、代わりに職務執行の能力を個別的に審査する規定が設けられる。

(2) 受託者の利益享受の禁止

　受託者は、受益者のために信託財産の管理または処分等を行う者であるから、何人の名義をもってするかを問わず、信託の利益を享受することができない（8条）のは当然のことである。

　しかし、受託者が固有財産で受益権を保有することにより、受益者として信託の利益を享受することはできる。さらに、受託者が信託の受益権の全部をその固有財産で保有する状態が生じても、受益権の全部または一部を譲渡することにより、あるいは新受託者を選任することにより、この兼任状態を解消することができるから、直ちに信託は終了しないこととされている。

もっとも、受託者は受益者のために信託財産を管理または処分等を行うことが信託の本質的要素であるので、そのような兼任状態を継続させておく必要はなく、1年間継続すれば終了する（163条2号）。

脱法信託・訴訟信託・詐害信託

1……脱法信託の禁止

　法令上その享有が禁止される財産権を、信託を利用して受託者に所有させ、自らは受益者となって、受益権という形で享有することは、実質的には当該法令の脱法であり、このような信託は禁止される（9条）。

　脱法信託は、無効である。信託が成立した後に脱法信託に該当する事由が発生した場合は、信託の目的の達成不能により、信託は終了する。

　脱法信託に該当するか否かは、財産権の享有を禁止している法令の趣旨、信託の目的、受益権の内容等を総合的に勘案して判断されるべきことになる。

2……訴訟信託の禁止

　他人間の法的紛争に介入し、司法機関を利用しつつ不当な利益を追求する行為を信託の形式を利用して行うことを防止するために、受託者に対して訴訟をさせることを「主たる目的」とする信託（訴訟信託）は禁止される（10条）。訴訟信託は、無効である。

　ここで禁止されるのは、受託者に対して訴訟行為をさせることを「主たる目的」とする信託であり、受託者が信託事務の処理をするにあたり、正当な権利の行使として訴訟行為をすることを禁止するものではない。

　訴訟信託に該当するか否かは、信託行為の定めを形式的に判断するのではなく、信託事務に占める訴訟行為の割合、信託されてから訴訟提起に至るまでの時間、訴訟行為が必要となる蓋然性の高さ等を判断材料として実質的に判断されるべきである。

3……詐害信託

　信託は、委託者の財産の減少を伴う法律行為であるから、委託者の債権者

を害する場合があり、委託者が債権者を害することを知ってした信託を詐害信託という。

詐害信託に対しては、委託者の債権者は、詐害行為取消権（民法424条）を行使することができるが、信託の場合は、取消しの対象となる行為の相手方である受託者は、受託した信託財産に固有の利益を有せず、行為の当事者ではない受益者が利益を受ける構造になっていること等を踏まえて、民法424条の詐害行為取消権の特則が定められている。

（1）詐害信託の取消し

委託者がその債権者を害することを知って信託をした場合には、債権者は、受託者が債権者を害すべき事実を知っていたか否かにかかわらず、受託者を被告として、詐害信託の取消しを裁判所に請求することができる。ただし、受益者が現に存する場合において取消しができるのは、その受益者の全部（受益権を譲り受けた者がある場合は、譲り渡した者も含む全ての者）が、受益者としての指定を受けたことを知った時または受益権を譲り受けた時において債権者を害することを知っていたときに限られる（11条1項）。

詐害信託の取消しは、信託財産が未だ受益者に給付されないで受託者の下にある場合に、委託者の債権者が信託財産を取り戻すために受託者に対して取消権を行使するものであり、取消しに加えてその財産の委託者への返還請求がされることになる。

取消しの相手方は受託者であるが、受託者は信託財産に固有の利益を有しないので、受託者の主観的要件は問題とせず、利益を受けている受益者の主観的要件により取消しの可否を決することとされている。

詐害信託の取消しができるのは、受益者全員が悪意の場合であり、受益者のうちの1人でも善意であれば、取り消すことはできない。しかし、これは、悪意の受益者の利益享受を容認する趣旨ではないので、後述するように、悪意の受益者が信託財産の給付を受ければ、それを取り戻すことができるし、さらに、信託財産の給付を受けなくても、直ちに受益権の譲渡請求をすることもできる。ただし、いずれの請求についても、受益者の悪意（受益権を譲り受けた者がある場合は、譲り渡した者も含む全ての者）の主張・証明責任を委託者の債権者が負う。転得者に対する詐害行為取消請求（民法424条の5）と同様、債権者側が主張・証明責任を負うとする規律であるが、事実上、詐害

信託の取消し等は難しいものになると考えられる。

(2) 委託者の弁済責任

詐害信託の取消請求を認容する判決が確定した場合において、信託財産責任負担債務に係る信託債権者（委託者であるものを除く。）がその債権を取得した時において委託者の債権者を害すべき事実を知らなかったときは、委託者は、その信託債権者に対し、取消しにより受託者から委託者に移転する財産の価額を限度として、信託財産責任負担債務について弁済の責任を負う（11条2項）。

詐害信託の取消請求が認容されると、信託された財産が委託者に戻されるので、その分だけ信託財産が減少する。委託者または受益者の主観的要件のみによって、信託債権者にとっては信託財産責任負担債務に係る債権の引当財産が減少し、また、受託者にとっては固有財産をもって弁済しなければならないリスク等が増大することになる。

そこで、委託者は、委託者に移転する財産の価額を限度として、信託財産責任負担債務について法定の弁済責任を負うこととされている。受託者に関しては、信託財産責任負担債務について固有財産をもって弁済した場合には、信託財産から費用の償還等を受ける権利（求償権）を有し（49条1項）、この権利は金銭債権とみなされるので（11条3項）、この権利に基づいて、委託者に対し、委託者に移転する財産の価額を限度として強制執行等を行うことになる。

(3) 給付行為の取消し

詐害信託において、受益者が受託者から信託財産に属する財産の給付を受けたときは、債権者は、受益者を被告として、給付行為の取消しを裁判所に請求することができる。ただし、給付行為の取消しができるのは、受益者（受益権を譲り受けた者がある場合は、譲り渡した者も含む全ての者）が、受益者としての指定を受けたことを知った時または受益権を譲り受けた時において債権者を害することを知っていたときに限られる（11条4項）。

信託財産が受益者に給付されずに受託者の下にある場合は、受託者に対して詐害信託の取消しを請求するが、受益者が給付を受けた場合は、受益者に対して給付行為の取消しを請求することになる。受益者の主観的要件の判断基準時については、受益者が現実の給付を受けた時とすると、判断基準時が

遅れて、委託者の債権者の利益を害することになりかねないので、詐害信託の取消しの場合と同様、受益者が受益者としての指定を受けたことを知った時または受益権を譲り受けた時における受益者の主観的要件によって取消しの可否を決することとされている。

また、詐害信託の取消しが認められるには、受益者全員が悪意であることが必要であるが、給付行為の取消請求の場合は、個別の受益者に対して取消権を行使するという性格上、取消権を行使して財産の返還を請求する相手方である受益者が悪意であれば足りる。

(4) 受益権の譲渡請求

詐害信託において、委託者の債権者は、受益者を被告として、その受益権を委託者に譲り渡すことを訴えをもって請求することができる。ただし、受益権の譲渡請求ができるのは、受益者（受益権を譲り受けた者がある場合は、譲り渡した者も含む全ての者）が受益者としての指定を受けたことを知った時または受益権を譲り受けた時において債権者を害することを知っていたときに限られる（11条5項）。

悪意の受益者に対しては、給付行為の取消しをして給付された財産の返還を請求することができるが、未給付の分については、給付を待って取り消すことになる。しかし、給付を待つのは迂遠であるから、取消権とは別に、悪意の受益者に対する受益権の委託者への譲渡請求権が認められている。詐害信託の取消しができないことが要件とはされていないので、直ちに悪意の受益者に対し受益権の譲渡請求をすることもできる。

なお、財産の給付を受けた受益者が、その財産を更に別の第三者に譲渡した場合における委託者の債権者と第三者との関係は、本条の適用によるのではなく、民法424条以下の規定によって規律され、委託者の債権者は、受益者が悪意で転得者が善意である場合には悪意の受益者に対して価格賠償を請求し、受益者が悪意で、かつ、受益者から転得した転得者が悪意の場合またはその転得者が他の転得者から転得した場合には全ての転得者が全て悪意の場合に限り、給付行為の取消しを請求して目的物の返還を請求することになる（民法424条の5）。

なお、受益権の譲渡請求権は、詐害行為取消権の特殊な類型と位置付けられるため、民法426条の詐害行為取消権の期間制限の規定が準用され、取消

権と同様、消滅時効は2年、除斥期間は10年となる（11条6項）。
(5) 潜脱目的での善意者の受益者指定等の禁止
　受益者の指定または受益権の譲渡にあたっては、詐害信託の取消し等に係る規定の適用を免れる目的で、善意者（債権者を害すべき事実を知らない者）を無償（無償と同視すべき有償を含む。）で受益者に指定し、または善意者に対し無償で受益権を譲り渡すことは認められない（11条7項）。
　善意の受益者の存在を利用して詐害信託の取消しや受益権の譲渡請求を不当に免れ、財産の隠匿等を図ることを防止する趣旨である。本条に違反して指定された善意者および受益権の譲渡を受けた善意者は、善意者として扱われないから（同条8項）、詐害信託の取消し等ができることになる。

4……詐害信託の否認等
(1) 破産者が委託者の場合
(a)　**詐害信託の否認（12条1項：破産法160条1項の準用）**　破産者が委託者としてした、①破産債権者を害することを知ってした信託、または②支払の停止等があった後にした破産債権者を害する信託は、破産手続開始後、破産財団のために否認することができる。
　ただし、否認ができるのは、信託によって利益を受けた受益者の全部（受益権を譲り受けた者がある場合は、譲り渡した者も含む全ての者）が、その行為の当時、①の場合は破産債権者を害することを知っていたとき、②の場合は支払停止等があったことおよび破産債権者を害することを知っていたときに限られる。
(b)　**受益権の返還（12条2項）**　破産者が破産債権者を害することを知って委託者として信託した場合には、破産管財人は、受益者を被告として、その受益権を破産財団に返還することを訴えをもって請求することができる（12条2項前段）。
　ただし、受益権の返還請求ができるのは、受益者（受益権を譲り受けた者がある場合は、譲り渡した者も含む全ての者）が、受益者としての指定を受けた時または受益権を譲り受けた時において破産債権者を害すべきことを知っていたときに限られる（同項後段：11条4項ただし書準用）。

(2) 再生債務者・更生会社が委託者の場合（12条3項〜5項：民事再生法127条1項・会社更生法86条1項等の準用）

再生債務者または更生会社が委託者としてした詐害信託についても、上記(1)の場合と同様の取扱いがされる。

信託の会計

受託者は、信託財産に属する財産の状況等を受益者に開示するために、財産状況開示資料等を作成しなければならないが、信託の会計は、一般に公正妥当と認められる会計の慣行に従って行わなければならない（13条）。

信託は、単に財産を管理するものから、限定責任信託や受益証券発行信託等の株式会社に類似するものまで、その利用形態は広範多岐にわたる。そこで、信託法では基本的なことだけを定め、具体的な処理は一般に公正妥当と認められる会計慣行を基準として行われるべきことを明らかにすることによって、法律と会計実務との調和を図っている。

したがって、信託行為において具体的な会計処理について定めが置かれていれば、それが一般に公正妥当と認められる会計の慣行に従うものであればそれに従うが、特に信託行為に定めがなくとも、一般に公正妥当と認められる会計の慣行が存在していれば、その慣行に従うことになる。

なお、これは信託の会計についてのルールであり、受益者の会計処理は、受益者となる個人または法人が従うべき規律（会社法431条等）に従うことになる。

第 3 章

信託財産

信託財産の概要

1……信託財産の意義

　信託財産とは、受託者に属する財産であって信託により管理または処分すべき一切の財産をいい（2条3項）、受託者の管理または処分等の対象となる財産の総体を指す。信託財産を構成する個々の信託財産を指す場合は、「信託財産に属する財産」という。

　信託は、財産を移転して行う財産管理制度であるから、信託された財産は、信託財産となって受託者の所有に属するが、受託者は自己のために信託財産の管理または処分等を行ってはならず、信託目的に従って受益者のために信託財産の管理または処分等を行わなければならない。このように、信託財産は、受託者の所有に属するが、受託者の固有財産や他の信託の信託財産とは別なものとして取り扱われる。これを信託財産の独立性という。

2……信託財産の独立性を確保するための措置

　信託法では、信託財産の物上代位性や信託財産の帰属ルール等を定めることによって、信託財産の同一性の維持を図るとともに、信託財産に対する強制執行等の制限、信託財産の受託者の破産財団への不帰属、信託財産に対する第三者からの相殺制限等の法的措置を講じることによって、信託財産の独立性を確保している。

　また、信託財産には独立性が認められ、強制執行等が制限されることから、信託関係者以外の第三者に影響を与えるので、その財産が信託財産であることを知らせるものとして、信託の公示制度が設けられている。

Ⅱ 信託財産の同一性

1……信託財産の範囲

　信託財産は、前述したように、受託者に属する財産であって、信託により管理または処分すべき一切の財産をいい（2条3項）、①信託行為において信託財産に属すべきものとして定められた財産のほか、②信託財産に属する財産の管理、処分、滅失、損傷その他の事由により受託者が得た財産（信託財産の物上代位性）、および③信託法の規定により信託財産に属することとなった財産も、信託財産を構成する（16条）。

(1) 信託財産の物上代位性

　信託財産に属する財産の管理、処分、滅失、損傷その他の事由により受託者が得た財産は、信託財産に属する（16条1号）とされ、信託財産に属する財産は、受託者による信託の目的に従った管理または処分等により他の財産に形を変えても、その新たな財産が信託財産を構成することになる。これを「信託財産の物上代位性」という。

　信託法上の物上代位性は、信託財産に属する財産の管理または処分等によって得られた代位物に限らず、「その他の事由」により受託者が得た財産も信託財産を構成するので、代位物の範囲が基本的に対象財産の変形物に限定される民法上の物上代位性（民法304条）よりも広い。

　信託財産に属する財産の売却によって得た売買代金債権や信託財産に属する金銭で購入した財産等の代位物が信託財産に帰属するほか、信託財産を引当てとして借り入れた金銭等の代位物以外のものも信託財産に帰属する。

　さらに、受託者の権限外の行為や取り消し得べき利益相反行為は、取消しがされるまでは有効であるから、信託違反処分によって得られた財産も信託財産に属する。この意味では、信託財産の物上代位性は、受託者の信託違反処分に対する利益吐き出し的な機能をも有しているといえる。

(2) 信託法の規定により信託財産に属することになった以下の財産（16条2号）

　① 17条（財産の付合）の規定により信託財産に属することになった財産
　② 18条（信託財産と固有財産等との識別不能）の規定によって信託財産に

属することになった財産
③　19条（信託財産と固有財産等とに属する共有物の分割）の規定によって信託財産に属することになった財産（84条（受託者複数の信託における信託財産と固有財産等とに属する共有物の分割の特例の場合）を含む。）
④　限定責任信託において、226条3項（受託者の給付制限に違反した給付に関して受益者が受託者に支払った受給相当額の金銭の信託財産への帰属）の規定により信託財産となった金銭、または228条3項（給付により欠損が生じた場合において受益者が受託者に支払った欠損相当額の金銭の信託財産への帰属）の規定により信託財産となった金銭
⑤　受益証券発行限定責任信託において、254条2項（会計監査人の任務懈怠による受託者への損失塡補金の信託財産への帰属）の規定により信託財産となった金銭その他の財産

2……信託財産の帰属
(1) 添付
　信託財産および固有財産は、実質的な帰属主体が異なるので、信託財産に属する財産と固有財産または他の信託の信託財産に属する財産との間で添付を生じる場合があるが、形式的には信託財産および固有財産ともに受託者の所有に属しているので、単純には民法の規定によることができない。そこで、信託財産に属する財産と固有財産または他の信託の信託財産に属する財産との間で添付（付合、混和または加工）があった場合には、各信託の信託財産および固有財産に属する財産は、各別の所有者に帰属するものとみなして、民法242条から248条の規定を適用する（17条）こととしている。
　したがって、信託財産と固有財産または他の信託の信託財産との間で附合または混和があった場合には、主たる財産に合成物等が帰属し、主従の区別ができないときは、添付時の価格の割合で各財産の共有持分が信託財産と固有財産または他の信託の信託財産に帰属することとなる。
(2) 識別不能
(a)　**識別不能の意義**　添付が、ある財産と他の財産とが物理的に結合して混淆等をした場合にその所有関係を調整するものであるのに対して、識別不能は、複数の物がそれぞれ物理的には区別が可能であるという状態は維持

されているものの、その帰属関係のみが不明瞭な状態にある場合に、各財産がどのように信託財産や固有財産に帰属するのかを定めるものである。

【識別不能の例】
① 固有財産に属する羊と信託財産に属する羊とを柵で区分けして飼育していたところ、柵が壊れ、両者に属する羊がどれであったかを識別することができない状態になった場合
② 信託行為の定めに従い、信託財産に属する有価証券と固有財産に属する有価証券とを区別せずに保管・管理すべきこととされている場合（いわゆる合同管理）

(b) **識別不能の場合の財産の帰属**　信託財産に属する財産と固有財産または他の信託の信託財産に属する財産とを識別することができなくなった場合には、識別不能時の各財産の価格の割合で、各財産の共有持分が信託財産と固有財産または他の信託の信託財産に帰属するものとみなされる（18条1項・3項）。識別不能の事由は問わない。識別不能時の価格が不明の場合は、均等な割合で帰属すると推定される（同条2項）。

他方、識別不能の状態にある財産の一部が滅失した場合には、その損失は、共有持分の割合で按分負担されることになる。

3……信託財産と固有財産等とに属する共有物の分割

信託財産に属する財産と固有財産または他の信託の信託財産に属する財産について添付や識別不能が生じた場合のほか、信託財産に属する金銭と固有財産に属する金銭とを合わせて1つの財産を購入した場合や、信託財産と固有財産とで別途共有持分を取得した場合にも、信託財産と固有財産または他の信託の信託財産に、ある財産の共有持分が帰属する。

このような場合において共有物の分割を行う場合、民法の共有分割の規律によれば、各共有者の分割請求に基づき、共有者間で協議をし、協議が調わないときは、裁判所が行うことになるが（民法256条〜258条）、信託においては、信託財産および固有財産はいずれも受託者が所有者（権利者）であり、処分権限を有しているから、受託者が単独で分割を行うことができることになりそうである。しかし、受託者単独で行う分割は、典型的な利益相反行為であるから、原則として、受託者の利益相反行為の禁止の例外に関する規律

に従って分割することとされている。

すなわち、受託者に属する特定の財産について、その共有持分が信託財産と固有財産または他の信託の信託財産に属している場合には、以下のいずれかの方法によってその財産の分割をすることができる（19条1項・3項）。受託者複数の信託の場合については、84条で特例が定められている。

① 信託行為において定めた方法
② 信託財産と固有財産に属している場合は、受託者と受益者（受託者複数の信託の場合は、固有財産に共有持分が属する受託者と受益者）との協議による方法、信託財産と他の信託の信託財産に属している場合は、各信託の受益者の協議による方法
③ 分割することが信託の目的の達成のために合理的に必要と認められる場合であって、受益者の利益を害しないことが明らかであるとき、または分割の信託財産に与える影響、分割の目的および態様、受託者の受益者との実質的な利害関係の状況その他の事情に照らして正当な事由があるときは、信託財産と固有財産に属している場合は、受託者が決する方法、信託財産と他の信託の信託財産に属している場合は、各信託の受託者が決する方法（受託者複数の信託の場合は、各信託の受託者の協議による方法）

以上のいずれにも該当しないときは、信託財産と固有財産に属している場合は、受託者または受益者（受託者複数の信託の場合は、固有財産に共有持分が属する受託者または受益者）が、信託財産と他の信託の信託財産に属している場合は各信託の受益者が、裁判所に共有物の分割請求をする（19条2項・4項）。

なお、協議に関して、受益者または受託者が複数の場合は、協議に入る前にそれぞれの意思決定に関する規律に従って意思決定をしておく必要がある。

4……信託財産に関する混同の特例

信託財産と固有財産または他の信託の信託財産はいずれも、受託者が所有者（権利者）であるので、信託財産に属する財産の所有権と固有財産または他の信託の信託財産に属する所有権以外の物権が形式的に同一人に帰属することが生じる。また、債権と債務についても、形式的に同一人に帰属するこ

とが生じる。

　確かに、信託財産と固有財産または他の信託の信託財産は受託者に属しているが、実質的帰属主体は異なっているので、信託財産と固有財産または他の信託の信託財産との間で混同による権利の消滅が生じることのないようにする必要がある。そこで、信託財産に関する物権および債権について、民法の物権に関する混同（民法179条）と債権に関する混同（同法520条）の例外を定め、実質的に同一人に帰属した場合にのみ消滅することとされている（20条）。

　すなわち、物権に関しては、同一物について、所有権と所有権以外の物権または所有権以外の物権とこれを目的とする他の権利がそれぞれ信託財産や固有財産あるいは他の信託の信託財産に帰属しても、他の物権や他の権利は消滅しない（同条1項・2項）。また、債権・債務に関しては、債権と債務が受託者に帰属しても消滅せず（同条3項）、実質的に同一の信託財産または固有財産等に債権と債務が帰属した場合にのみ消滅する（同項各号かっこ書）。

5……委託者の占有の瑕疵の承継

　受託者は、信託財産に属する財産の占有について、委託者の占有の瑕疵を承継する（15条）。瑕疵ある占有をする委託者が、その占有する財産について信託を設定し、自らは受益者となることにより、占有の瑕疵を受託者の下で治癒させて、不当に利益を得ることを防止する趣旨である。

6……信託財産責任負担債務
(1) 信託財産責任負担債務の意義

　信託財産責任負担債務とは、受託者が信託財産に属する財産をもって履行する責任を負う債務をいう（2条9項）。信託財産は独立性を有し、信託財産に属する財産に対する強制執行等は原則として禁止されるが、例外的に信託財産に属する財産への強制執行等が許される債権に係る債務が信託財産責任負担債務である。

　すなわち、信託の設定段階で既に負担している債務や信託事務の処理をする上において負担した債務については、信託財産が負担すべきであるから、そのような債務に係る債権に基づく場合には、信託財産に対する強制執行等

が認められるのである（23条）。

　信託財産責任負担債務に関しては、受託者が信託財産のみをもって履行の責任を負う債務（21条2項）、すなわち、受益債権および法律の規定や信託債権者と受託者の合意により責任が信託財産に限定される信託の信託債権に係る債務を除き、信託財産に属する財産と受託者の固有財産に属する財産とが、ともに責任財産になる（同項の反対解釈）。

(2) 信託財産責任負担債務の範囲
　下記の債権に係る債務は、信託財産責任負担債務となる（21条1項）。
① 受益債権（21条1項1号）
　　受益債権は、信託行為に基づいて受託者が受益者に対して負う債務であって、信託財産に属する財産の引渡しその他の信託財産に係る給付をすべきものに係る債権であり（2条7項）、受益債権に係る債務については、受託者は、信託財産に属する財産のみをもってこれを履行する責任を負う（100条）。
② 信託財産に属する財産について信託前の原因によって生じた権利（21条1項2号）
　　たとえば、賃貸物件である不動産について、信託行為の定めまたは信託事務の処理によってその賃貸不動産が信託財産となった場合における賃貸不動産に付着している敷金返還請求権。
③ 信託前に生じた委託者に対する債権であって、その債権に係る債務を信託財産責任負担債務とする旨の信託行為の定めのあるもの（21条1項3号）
　　たとえば、委託者が負担する債務について、信託の設定時における信託行為の定めにより受託者が信託財産責任負担債務として引き受けることとした場合のその債務に係る債権。
　　これにより、委託者に属する積極財産と消極財産（債務）の集合体である特定の事業について、信託行為の定めにより、積極財産の信託と合わせて債務引受けをすることによって、実質的に、その事業自体を信託したのと同様の状態（事業の信託）を作り出すことができる。
④ 受益権取得請求権（21条1項4号）
　　信託の重要な変更等（重要な信託の変更または信託の併合もしくは分割）

の際に、これに賛成しない受益者に付与される受託者に対する受益権の取得請求権。

　受託者は、受益権取得請求に係る債務については、信託財産に属する財産のみをもって履行する責任を負う（104条12項）。

⑤　受託者の信託財産のためにする権限内の行為によって生じた権利（21条1項5号）

　たとえば、受託者が信託行為の定める借入権限に基づいて、信託財産のために借入れをした場合における借入債務に係る貸付債権。

⑥　受託者の信託財産のためにする権限外の行為によって生じた権利（21条1項6号）

　受託者が信託財産のためにした行為であっても、受託者の権限に属しないものについては、権限外の行為として取消しの対象となるが（27条1項・2項、75条4項）、取消しの対象となる行為であっても取り消されるまでは有効であるから、その行為によって生じた権利に係る債務は、信託財産責任負担債務となる（21条1項6号ロ）。

　また、権限外の行為であっても、相手方がそのことについて善意・無重過失であるなどの理由により取り消すことができない行為の場合も、その行為によって生じた権利に係る債務は、信託財産責任負担債務となる（同号イ）。

　ただし、その行為が信託財産のためにされたものであることを相手方が知らなかった場合は、信託財産も責任財産となることへの相手方の期待を保護する必要はないので、その行為によって生じた権利は除かれ（同号イのかっこ書）、その場合の債務は信託財産責任負担債務とはならない。したがって、その権利に基づく強制執行等は、信託財産に属する財産に対して行うことはできず、固有財産に属する財産に対してのみ行うことになる。

　もっとも、信託財産に属する特定の財産の売買のように、信託財産に属する財産を直接的に目的とする取引がされる場合は、受託者は、信託財産のためにする行為をしており、相手方もその財産について権利を取得する意思を有しているから、それが信託のためにされていることを知らなくても、その行為の効果は信託財産に帰属する。つまり、「信託財

産に属する財産について権利を設定し又は移転する行為」は、上記の例外からさらに除かれて（同号イの二重かっこ書）、その行為によって生じた権利に係る債務は、信託財産責任負担債務となる。

⑦　受託者の利益相反行為によって生じた権利（21条1項7号）

　受託者が自己取引・信託財産間取引等の利益相反行為を行った後にその対象となった財産を第三者に対し処分その他の行為をしたとき（31条6項に規定する処分その他の行為）、または受託者が第三者との間で双方代理的取引・間接取引等の利益相反行為を行ったとき（31条7項に規定する行為）は、受益者はこれらの受託者と第三者との間の行為を取り消すことができる。しかし、この行為が取り消されない間は、取消しの対象となった行為自体は有効であるから、その行為によって生じた権利に係る債務は、信託財産責任負担債務となる。相手方が善意・無重過失であることにより、そもそも取り消すことができない場合も同様である。

⑧　受託者が信託事務を処理するについてした不法行為によって生じた権利（21条1項8号）

　受託者が信託事務を処理するについてした不法行為によって生じた権利に係る債務については、受託者個人が賠償責任を負うと考えられるが、そうすると受託者が十分な資力を有していない場合のリスクを被害者が負うことになってしまう。そこで、信託事務の処理は受益者のために行われるものであり、受益者もその事務処理によって利益を受けていることを踏まえて、損害の公平な分担等の観点から、信託財産責任負担債務としたものである。取引的不法行為であるか事実的不法行為であるかを問わない。ただし、受託者の行為（不作為を含む。）が前提とされており、受託者の行為が観念されない所有者の工作物責任等は含まれない。

⑨　その他信託事務の処理について生じた権利（21条1項9号）

　たとえば、信託財産に属する租税・公課や土地の工作物である信託財産を所有することにより負担する工作物責任（民法717条）に基づく権利等。

(3) 信託財産限定責任負担債務の範囲

　信託財産責任負担債務のうち、下記の権利に係る債務については、受託者は、信託財産に属する財産のみをもってその履行の責任を負う（21条2項、

154条)。

① 受益債権（21条2項1号）
　　受益債権に係る債務については、受託者は、信託財産に属する財産のみをもってこれを履行する責任を負う（100条）。
② 限定責任信託の効力が生じた場合における限定責任信託の信託債権（信託財産責任負担債務に係る債権であって、受益債権でないもの。）（21条2項2号）
　　ただし、上記(2)⑧の「受託者が信託事務を処理するについてした不法行為」に係る債務（同条1項8号）については、限定責任信託の信託債権に係る債務の場合であっても、そこから除かれるので（217条1項かっこ書）、信託財産限定責任負担債務とはならない。
③ 信託法の規定により信託財産に属する財産のみをもってその履行の責任を負うものとされている場合における信託債権（21条2項3号）
　1　前受託者の有する費用等の償還請求権等に関する新受託者等の責任（75条6項）
　2　受託者の変更により承継された債務に関する新受託者の責任（76条2項）
　3　職務分掌の定めがある場合の共同受託者の責任（83条2項）
　4　受益債権に係る受託者の責任（100条）
　5　受益権取得請求権に係る債務に関する受託者の責任（104条12項）
　6　受益者集会の費用に関する受託者の責任（122条2項）
　7　信託管理人等の費用等の償還請求等に関する受託者の責任（127条4項（137条、144条および256条でそれぞれ準用する場合を含む。））
　8　帰属権利者が有する債権で残余財産の給付をすべき債務に係る清算受託者の責任（183条5項）
④ 信託債権者と受託者との間で締結される、信託財産に属する財産のみをもってその履行の責任を負う旨の合意がある信託債権（21条2項4号）

 信託財産の独立性

1……信託財産に対する強制執行等の制限
(1) 信託財産に対する強制執行等の禁止
　信託財産に属する財産に対しては、信託財産責任負担債務に係る債権に基づく場合を除き、強制執行、仮差押え、仮処分もしくは担保権の実行もしくは競売（担保権の実行としてのものを除く。）または国税滞納処分をすることができない（23条1項）。これに違反した場合は、受託者または受益者は、異議を主張することができる（同条5項・6項）。

　すなわち、委託者の債権者、受託者の固有財産に係る債権者、受託者に属する他の信託の信託財産に係る債権者等は、信託財産に属する財産に対して権利を主張することができず、その結果、信託財産の独立性が確保され、受益者の保護が図られるわけである。

　なお、信託財産責任負担債務に係る債権には、信託財産に属する財産について生じた権利が含まれるとされるので（23条1項かっこ書）、たとえば、その信託財産に属する財産を目的とする抵当権等の担保物権は、信託財産責任負担債務に係る債権ではないが、それと同様に取り扱われ、信託財産に対する担保権の実行等の権利行使が認められる。

(2) 自己信託の場合の特例
　自己信託の場合は、委託者と受託者が同一であることによる濫用等の弊害防止の観点から、特例が設けられている。

　すなわち、委託者の債権者は信託債権者ではないので、信託財産に対して強制執行をしようとする場合は、詐害信託の取消訴訟を提起して、信託財産として拠出された財産を委託者の責任財産に復帰させることが必要となるところ、自己信託の場合については、委託者に対する債権で信託前に生じたものを有する者は、詐害信託の時から2年間に限り（23条4項）、詐害信託の取消訴訟を提起することなく、債務名義に基づき直ちに信託財産に対して強制執行等を開始できるものとされ（同条2項本文）、強制執行等が容易にできるようにされている。

　ただし、受益者が現に存する場合において、強制執行等をすることができ

るのは、その受益者の全部（受益権を譲り受けた者がある場合は、譲り渡した者も含むすべての者）が、受益者としての指定を受けたことを知った時または受益権を譲り受けた時において債権者を害することを知っていたときに限られる（23条2項・3項）。

(3) 強制執行等に対する異議の訴えに係る費用等の信託財産からの支弁

受益者が、前記(1)の強制執行等に対する異議に係る訴えを提起して勝訴した場合には、その訴えに係る費用等については、相当と認められる額を限度として信託財産から支弁される（24条1項）。受益者が敗訴した場合であっても、悪意があった場合を除き、受託者に対し、これによって生じた損害を賠償する責任を負わない（同条2項）。

ある受益者による信託財産への強制執行等に対する異議の訴えによって信託財産の独立性が確保されれば、それは他の受益者の利益にもなるので、受益者間の負担の公平の観点から、受益者が負担した費用等については、信託財産から相当額の支弁をすることが認められる趣旨である。

2……信託財産の受託者の破産財団への不帰属等

受託者が破産手続開始の決定を受けた場合であっても、信託財産に属する財産は、破産財団に属しない（25条1項）。また、受益債権も破産債権にならず、信託債権であっても受託者が信託財産に属する財産のみをもってその履行の責任を負うものについては、破産債権とならない（同条2項）。

受託者の破産手続は、固有財産のみを対象とした責任財産の清算手続であり、信託財産はその手続の対象外であるので、受託者の破産財団には属しない。また、受託者の固有財産を責任財産としない債権は破産債権とはならないから、受益債権や信託債権であっても信託財産に責任が限定されるものは、破産債権とはならない。

破産手続における免責も固有財産に係るものであるから、信託財産に影響を及ぼさない。信託債権は、受託者の固有財産についても引当財産とすることができるので破産手続の対象となるところ、免責許可の決定（破産法252条1項）による信託債権に係る免責については、信託財産との関係においては、その効力を主張することができない（25条3項）とされているので、信託債権者は、免責許可の決定後であっても、信託財産に対する強制執行等を行う

際には、決定前の権利の内容に従って配当等を受けることができる。

このような受託者の破産の場合の取扱いは、受託者が再生手続や更生手続の開始の決定を受けた場合にも行われるので（同条4項～7項）、受託者が破産した場合だけでなく、受託者の再生または更生の場合にも信託財産の独立性は確保される。

3……信託に係る相殺の制限

信託財産の独立性を確保するために信託財産に対する強制執行等が制限されているが、信託財産責任負担債務に係る債権者（信託債権者および受益債権者）以外の第三者からの相殺を認めると、実質的には強制執行等を認めたのと同様になることから、信託財産に対する強制執行等の制限を実効的なものとするため、第三者からの相殺について一定の範囲で制限が設けられている（22条）。

また、信託財産の独立性を確保するためには、受託者からする相殺についても制限する必要があるが、受託者がする相殺については、忠実義務や善管注意義務等の受託者の義務の問題として整理され、相殺に特化した規定は設けられていない。

なお、一定の場合において相殺が認められる場合があるが、相殺が認められると、固有財産等に属する債務を信託財産で弁済したことになる場合や、その逆に、信託財産に属する債務を固有財産等で弁済することになる場合が生じるので、その後に固有財産等と信託財産との間で償還処理が行われる。この償還処理では固有財産等と信託財産との間で財産移転が行われることになるが、これは22条による相殺の事後処理であり、忠実義務の問題は生じない（31条2項4号により許容される。）。

(1) 第三者からする相殺の制限

(a) 固有財産等責任負担債務に係る債権者からの相殺　固有財産等責任負担債務（受託者が固有財産または他の信託の信託財産（固有財産等）に属する財産のみをもって履行する責任を負う債務）に係る債権を有する者は、その債権をもって信託財産に属する債権に係る債務と相殺することができない（22条1項本文）。この相殺を認めると、固有財産（または他の信託の信託財産）に属する債務について、信託財産で弁済したことになり、受益者が不利益を受

けるからである。

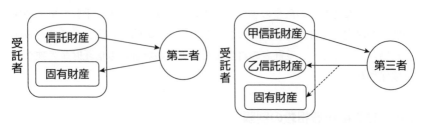

ただし、固有財産等責任負担債務に係る債権者が、善意・無過失で、信託財産に属する債権を固有財産等に属する債権と信じた場合（22条1項ただし書1号）、または固有財産等責任負担債務を信託財産責任負担債務と信じた場合（同項2号）は、第三者の相殺の期待権保護の観点から相殺が認められる。

すなわち、固有財産等責任負担債務に係る債権者が、信託財産に属する債権に係る債務を負っているのに、善意・無過失で、その信託財産に属する債権が固有財産等に属する債権と思い固有財産等に属する債権・債務が対立していると信じた場合（同項ただし書1号）、または固有財産等責任負担債務が信託財産責任負担債務であると思い、信託財産に属する債権・債務が対立していると信じた場合（同項2号）には、相殺が認められる。

また、利益相反行為の許容要件（31条2項各号）を満たす場合は、受託者の承認により、固有財産等責任負担債務に係る債権者は、その債権をもって信託財産に属する債務と相殺することができる（22条2項）。

受託者の承認により、相殺が実行されると、固有財産等責任負担債務を信託財産で弁済したことになり、これは利益相反行為に該当することになるから、この場合には利益相反行為の許容要件を満たしている必要がある。

たとえば、第三者の経営悪化により信託財産に属する債権が不良債権化しているような場合には、むしろ第三者からの相殺を認めた上で固有財産等から信託財産へ償還処理を行うことにより信託財産に属する債権の回収を図っ

た方が信託財産にとって利益となる場合があるが、このような場合には、利益相反行為の許容要件（31条2項4号）を満たしていると考えられるから、受託者は相殺を承認して相殺禁止を解除することができる。

(b) 信託財産限定責任負担債務に係る債権者からの相殺　信託財産限定責任負担債務（21条2項）に係る債権者は、その債権をもって、固有財産に属する債権に係る債務と相殺することはできない（22条3項本文）。これを認めると、信託財産限定責任負担債務については、受託者は固有財産をもって履行の責任を負わないものとしている趣旨に反するからである。

すなわち、信託財産責任負担債務に係る債権については、信託財産のみならず、固有財産についても責任財産とすることができるから、その債権をもって、

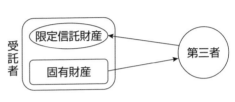

固有財産に属する債権に係る債務とも相殺することができるが、信託財産限定責任負担債務に係る債権は、信託財産に責任が限定され、固有財産を引当てにすることができない債権であるので、その債権をもって、固有財産に属する債権に係る債務と相殺することはできない。

ただし、信託財産限定責任負担債務に係る債権者が、固有財産に属する債権に係る債務を負っているのに、善意・無過失で、固有財産に属する債権が信託財

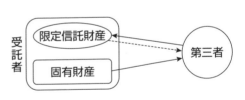

産に属する債権であると思い、信託財産に属する債権・債務が対立していると信じた場合は、相殺が認められる（22条3項ただし書）。

また、信託財産限定責任負担債務に係る債権者からの相殺制限は、受託者の保護のためのものであるから、受託者が承認すれば相殺可能となる（同条4項）。承認にあたっては、利益相反行為の許容要件を満たすことは要求されていないので、単純に承認すればよい。

なお、相殺の自働債権である信託財産限定責任負担債務に係る債権が、固有財産等に属するものであると思った場合については規定されていないが、これは、信託財産限定責任負担債務の債権者は、信託財産に属する財産のみ

をもって履行の責任を負う旨の合意をした者か、限定責任信託の信託債権を有している者であり、その債権が「固有財産」に属すると誤信することはないからである。

(2) 受託者からの相殺制限

　受託者からする相殺については、前述したように、忠実義務等の受託者の義務の問題として整理され、特に規定は設けられていない。

(a) 信託財産に属する債権と固有財産に属する債務との相殺　　受託者は、信託財産に属する債権をもって固有財産等に属する債務と相殺することができない。これを認めると、固有財産等責任負担債務を信託財産で弁済したことになり、利益相反行為（自己取引）

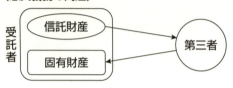

(31条1項)に該当するからである。

　このような相殺が行われた場合には、第三者（固有財産等責任負担債務に係る債権者）が、その相殺が利益相反行為であることを知り、または重大な過失によって知らなかったときに限り、受益者は、受託者の相殺の意思表示を取り消すことができる（同条7項）。第三者が善意・無重過失の場合は取消しができないので、相殺は有効となる。

(b) 信託財産に属する債権と他の信託の信託財産に属する債務との相殺

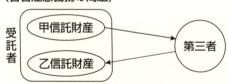

受託者が、信託財産に属する債権をもって、他の信託の信託財産に属する債務と相殺する場合は、受益者と受益者の利益対立関係であるから、善管注意義務の問題となる。

(c) 固有財産に属する債権と信託財産に属する債務との相殺　　受託者が、固有財産に属する債権をもって、信託財産に属する債務と相殺する場合は、固有財産をもって信託財産責任負担債務を弁済するものであり、基本的には信託財産に不利益を与えることがなく、また形式的にも利益相反行為に該当しない。

ただし、同一の相手方に対して、信託財産と固有財産の双方から貸付けが行われている場合で、かつ、その相手方の経営が悪化しているような場合には、不良債権化した固有財産に属する債権を信託財産で回収することになりかねないから、競合行為（第4章Ⅲ3(3)参照）の一種に当たる可能性がある。

(3) 受益債権との相殺

(a) 受益者からの相殺　受益債権は、受託者が信託財産のみをもってその履行の責任を負う債務に係る債権であるから（100条）、信託財産限定責任負担債務に係る債権である（21条2項1号）。したがって、受益者からの相殺は、前述した信託財産限定責任負担債務に係る債権者からの相殺の場合と同様に考えることができ、受益債権をもって固有財産に属する債務と相殺することができない（22条3項本文）。これを認めると、信託財産限定責任負担債務については、受託者は固有財産をもって責任を負わないものとしている趣旨に反するからである。

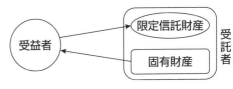

ただし、受益者の相殺の期待権保護の観点から、受益者が、固有財産に属する債権に係る債務を負担しているのに、善意・無過失で、固有財産に属する債権が信託財産に属する債権であると思い、信託財産に属する債権・債務が対立していると信じた場合には、相殺が認められる（同条3項ただし書）。

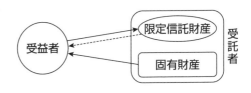

また、受益債権をもって、固有財産に属する債務と相殺することを禁止するのは、受託者を保護するためであるから、受託者が承認すれば相殺可能となる（同条4項）。

(b) 受託者からの相殺　受託者が、固有財産に属する債権をもって受益債権に係る債務と相殺するのは、受託者が信託事務処理を行う立場ではなく、個人としての立場で受益債権に係る債務と相殺するものであり、また、受益者は、受益債権に基づく給付は受けられなくなるが、固有財産に対して負担していた債務も消滅するので不利益にはならないから、利益相反行為には該

当せず、相殺は可能と解される。

(忠実義務の問題)

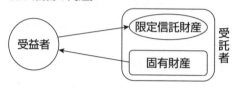

ただし、現実の給付が重視される受益債権については、債権の性質上相殺が許されないものと解されるか、または相殺禁止特約が付されたものと解される場合がある。

(善管注意義務の問題)

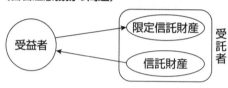

受託者が、信託財産に属する債権をもって他の信託の受益債権に係る債務と相殺する場合は、受益者と受益者の利益対立関係であるから、受託者の善管注意義務の問題となる。

4……信託の公示
(1) 信託の公示の意義

　信託財産には独立性があり、受託者の債権者は信託財産に属する財産について強制執行等をすることができず、また受託者が破産手続開始の決定を受けても、信託財産に属する財産は破産財団には属しない。このように、信託関係者以外の第三者に影響を与えるため、信託財産であることを第三者に知らせる制度、すなわち、信託財産の公示の制度が設けられている。

　信託法は、14条において、「登記又は登録をしなければ権利の得喪及び変更を第三者に対抗することができない財産については、信託の登記又は登録をしなければ、当該財産が信託財産に属することを第三者に対抗することができない。」と規定して、信託財産に属する財産について、「信託財産に属することを第三者に対抗する」ためには、信託の登記または登録が必要であるとしている。

　他方、登記または登録が必要な財産の範囲は、「登記又は登録をしなければ権利の得喪及び変更を第三者に対抗することができない財産」に限定されているので、公示制度が整備されておらず、公示をもって対抗要件とすることとされていないものについては、財産が信託財産に属する旨の公示なくし

て信託財産に属することを第三者に対抗することができる。

(2) 公示の方法

(a) 登記または登録すべき財産の場合　登記または登録をしなければ権利の得喪および変更を第三者に対抗することができない財産、例えば、不動産所有権、抵当権、地上権や特許権、著作権等については、信託の登記または登録をしなければ、その財産が信託財産であることを第三者に対抗することができない（14条）。

　公示の仕方については、不動産登記法その他の各根拠法で定められるが、信託財産に属することのみを抽象的に公示するのではなく、ある受託者が受託するどの信託に属するかが明らかになるように、信託の委託者、受託者、受益者の氏名または名称および住所のほか、信託の目的、信託財産の管理方法、信託の終了事由その他の信託の条項が公示される（不登法97条1項各号）。これにより、受託者の債権者や他の信託の信託債権者等の第三者に対して、信託財産に属することを主張することができることになる。

(b) 登記または登録すべき財産以外の財産の場合　登記または登録等の公示制度が整備されていない動産や債権等については、信託の公示なくして信託財産に属することを第三者に対抗することができるが、個別法により、一定の公示を要求されるものがある。

① 有価証券

　手形、小切手等のほか、株券、新株予約権証券、社債券、受益証券等の有価証券については、券面が発行されている場合には、記名証券であれ、無記名証券であれ、特に公示をしなくても信託財産であることを第三者に対抗することができる。

　券面が発行されていない場合には、株式（会社法154条の2第1項）、新株予約権（同法272条の2第1項）、社債（同法695条の2第1項）、受益権（206条1項）については、それぞれ株主名簿、新株予約権原簿、社債原簿、受益権原簿に信託財産に属する旨を記載または記録しなければ、信託財産に属することを第三者に対抗することができない。

　また、券面が発行されていない場合のうち、社債、株式等の振替に関する法律（振替法）の適用を受ける振替株式（振替法142条1項）、振替新株予約権（同法207条1項）、振替社債（同法75条1項）、振替受益権（同法

127条の18第1項）については、信託財産に属する旨を振替口座簿に記載または記録しなければ、信託財産に属することを第三者に対抗することができない。

これらの公示の仕方は、信託財産に属すること、逆に言えば、固有財産に属しないことを公示するものであるから、これにより、受託者の債権者等の第三者に対しては、信託財産に属することを対抗することができる。

② 動産等

金銭、動産、指名債権等については、信託財産である旨の公示をしなくても信託財産であることを第三者に対抗することができる。

5……不動産登記法上の信託の登記手続
(1) 信託の登記方法

信託の登記は、信託に係る権利の保存、設定、移転または変更の登記の申請と同時に（不登法98条1項）、しかもその登記の申請は、1つの申請情報によってしなければならない（不登令5条2項）。信託の登記の抹消の場合も同様である（不登法104条1項）。

「権利の移転等の登記」は、権利に関する登記であるので、共同申請の原則が適用され、登記権利者と登記義務者が共同して申請しなければならない（同法60条）。共同申請にあたっては、登記面上、利益を受ける者（新たに登記名義人になる者）が登記権利者となり、登記面上、不利益を受ける者（登記名義人でなくなる者）が登記義務者となって申請する。

これに対して、「信託の登記」については、不動産が信託財産として受託者に帰属していることを公示するものであり、登記権利者と登記義務者というものを観念することができない。共同申請の原則自体は、信託に係る権利の移転等の登記で維持されているので、信託の登記は、受託者が単独ですることができることとされている（不登法98条2項）。信託の登記の抹消の場合も同様である（同法104条2項）。

(2) 信託の登記事項

信託に関する登記の登記事項は、不動産登記法59条各号に掲げる権利に関する登記事項のほか、同法97条1項各号に規定する信託の登記の登記事

項である。
　(a)　**権利に関する登記の登記事項**　権利に関する登記の登記事項（不登法59条）は、下記のとおりである。
　① 　登記の目的
　② 　申請の受付の年月日および受付番号
　③ 　登記原因およびその日付
　④ 　登記に係る権利の権利者の氏名または名称および住所ならびに登記名義人が複数存するときは、その権利の登記名義人ごとの持分
　　　ただし、信託の登記については、持分の概念がなく、申請情報からも除外されており（不登令3条9号かっこ書）、持分を記載する必要はない。
　⑤ 　登記の目的である権利の消滅に関する定めがあるときは、その定め
　⑥ 　共有物分割禁止の定めがあるときは、その定め
　⑦ 　代位による登記においては、代位者の氏名または名称および住所ならびに代位原因
　⑧ 　順位番号
　(b)　**信託の登記の登記事項**　信託の登記事項は、下記のとおりであり（不登法97条1項）、その信託の登記事項は、信託目録を作成して記録することができる（同条3項）。
　① 　委託者、受託者および受益者の氏名または名称および住所
　② 　受益者の指定に関する条件または受益者を定める方法の定めがあるときは、その定め
　③ 　信託管理人があるときは、その氏名または名称および住所
　④ 　受益者代理人があるときは、その氏名または名称および住所
　⑤ 　受益証券発行信託（185条3項）であるときは、その旨
　⑥ 　受益者の定めのない信託（258条1項）であるときは、その旨
　⑦ 　公益信託（公益信託法1条）であるときは、その旨
　⑧ 　信託の目的
　⑨ 　信託財産の管理方法
　⑩ 　信託の終了の事由
　⑪ 　その他の信託の条項
　　上記②～⑥のいずれかを登記したときは、受益者（受益者代理人の氏名ま

たは名称および住所を登記した場合にあっては、受益者代理人が代理する受益者に限る。）の氏名または名称および住所を登記することを要しない（不登法97条2項）。

　これは、受益者が多数である場合において、そのすべての受益者を登記することにすると、受益権が譲渡されるたびに受益者の氏名等を変更しなければならず煩雑に過ぎることから、受益者代理人等が存する場合には、個別の受益者の氏名等を登記することを不要にしたものである。

　なお、受益者代理人に代理されない受益者については、別途、その氏名等を登記する必要がある。

第 4 章 受託者

受託者の概要

1……受託者の意義

受託者とは、信託行為の定めに従い、信託財産に属する財産の管理または処分およびその他の信託の目的の達成のために必要な行為をすべき義務を負う者をいう（2条5項）。

信託は、委託者が受託者に対する高度な信頼に基づいて財産を受託者に移転して、受益者のために信託財産の管理または処分等をすることを委ねる制度であるから、受託者は、その信頼に応えて任務を全うすべく、広範な管理権限を有する一方、その権限の行使にあたっては厳しい義務と責任（受託者責任）を負う。

2……受託者の資格

受託者は委託者の信頼に応え、その管理者としての任務を全うし得る者でなければならないから、一般的に権利能力がなければならないのはもちろん、財産権を享有できる者で、かつ、行為能力を有する者でなければならない。したがって、未成年者、成年被後見人、被保佐人等の制限能力者は、受託者となることができない（7条）。

法人の場合は、信託の引受けが法人の権利能力の範囲に属していなければならず（民法34条）、特に信託の引受けを営業として行う場合には、内閣総理大臣の免許等を受けなければならない（信託業法3条・7条、信託兼営法1条）。

これらの要件を欠く場合は、信託の効力は有効に発生せず、受託者になった後に要件を欠いた場合には、受託者の任務は終了する。

なお、受託者が破産した場合には、原則として受託者の任務が終了するが

(56条1項3号)、個人受託者の場合には、信託行為に破産手続開始の決定があってもその任務は終了しない旨の定めがあれば、受託者の職務を遂行することができる（同条4項）。

3……受託者の信託の利益享受の禁止

受託者は、受益者のために信託財産の管理または処分等を行う者であるから、信託の利益を享受することはできない（8条）。

ただし、受託者が固有財産で受益権を保有することにより、受益者として信託の利益を享受することはできる。さらに、受託者が受益権の全部をその固有財産で保有する状態が生じても、受益権の全部または一部を譲渡することにより、あるいは新受託者を選任することにより、この兼任状態を解消することができるから、直ちに信託が終了することにはならず、受託者と受益者の兼任状態が1年間継続したときに終了することとされている（163条2号）。

II 受託者の権限

1……受託者の権限の意義

信託は、受託者に財産を移転して行う財産管理制度であるから、受託者は、信託された財産である信託財産の所有者（権利者）となるが、その権利を自らのために行使することはできず、信託の目的に従い受益者のために行使しなければならない。言い換えれば、受託者は、形式的には信託財産について所有権（権利）を有してはいるが、実質的には信託財産について名義と管理権を有しているのであって、このような管理権は、広義の管理権としての性質を有するものとされる（四宮和夫『信託法（新版）』（有斐閣・1989）207頁）。

広義の管理権は、近代における所有と管理との分化現象に対応して、権利の概念から、権利行使の譲渡または権利行使の権限として分化してきたものであり、財産的事務の処理をする権利で、包括的財産または財産を構成する個々の財産権・物に関する事実行為・法律行為・訴訟行為、さらには新しい権利の取得、義務の設定あるいは既存の権利の行使・処分、義務の履行を包

含する広範なものである（於保不二雄『財産管理権論序説』（有信堂・1954）52頁、四宮・前掲207頁～208頁）。

このように受託者は、信託財産について広範な管理権を有するが、法形式的には信託財産の所有者（権利者）であるから、信託の目的を達成するために必要な管理権限を有すると法律構成されることになる。

2……受託者の権限の範囲・内容
(1) 受託者の権限の範囲

信託法26条は、「受託者は、信託財産に属する財産の管理又は処分及びその他の信託の目的の達成のために必要な行為をする権限を有する。」と規定している。すなわち、受託者は、信託の目的の達成のために必要であれば、信託財産に属する財産の管理または処分をする行為のみならず、それ以外にも信託の目的の達成のために必要な行為をする権限を有する。

他方、信託行為により受託者の権限に制限を加えることが認められており（26条ただし書）、必要に応じて権限の範囲を限定したり、一定の権限の行使に関して受益者等の承諾を要するとしたり、一定の制約を課すこともできる。

受託者は、以上のように、広範な管理権限を有しているが、この他に信託法によって、信託管理人・信託監督人の選任申立権（123条・131条）、信託の変更申立権（150条）、信託の終了命令申立権（165条・166条）が認められている。

(2) 受託者の権限の内容

受託者は、さまざまな行為をする権限を有するが、その主なものは、下記のとおりである。

① 管理行為
　　受託者は、信託行為に定めがなくとも当然に、信託財産に関する管理行為、すなわち、保存行為、利用行為、改良行為をすることができる。
② 処分行為
　　受託者は、信託財産の性質を変更する処分行為であっても、信託目的の達成のために必要な場合にはすることができる。
③ 権利取得・債務負担行為
　　受託者は、信託目的達成のために必要な範囲で、第三者からの権利取

得行為や借入行為等をすることができる。
④　訴訟行為
　　受託者は、信託財産に関する訴訟について当事者適格を有し、受託者に対する判決は、信託財産にも効力が及ぶ。

3……受託者の権限外の行為の効力
(1) 信託財産のためにする権限内の行為の効果
　法人の場合、代表取締役等の法人の代表権限を有する者が法人の代表者として行為すると、その行為の効果は法人に帰属するが、信託の場合には、信託財産には独立性はあっても法人格はなく、受託者が権利主体として行為するので、その行為の効果は受託者の固有財産に帰属することになる。
　受託者の行為の効果が信託財産に帰属するためには、信託財産のためにする意思を有し、かつ、その行為が権限内の行為でなければならない。そうでないときには、原則に戻って、固有財産に効果が帰属することになる。

(2) 信託財産のためにする権限外の行為の効果
(a)　**受託者の権限外の行為の効果と相手方保護**　受託者の行為が信託財産のためにする行為であっても、権限外で行った行為の効果は信託財産に帰属せず、原則に戻って受託者（固有財産）に帰属することになる。しかし、受託者は、所有者（権利者）として行為しており、受託者の行為を信託財産のためにする権限内の行為と信じた相手方は保護する必要がある。
　そこで、相手方が受託者の行為が信託財産のためにする行為であることを知っている場合は、権限外の行為であっても信託財産に行為の効果が帰属することとし、相手方の保護に欠けることのない場合、すなわち、相手方が受託者の信託財産のためにする行為が権限外であることについて悪意または重過失である場合には、受益者が受託者の行為を取り消すことができることとされている。
　ただし、信託財産に属する財産の売買のように、信託財産に属する財産を直接に目的とする取引がされる場合には、受託者は信託財産のためにする行為をしているのであり、相手方もその財産についての権利を取得する意思は有しているので、相手方が信託財産のためにする行為であることを知らなくても、信託財産にその効果は帰属し（21条1項6号イ二重かっこ書）、相手方が

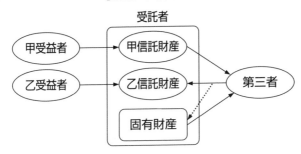

【信託の法律関係】

受託者の権限外の行為について悪意または重過失である場合に限って、受益者はその行為を取り消すことができる。

(b) 信託財産のためにする権限外の行為の取消要件　受託者の信託財産のためにする行為が権限外の行為である場合において、下記①および②のいずれにも該当する場合は、受益者は当該行為を取り消すことができる（27条1項）。

① 行為の相手方が、その行為の当時、その行為が信託財産のためにされたものであることを知っていたこと

② 行為の相手方が、その行為の当時、その行為が受託者の権限に属しないことを知っていたこと、または知らなかったことにつき重大な過失があったこと

相手方が、受託者の権限外の行為が信託財産のためにされたものであることを知らなかった場合については、それは受託者の固有財産と取引をしているのであるから、その行為の効果は、信託財産に帰属せず、受託者の固有財産に帰属する（21条1項6号イかっこ書）。相手方も信託財産を当てにしていなかったわけであるから、保護に欠けることはない。

(c) 信託財産を直接に目的とする権限外の行為の取消要件　受託者が信託財産に属する財産（14条の信託の登記または登録をすることができるものに限る。）について権利を設定または移転した行為がその権限に属しない場合には、下記の①および②のいずれにも該当するときに限り、受益者は、その行為を取り消すことができる（27条2項）。

① その行為の当時、その信託財産に属する財産について14条の信託の

登記または登録がされていたこと
② その行為の相手方が、その行為の当時、その行為が受託者の権限に属しないことを知っていたこと、または知らなかったことにつき重大な過失があったこと

　信託財産に属する財産について権利を設定しまたは移転する行為については、上述したように、相手方がその行為が信託財産のためにする行為であることを知らなくても、知っているものとして取り扱われてその行為の効果は信託財産に帰属するが（21条1項6号イ二重かっこ書）、信託財産に属する財産が14条の信託の登記または登録をすることができる財産である場合には、信託の登記または登録が信託財産のためする行為であることを知っていたという相手方の主観的要件に代替されるので、その財産について信託の登記または登録がある場合には、相手方に受託者の権限外の行為について悪意または重過失があれば、受益者は、その行為を取り消すことができるのである。

　ただ、14条の信託の登記・登録ができる財産については、信託の登記・登録をすることが取消しの要件とされているので、逆にこれをしていないと、相手方が受託者の権限外の行為について悪意または重過失であっても、受益者は受託者の権限外の行為を取り消すことができないことになる。

(3) 取消権の効力と短期消滅時効等

　取消権は、絶対的に権限違反行為の効力を失わせるものであるから、受益者が複数存在する場合において、その内の1人の受益者が取消権を行使したときは、他の受益者にも取消しの効果が及ぶ（27条3項）。

　また、取引の当事者でない受益者が取引の効果を形成的に取り消すことになるという事情に鑑み、取引の安全を図る観点から、取消権の短期消滅時効が定められており、取消権は、受益者（信託管理人が現に存する場合は、信託管理人）が取消しの原因があったことを知った時から3か月間行使しないときは、時効によって消滅する。行為の時から1年を経過したときも同様である（同条4項）。

4……信託事務の処理の第三者委託
(1) 第三者委託の意義

　旧信託法26条では、委託者の受託者に対する信頼を保護するため、受託

者に自己執行義務が課せられていたが、分業化・専門化が著しく進んだ現代においては、むしろ相当な場合には信託事務の処理を第三者に委託できるとした方が効率的・合理的であり、受益者の利益にも合致する。

そこで、信託法では、受託者が自ら信託事務の処理をすべきこと（自己執行義務）を一応の前提としつつも、第三者に信託事務を委託することについては、受託者の権限とした上で、その委託要件（28条）とともに、それに違反した場合の責任（加重責任）について定めている（40条2項）。

(2) 第三者委託の要件

受託者は、下記のいずれかに該当する場合は、信託事務の処理を第三者に委託することができる（28条）。

① 信託行為に信託事務の処理を第三者に委託する旨または委託することができる旨の定めがあるとき

② 信託行為に信託事務の処理の第三者への委託に関する定めがない場合において、信託事務の処理を第三者に委託することが信託の目的に照らして相当であると認められるとき

　「相当と認められるとき」とは、受託者が自ら行うよりも他人に委託した方が費用・時間等の点で合理的である場合（例：送付事務の運送業者への委託等）や、社会通念上、受託者の本来的事務から外れており、通常、受託者自ら処理することが期待されていない場合（例：土地信託のビルのテナント募集広告の広告代理店への委託、清掃事務の専門業者への委託等）が考えられる。

③ 信託行為に信託事務の処理を第三者に委託してはならない旨の定めがある場合において、信託事務の処理を第三者に委託することにつき信託の目的に照らしてやむを得ない事由があると認められるとき

　「やむを得ない事由があると認められるとき」とは、たとえば、受託者の長期入院や急な海外出張等が考えられる。法人受託者については、業務停止命令等の行政処分により一時的に信託事務の処理ができなくなった場合において、受託者の辞任・解任等がされていないとき等が考えられる。

Ⅲ　受託者の義務

1……信託事務遂行義務

　受託者は、信託財産の管理権限を有するが、その目的は信託目的の達成であるから、信託目的の達成のために信託財産の管理または処分等を行わなければならない。これを信託事務遂行義務という。信託法29条1項では、「受託者は、信託の本旨に従い、信託事務を処理しなければならない。」として、受託者の信託事務遂行義務を明確に定めている。

　受託者は、信託行為の定めに従い信託事務の処理を行うが、委託者は、受託者の信託事務の処理によって信託の目的が達成されることを期待しているのであるから、この目的の達成のためには、受託者は信託行為の定めに形式的に従っているだけでは足りず、信託行為の定めの背後にある委託者の意図、すなわち、「信託の本旨」に従って信託事務の処理をすることが求められる。

　信託事務遂行義務を履行するにあたっては、善管な管理者の注意をもって忠実に行わなければならず、受益者が複数いる場合には、これを公平に扱わなければならない。そして、信託財産の独立性を確保するために信託財産を分別して管理し、また、受益者に情報を提供するために帳簿等の作成・報告・保存等をしなければならない。

2……善管注意義務
（1）善管注意義務の意義

　信託法29条2項は、「受託者は、信託事務を処理するに当たっては、善良な管理者の注意をもって、これをしなければならない。ただし、信託行為に別段の定めがあるときは、その定めるところによる注意をもって、これをするものとする。」として、受託者の善管注意義務を定めている。信託事務遂行義務が、受託者が行うべき信託事務の内容を規定し、その範囲を画しているのに対して、善管注意義務は、信託事務を処理するにあたって受託者に求められる注意義務の基準を規定し、その程度を画している。

　受託者は、委託者および受益者の信認を受けて、信託財産の管理または処分およびその他の信託の目的の達成のために必要な行為をする権限を有する

のであるから、信託事務の処理をするにあたって必要とされる受託者の注意義務の基準は、「自己の財産に対するのと同一の注意」（民法659条）では足りず、より高度な注意義務（善管注意義務）を負う。

　もっとも、受託者の注意義務の基準については、私的自治を尊重する観点から、同項ただし書で任意規定であることが明確にされ、信託行為の定めにより加重・軽減できることになっている。しかし、信託が、委託者および受益者の受託者に対する信認関係を基礎とする財産管理制度であることに鑑みると、信託行為の定めをもってしても、受託者の善管注意義務を完全に免除することは、信託の本質に反し許されない。同項ただし書で、「信託行為……の定めるところによる注意をもって、これをするものとする。」とされているのは、このような趣旨である。

(2) 善良な管理者の注意

　善良な管理者の注意とは、その職業や地位にある者として通常要求される程度の注意を意味する。したがって、受託者が専門家である場合には、専門家として通常要求される程度の注意をもって信託事務の処理をしなければならない。

　なお、受託者が、実際には能力がないのに、高い能力があるように表示した場合には、その表示した能力に応じた注意をもって信託事務の処理をしなければならない。

3……忠実義務

(1) 忠実義務の意義

　受託者は、受益者のために信託財産の管理または処分等を行うのであるから、受益者の利益を犠牲にして自己または利害関係人の利益を図ることは許されない。

　信託法30条は、「受託者は、受益者のため忠実に信託事務の処理その他の行為をしなければならない。」として、受託者の忠実義務を定めている。「信託事務の処理その他の行為」とされているので、忠実義務の対象は、信託事務の処理に限られず、信託事務の処理に際して行う行為や受託者の地位を利用して行う行為等も含まれ、これらの行為についても受益者の利益を犠牲にして自己または利害関係人の利益を図ることは禁止される。

30条は、忠実義務に関する一般規定であり、31条および32条は、30条の規定する忠実義務に違反する受託者の行為のうち、特に典型的と思われる行為類型である利益相反行為と競合行為について規定したものである。両条の規定によって捕捉しきれない受託者の行為は、一般規定である30条の対象となる。

(2) 利益相反行為の制限

(a) 利益相反行為の禁止　受託者は、信託財産のためにする行為に関し、下記の利益相反行為をしてはならない（31条1項）。

① 自己取引：信託財産に属する財産（財産に係る権利を含む。）を固有財産に帰属させ（信託財産の固有財産化）、または固有財産に属する財産（財産に係る権利を含む。）を信託財産に帰属させること（固有財産の信託財産化）（31条1項1号）

② 信託財産間取引：信託財産に属する財産（財産に係る権利を含む。）を他の信託の信託財産に帰属させること（31条1項2号）

　　これは、双方代理（民法108条）の性質を有するもので、たとえば、受託者が2つの信託を受託している場合において、2つの信託財産の相互間で取引を行う場合である。

③ 双方代理的取引：第三者との間において信託財産のためにする行為であって、自己（受託者）が第三者の代理人となって行うもの（31条1項3号）

　　これは、たとえば、受託者が代表取締役となっている会社と信託財産である土地を売買するような場合であり、上記②に類似する性質を有するものである。

④ 間接取引：信託財産に属する財産につき固有財産に属する財産のみをもって履行する責任を負う債務に係る債権を被担保債権とする担保権を設定することその他第三者との間において信託財産のためにする行為であって受託者またはその利害関係人と受益者との利益が相反することとなるもの（31条1項4号）

　　間接取引として禁止されるのは、受託者が第三者と取引をすることによって間接的に受託者が経済的利益を得る場合であり、たとえば、受託者が固有財産で第三者に負っている債務の担保として信託財産を提供す

るような行為である。

　この場合、受託者自身が利益を得る場合はもちろん、受託者が間接的に利益を得るにとどまる場合（例：受託者の配偶者や子供が利益を得る場合）も禁止されるべきであるから、受託者本人のみならず、その利害関係人と受益者との利益が相反する場合も禁止される。

（b）　利益相反行為の許容要件　　利益相反行為が禁止されるのは、受益者の利益を保護するためであるから、受益者の利益が害されるおそれのない場合には、禁止の例外が認められる。

　すなわち、形式的には利益相反行為に該当するものの、実質的な観点からは受益者の利益を害するおそれのない場合として、下記の利益相反行為の許容要件が定められており、この許容要件に該当する場合は、受託者は、利益相反行為をすることが認められる（31条2項）。ただし、②の事由については、これに該当する場合であってもその行為をすることができない旨の信託行為の定めがあるときはすることができない（同項ただし書）。

①　信託行為にその行為をすることを許容する旨の定めがあるとき（31条2項1号）

　「信託行為の定め」は、例外として許容される行為が他の行為と客観的に識別可能な程度の具体性をもって定められ、かつ、その行為について、これを許容することが明示的に定められている必要がある。

②　受託者がその行為について重要な事実を開示して受益者の承認を得たとき（同項2号）

　「重要な事実」とは、利益相反行為の承認の可否を判断するのに通常必要とされる事項であって、その存否によって承認の可否の判断に影響を与え得るものである。

③　相続その他の包括承継により信託財産に属する財産に係る権利が固有財産に帰属したとき（31条2項3号）

　相続による包括承継の場合は、受託者の意図が働かず、受益者の利益が害されるおそれがないため許容される。

　合併等による包括承継の場合は、受託者の意思が関与する場合があるが、これは包括承継に関するもので特定の権利義務の承継に関わるものではないため許容される。

④　受託者がその行為をすることが信託の目的の達成のために合理的に必要と認められる場合であって（客観的必要性）、受益者の利益を害しないことが明らかであるとき（無害の明白性）、またはその行為の信託財産に与える影響、その行為の目的および態様、受託者の受益者との実質的な利害関係の状況その他の事情に照らして正当な理由があるとき（正当性）（31条2項4号）

　日常的に行われる取引等のすべてについて信託行為で定めることは困難であり、また、受益者の承認を得るのが難しいこともあり得るので、受託者の行う具体的な利益相反行為について、その必要性・無害の明白性または正当性が認められる場合には、利益相反行為が許容される。

(c)　利益相反行為の通知義務　受託者は、利益相反行為をしたときは、信託行為に別段の定めがない限り、受益者に対し、その行為についての重要な事実を通知しなければならない（31条3項）。

　受益者に対し、利益相反行為がされた事実を認識して受託者の行為を事後的にチェックする機会を与えるために、利益相反行為の許容要件に該当するか否かにかかわらず、重要な事実を通知する義務が受託者に課せられている。

(d)　利益相反行為の無効
①　自己取引または信託財産間取引

　利益相反行為の許容要件に違反して自己取引または信託財産間取引をした場合には、これらの行為は無効となる（31条4項）。

　これらの取引は、いずれも受託者が単独で行うことができる行為であって、最も容易に行い得る忠実義務違反の典型的な行為であり、また、取引の効果も信託の内部にとどまり第三者の取引の安全に配慮する必要もないことから、無効とすることによって、より受益者の利益保護を図ろうとするものである。

②　受益者の追認

　自己取引または信託財産間取引は、受益者の追認により、行為の時に遡ってその効力を生じる（31条5項）。

　自己取引等が禁止されるのは、受益者保護のためであるから、受益者が追認して有効とすることを妨げる理由はなく、また、自己取引等の効果は信託の内部に止まるから、追認の効果が遡及しても、第三者の取引

の安全を害するおそれはない。
(e) 利益相反行為の取消し
① 自己取引または信託財産間取引に係る財産の第三者との取引

無効な自己取引または信託財産間取引に係る財産について、受託者が第三者との間において処分その他の行為をしたときは、その第三者が利益相反行為の許容要件に違反して自己取引または信託財産間取引がされたことを知っていたとき、または知らなかったことにつき重大な過失があったときに限り、受益者は、その処分その他の行為を取り消すことができる（31条6項）。

自己取引または信託財産間取引は無効であるが、この場合は、信託外の第三者が関係するから、受益者の利益保護だけではなく、第三者との取引の安全にも配慮する必要があるので、受託者の取引相手方である第三者が悪意または重過失である場合に限り、受益者が取り消すことができることとされている。

② 双方代理的取引または間接取引

受託者が第三者との間で、利益相反行為の許容要件に違反して双方代理的取引または間接取引を行った場合には、その第三者がこれを知っていたとき、または知らなかったことにつき重大な過失があったときに限り、受益者は、その処分その他の行為を取り消すことができる（31条7項）。

双方代理的取引または間接取引は、信託外の第三者が関係し、受益者の利益の保護だけでなく、取引の安全にも配慮する必要があるという点において、上記①と類似の利益状況にあることから、受託者のした行為を無効とせずに、第三者が悪意または重過失である場合に限り、受益者が取り消すことができることとされている。

(f) 取消権の効力と短期消滅時効等
取消権は、絶対的に利益相反行為の効力を失わせるものであるから、受益者が複数存在する場合において、その内の1人の受益者が取消権を行使したときは、他の受益者にも取消しの効果が及ぶ（31条6項・7項後段：27条3項準用）。

また、取引の当事者でない受益者が取引の効果を取り消すことになるという事情に鑑み、取引の安全を図る観点から、取消権の短期消滅時効が定めら

れており、受益者（信託管理人が現に存するときは、信託管理人）が取消原因のあったことを知った時から3か月間行使しないときは、取消権は時効によって消滅する。行為の時から1年を経過したときにも同様である（31条6項・7項後段：27条4項準用）。

(3) 競合行為の制限

(a) 競合行為の禁止　受託者は、その権限に基づいて信託事務の処理としてすることができる行為であってこれをしないことが受益者の利益に反するものについては、これを固有財産または受託者の利害関係人の計算でしてはならない（32条1項）。信託事務の処理としてできる行為について、受託者が自己またはその利害関係人の計算で行うことにより、信託事務として行う機会が奪われて受益者の利益が害されることを防止する趣旨である。

　忠実義務の基本原則によれば、受託者として有する権限を固有財産の計算で行使することにより受益者の利益を害することは許されないが、受託者が有する権限は広範囲に及ぶことがあり得るから、固有財産の計算ですることを一切許さないということにすると、受託者の固有財産による取引の機会を不当に奪うことになりかねない。

　そこで、こうした相対立する要請のバランスを図るため、受託者が、「受託者として有する権限に基づいて信託事務の処理としてすることができる行為……を固有財産又は受託者の利害関係人の計算で」すること、および「これをしないことが受益者の利益に反する」という2つの要件を満たす場合に限り、その行為は、原則として、忠実義務に反する違法な競合行為として禁止される。

　「これをしないことが受益者の利益に反する」かどうかは、その行為の目的・態様・信託財産に与える影響、受託者と受益者の利害関係等を考慮して実質的に判断される。

(b) 競合行為の許容要件　下記①または②のいずれかに該当するときは、競合行為を固有財産または受託者の利害関係人の計算ですることができる。ただし、②の事由にあっては、②に該当する場合であっても競合行為を固有財産または受託者の利害関係人の計算ですることができない旨の信託行為の定めがあるときは、することができない（32条2項）。

　① 信託行為に競合行為を固有財産または受託者の利害関係人の計算です

ることを許容する旨の定めがあるとき
　②　受託者が競合行為を固有財産または受託者の利害関係人の計算でする
　　ことについて重要な事実を開示して受益者の承認を得たとき
　なお、競合行為の許容要件には、利益相反行為の許容要件（31条2項）のうち3号要件である包括承継と4号要件である必要性・無害の明白性または正当性があげられていないが、3号要件に関しては競合行為においては包括承継が想定されないためであり、4号要件に関しては、「これをしないことが受益者の利益に反する」という実質的要件に含まれているためである。

(c)　**競合行為の通知義務**　　受託者は、競合行為を固有財産または受託者の利害関係人の計算でした場合には、利益相反行為の場合と同様、信託行為に別段の定めがない限り、受益者に対し、その行為についての重要な事実を通知しなければならない（32条3項）。

(d)　**介入権**　　競合行為の許容要件に違反して受託者が競合行為をした場合には、受益者は、その行為は信託財産のためにされたものとみなすことができるが、第三者の権利を害することはできない（32条4項）。

　競合行為は、受託者が自己の固有財産に効果を帰属させようとするものであるから、競合行為の許容要件に当たらない行為でも有効であるが、受益者保護の観点からは、その行為の効果を信託財産に帰属させることが最も効果的であると考えられるので、受益者は、その選択により、その行為が信託財産のためにされたものとみなすことができるとされている。相手方も、権利義務の主体は受託者のままで変更はなく、また、信託財産に行為の効果が帰属することになったことから信託財産責任負担債務になるので、固有財産に加えて信託財産も責任財産となるため、相手方が不利益を被ることにはならない。

　この介入権は、行為の時から1年を経過したときは、消滅する（同条5項）。

4……公平義務

　受益者が複数存在する信託においては、受託者は、受益者のために公平にその職務を行わなければならない（33条）。これは、受託者は、各受益者に対して、等しく信託事務遂行義務を負っているのであるから、受益者の一方のみを有利に扱うような事務処理は許されず、各受益者を公平に扱わなけれ

ばならないという、受託者の「公平義務」を明文化したものである。

受託者がこの義務に違反する行為をし、またはこれをするおそれがある場合には、著しい損害を受けるおそれのある受益者は、受託者に対し、その行為をやめること（差止め）を請求することができる（44条2項）。

5……分別管理義務
（1）分別管理義務の意義

受託者は、信託財産の独立性を確保するために、信託財産と固有財産または他の信託の信託財産とを分別して管理すべき義務を負う（34条）。これを分別管理義務といい、信託財産を特定して確実に把握できるようにすることによって受託者の倒産から信託財産を隔離する機能や、信託財産に生じた損失について受益者による立証を容易にして受託者がその地位を濫用して忠実義務違反行為をすることを未然に防止する機能等を有する。

信託財産に属する財産と固有財産に属する財産との間で識別不能状態（帰属関係が不明な状態）が生じた場合、識別不能となった当時の各財産の価格の割合に応じた共有持分が信託財産と固有財産とに属するものとみなされることになったことから（18条1項）、仮に、信託財産と固有財産とが混蔵保管されている場合でも、信託財産に係る帳簿等が作成・保存されている限り、受益者または受託者は、受託者個人の債権者等との関係において信託財産の確保を図ることができる。

そこで、信託財産に属する財産を適切に確保するために、14条の信託の登記または登録をすることができる財産については信託の登記または登録を行い、その信託の登記または登録ができない財産については、財産の性質に応じた分別管理が求められている。

（2）分別管理の方法

受託者は、信託財産に属する財産と固有財産に属する財産および他の信託の信託財産に属する財産とを、財産の区分に応じて定められる下記の方法により分別して管理しなければならない（34条1項）。

なお、分別管理の方法については、信託行為で別段の定めをすることができるが（同項ただし書）、14条の信託の登記または登録をする義務を免除することはできない（同条2項）。

① 14条の信託の登記または登録をすることができる財産（下記③を除く。）については、信託の登記または登録（同条1項1号）
② 14条の信託の登記または登録をすることができない財産については、下記1または2の方法（同項2号）
　1　動産（金銭を除く。）は、信託財産に属する財産と固有財産および他の信託の信託財産に属する財産を外形上区別することができる状態で保管する方法（同号イ）
　2　金銭その他上記1以外の財産は、その計算を明らかにする方法（同号ロ）
③ 信託財産に属する旨の記載または記録をしなければ、信託財産に属することを第三者に対抗することができない財産（14条の信託の登記または登録をすることができる財産を除く。）については、信託財産に属する旨の記載または記録とその計算を明らかにする方法（同項3号、規則4条）

　法令の規定により財産が信託財産に属する旨の記載または記録をしなければ、その財産が信託財産に属することを第三者に対抗することができないとされる財産としては、受益証券発行信託の受益権のうち受益証券を発行しないもの（206条1項・185条2項）、株券不発行株式（会社法154条の2）、証券不発行新株予約権（同法272条の2）、債券不発行社債（同法695条の2）、振替社債（振替法75条）、振替株式（同法142条）等があるが、これらはいずれも、単に財産が信託財産に属するかどうかを公示するだけであり、不動産登記法等における場合のように、信託の条項等が詳しく公示されるわけではない。したがって、上記の公示によっては、受託者の固有財産に属しないことを明らかにすることはできるものの（受託者の固有財産の債権者に対抗することができることは明確である。）、受託者が複数の信託の受託をしていた場合に、そのいずれの信託に属するものであるかを明らかにすることはできない（他の信託の信託財産の信託債権者に対抗できるかどうかは明確ではない。）。

　そこで、法令に従って信託の記載または記録をするほかに、その計算を明らかにすること（どの信託にどれだけ属するかを帳簿管理すること）が求められるのである。

6……信託事務処理の委託における第三者の選任・監督義務

受託者は、信託事務の処理を委託する権限を有するが (28条)、第三者に委託するにあたっては、信託の目的に照らして適切な者に委託しなければならず (35条1項)、第三者に委託したときは、信託の目的の達成のために必要かつ適切な監督をしなければならない (同条2項)。

このように受託者は、信託事務の処理を第三者に委託する場合にはその選任・監督義務を負うが、下記の第三者に信託事務の処理を委託したときは、受託者がその裁量により委託先の選定を行うわけではないので、第三者の選任・監督義務を負わない (同条3項本文)。

① 信託行為において指名された第三者
② 信託行為において受託者が委託者または受益者の指名に従い信託事務の処理を第三者に委託する旨の定めがある場合において、その定めに従い指名された第三者

ただし、受託者は、第三者が不適任もしくは不誠実であること、または第三者による事務の処理が不適切であることを知ったときは、その旨の受益者に対する通知、第三者への委託の解除その他の必要な措置をとらなければならない (同条3項ただし書)。

7……情報の提供義務等

(1) 信託事務処理状況等の報告義務

委託者または受益者は、受託者に対し、信託事務の処理の状況ならびに信託財産に属する財産および信託財産責任負担債務の状況について報告を求めることができる (36条)。

この報告請求権は、委託者および受益者の受託者に対する監督的権能を強化する観点から認められるもので、38条の帳簿等の閲覧等請求権とともに、受託者に対する監督的権能における出発点をなすものである。

このことから、受益者の受託者に対する信託事務処理状況の報告請求権は、信託行為の別段の定めにより制限することができない単独受益者権とされている (92条7号)。

(2) 帳簿等の作成・報告・保存義務

受託者による信託事務処理の適正を担保するとともに、受益者の受託者に

対する監督的権能を強化することによって受益者の利益を保護する観点から、受託者の帳簿等の作成・報告・保存義務が定められている（37条）。

　受託者の帳簿等の作成・報告・保存義務は、片面的強行規定であり、信託行為で受益者に不利な定めを設けることはできない（有利な定めは認められる）。これらの義務が軽減または免除されてしまうと、受託者の任務の適正な遂行が確保されないおそれがあるだけでなく、受益者の帳簿閲覧等請求権が機能しないことになって、受益者の受託者に対する実効的な監督権能の行使が不可能になってしまうからである。

(a)　**信託帳簿および財産状況開示資料の作成義務**　　受託者は、信託事務に関する計算ならびに信託財産に属する財産および信託財産責任負担債務の状況を明らかにするために、信託帳簿（信託財産に係る帳簿その他の書類または電磁的記録）を作成しなければならない（37条1項、計算規則4条1項・2項）。

　また、毎年1回、一定の時期に、財産状況開示資料（信託財産に属する財産および信託財産責任負担債務の概況を明らかにするために、信託帳簿に基づいて作成される書類・電磁的記録（同規則4条3項～6項））を作成しなければならない（37条2項）。

(b)　**報告義務（積極的情報提供義務）**　　受託者は、財産状況開示資料を作成したときは、その内容を受益者（信託管理人が現に存する場合は、信託管理人）に報告しなければならない（37条3項）。

　受益者の受託者に対する監督的権能をより実効的なものとするために、信託財産やその収支等に関する基本的情報については、受益者からの請求の有無にかかわらず、受益者に対する報告を義務づけるもので、受託者の受益者に対する積極的報告義務を課したものである。

　ただし、受益者側からの帳簿閲覧等請求も可能であるから（38条）、この義務は任意規定とされ、信託行為の別段の定めにより、報告義務を軽減または免除することが可能である（37条3項ただし書）。

(c)　**信託帳簿、信託事務処理関係書類、財産状況開示資料の保存義務**
受託者は、信託帳簿、信託事務処理関係書類、財産状況開示資料について、以下のとおり保存しなければならない（37条4項～6項）。

　①　信託帳簿
　　　信託帳簿については、作成の日から10年間（その期間内に信託の清算

の結了があるときは、信託の清算の結了日までの間)保存しなければならない。ただし、受益者(複数の受益者が現に存する場合は受益者全員、信託管理人が現に存する場合は信託管理人)に対し、書類もしくはその写しの交付または電磁的記録の提供をした場合は、保存義務を免れる(同条4項)。

② 信託事務処理関係書類

信託事務処理関係書類(信託財産に属する財産の処分に係る契約書その他の信託事務の処理に関する書類または電磁的記録)については、作成日または取得日から10年間保存しなければならない。ただし、受益者(複数の受益者が現に存する場合は受益者全員、信託管理人が現に存する場合は信託管理人)に対し、書類もしくはその写しの交付または電磁的記録の提供をした場合は、保存義務を免れる(同条5項)。

③ 財産状況開示資料

財産状況開示資料については、信託の清算の結了日まで保存しなければならない。ただし、作成日から10年間を経過した後において、受益者(複数の受益者が現に存する場合は受益者全員、信託管理人が現に存する場合は信託管理人)に対し、書類もしくはその写しの交付または電磁的記録の提供をした場合は、保存義務を免れる(同条6項)。

8……受益者の帳簿等の閲覧等請求権

受益者の帳簿等の閲覧等請求権は、受益者による受託者の監督のための基本となる重要な権利であり、38条に規定するところを超えて制限されると、受益者による受託者に対する実効的な監督が不可能になってしまうことから、片面的強行規定となっている(92条8号)。したがって、受益者に有利になる定めを設けることは妨げないが、受益者に不利になる定めを設けることはできない。

(1) 帳簿等の閲覧等請求

受益者は、利害関係人の中でも最も利害関係が深く各種の監督的権能を付与されているので、受託者が保存義務を負うすべての書類等(①信託帳簿、②信託事務処理関係書類、③財産状況開示資料)について閲覧または謄写の請求をすることができるが(38条1項・6項)、①信託帳簿および②信託事務処

理関係書類については、請求の理由を明らかにしてしなければならない（同条1項）。開示すべき書類の特定や拒絶事由の有無等の判断をするのに必要だからである。

受益者以外の利害関係人（信託債権者等）は、上記③の財産状況開示資料について閲覧または謄写の請求をすることができる（同条6項）。

(2) 閲覧等請求拒絶事由

受託者は、その受益者の帳簿等の閲覧等請求が下記の閲覧等請求拒絶事由に該当する場合には、これを拒むことができる（38条2項）。

ただし、下記③から⑥の拒絶事由は、他にその利益を保護すべき受益者がいることを前提としているものと考えられ、受益者が複数存在する信託のすべての受益者（受益者1人の場合は、その受益者）から帳簿等の閲覧または謄写の請求があった場合には、拒絶事由にならないとされている（同条3項）。したがって、下記③～⑥の拒絶事由に該当する場合は、複数存する受益者のうち一部の受益者から請求があった場合にのみ拒絶できる。

① 請求者がその権利の確保または行使に関する調査以外の目的で請求を行ったとき
② 請求者が不適当な時に請求を行ったとき
③ 請求者が信託事務の処理を妨げ、または受益者の共同の利益を害する目的で請求を行ったとき
④ 請求者がその信託に係る業務と実質的に競争関係にある事業を営み、またはこれに従事するものであるとき
⑤ 請求者が帳簿等の閲覧または謄写によって知り得た事実を利益を得て第三者に通報するため請求したとき
⑥ 請求者が、過去2年以内において、帳簿等の閲覧または謄写によって知り得た事実を利益を得て第三者に通報したことがあるものであるとき

なお、財産状況開示資料の閲覧等請求権に関しては、閲覧等請求拒絶事由については定められていないので、受託者は、その請求が権利の濫用に当たる場合を除いて、請求を拒絶することはできないと解される。

(3) 受益者の同意に基づく閲覧等請求の拒絶

受託者が受益者の閲覧等請求を拒絶できるのは、閲覧等請求拒絶事由に該当する場合に限定されるが、さらに、受益者による監督の実効性を確保しつ

つも、委託者および受託者の意思を尊重するために、一定の範囲に限って、閲覧等請求の対象を制限することができる。

信託行為において受益者が同意したときは受益者の帳簿等の閲覧等請求が制限される旨の定めがある場合には、財産状況開示資料の作成に欠かすことのできない情報その他の信託に関する重要な情報およびその受益者以外の者の利益を害するおそれのない情報以外の情報、すなわち、信託に関して重要でない情報およびその受益者以外の者の利益を害するおそれのある情報（例：信託財産に属する貸付債権の債務者等に係る情報等）に関しては、受託者は、同意した受益者から信託帳簿または信託事務処理関係書類の閲覧・謄写請求があっても、拒絶することができる（38条5項）。

なお、帳簿等の閲覧等請求の制限について同意した受益者は、その同意を撤回することができず（同条4項）、同意後に受益権が譲渡された場合には、その承継人も同意したものとして扱われる（同項柱書かっこ書）。

9……受益者の他の受益者の氏名等の開示請求

受益者が複数存在する信託において、受益者が受益権の行使に関して意思決定をするには他の受益者を知る必要があるから、受益者は、受託者に対し、他の受益者の氏名または名称および住所ならびに他の受益者が有する受益権の内容について、請求理由を明らかにして開示請求することができる（39条1項）。受託者は、開示請求拒絶事由（帳簿閲覧等請求拒絶事由（38条2項各号。ただし4号を除く。）と同様。）に該当しない限り、これを拒むことができない（同条2項）。

しかし、受益者の中には、自己の氏名や受益権の内容等の個人情報を他の受益者に知られたくない者も存在し得るし、また、委託者の中にも、受益者として指定した者に他の受益者の受益権の内容を知らせたくない者も存在し得る。また、受託者としても、受益者の個人情報で把握できないものもあるので、開示請求を受けても請求に応じられない場合があり得る。

そこで、このようなことを踏まえて、受託者の他の受益者の氏名等の開示義務に関しては、強行規定ではなく任意規定とされ、信託行為で別段の定めを設けることができることとされている（同条3項）。

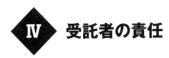 受託者の責任

1……受託者の損失の塡補責任等
(1) 損失の塡補または原状回復の責任

　受託者は、その任務を怠ったことによって、信託財産に損失が生じた場合はその損失の塡補責任を受益者に対して負い、信託財産に変更が生じた場合は原状の回復責任を受益者に対して負う（40条1項）。

　責任要件は、「受託者がその任務を怠ったこと」によって、「信託財産に損失または変更が生じたこと」である。受託者の任務は、法令や信託行為の定めの遵守、信託の本旨に従った信託事務の処理、信託法等の定める善管注意義務、忠実義務、公平義務、分別管理義務、信託事務の第三者委託における第三者の選任・監督義務等の義務の履行等であるから、これらを怠ったことが「その任務を怠ること」である。「信託財産の損失」は、受託者の任務懈怠の有無によって生じた信託財産の差額であり、「信託財産の変更」は、受託者の任務懈怠によって生じた財産の逸失や毀損等である。

　受益者は、受託者の任務懈怠によって信託財産に損失または変更が生じた場合には、受託者に対して、信託財産に損失が生じた場合にはその損失の信託財産への塡補請求を、信託財産に変更が生じた場合には信託財産の原状回復の請求をすることができ、受託者は、信託財産の差額を固有財産から信託財産へ組み入れることによって損失の塡補を行い、信託財産の取戻し・修復等によって原状の回復を行うことになる。

　ただし、受託者の任務懈怠によって信託財産に変更が生じたときに、常に原状回復請求をすることができるとすると、受託者に酷な結果を引き起こすことになる場合がある。そこで、原状回復が著しく困難または過分の費用がかかるとき、その他受託者に原状を回復させることが不適当とする特別の事情があるときは、受益者は、原状回復の請求をすることができず（同項ただし書）、損失の塡補請求をすることになる。

　なお、受益者が、受託者の損失の塡補等の責任を追及するために、受託者に対する損失の塡補または原状の回復請求に係る訴えを提起して勝訴した場合には、その訴えに係る費用等については、相当と認められる額を限度とし

て信託財産から支弁される（45条1項）。受益者が敗訴した場合であっても、悪意であったときを除き、受託者に対し、これによって生じた損害の賠償義務を負わない（同条2項）。

■コラム6——損失塡補・原状回復の方法に関する特約の有効性
　受託者の任務懈怠によって信託財産について損失または変更が生じた場合、受益者は、損失塡補または原状回復のいずれかの方法を選択して、受託者の責任を追及することができる（40条1項本文）。また、受益者が原状回復を選択したにもかかわらず、原状回復のために過分の費用がかかる場合および原状回復をさせることが不適当な場合には損失塡補の方法によることとされている（同項ただし書）。これらの規定を前提として、信託行為に別段の定めを置くことにより、損失塡補の方法に限定することができるかという問題がある。
　まず、信託法40条1項は、信託行為の別段の定めを設けることができるとは規定していないこと、および、信託法40条に規定されている受益者の権利は信託法92条によって信託行為の定めにより制限することができない権利とされており、上記のような信託行為の別段の定めは請求の内容を制限していることが明らかであることを理由として、限定はできないとする見解がある。
　財産の管理・運用を目的とする商事信託においては、想定されている運用の成果を達成することが当事者の通常の意思であるから、任務懈怠があったときに遡って原状に戻すことは、必ずしも当初の意思に合致しない場合が多い。たしかに、信託法92条は受益者の権利行使を制限することを禁止しているが、原状回復が想定している状態（あるべき状態）との差額を損失として塡補するのであれば、受益者の権利の制限になるとまではいえない場合が通常であると考えられる。したがって、損失塡補の方法に限るとするという信託行為の定めは、原則として有効と考えるべきものと思われる。
　これに対して、財産の管理・承継を目的とする民事信託においては、財産の原状を維持したまま管理・承継することが当事者の通常の意思であるから、原則として原状回復の方法によるべきものと考えられる。したがって、損失塡補の方法に限るとするという信託行為の定めを置くことは、特段の事情がない限りできないと解すべき場合が多い。

(2) 受託者の責任の加重等

(a) 委託違反の場合の責任加重　受託者が28条の規定に違反して信託事務の処理を第三者に委託した場合において、信託財産に損失または変更を生

じたときは、受託者は、第三者に委託しなかったとしても損失または変更が生じたことを証明しなければ、損失の塡補または原状回復の責任を免れることができないとされ（40条2項）、立証責任を受託者に転換することによって、受託者の責任が加重されている。

　受託者は、信託事務の処理を第三者に委託できる権限を有するが（28条）、委託権限は、信託事務の処理は本来、受託者自ら行うべきであるということを前提として特に認められた権限であるから、第三者に委託することが信託の目的に照らして相当でないのに委託したような場合には、権限違反行為と損失または変更との間の因果関係がないことを証明しない限り、その責任を免れないとされるのである。

　なお、受託者は、委託権限に基づいて信託事務の処理を第三者に委託する場合には、第三者の選任・監督義務を負うが（35条）、この第三者の選任・監督義務に違反した場合には、通常の損失の塡補または原状回復の責任を負う（40条1項）。

(b)　分別管理義務違反の場合の責任加重　　分別管理義務違反の場合も、その重要性に鑑み、上記(a)の委託違反の場合と同様、この義務に違反して信託財産に属する財産を管理した場合において信託財産に損失または変更を生じたときは、分別管理義務に従い分別して管理したとしても損失または変更が生じたことを証明しなければ、損失の塡補または原状回復の責任を免れることができないとされ（40条4項）、立証責任を受託者に転換することによって、受託者の責任が加重されている。

(c)　忠実義務違反の場合の損失額の推定　　受託者は、忠実義務違反行為（30条）、利益相反行為（31条1項・2項）、競合行為（32条1項・2項）をした場合には、その行為によって受託者またはその利害関係人が得た利益の額と同額の損失を信託財産に生じさせたものと推定される（40条3項）。

　信託財産の損失の発生と損失額が推定され、損失の発生と損失額の立証責任が転換されていることから、忠実義務違反等によって信託財産に損失が発生したことが訴訟で争われた場合には、原告である受益者は、受託者またはその利害関係人が忠実義務違反行為等によって利益を得たことを立証すれば足り、損失の発生や損失額を立証することを要しない。被告である受託者の方で、信託財産に損失が発生していないことを立証しない限り、損失の塡補

または原状回復の責任を負うことになる。

2……法人受託者の役員の連帯責任

　法人受託者の理事、取締役もしくは執行役またはこれらに準ずる者は、法人が40条の損失の塡補または原状の回復をする責任を負う場合において、法人が行った法令または信託行為の定めに違反する行為につき悪意または重大な過失があるときは、受益者に対して、法人と連帯して、損失の塡補または原状の回復をする責任を負う（41条）。

　法人受託者が任務違反行為をした場合において、法人受託者自体が損失の塡補責任等を負うことは当然としても、法人受託者が責任を履行するに足る資力等を有しているとは限らない。そこで、法人受託者の役員のうち任務違反行為に関与した者にも連帯責任を負わすことによって信託財産および受益者の利益を保護する趣旨である。

　連帯責任の主体は、「理事、取締役若しくは執行役又はこれらに準ずる者」であるが、すべての役員が連帯責任を負うのはなく、法人の任務違反行為のうち「法令又は信託行為の定めに違反する行為」につき悪意または重過失がある役員に限られる。この悪意または重過失の立証責任は、役員に特別の法定責任を課すという趣旨に鑑み、受益者側が負うと解される。

　なお、受益者が、法人受託者の役員の連帯責任を追及するために、その役員に対して損失の塡補または原状回復請求に係る訴えを提起して勝訴した場合には、訴えに係る費用等については、相当と認められる額を限度として信託財産から支弁される（45条1項）。受益者が敗訴した場合であっても、悪意であったときを除き、受託者に対し、これによって生じた損害の賠償義務を負わない（同条2項）。

3……受益者による受託者の損失塡補責任等の免除

　受託者の損失の塡補または原状回復の責任を追及することができる受益者は、その責任を免除することもできる（42条）。したがって、受託者の損失塡補または原状回復の責任の免除（同条1号）および法人受託者の役員の損失の塡補または原状回復の責任に係る連帯責任の免除（同条2号）を、事後的に行うことができる。

しかし、受益者が複数存在する場合には、責任免除という効果の重要性に鑑み、各受益者が単独で責任免除をすることはできず、受益者全員の一致により責任免除をすることが原則となる（105条4項）。

4……損失の塡補責任等に係る債権の期間制限
(1) 受託者の損失塡補責任等に係る債権の消滅時効等
(a) 消滅時効期間（10年） 受託者に対する損失の塡補責任等の追及がされるか否かが長期間にわたって不確定な状態に陥るのを回避するために、これらの責任に係る債権について、債務不履行の一種として、消滅時効の起算点と期間が定められている。

すなわち、受託者の損失の塡補または原状回復の責任に係る債権の消滅時効は、債務不履行によって生じた責任に係る債権の消滅時効の例によるとされている（43条1項）。したがって、債権は、「権利を行使することができることを知った時から5年間行使しないとき」または「権利を行使することができる時から10年間行使しないとき」に、時効によって消滅する（民法166条1項）とされるので、損失の塡補責任等に係る債権は、受託者の任務違反行為により信託財産に損失または変更を生じ、受益者が権利を行使することができることを知った時から5年間、または権利を行使することができる時から10年間行使しないと時効により消滅することになる。

(b) 消滅時効の進行停止 受益者として指定された者は、原則として、受益の意思表示を要することなく当然に受益権を取得するから、受益者自身が受益権を有していることを知らないこともあり得る。それにもかかわらず消滅時効が進行してしまうのは酷であるから、受益者が受益者としての指定を受けたことを知るに至るまで（受益者が現に存しない場合は、信託管理人が選任されるまで）は、時効は進行しないことになっている（43条3項）。

(c) 除斥期間（20年） 以上のように、時効の起算点を受益者の主観にかからしめたことから、いつまでも消滅時効が進行しないような場合が生じると、権利関係の安定性が損なわれることにもなりかねないため、除斥期間が設けられている。

除斥期間の起算点は、一般に「権利の発生時」とされているが、受託者の任務違反行為時と信託財産の損失または変更の発生時との間には時間的間隔

が存在し得るので、受託者の任務違反行為があった時ではなく、「受託者がその任務を怠ったことによって信託財産に損失又は変更が生じた時」から20年の除斥期間が設けられている（43条4項）。

(2) 法人受託者の役員の損失の塡補等の連帯責任に係る債権の消滅時効等

法人受託者の役員の法人との損失の塡補または原状回復の連帯責任に係る債権は、受益者がその債権を行使することができることを知った時から5年間行使しないとき、または債権を行使することができる時から10年間行使しないときは、時効によって消滅するとされる（43条2項）。

消滅時効の進行停止（同条3項）や20年の除斥期間（同条4項）については、受託者の損失塡補責任等に係る債権の場合と同様である。

5……受益者による受託者の行為の差止め

(1) 受託者の任務違反行為に対する差止請求

受益者の救済方法として損失の塡補または原状回復の請求があるが、いずれも事後救済であり、受託者に十分な資力等がないために損失の塡補または原状回復の責任を追及しても実効性がない場合や、処分の相手方が善意であるため取消権を行使できない場合には、受益者の救済は十分ではない。

そこで、差止請求の必要性とその行使によって円滑な信託事務処理が阻害されること等の弊害を考慮して、信託財産に著しい損害が生じるおそれがある場合に限定して、差止請求が認められている。

すなわち、受託者が法令もしくは信託行為の定めに違反する行為をし、またはこれらの行為をするおそれがある場合において、その行為によって信託財産に著しい損害が生じるおそれがあるときは、受益者は、受託者に対し、その行為をやめること（差止め）を請求することができる（44条1項）。

(2) 受託者の公平義務違反行為に対する差止請求

上述したように、受託者の法令等の違反行為によって信託財産に著しい損害が生じるおそれがある場合には、受益者にその行為の差止請求が認められるが、一部の受益者を不利に扱う公平義務違反の場合においては、信託財産自体には損害は生じないので、不利益を受ける受益者にはその行為の差止請求は認められないことになる。

そこで、このような受益者を救済するために、受託者が公平義務に違反す

る行為をし、またはこれをするおそれがある場合において、その行為によって一部の受益者に著しい損害が生じるおそれがあるときは、受益者は、受託者に対し、その行為をやめること（差止め）を請求することができる（44条2項）として、受託者の公平義務違反の場合にも差止請求を認めることにする一方、受益者間の不公平感で差止請求を認めると信託事務の円滑な処理を妨げる等の弊害もあるので、著しい損害が生じるおそれのある受益者に限って差止請求が認められている。

なお、受託者の公平義務違反によって信託財産には損失は生じてはいないものの受益者が損害を受けた場合には、受益者は、受託者に対して損失の塡補請求等をすることはできないが、民法の一般則により、債務不履行による損害賠償を請求することが認められる。

(3) 行為差止請求の訴えに係る費用等の信託財産からの支弁

受益者が、前記(1)および(2)の行為差止請求に係る訴えを提起して勝訴した場合には、その訴えに係る費用等については、相当と認められる額を限度として信託財産から支弁される（45条1項）。

受益者が敗訴した場合であっても、悪意があった場合を除き、受託者に対し、これによって生じた損害の賠償責任を負わない（同条2項）。

6……検査役の選任請求

受益者には受託者を監視・監督するさまざまな権利が認められているが、閲覧対象である書類の中に虚偽の記載が含まれていたり、受託者の説明が不適切であるような場合には、受託者による不正行為等を受益者自身が発見することは困難であると考えられる。そこで、受益者に代わり、信託事務の処理状況や信託財産の状況等の調査を行う検査役の制度が設けられている。

(1) 検査役の選任

受託者の信託事務の処理に関し、不正の行為または法令もしくは信託行為の定めに違反する重大な事実があることを疑うに足りる事由があるときは、受益者は、信託事務の処理の状況ならびに信託財産に属する財産および信託財産責任負担債務の状況を調査させるため、裁判所に対し、検査役の選任の申立てをすることができる（46条1項）。

選任の申立てがあった場合には、裁判所は、これを不適当として却下する

場合を除き、検査役を選任しなければならない（同条2項）。
(2) 検査役の権限・義務
(a) 検査役の権限　検査役は、その職務を行うため必要があるときは、受託者に対し、信託事務の処理の状況ならびに信託財産に属する財産および信託財産責任負担債務の状況について報告を求め、または信託に係る帳簿、書類その他の物件を調査することができる（47条1項）。
(b) 検査役の義務　検査役は、必要な調査を行い、調査結果を記載または記録した書面または電磁的記録を裁判所に提出して報告しなければならない（47条2項、規則29条1項）。

検査役は、裁判所に報告したときは、受託者および申立てをした受益者に、上記の書面の写しを交付し、または上記の電磁的記録に記録された事項を法務省令で定める方法により提供しなければならない（47条4項、規則29条2項）。
(3) 裁判所の命令等
裁判所は、検査役から受けた報告について、その内容を明瞭にし、またはその根拠を確認するため必要があると認めるときは、さらに報告を求めることができる（47条3項）。

裁判所は、検査役から報告があった場合において、必要があると認めるときは、受託者に対し、調査結果を受益者に通知することその他報告の内容を周知するための適切な措置をとるべきことを命じなければならない（同条6項）。

受託者の権利

1……受託者の権利の意義
受託者は、信託の目的に従い、受益者のために信託財産の管理または処分等を行うのであるから、信託事務処理に係る費用、信託事務処理を行った対価としての信託報酬および信託事務の処理をするために過失なく受けた損害等については、信託財産が負担すべきものであって、信託財産から直接支出するのが原則である。

しかし、信託財産に属する財産の管理状況等により、直接支出できない場合や受託者が立替払いした方が適当な場合には、受託者は、自己取引の例外として、信託財産から費用の償還等を受けることができる。さらに、受益者と合意すれば、受益者からも費用の償還等を受けることができる。

　費用の償還等を受ける権利は、信託内部の権利であり、信託財産と固有財産との区分を変更する形成権のようなものであって、受託者の信託財産に対する債権ではないが、信託債権者等による信託財産に対する強制執行等との関係では、金銭債権とみなされ、一定の優先権も認められる。

2……信託財産からの費用等の償還等
（1）信託財産からの費用等の償還

　受託者は、信託事務を処理するのに必要と認められる費用を固有財産から支出した場合には、信託行為に別段の定めがない限り、信託財産から費用等（費用および支出の日以後におけるその利息）の償還を受けることができる（48条1項）。

　信託の事務処理に必要な費用は、信託財産から直接支出するのが原則であるが、たとえば、信託財産が不動産だけであってそれができないような場合に備え、受託者が必要と認める費用について固有財産をもって立替払いをしたときには、自己取引の例外として、信託財産から費用等の償還を受けることができるのである。

　「必要と認められる費用」に該当するかどうかは、費用の支出時に受託者が過失なく必要と判断すれば足り、事後的に不必要であったことが判明した場合でも、受託者は信託財産から償還を受けることができる。

（2）信託財産からの費用の前払い

　受託者が信託事務の処理に必要な費用を固有財産で立替払いをした場合には、信託財産から費用等の償還を受けることができるが、信託事務の処理に必要な費用は信託財産から支出するのが原則であり、受託者が固有財産で費用の立替払いをする義務を負うわけではないから、受託者は、信託事務を処理するについて費用を要するときは、費用の前払いを受けることができる（48条2項）。

　ただし、前払いは安易に流れ易いことから、受託者は、信託財産から費用

の前払いを受けるには、信託行為に別段の定めがない限り、受益者に対し、前払いを受ける額およびその根拠を通知しなければならない（同条3項）。前払額およびその根拠を受益者に通知すべき義務を受託者に課すことによって、受益者による事前チェックの機会を設ける趣旨である。

(3) 損失の塡補責任等の先履行

受託者が損失の塡補責任等を負っている場合は、信託行為に別段の定めがない限り、これを履行した後でなければ、費用等の償還または費用の前払いを受けることができない（48条4項）とされているので、受託者は、任務懈怠により損失の塡補責任等を負う場合には、費用の償還等を受ける前に、まず、損失の塡補責任等を果たさなければならない。

(4) 受益者からの費用の償還等

受託者は、受益者との間の合意に基づいて、受益者から費用の償還または前払いを受けることができる（48条5項）。

信託事務の処理の費用等については、信託財産が負担すべきであるから、受託者に対する補償は、基本的に信託財産のみによって賄われるべきであるが、いわば信託の外側において、受託者と受益者との間で個別に締結する契約に基づいて、受益者から費用の償還等を受けることもできる。

■コラム7 ──受益者からの費用償還

受託者が、信託事務を処理するについて必要な費用を支出した場合において、受益者から費用の償還を受けるためには、受益者との合意が必要である（48条5項）。受託者と受益者との間に明示的な合意がある場合に受益者に対する償還請求が認められることは当然であるが、明示的な合意がない場合であっても、受託者は、黙示の合意を認定することができるだろうか。具体的には、次のような事業型の商事信託の場面で問題となる。

たとえば、委託者が自らの保有する土地を信託財産とする信託を設定し、受託者は、金融機関から借入れを行ったうえで、借入金を原資としてその土地の上に建物を建築し、賃貸事業を行う土地信託において、賃貸事業から生ずる収益を費用および借入金の返済にあてた上で、残った収益を委託者が受益者として受領するという場合を想定する。このような信託においては、賃貸事業がうまくいけば委託者兼受益者に収益が分配されるが、賃貸事業から生ずる収益では借入金の返済等ができず、事業継続のために追加の費用が必要となるという

事態も生じうる。このとき、受託者と委託者兼受益者との間に費用償還を受けることができる旨の合意がないとすれば、受託者は、費用償還を受けることができないから、信託を終了せざるを得ず、その結果として事業継続は困難となってしまう。

　上記のような信託は、委託者兼受益者が財産を拠出し、受託者が役務提供を行い、委託者兼受益者は受益権の配当として収益を受領するという意味で、委託者兼受益者が主体となって事業を行う事業型の商事信託である。このような関係に照らせば、実質論としては、事業継続のために必要となる追加費用については、原則として、事業主体である委託者兼受益者が負担すべきでないかと考えられる。形式論としても、委託者と受託者が実質的に共同事業を行う関係にある信託の場合には、委託者と受託者との間に組合契約に相当する合意ないしこれに類似するような合意があるとみて、この合意に基づいて委託者兼受益者に費用を負担させることができるのではないかという指摘がある。

　まず、実質論から言えば、民事信託については、原則として他益信託であり、受益者は信託財産から利益を享受すること以上に、損失を負担することは想定されていない。したがって、原則として上記のような組合契約に相当する合意や黙示の費用負担の合意があるとみることはできず、受益者に対する費用償還請求を認めることはできないと考えられる。また、商事信託のうち事業型を除く型（預金型・運用型・流動化型）については、委託者兼受益者は信託財産の範囲で責任を負うリスク（運用リスク）を負うところまでしか容認していないことが通常であるから、原則として、受益者との間に上記のような合意があるとみることはできず、受益者に対する費用償還請求を認めることはできないと考えられる。これに対して、事業型については、委託者兼受益者が信託財産を超えて責任を負うリスク（事業リスク）を負うことを容認しているから、受益者に対する費用償還請求を認めてもよいと考えられる。

　次に、事業型の商事信託において受益者に対する費用償還請求を認めるとした場合、形式論として、受益者との間にどのような合意を認めることができるかが問題となる。たとえば、信託行為において、テナントの決定などの賃貸事業の実施について受託者が委託者兼受益者と協議して決定する旨の定めがあり、両者が共同事業を行う関係にあるといえる場合には、組合契約に類似するような合意を認めることも可能であろう。これに対して、委託者兼受益者の指図により運営されることとなっており、受託者に賃貸事業の実施に関する裁量権がないような場合には、事業型の商事信託における実質的な事業の主体は委託者兼受益者であって、委託者兼受益者が受託者と共同事業を行う関係にあるわけ

> ではないので、信託契約を締結した段階で、委託者兼受益者が将来発生する費用を負担することを受託者に対して約束したものとして、黙示の合意を認める余地があると考えられる。

3……信託財産からの費用の償還等の方法
(1) 信託財産の固有財産化による費用の償還等
(a) 信託財産に属する金銭の固有財産化 受託者は、費用等の償還または費用の前払いを受けることができるときは、その額の限度で、信託財産に属する金銭を固有財産に帰属させることができる（49条1項）。

この場合において、必要があるとき（信託財産に支払に足る金銭がないような場合など）は、受託者は、信託財産に属する財産を処分し現金化して固有財産に帰属させることができる。ただし、信託行為の定めによって禁止されている場合や信託の目的の達成のために不可欠の財産（例：土地信託における土地など）である場合は、処分することができない（待機義務）（同条2項）。

(b) 信託財産に属する金銭以外のものの固有財産化 受託者は、費用等の償還や費用の前払いを受けることができる場合において、利益相反行為の許容要件（31条2項）に該当するときは、金銭以外の信託財産も固有財産化することができる（49条3項）。

この場合は代物弁済ということになるが、財産の評価の問題が生じるので、受託者が単独で行うには慎重を期すことが適当である。そこで、利益相反行為の許容要件（①信託行為の許容の定め、②受益者の承認、③包括承継、④正当な事由）のいずれかに該当する場合であり、かつ信託行為に別段の定めがない場合に限って行うことができるとされている。

(2) 受託者の費用の償還等を受ける権利の金銭債権化
受託者は、信託財産の固有財産化によって費用の償還等を受けるが、信託財産について強制執行や担保権の実行の手続が開始された場合は、この手続に参加して配当要求をすることになる。しかし、信託財産の所有者（権利者）も受託者であるから、配当要求するに当たり、自らを債務者とする債務名義を取得することができない（民執法23条）。

そこで、この費用の償還等を受ける権利を強制執行等の手続との関係では金銭債権とみなした上で（49条4項）、その存在を証明する文書（債務名義は

不要）により証明すれば、受託者も強制執行等の手続において配当を要求できることとされている（同条5項）。

(3) 受託者の費用の償還等を受ける権利の優先

　費用の償還等を受ける権利の他の債権者の権利に対する優先については、信託事務処理費用の中には、信託財産に属する財産の価値を維持・増加させるものや債権者共同の利益となるものがある一方、借入債務の弁済費用等のような他の債権者の利益にならないものもあるので、合理的範囲に制限する観点から、以下のように規律されている。

(a)　**信託債権者のための共益費用の場合の優先**　　各債権者（信託財産責任負担債務に係る債権者に限る。）の共同の利益のためにされた信託財産に属する財産の保存、清算または配当に関する費用等について償還等を受ける権利は、強制執行または担保権の実行の手続において、民法307条1項の共益費用の先取特権と同順位で他の債権者（その費用等によって利益を受けていないものを除く。）に優先する（49条6項）。

(b)　**信託財産の保存・改良費用の場合の優先**　　信託財産に属する財産の価値の維持・増加に寄与した必要費または有益費について償還等を受ける権利は、信託財産との関係で最優先順位が認められる。

　すなわち、下記①・②の費用等について償還を受ける受託者の権利は、強制執行または担保権の実行手続において、下記の額について、他の債権者に優先する（49条7項）。

①　信託財産に属する財産の保存のために支出した金額その他の財産の価値の維持のために必要であると認められるものは、その金額
②　信託財産に属する財産の改良のために支出した金額その他の財産の価値の増加に有益であると認められるものは、その金額または現に存する増価額のいずれか低い金額

(4) 信託財産責任負担債務の弁済による代位

　受託者は、信託財産責任負担債務について、その債権者との関係では債務者本人であるものの、その固有財産をもってした弁済は、弁済をするについて正当な利益を有する者による弁済と同視できる。そこで、受託者が固有財産をもって信託財産責任負担債務を弁済し、信託財産について費用の償還等を受ける権利（求償権）を有することとなったときは、信託財産責任負担債

務に係る債権者に当然に代位（法定代位）する（50条1項前段）。

　この費用の償還等を受ける権利は、代位との関係では金銭債権とみなされ（同項後段）、費用の償還等を受けることのできる範囲内において、その債権の効力および担保として信託財産責任負担債務に係る債権者が有していた一切の権利を行使できる（民法501条）。

　受託者が信託財産責任負担債務に係る債権者に代位するときは、弁済によって消滅しているはずの債権が消滅せずに受託者に移転していることを知らせるために、遅滞なく、その債権者の有する債権が信託財産責任負担債務に係る債権である旨およびこれを固有財産をもって弁済した旨をその債権者に通知しなければならない（50条2項）。

(5) 費用の償還等が受けられない場合の措置

(a)　**費用の償還等と給付債務の同時履行**　　費用の償還等を受けていないにもかかわらず、費用等の原資となる信託財産に係る給付に応じるものとするのは公平に反する。そこで、受託者は、信託行為に別段の定めがない限り、費用の償還等を受ける権利（49条1項）が消滅するまでは、受益者または帰属権利者（182条1項2号）に対する信託財産に係る給付をすべき債務の履行を拒むことができる（51条）。

(b)　**信託財産が費用の償還等に不足している場合の信託の終了**　　信託法では、旧信託法において認められていた受益者への求償権を認めず、また、求償権の優先権も制限したことから、受託者が費用の償還等が受けられないにもかかわらず信託事務遂行の継続を義務づけられるということがないようにするために、受託者に信託を終了させることを認めている。

　受託者は、信託財産から費用等の償還または費用の前払いを受けるのに信託財産（信託の目的により処分できないものを除く。）が不足している場合において、委託者および受益者に対し、下記の事項を通知し、相当の期間を経過しても委託者または受益者から費用等の償還または費用の前払いを受けなかったときは、信託を終了させることができる（52条1項）。

① 　信託財産が不足しているため費用等の償還または費用の前払いを受けることができない旨

② 　受託者の定める相当の期間内に委託者または受益者から費用等の償還または費用の前払いを受けないときは、信託を終了させる旨

なお、委託者または受益者のいずれかがが現に存しないときは、残りの者に対して通知をし、その者から費用等の償還または費用の前払いを受けなかったときは、信託を終了させることができる（同条2項・3項）。委託者または受益者のいずれも現に存しないときは、受託者は、このような手続をすることなく、信託を終了させることができる（同条4項）。

4……信託財産からの損害賠償
(1) 損害賠償の額
　受託者は、信託行為に別段の定めがない限り、①受託者が信託事務を処理するために自己に過失なく損害を受けた場合には、その損害額について、②受託者が信託事務を処理するため第三者の故意または過失によって損害を受けた場合（上記①の場合を除く。）は、その第三者に対し賠償を請求することができる額について、信託財産からその賠償を受けることができる（53条1項）。

(2) 信託財産からの費用の償還等に関する規定の損害賠償への準用
　48条4項・5項（損失の塡補責任等の先履行、受益者からの費用の償還等）および49条1項～5項（費用の償還等に係る信託財産の固有財産化、費用の償還等を受ける権利の金銭債権化）ならびに51条（費用の償還等と給付の同時履行）、52条（信託財産が費用の償還等に不足している場合の措置）の規定が、信託財産からの損害賠償について準用される（費用の償還等を受ける権利の優先（49条6項・7項）および弁済による法定代位（50条）は準用されない。）（53条2項）。

5……信託報酬
(1) 信託報酬の受領
　信託は、信頼関係を基礎とするので、受託者は無報酬が原則であるが、信託の引受けについて商法512条（商人の報酬請求権）の適用がある場合、または信託行為に受託者が信託財産から信託報酬を受ける旨の定めがある場合に限って、受託者は報酬を受けることができる（54条1項）。

(2) 信託報酬の額と通知
　信託報酬の額は、信託行為に信託報酬の額または算定方法の定めがあるときはその定めるところにより、その定めがないときは、相当の額とし（54条

2項)、かつ、受益者に対し、信託報酬の額とその算定根拠を通知しなければならない（同条3項）。

(3) 信託財産からの費用の償還等に関する規定等の信託報酬への準用

48条4項・5項（損失の塡補責任等の先履行、受益者からの費用の償還等）、49条1項～5項（費用の償還等に係る信託財産の固有財産化、費用償還等を受ける権利の金銭債権化）、51条（費用の償還等と給付の同時履行）、52条（信託財産が費用の償還等に不足している場合の措置）、民法648条2項・3項（受任者の事務履行後・期間経過後の報酬請求、履行割合に応じた報酬請求）、民法648条の2（成果完成型の報酬に関する支払い時期）の規定が、受託者の信託報酬について準用される（費用の償還等を受ける権利の優先（49条6項・7項）および弁済による法定代位（50条1項）は準用されない。）（54条4項）。

受託者の変更

1……受託者の変更の意義

信託は、受託者に対する高度な信頼関係に基づき財産を移転して行う財産管理制度であるから、受託者は信託財産の所有者（権利者）となるが、実質的には信託財産の管理者に過ぎず、信託財産は独立性を有しており、受託者の任務が終了しても信託自体は終了しない。委任の場合において、委任者または受任者の死亡・破産等の事由により委任自体が終了してしまう（民法653条）こととは、大きく異なる。

受託者の任務が任務終了事由の発生により終了すると、新受託者が選任されて新受託者にその任務が引き継がれ、新受託者のもとで信託は継続していくことになるが、受託者の任務終了から新受託者が選任されるまでの間は、前受託者等や信託財産管理者等が信託財産の保管や信託事務の引継ぎに必要な行為を行う。

2……受託者の任務終了
(1) 任務の終了事由

受託者の任務は、信託の清算が結了した場合（この場合は、信託自体が終了

するから受託者の任務も当然に終了する。）のほか、下記の事由により終了する。ただし、下記③の事由にあっては、信託行為の別段の定めがあるときは、その定めるところによる（56条1項）。
① 個人受託者の死亡（56条1項1号）
　個人受託者の場合、死亡により受託者の任務は終了するが、信託財産は受託者の相続財産には含まれず、新受託者に引き継がれる（74条1項・4項）。
② 個人受託者の後見開始または保佐開始の審判（56条1項2号）
　個人受託者が後見開始または保佐開始の審判を受けると、受託者の資格制限（7条）に該当して資格を失い、任務は終了する。
③ 受託者の破産手続開始の決定（破産手続開始の決定により解散するものを除く。）（56条1項3号）
　受託者が破産手続開始の決定を受けた場合は、受託者の任務は終了する。ただし、個人受託者が破産した場合は、受託者の資格から破産者が除外されたことを踏まえ、信託行為の定めにより任務が終了しないこととされている場合は（同項ただし書）、受託者の職務は、破産者（破産した個人受託者）が行う（56条4項）。
　法人受託者が破産した場合は、破産により解散するので（会社法471条5号）、この場合から除かれ（56条1項3号かっこ書）、下記④の法人受託者の合併以外による解散に該当する。
　なお、受託者が再生・更生手続開始の決定を受けた場合は、破産の場合とは異なり、信託行為に別段の定めがない限り、受託者の任務は終了しない（同条5項・7項）。しかし、管財人があるときは、受託者の職務の遂行および信託財産に属する財産の管理または処分権は、その管財人に専属する。保全管理人がある場合も、同様である（同条6項・7項）。
④ 法人受託者の合併以外による解散（56条1項4号）
　法人受託者が合併以外の事由により解散すると、法人は清算の手続に移行し、清算中の法人の権利能力は清算の目的の範囲内に限定されるから、もはや受託者として不適格となり、その任務は終了する。
　なお、法人受託者が合併した場合は、受託者の任務は終了せず、合併後存続する法人または合併により設立される法人に受託者の任務は引き

継がれ、また、法人受託者が分割された場合も、合併の場合と同様、受託者の任務は終了せず、分割により受託者としての権利義務を承継する法人に受託者の任務が引き継がれる（同条2項）。合併または分割のいずれの場合も、信託行為に別段の定めがあるときは、その定めるところによる（同条3項）。

⑤ 　受託者の辞任（56条1項5号）（後述（2））
⑥ 　受託者の解任（56条1項6号）（後述（3））
⑦ 　信託行為に定めた事由（56条1項7号）
　　　信託行為に受託者の任務終了事由の定めがある場合は、その事由の発生により、受託者の任務は終了する。

(2) 受託者の辞任

　受託者は、委託者や受益者からの高度な信頼を受けて信託財産の管理または処分等を行うという重大な任務を負っているので、自由な辞任は認められず、原則として委託者および受益者の同意を得たとき、またはやむを得ない事由により裁判者の許可を得た場合に限り辞任することができる。

(a)　委託者および受益者の同意による辞任　　受託者は、信託行為に別段の定めがない限り、委託者および受益者の同意を得て辞任することができる（57条1項）。委託者が現に存しない場合は、受益者の同意のみでは、辞任することができない（同条6項）。

(b)　裁判所の許可による辞任　　受託者は、やむを得ない事由があるときは、裁判所の許可を得て辞任することができる（57条2項）。受託者は、委託者が現に存しない場合は、受益者のみの同意では辞任することはできないので（同条6項）、この場合に辞任するには、信託行為に別段の定めがなければ、裁判所の許可による辞任手続によらなければならないことになる。

(3) 受託者の解任

　上述したように、受託者は、原則として委託者および受益者の同意または裁判所の許可がなければ辞任することができないが、他方、委託者および受益者には、受託者に対する監督をより強化する観点から、いつでも受託者を解任することが認められるほか、裁判所への受託者解任の申立ても認められている。

(a)　委託者と受益者の合意による解任　　委託者および受益者は、いつで

も、その合意により、受託者を解任することができる（58条1項）。委託者が現に存しない場合には、受益者の意思のみでは、受託者を解任することはできない（同条8項）。

　信託の設定者と信託の利益を受ける者が受託者の任務の終了を望むのであれば、これを妨げる理由はなく、また、これは受託者に対する監督の強化にもつながるからである。委託者と受益者が合意すれば、信託自体を終了させることができるのであるから（164条1項）、当然に受託者を解任することもできるといえるが、受託者に不利な時期に解任したときは、やむを得ない事由があった場合を除き、受託者の損害を賠償しなければならない（58条2項）。

(b)　**裁判所による解任**　委託者と受益者の合意で受託者を解任できるが、受益者が多数である場合や、委託者または受益者が受託者と通謀しているような場合は、解任に必要な合意が形成できない可能性がある。

　そこで、このような場合においても、裁判所に対する申立てによって受託者を解任することができるようにするため、受託者が任務に違反して信託財産に著しい損害を与えたことその他重要な事由があるときは、裁判所は、委託者または受益者の申立てにより、受託者を解任することができるとされている（58条4項）。

　なお、委託者が現に存しない場合は、受益者の意思のみでは解任できないので（同条8項）、この場合に解任するには、信託行為の別段の定めがなければ、裁判所による解任手続によらなければならないことになる。

3……前受託者等の信託財産の保管および信託事務の引継ぎに必要な行為

　受託者の任務が終了すると新受託者が選任されるが、受託者の任務が終了してから新受託者が選任されて信託事務の処理ができるようになるまでの受託者不在の間、信託事務の処理に空白が生じると、信託財産の散逸等により受益者の利益が害されるおそれがある。

　そこで、経過的・暫定的な措置として、新受託者または信託財産管理者等が選任されて信託事務の処理ができるようになるまでの間、受託者であった者（「前受託者」）または前受託者の相続人もしくは破産管財人に対し、信託財産の保管と信託事務の引継ぎに必要な行為をすることが義務づけられてい

る。

(1) 前受託者の義務

(a) 受益者等への通知　受託者の破産・解散、辞任・解任、信託行為で定めた事由（56条1項3号～7号の事由）により受託者の任務が終了した場合には、前受託者は、信託行為に別段の定めがない限り、受益者に対し、その旨を通知しなければならない（59条1項）。

この受益者への通知により、受益者は、受託者の任務終了の事実を知ることができて、速やかに新受託者または信託財産管理者を選任して、信託財産を適切に管理または処分させることができるようになる。

また、受託者の破産（56条1項3号の事由）により受託者の任務が終了した場合には、前受託者は、破産管財人に対し、信託財産に属する財産の内容および所在、信託財産責任負担債務の内容その他の法務省令（規則5条）で定める事項を通知しなければならない（59条2項）。これにより、受託者の破産管財人は、信託財産の存在を了知して固有財産との混在を回避することができることになる。

(b) 信託財産の保管および信託事務引継ぎに必要な行為　受託者の解散、辞任・解任、信託行為で定めた事由（56条1項4号～7号の事由）により受託者の任務が終了した場合において、前受託者は、新たな受託者または信託財産管理者が選任されたときは信託財産管理者（「新受託者等」）が信託事務の処理をすることができるに至るまで、引き続き信託財産に属する財産を保管し、かつ、信託事務の引継ぎに必要な行為をしなければならない。ただし、信託行為に別段の定めがあるときは、その義務を加重することができる（59条3項）。

(c) 辞任による場合の受託者の権利義務の継続　委託者と受益者の同意を得て辞任したことにより受託者の任務が終了した場合には、前受託者は、信託行為に別段の定めがない限り、新受託者等が信託事務の処理をすることができるに至るまで、引き続き受託者として権利義務を有する（59条4項）。

委託者および受益者の同意を得て辞任した場合には、任務を終了させる必要性に乏しく、むしろ、受託者として引き続き信託事務の処理を継続させる方が受益者の利益になることが多いと考えられることから、新受託者等が選任されて信託事務の処理ができるようになるまで、引き続き権利義務を有す

るとされている。

(d) **受益者による前受託者の処分行為の差止請求**　前受託者がすべきことは、信託財産の保管と信託事務の引継ぎに必要な行為を行うことに限られるから、前受託者が信託財産に属する財産の処分をしようとするときは、受益者は、前受託者に対し、信託財産の処分をやめること（差止め）を請求することができる（59条5項）。

この受益者の差止請求権は、このような前受託者の信託財産の保管と信託事務の引継ぎに関連するものであるから、新受託者等が信託事務の処理をすることができるに至るまでの間に限って認められる（同項ただし書）。

(2) 前受託者の相続人等の義務

(a) **受益者への通知**　個人受託者の死亡または後見もしくは保佐開始の審判（56条1項1号または2号の事由）により受託者の任務が終了した場合において、前受託者の相続人（法定代理人が現に存する場合は、その法定代理人）または成年後見人もしくは保佐人（「前受託者の相続人等」）がその事実を知っているときは、前受託者の相続人等は、信託行為に別段の定めがない限り、知れている受益者に対し、これを通知しなければならない（60条1項）。

(b) **信託財産の保管および信託事務引継ぎに必要な行為**　個人受託者の死亡または後見もしくは保佐開始の審判（56条1項1号または2号の事由）により受託者の任務が終了した場合には、前受託者の相続人等は、新受託者等または信託財産法人管理人が信託事務の処理をすることができるに至るまで、信託財産に属する財産を保管し、かつ、信託事務の引継ぎに必要な行為をしなければならない（60条2項）。

(c) **受益者による前受託者の相続人等の処分行為の差止請求**　前受託者の相続人等がすべきことは、信託財産の保管と信託事務の引継ぎに必要な行為を行うことであるから、前受託者の相続人等が信託財産に属する財産の処分をしようとするときは、受益者は、前受託者に対する場合と同様、これらの者に対し、信託財産の処分をやめること（差止め）を請求することができる（60条3項）。

この受益者の差止請求権は、このような前受託者の相続人等の信託財産の保管と信託事務の引継ぎに関連するものであるから、新受託者等または信託財産法人管理人が信託事務の処理をすることができるに至るまでの間に限っ

て認められる（同項ただし書）。
(3) 破産管財人の義務
(a) 信託財産の保管および信託事務引継ぎに必要な行為　受託者の破産手続開始の決定（56条1項3号）により受託者の任務が終了した場合には、破産管財人は、新受託者等が信託事務の処理をすることができるに至るまで、信託財産に属する財産の保管をし、かつ、信託事務の引継ぎに必要な行為をしなければならない（60条4項）。

(b) 受益者による破産管財人の処分行為の差止請求　破産管財人がすべきことは、信託財産の保管と信託事務の引継ぎに必要な行為をすることであるから、破産管財人が信託財産に属する財産を処分しようとするときは、受益者は、前受託者に対する場合と同様、破産管財人に対し、信託財産の処分をやめること（差止め）を請求することができる（60条5項）。

　この受益者の差止請求権は、このような破産管財人の信託財産の保管と信託事務の引継ぎに関連するものであるから、新受託者等が信託事務の処理をすることができるに至るまでの間に限って認められる（同項ただし書）。

(4) 前受託者等の信託財産の保管および信託事務引継ぎに必要な行為に係る費用等の償還請求
(a) 費用等の償還請求権　前受託者または前受託者の相続人等もしくは破産管財人（「前受託者等」）は、新受託者等または信託財産法人管理人に対し、受益者等への通知または信託財産の保管および信託事務の引継ぎに必要な行為をするために支出した費用および支出の日以後における利息の償還を請求することができる（60条6項）。

　前受託者または前受託者の相続人等もしくは破産管財人は、上記の通知または信託財産の保管および信託事務の引継ぎに必要な行為等に係る費用を負担すべき理由はなく、その償還を受けるべきことは当然であるが、経過的・暫定的な措置として信託財産を保管等をする者が、費用の償還を直接信託財産から受けることは信託財産の保全上望ましくないため、新受託者等に償還請求すべきこととされている。

(b) 費用等の償還請求権の優先　前受託者の相続人等または破産管財人が有する費用等の償還請求権については、その共益的な性格に鑑み、49条6項（共益費用の優先権）および7項（保存・改良費用の優先権）の規定が準用

され、受託者が信託財産から費用の償還等を受ける権利についての優先的効力が認められている（60条7項）。

なお、前受託者の費用等の償還請求権に関しては、60条6項による費用等の償還請求や、同条7項による49条6項および7項の準用はない。これは、前受託者が、任務終了後引き続き権利義務を有する場合（59条4項）はもちろん、権限が信託財産の保管や信託事務の引継ぎに必要な行為に縮減される場合（同条3項）においても、引き続き受託者としての性質を有しているものとされるから、受託者として直接に48条および49条により費用等の償還請求権を有し、かつ、それに優先権があると考えられるためである。

(5) 処分行為差止請求の訴えに係る費用等の信託財産からの支弁

受益者が、前受託者または前受託者の相続人等もしくは破産管財人の信託財産に属する財産の処分行為の差止請求に係る訴えを提起して勝訴した場合には、その訴えに係る費用等については、相当と認められる額を限度として信託財産から支弁される（61条1項）。

受益者が敗訴した場合であっても、悪意があったときを除き、受益者は、受託者に対し、これによって生じた損害の賠償責任を負わない（同条2項）。

4……新受託者の選任
(1) 委託者と受益者の合意による選任

受託者の任務終了事由（56条1項各号の事由）により受託者の任務が終了した場合において、信託行為に新たな受託者（「新受託者」）に関する定めがないとき、または信託行為の定めにより新受託者として指定された者が信託の引受けをせず、もしくはこれをすることができないときは、委託者および受益者は、その合意により新受託者を選任することができる（62条1項）。

信託行為に新受託者の定めがあるときは、利害関係人は、新受託者として指定された者に対し、相当の期間を定めて、その期間内に就任の承諾をするかどうかを確答すべき旨を催告することができ（停止条件または始期が付されているときは、その条件の成就または始期の到来後に限る。）（同条2項）、新受託者として指定された者が、期間内に委託者および受益者（委託者が現に存しない場合は受益者、複数の受益者が現に存する場合はそのうちの1人の受益者、信託管理人が現に存する場合は信託管理人）に対し確答しないときは、就任を

【受託者の変更に係る権利義務の承継と信託事務の引継ぎ】

受託者の任務終了事由(56条1項)		前受託者等による信託財産の保管等	新受託者等の権利義務の承継	前受託者等から新受託者等への信託事務の引継ぎ
個人受託者の死亡(1号)		前受託者の相続人等による ①受益者への通知(60条1項) ②信託財産の保管および信託事務引継ぎに必要な行為(60条2項)	前受託者の任務終了時に、その時に存する信託に関する権利義務を前受託者から承継したものとみなされる(75条1項)	前受託者の相続人等が、新受託者等の就任後遅滞なく、信託事務に関する計算・引継ぎを行う(78条)
個人受託者の後見・保佐(2号)				
受託者の破産(3号) 個人受託者が破産した場合において、信託行為の定めにより任務が終了しない場合は、受託者の職務は当該破産した個人受託者が行う(56条4項)		①前受託者による受益者および破産管財人への通知(59条1項・2項) ②破産管財人による信託財産の保管および信託事務引継ぎに必要な行為(60条4項)		破産管財人が、新受託者等の就任後遅滞なく、信託事務に関する計算・引継ぎを行う(78条)
法人受託者の合併以外の事由による解散(4号)				
受託者の辞任(5号)	委託者と受益者の同意を得た辞任(57条1項)	前受託者による ①受益者への通知(59条1項) ②信託財産の保管および信託事務引継ぎに必要な行為(59条3項)	新受託者等就任時に、その時に存する信託に関する権利義務を前受託者から承継したものとみなされる(75条2項)	前受託者が、新受託者等の就任後遅滞なく、信託事務に関する計算・引継ぎを行う(77条1項)
	裁判所の許可を得た辞任(57条2項)			
受託者の解任(6号)			前受託者の任務終了時に、その時に存する信託に関する権利義務を前受託者から承継したものとみなされる(75条1項)	
信託行為で定めた事由(7号)				

「前受託者等」＝前受託者＋前受託者の相続人等＋破産管財人
「前受託者の相続人等」＝前受託者の相続人(・法定代理人)＋成年後見人・保佐人
「新受託者等」＝新受託者＋信託財産管理者(選任される場合)

承諾しなかったものとみなされるので(同条3項・8項)、委託者または受益者は、その合意により新受託者を選任するか、または裁判所に対して新受託者の選任の申立てをするかの選択をすることになる。

(2) 裁判所による選任

　新受託者の選任に関する委託者と受益者の合意に係る協議の状況(委託者が現に存しない場合は、受益者の状況)その他の事情に照らして必要があると

認められるときは、裁判所は、利害関係人の申立てにより、新受託者を選任することができる（62条4項・8項）。

(3) 受益者による選任

　委託者が現に存しない場合においては、受託者の辞任または解任のいずれの場合も、受益者のみでは新受託者を選任することができないが、受託者不在の場合における新受託者の選任は、受託者の辞任または解任の場合における新受託者の選任よりも必要性または緊急性が高いことが一般的であるから、委託者が現に存しない場合であっても、受益者だけで新受託者の選任をすることができるとされている（62条8項）。

5……受託者の変更に伴う権利義務の承継等および信託事務の引継ぎ

(1) 新受託者の権利義務の承継

(a)　前受託者の任務終了時承継　　受託者の任務終了事由（56条1項各号の事由）により受託者の任務が終了した場合において、新受託者が就任したときは、新受託者は、前受託者の任務が終了した時に、その時に存する信託に関する権利義務を前受託者から承継したものとみなされる（75条1項）。

(b)　新受託者等の就任時承継　　委託者および受益者の同意を得てした受託者の辞任により受託者の任務が終了した場合（信託行為に別段の定めがある場合を除く。）には、新受託者は、新受託者等が就任した時に、その時に存する信託に関する権利義務を前受託者から承継したものとみなされる（75条2項）。

　委託者および受益者の同意を得てした辞任の場合には、前受託者は、新受託者等が信託事務の処理をできるようになるまで、引き続き受託者として権利義務を有するから（59条3項・4項）、新受託者は、その就任時に、または信託財産管理者が選任された場合は信託財産管理者の就任時に、前受託者から信託に関する権利義務を承継したものとみなされる。

(2) 前受託者等と新受託者の関係等

(a)　新受託者就任時までにされた前受託者の行為の効力　　新受託者が、前受託者の任務終了時に遡及して権利義務を承継した場合（75条1項）、または新受託者等の就任時に権利義務を承継した場合（同条2項）のいずれの場合においても、新受託者就任時までにされた前受託者、信託財産管理者また

は信託財産法人管理人の権限内でした行為の効力は妨げられない（同条3項）。仮に、この行為の効力が否定されるようなことになれば、信託財産の保管等の目的が達せられないことになる上に、取引の安全をも害しかねないからである。

　新受託者の就任時または信託財産管理者が選任されたときはその就任時までのいずれか早い時までに、前受託者が権限外の行為をした場合は、27条（受託者の権限違反行為の取消し）が準用され、受益者はこの行為を取り消すことができる（75条4項）。

(b)　新受託者等の前受託者等に対する損失の塡補等の請求　　前受託者（その相続人を含む。）が損失塡補責任等を負う場合、または前法人受託者の理事、取締役もしくは執行役またはこれらに準ずる者（「理事等」）が損失塡補責任等の連帯責任を負う場合には、新受託者等または信託財産法人管理人は、前受託者または理事等に対し、損失の塡補または原状回復の請求をすることができる（75条5項）。

(c)　前受託者等の新受託者等に対する費用の償還等の請求と信託財産の留置
　①　前受託者の費用等の償還請求と信託財産の留置
　　　前受託者が信託財産から費用等の償還もしくは損害の賠償または信託報酬を受けることができる場合には、前受託者は、新受託者等または信託財産法人管理人に対し、費用等の償還もしくは損害の賠償または信託報酬の支払を請求することができ（75条6項）、弁済を受けるまでは、信託財産に属する財産を留置することができる（同条9項）。
　②　前受託者等の費用等の償還請求権に対する新受託者等の有限責任
　　　新受託者等または信託財産法人管理人は、上記①の前受託者等の費用等の償還等の請求については、信託財産に属する財産のみをもってこれを履行する責任を負う（75条6項ただし書）。
　③　前受託者の費用等の償還請求権の優先
　　　前受託者が有する上記①の費用等の償還等を受ける権利については、48条4項（損失塡補責任等の先履行）ならびに49条6項および7項（費用の償還等を受ける権利の優先）が準用されるので、前受託者は、損失の塡補責任等を履行した後でなければ、費用等の償還もしくは損害の賠償または信託報酬の支払を請求することができないが、その費用等の償還

等を受ける権利が共益費用の場合や保存・改良費用の場合には優先権が認められる（75条7項）。

(d) **信託財産に対する強制執行等の続行**　新受託者が就任するに至るまでの間に信託財産に属する財産に対しすでにされている強制執行、仮差押えもしくは仮処分の執行または担保権の実行もしくは競売の手続は、新受託者に対し続行することができる（75条8項）。

(e) **承継された債務に関する前受託者および新受託者の責任**

① 前受託者の責任

前受託者は、信託債権に係る債務が新受託者に承継された場合にも、自己の固有財産をもって、その承継された債務を履行する責任を負う。ただし、その債務が信託財産限定責任負担債務である場合には、履行の責任を負わない（76条1項）。

② 新受託者の責任

新受託者は、信託債権に係る債務を承継した場合には、信託財産に属する財産のみをもってこれを履行する責任を負う（76条2項）。

以上のように、受託者の変更により承継される債務については、前受託者が引き続きそのまま債務を負うとともに、新受託者も信託財産を限度として債務を履行する責任を負うので、信託債権に係る債務は、従前どおり、信託財産と固有財産をもって履行されることとなる。

(3) 前受託者等から新受託者等への信託事務の引継ぎ

新受託者等または信託財産法人管理人が就任した場合には、暫定的な事務処理者となっていた前受託者または前受託者の相続人等もしくは破産管財人は、新受託者等または信託財産法人管理人が信託事務の処理を行うのに必要な信託事務の引継ぎをしなければならない。

(a) **前受託者の新受託者等への信託事務の引継ぎ**

① 信託事務の計算と引継ぎ

新受託者等が就任した場合は、前受託者は、遅滞なく、信託事務に関する計算を行い、受益者（複数の受益者が現に存する場合は全受益者、信託管理人が現に存する場合は信託管理人）に承認を求めるとともに、新受託者等が信託事務の処理を行うのに必要な信託事務の引継ぎをしなければならない（77条1項）。

② 信託事務の計算の承認
　　受益者（信託管理人が現に存する場合は、信託管理人）が上記①の信託事務の計算の承認をした場合は、受益者に対する信託事務に関する責任は、前受託者の職務の執行に不正な行為があった場合を除き、免除されたものとみなされる（77条2項）。
　　受益者が前受託者から信託事務の計算の承認を求められてから、1か月以内に異議を述べなかった場合には、受益者は、信託事務の計算を承認したものとみなれる（同条3項）。

(b)　前受託者の相続人等または破産管財人の新受託者等への信託事務の引継ぎ等　　上記(a)の前受託者の新受託者等への信託事務の引継ぎは、個人受託者の死亡または後見開始もしくは保佐開始の審判（56条1項1号または2号の事由）による受託者の任務終了の場合の前受託者の相続人等および受託者の破産手続開始の決定（同項3号の事由）による受託者の任務終了の場合の破産管財人について、準用される（78条）。

6……信託財産管理者による信託財産の管理または処分および信託事務の引継ぎ

(1) 信託財産管理者
　受託者の任務が終了すると、原則として前受託者や前受託者の相続人等が新受託者が信託事務の処理をすることができるに至るまで、引き続き信託財産に属する財産を保管し、信託事務の引継ぎに必要な行為をすることとされているが、解任による任務終了の場合のように、それでは適当でない場合があるので、受託者不在中の信託財産の管理者として信託財産管理者という制度が設けられている。
　信託財産管理者の職務は、受託者の任務が終了してから新受託者が選任されるまでの間、すなわち受託者が不在の期間中、受託者の職務の遂行と信託財産の管理処分権を専属的に有し、信託財産の保護を図ることである。

(2) 信託財産管理命令
(a)　信託財産管理者の選任　　受託者の任務が終了した場合において、新受託者が選任されておらず、かつ、必要があると認めるときは、新受託者が選任されるまでの間、裁判所は、利害関係人の申立てにより、信託財産管理

命令（信託財産管理者による管理を命じる処分）をすることができ（63条1項）、その場合には、信託財産管理命令において信託財産管理者を選任しなければならない（64条1項）。

(b) **信託財産管理者の公告**　　裁判所は、信託財産管理人の選任の裁判をしたときは、直ちに、信託財産管理者を選任した旨および信託財産管理者の氏名または名称を公告しなければならない（64条3項）。

(c) **信託財産管理命令の登記または登録等**　　信託財産管理命令があった場合において、信託財産に属する権利で登記または登録されたものがあることを知ったときは、裁判所書記官は、職権で、遅滞なく、信託財産管理命令の登記または登録を嘱託しなければならない（64条5項）。

信託財産管理命令を取り消す裁判があったとき、または信託財産管理命令があった後に新受託者が選任された場合において新受託者が信託財産管理命令の登記もしくは登録の抹消の嘱託の申立てをしたときは、裁判所書記官は、職権で、遅滞なく、信託財産管理命令の登記または登録の抹消の嘱託をしなければならない（同条6項）。

(d) **前受託者の法律行為の効力**　　前受託者が、信託財産管理者選任の裁判の後に信託財産に属する財産に関してした法律行為は、信託財産との関係では、その効力を主張することができない（65条1項）。裁判当日に行った法律行為については、裁判があった後に行ったものと推定される（同条2項）。

(3) 信託財産管理者の権限・義務等

(a) **信託財産管理者への管理・処分権の専属**　　信託財産管理者が選任された場合には、受託者の職務の遂行ならびに信託財産に属する財産の管理および処分をする権利は、信託財産管理者に専属する（66条1項）。

複数の信託財産管理者がある場合には、共同してその権限に属する行為をしなければならないが、裁判所の許可を得て、それぞれ単独にその職務を行い、または職務を分掌することができる（同条2項）。

なお、複数の信託財産管理者があるときは、第三者の意思表示は、信託財産管理者の1人に対してすれば足りる（同条3項）。

(b) **保存または改良行為等を超える行為を行う場合の裁判所の許可**　　信託財産管理者は、保存行為または信託財産に属する財産の性質を変えない範囲内においてその利用・改良を目的とする行為の範囲を超える行為をする場

合は、裁判所の許可を得なければならない（66条4項）。これに違反した信託財産管理者の行為は、無効である。ただし、信託財産管理者は、これをもって善意の第三者には対抗することができない（同条5項）。

(4) 信託財産管理者の義務・責任
(a) 信託財産に属する財産の管理に関する義務と責任　信託財産管理者は、就職の後直ちに信託財産に属する財産の管理に着手しなければならず（67条）、その職務を行うに当たっては、受託者と同一の義務および責任を負う（69条）。

(b) 当事者適格　信託財産に関する訴えについては、信託財産管理者が原告または被告となる（68条）。

(5) 信託財産管理者の辞任・解任
信託財産管理者は、正当な事由があるときは、裁判所の許可を得て辞任することができる（70条：57条2項準用）。

信託財産管理者が任務に違反して信託財産に著しい損害を与えたことその他重要な事由があるときは、裁判所は、委託者または受益者の申立てにより、信託財産管理者を解任することができる（70条：58条4項準用）。

(6) 信託財産管理者の費用・報酬等
信託財産管理者は、信託財産から裁判所の定める額の費用の前払いおよび報酬を受けることができる（71条1項）。

(7) 信託財産管理者の新受託者への信託事務の引継ぎ等
(a) 信託事務の計算と引継ぎ　新受託者が就任した場合には、信託財産管理者は、遅滞なく、信託事務に関する計算を行い、新受託者に対し承認を求めるとともに、新受託者が信託事務の処理を行うのに必要な信託事務の引継ぎをしなければならない（72条：77条1項準用）。

(b) 信託事務の計算の承認　新受託者が上記(a)の計算を承認した場合には、新受託者に対する信託事務の引継ぎに関する責任は、信託財産管理者の職務の執行に不正行為があった場合を除き、免除されたものとみなされる（72条：77条2項準用）。

新受託者が信託財産管理者から上記(a)の計算の承認を求められた時から1か月以内に異議を述べなかった場合には、新受託者は、信託事務の計算を承認したものとみなされる（72条：77条3項準用）。

(8) 受託者の職務代行者

　信託財産管理者は、受託者の任務が終了し、かつ、新受託者が選任されていない場合に限って選任される。そのため、受託者の任務が終了していないが、受託者に代わって信託事務の処理をする者を選任する必要が生じた場合には対応できないので、それを補うものとして、受託者の職務代行者の制度が設けられている。

(a)　職務代行者への管理・処分権の専属　受託者の職務代行者が選任された場合には、受託者の職務の遂行ならびに信託財産に属する財産の管理および処分をする権利は、職務代行者に専属する（73条：66条1項準用）。

　複数の職務代行者があるときは、共同してその権限に属する行為をしなければならないが、裁判所の許可を得て、それぞれ単独にその職務を行い、または職務を分掌することができる（73条：66条2項準用）。

　なお、複数の職務代行者があるときは、第三者の意思表示は、その1人にすれば足りる（73条：66条3項準用）。

(b)　保存または改良行為を超える行為の場合の裁判所の許可　職務代行者は、保存行為または信託財産に属する財産の性質を変えない範囲内においてその利用・改良を目的とする行為の範囲を超える行為をするには、裁判所の許可を得なければならない（73条：66条4項準用）。これに違反した職務代行者の行為は、無効である。ただし、職務代行者は、これをもって善意の第三者に対抗することができない（73条：66条5項準用）。

7……信託財産法人管理人による信託財産の管理または処分および信託事務の引継ぎ

(1) 信託財産の法人化と信託財産法人管理人

(a)　信託財産の法人化　個人受託者の死亡（56条1項1号の事由）により受託者の任務が終了した場合には、信託財産は法人とされ（74条1項）、新受託者が就任したときは、その法人は成立しなかったものとみなされる（同条4項本文）。

　信託財産は、受託者の所有に属するものの、受託者の固有財産とは区別されて独立性を有し、受託者の死亡により任務が終了しても信託財産は相続財産には含まれないから、新受託者が就任するまで所有者がいないという状態

に陥ってしまう。そこで、個人受託者の死亡により受託者の任務が終了したときは、信託財産を法人とする一方、その後新受託者が就任したときには、信託財産法人は当初から成立しなかったものとみなすことによって、前受託者の任務終了時に新受託者が信託財産を承継したことにするのである。

(b) 信託財産法人管理人　信託財産法人管理人は、信託財産法人の機関として信託財産の管理および処分を行う者であり、個人受託者が死亡した場合において必要と認めるときは、裁判所が、利害関係人の申立てにより、信託財産管理命令によって選任する（74条2項）。

新受託者が就任すると信託財産法人は初めから成立しなかったものとみなされるが、その間に行った信託財産法人管理人の権限内の行為の効力は有効である（同条4項ただし書）。信託財産法人管理人の代理権は、新受託者が信託事務の処理をすることができるに至った時に消滅する（同条5項）。

(2) 信託財産管理者に関する規定の準用

信託財産法人管理人は、信託財産法人の機関として信託財産の管理および処分をする権限を有する者であり、信託財産管理者と信託財産法人管理人とは、いずれも、受託者が不在の間の法定の財産管理人であるという点で共通する。そこで、信託財産法人管理命令をする場合は64条（信託財産管理者の選任等）が、信託財産法人管理人については、66条〜72条（信託財産管理者の権限・義務等、辞任・解任、報酬等、信託事務の引継ぎ等）が準用される（74条6項）。

VII 受託者複数の信託

1……受託者複数の信託における信託財産の合有

受託者複数の信託においては、信託財産は、その合有とされ（79条）、受託者複数の信託における信託財産の所有形態を合有であるとする旧信託法24条1項の規定が踏襲されている。

信託法における合有は、民法上の組合における組合財産の共同所有形態である合有と類似するが、各受託者は、信託財産に対して固有の利益を有しないので、持分を有しない。したがって、各受託者は、信託財産の分割を請求

したり、持分を譲渡することはできない。信託が終了したときも信託財産の分割請求権はなく、また、受託者の一人が死亡した場合にも、持分の相続は起こらず、信託財産は残りの受託者に帰属する（残存者の原則）。

2……信託事務処理の方法
(1) 信託事務処理の意思決定（多数決の原則）

　信託行為の定めにより複数の受託者を選任した委託者の意図は、事務の処理にあたり受託者が相互に監視することによって信託違反行為を防止することや、複数の者が意思決定に関与することによって慎重かつ合理的な信託事務の処理が行われることを期待するものであると考えられる。そうだとすれば、受託者の全員一致を信託事務処理に関する意思決定の原則とすることも考えられるが、それでは効率的な信託事務の処理を阻害しかねない。そこで、受託者の過半数をもって、信託事務処理に関する意思決定を行うこととされている（80条1項）。

　他方、保存行為については、その性質上、迅速な処理を必要とする場合が多いと考えられるので、各受託者が単独で、意思決定をすることができるとされている（同条2項）。

　もっとも、信託行為の定めをもって受託者の全員一致を要求することや、逆に、特定の受託者の意思決定に委ねること等を禁止する必要はないので、信託行為に別段の定めをすることが認められ、上記の規律は任意規定であることが明らかにされている（同条6項）。

(2) 信託事務の執行（単独執行）

(a)　単独執行・相互代理　　信託事務の処理について意思決定された場合には、各受託者は、信託行為に別段の定めがない限り、その決定に基づいて信託事務を執行することができ（80条3項）、その決定に基づき信託財産のためにする行為については、各受託者は、他の受託者を代理する権限を有する（同条5項）。

　各受託者が相互に代理権を授与しているとされる結果、本人として対外的な執行行為をすると、同時に他の受託者の代理人としても対外的な執行行為をすることになり、その行為の効果は、合有に係る信託財産に帰属するとともに、各受託者の固有財産にも帰属することになる。

(b) **職務分掌の定めがある場合の特則**　受託者複数の信託における信託事務の処理は、原則として複数受託者の多数決によって意思決定を行い、その意思決定に基づいて各受託者が他の受託者の顕名を行った上で信託事務の執行をすることになるが、信託行為に受託者の職務分掌に関する定めがある場合には、各受託者は、その定めに従い、信託事務の処理について決定し、これを執行することができる（80条4項）。この場合には、執行に際して他の受託者を顕名することを要しない。

　各受託者による信託事務の処理の効果は、合有に係る信託財産に帰属して信託財産が責任財産となるが、固有財産についても責任を負うのは、事務処理をした受託者に限られる。

(c) **職務分掌者の当事者適格**　信託債権者が合有に係る信託財産に対し強制執行する場合には、受託者の中の1人に対する債務名義だけでは足りず、受託者全員に対する債務名義が必要になるが、信託行為に職務分掌に関する定めがある場合には顕名を要しないので、他の受託者の存在を知り得ない信託債権者は、不測の不利益を被りかねない。

　そこで、取引の相手方となった受託者に対する債務名義をもって足りるようにするために、信託行為に職務分掌の定めがある場合には、信託財産に関する訴えについて、各受託者は、自己の分掌する職務に関し、他の受託者のために原告または被告となる（法定訴訟担当）こととされている（81条）。

(d) **信託事務処理決定の他の受託者への委託の禁止**　受託者複数の信託においては、受託者間の相互監視や複数の者が意思決定に関与することによって、より慎重かつ合理的な信託事務の処理をすることが期待されているのであるから、各受託者は、信託行為に別段の定めがある場合またはやむ得ない事由がある場合を除き、他の受託者に対し、信託事務（常務に属するものを除く。）の処理についての決定を委託することができない（82条）。

3……信託事務処理に係る債務の負担
(1) 各受託者の連帯債務

　受託者複数の信託において、信託事務を処理するにあたって各受託者が第三者に対し債務を負担した場合には、各受託者は、連帯債務者となる（83条1項）。

(2) 職務分掌の定めがある場合の特則

信託行為に受託者の職務分掌に関する定めがある場合において、ある受託者がその定めに従い信託事務の処理をするにあたって第三者に対して負担した債務については、他の受託者は、信託財産に属する財産のみをもってこれを履行する責任を負い（83条2項本文）、信託財産に属する財産のみならず固有財産でも責任を負うのは、その行為をした受託者となる。

しかし、上記の第三者が、受託者複数の信託であることは知っていたが、職務分掌の定めがあることについて善意・無過失であった場合には、他の受託者の固有財産も責任財産となることについての第三者の信頼を保護するため、この場合には、他の受託者の固有財産も責任財産となる（同項ただし書）。

(3) 損失の塡補責任等の特則

受託者複数の信託において、複数の受託者がその任務に違反する行為をしたことにより損失の塡補または原状回復の責任を負う場合には、行為をした各受託者が連帯債務者となる（85条1項）。

受託者複数の信託においては、信託事務の処理にあたって各受託者が負担した債務は連帯債務になるのが原則であるが（83条1項）、損失の塡補責任等は、任務違反行為につき故意または過失のある受託者が負うべきものであり、任務違反行為に全く関与していない受託者にも連帯責任を負わせるのは、他人の行為に対して責任を負わされることはないという一般原則に反するので、任務違反行為をした各受託者が連帯して責任を負うとされている。

4……受託者複数の信託におけるその他の特例

(1) 共有物の分割の特例

受託者複数の信託における信託財産と固有財産とに属する共有物分割の方法に関しては、固有財産に共有持分を有する受託者のみを分割協議の利益を有する者として扱う（84条）。

(2) 受託者の責任追及の特例

(a) 損失の塡補または原状回復の請求権者としての他の受託者の追加

受託者の損失の塡補責任等および法人受託者の役員とその法人との損失の塡補責任等に係る連帯責任については、受益者の他に、他の受託者も損失の塡補等の請求をすることができる（85条2項）。

(b) **受益者が受託者の損失の塡補責任等の免除をした場合の他の受託者の責任追及の不可**　受益者が、受託者の損失の塡補責任等または法人受託者の役員とその法人との損失の塡補責任等に係る連帯責任を免除した場合には、他の受託者は責任の追及をすることができない (85条3項)。
(c) **受託者の行為差止請求権者としての他の受託者の追加**　受託者の法令等違反行為や公平義務違反行為については、受益者のほか、他の受託者も受託者の行為の差止請求をすることができる (85条4項)。

(3) 受託者の変更等の特例
(a) **受託者の変更の通知先への他の受託者の追加と「すべての受託者の任務終了」への変更**　受託者の任務が終了すると、前受託者または前受託者の相続人等は、その旨を受益者に通知する義務を負うが、その通知先に受益者のほか、他の受託者が加えられる。また、受託者の変更原因である「受託者の任務終了」が「すべての受託者の任務終了」となる (86条1項~3項)。
(b) **他の受託者による信託に関する権利義務の承継**　受託者の任務が終了すると、新受託者が選任されて信託に関する権利義務が承継されるが、受託者複数の信託における受託者のうちの1人の受託者の任務が終了した場合には、信託行為に別段の定めがない限り、その任務終了時の信託に関する権利義務は他の受託者が当然に承継し、その任務は他の受託者が行う (86条4項)。

(4) 信託の終了の特例
　信託は、受託者が1年間継続して欠けた場合に終了するが (163条3号)、受託者複数の信託においては、すべての受託者が1年間継続して欠けた場合に終了する (87条1項)。受託者の一部が欠けた場合は、他の受託者がその任務を引き継ぐのが原則であるが (86条4項)、信託行為の定めによりそれができない場合で、かつ、新受託者が就任しない状態が1年間継続した場合は、信託は終了する (87条2項)。

第 5 章

受益者等

 受益者と受益権

1……受益者と受益権の意義

信託は、受益者のために設定されるものであり、受益者は、信託の利益を享受する主体として、受益権を有する（2条6項）。

受益者の有する受益権は、信託行為に基づいて受託者が受益者に対し負う債務であって信託財産に属する財産の引渡しその他の信託財産に係る給付をすべきものに係る債権（受益債権）およびこれを確保するためにこの法律の規定に基づいて受託者その他の者に対し一定の行為を求めることができる権利（監督的権利）から構成される（同条7項）。

このように、受益権は、受益債権とそれを確保するための監督的権利からなる複合的権利であり、いわば受益者の有する権利の総体あるいは包括的地位を指すものであって、その受益権を有するのが受益者である。

2……受益権の取得

(1) 受益権の当然取得

信託行為の定めにより受益者として指定された者（89条1項に規定する受益者指定権等の行使により受益者または変更後の受益者として指定された者を含む。）は、信託行為に別段の定めがない限り、当然に受益権を取得する（88条1項）。

一般に、「契約によって、当事者以外の者に利益も不利益も与えることはできない」と言われており、第三者のためにする契約では、第三者の有する権利は、受益の意思表示をしたときに発生する（民法537条3項）とされているが、指定受益者の受益権の当然取得を規定する88条1項は、この原則に

対する例外を定めたものである。

このような民法の原則に対する例外を定めたのは、受益者が当然に受益権を取得するとすることによって、その後は、委託者と受託者との合意のみによって受益権の内容を変更することができなくなること、また、受託者が受益者に対して信託法上の各種の義務を負うことになる等の効果を導くことができ、それが受益者の利益になるからである。

このように、受益者は、受益権を当然に取得することになるが、受益権は放棄することができるので（99条）、受益者として指定された者が自らの意思に反して受益権の取得を強制されるわけではない。

(2) 受益者に対する受益権取得の通知

受益者は当然に受益権を取得するが、受益者として指定されたことを常に知っているとは限らないので、信託行為に別段の定めがない限り、それを知らない受益者に対しては、受託者が、遅滞なく、受益権取得の事実を通知しなければならない（88条2項）。これにより、受益者が、受益者に指定されたことを知らないまま権利行使の機会を失うことがないようにされている。

もっとも、信託行為で別段の定めをすることが認められているので（同項ただし書）、受託者の通知義務を排除または軽減することは可能である。したがって、委託者が受益者に対して受益権取得の事実を秘匿しておきたいとき、たとえば、親が所有する財産について子を受益者とする信託を設定したが、子がそれを知ってしまうとその後の努力を怠ることを懸念して、その事実を伏せておきたいようなときは、通知しないとすることも可能である。

3……受益権の行使

受益権は、受益債権とそれを確保するための監督的権利からなる複合的な権利であり、受益者が受益者であることにより認められる権利のほか、信託に利害を有している利害関係人としての権利も含まれる。株式会社の株主の権利とのアナロジーでいえば、受益債権が自益権に相当し、受益債権を確保するための監督的権利は共益権に相当するということができる。

受益者の監督的権利は、さらに、受託者の監視・監督に関する権利と信託の運営に関する権利とに大別することができる。

(1) 受託者に対する監視・監督権（単独受益者権）

受託者に対する監視・監督権は、監督的権利の中核をなす重要な権利であるから、各受益者が単独で行使することができる権利（単独受益者権）とされ、信託行為の定めにより制限することができない（92条）。

① 信託財産への強制執行等に対する異議権

信託債権者および受益債権者以外の者、すなわち、委託者の債権者や受託者の債権者、あるいは他の信託の信託財産に係る債権者が信託財産について強制執行等をしてきた場合には、異議を主張してそれを排除することができる（23条5項・6項）。

② 受託者の権限違反行為・利益相反行為の取消権

受託者の信託財産のためにする行為が権限外である場合は、その行為の相手方がそのことを知っていたとき、または重大な過失により知らなかったときは、その行為を取り消すことができる（27条1項）。

受託者が、利益相反行為許容要件に違反して行った自己取引もしくは信託財産間取引の財産について処分その他の行為をした場合、または双方代理的取引もしくは間接取引をした場合は、その行為の相手方がそのことを知っていたとき、または重大な過失により知らなかったときは、受託者の行った処分その他の行為を取り消すことができる（31条6項・7項）。

また、前受託者が、新受託者等が就任するに至るまでの間に権限外の行為をした場合は、その行為の相手方がそのことを知っていたとき、または重大な過失により知らなかったときは、その行為を取り消すことができる（75条4項）。

③ 受託者の任務違反行為に対する損失の塡補または原状回復の請求権

受託者がその任務を怠ったことによって、信託財産に損失が生じた場合は、損失の塡補を、または信託財産に変更が生じた場合は、原状回復の請求を受託者に対してすることができる（40条1項本文）。

法人受託者が損失の塡補または原状回復の責任を負う場合において、法人受託者の役員が、その法人の行った法令または信託行為の定めに違反する行為について悪意または重過失がある場合は、その法人および役員に対して連帯責任を追及することができる（41条）。

④ 受託者等による信託違反行為の差止請求権

　受託者の法令または信託行為の定めに違反する行為または違反するおそれのある行為によって信託財産に著しい損害が生じるおそれがあるときは、受託者に対してその行為の差止めを請求することができる（44条1項）ほか、受託者の公平義務に違反する行為によって一部の受益者に著しい損害が生じるおそれがあるときにも、受託者に対して行為の差止めを請求することができる（同条2項）。

　また、前受託者または前受託者の相続人等もしくは破産管財人が、保管すべき信託財産に属する財産を処分しようとするときは、処分の差止めを請求することができる（59条5項、60条3項・5項）。

⑤ 信託事務処理状況の報告請求権

　受託者に対し、信託事務の処理の状況ならびに信託財産に属する財産および信託財産責任負担債務の状況について報告を求めることができる（36条）。

⑥ 帳簿等の閲覧等請求権等

　受託者に対し、受託者が保存義務を負うすべての書類、すなわち、信託帳簿、信託事務処理関係書類および財産状況開示資料の閲覧または謄写請求をすることができる。ただし、信託帳簿および信託事務処理関係書類については、請求理由を明らかにしてしなければならない（38条1項・6項）。

⑦ 受益権放棄権

　信託行為の当事者である場合を除き、受託者に対し、受益権を放棄する旨の意思表示をすることができる（99条1項）。

⑧ 受益権取得請求権

　重要な信託の変更等（重要な信託の変更または信託の併合もしくは分割）によって損害を受けるおそれがある場合には、受託者に対して公正な価格で自己の有する受益権を取得することを請求することができる（103条1項・2項）。

⑨ 催告権

　信託行為で指定された受託者、信託監督人、受益者代理人等に対する就任諾否の催告権（5条1項・62条2項・131条2項・138条2項）。

⑩ 申立権

裁判所に対する、受託者の選任・解任・新任、検査役の選任、信託財産管理命令・信託財産法人管理命令、信託監督人の選任・解任・新任、受益者代理人の解任・新任、特別の事情等による信託の変更・終了命令、公益確保のための信託の終了命令・管理命令等の申立権（6条1項・46条1項・58条4項・62条4項・63条1項・74条2項・131条4項・134条2項・135条1項・141条2項・142条1項・150条1項・165条1項・166条1項・169条1項・173条1項）。

⑪ 一定の訴訟に係る費用等の請求権

信託財産に対する強制執行等に対する異議の訴えに係る費用等（24条1項）、受託者もしくは法人受託者とその役員に対する損失の塡補・原状回復請求の訴えに係る費用等、または受託者の信託違反行為差止請求の訴えに係る費用等（45条1項）および前受託者または前受託者の相続人等もしくは破産管財人の信託財産処分行為差止請求の訴えに係る費用等（61条1項）の受託者に対する支払請求権

⑫ 受益証券発行信託の受益権原簿記載事項記載書面等の交付等請求権

受益証券不発行信託においては、受益証券発行信託の受託者に対し、受益者に係る受益権原簿記載事項を記載または記録した書面の交付または電磁的記録の提供を請求することができる（187条1項）。

⑬ 受益証券発行信託の受益権原簿の閲覧等請求権

受益証券発行信託の受託者に対し、請求理由を明らかにして、受益権原簿の閲覧または謄写請求をすることができる（190条2項）。

⑭ 受益証券発行信託の受益権原簿記載事項の受益権原簿への記載等請求権

受益証券発行信託の受益権を受益証券発行信託の受託者以外から取得した場合には、受益証券発行信託の受託者に対し、受益権に係る受益権原簿記載事項を受益権原簿に記載または記録することを請求することができる（198条1項）。

⑮ 限定責任信託等における金銭による塡補請求等

受託者が給付制限に違反して受益者に信託財産に係る給付をした場合には、給付額に相当する金銭による信託財産への塡補請求等をすること

ができる (226条1項)。また、信託事業年度において欠損が生じた場合には、欠損額に相当する金銭による信託財産への塡補請求等をすることができる (228条1項)。

⑯ 会計監査人設置信託における損失塡補請求権
　会計監査人がその任務を怠ったことによって信託財産に損失が生じた場合には、その会計監査人に対して損失の塡補請求をすることができる (254条1項)。

(2) 信託の運営に関する受益者の意思決定 (多数決の原則)

(a) 受益者複数の信託における受益者の意思決定方法　受益者は、信託の運営に関してその意思を反映させることができるが、受益者が複数の場合には意思決定を行う必要がある。そこで、受益者が複数存在する信託における受益者の意思決定 (92条の単独受益者権を除く。) は、全員一致を原則とした上で (105条1項本文)、柔軟性の観点から、信託行為に別段の定めを置くことを認めている (同項ただし書)。したがって、信託行為においてさまざまな多数決の方法を定めることや、さらには、意思決定の方法自体についても任意に定めることができる。

　他方、信託行為において受益者集会における多数決による旨を定めれば、信託行為の別段の定めを許容することを前提として、信託法106条～122条に定める、受益者集会の手続や決議要件等に関する標準的な枠組みが適用されるようにすることもできる (105条2項)。

　受益者の主要な意思決定対象事項は、次のとおりである。

① 共有物分割の協議
　・信託財産と固有財産とに共有持分が属する場合の受託者との共有物分割協議 (19条1項2号)
　・信託財産と他の信託の信託財産とに共有持分が属する場合の各信託の受益者との共有物分割協議 (同条3項2号)
② 受託者の利益相反行為・競合行為の事前承認・追認等
　・受託者の利益相反行為および競合行為について、重要な事実の開示を受けて行う事前承認 (31条2項2号・32条2項2号)
　・受託者の無効な利益相反行為を有効にする追認 (31条5項)
　・受託者の競合行為を信託財産のためにしたものとみなす介入権の行使

(32条4項)

③ 受託者の辞任・解任・新任の合意等
・受託者の辞任に対する委託者との同意（57条1項）
・受託者を解任または新任する委託者との合意（58条1項・62条1項）

④ 信託監督人・受益者代理人の辞任・解任・新任の合意等
・信託監督人または受益者代理人の辞任に対する委託者との同意（134条2項・141条2項）
・信託監督人または受益者代理人を解任または新任する委託者との合意（134条2項・141条2項・135条1項・142条1項）

⑤ 前受託者または前受託者の相続人等もしくは破産管財人の新受託者への信託事務の引継ぎに係る計算の承認（77条・78条）

⑥ 信託の変更、併合・分割の合意等
・信託の変更についての委託者および受託者との合意もしくは受託者との合意、または委託者との共同もしくは単独の受託者に対する意思表示（149条1項・2項1号・3項）
・信託の併合もしくは分割についての委託者および受託者との合意（151条1項・2項1号）または受託者との合意（155条1項・2項1号、159条1項・2項1号）

⑦ 信託の終了についての委託者との合意（164条1項）

⑧ 清算受託者の最終計算に対する承認（184条）

(b) 受託者の責任免除に関する受益者の意思決定 受託者の損失塡補責任等の免除に係る意思決定の方法についての信託行為の定めは、責任免除という効果の重要性に鑑み、受益者集会における多数決による旨の定めに限って有効とされ（105条3項）、その場合の受益者集会の決議は、特別決議とされている（113条2項1号）。

　しかし、①受託者の損失の塡補または原状回復の責任の全部免除、②受託者に悪意または重過失がある場合の上記①の責任の一部免除、③法人受託者の役員の損失の塡補または原状回復に係る連帯責任の一部免除については、受益者全員の一致が要求されており（105条4項）、結局、受益者集会における特別決議で免除できるのは、受託者の軽過失による損失の塡補または原状回復責任の一部免除だけとなる（同項2号の反対解釈）。

Ⅰ　受益者と受益権

受益権と受益債権等

1……受益権の譲渡・質入れ・放棄
(1) 受益権の譲渡
　受益権は、その性質が許さない場合を除き、譲渡することができる（93条1項）。信託行為の定めにより譲渡の禁止または制限（「譲渡制限」）をすることができるが、その定めは、善意・無重過失の第三者には対抗することができない（同条2項）。

(a) 受益権の譲渡性　受益権は、その性質が許さない場合を除き、譲渡することができるとされ（93条1項）、受益権の譲渡性が明確にされている。

　したがって、受益権は譲渡することができるが、受益権は、受益者の有する権利の総体あるいは包括的地位を指すものであるから、受益権を構成する個々の権利を別個独立に処分することはできない。たとえば、受益債権と監督的権利を分離してそれぞれを譲渡することはできない。ただし、受益債権に基づく請求権（基本権）のうち、具体的な請求権（支分権）となったものについては、確定した株式の配当金支払請求権の場合と同様、譲渡できると解される。

　なお、受益権の分割譲渡、すなわち、受益者の地位を複数に分割して異なる譲受人に譲渡することは可能と考えられるが、これは信託の変更に該当するので、信託の変更手続を経た上でなければすることができない。

(b) 性質上譲渡が許されない場合の譲渡禁止　受益権は譲渡することができるが、「その性質が許さない場合」は、譲渡することができない。

　たとえば、特定の高齢者の介護を目的とする信託や心身障害者の扶養を目的とする信託において、この信託の受益権が譲渡されて受益者が変わってしまうと、この信託の目的が達成できなくなり信託が終了することになるが、信託の終了という結果をもたらすような受益権の譲渡は認められない。

(c) 譲渡制限特約による譲渡制限　受益権の譲渡に関しては、信託行為の別段の定めによって譲渡制限をすることができる（93条2項本文）。信託行為で受益権の譲渡を禁止するほか、一定範囲の者にのみ譲渡を許容することや、受託者の同意を譲渡の要件とするなど譲渡手続を制限することも認めら

れる。

　この信託行為の定めに反する譲渡は、譲渡自体が無効となるが、第三者に対抗することができるのは、譲受人その他の第三者が悪意または重過失の場合に限られるから、受託者の方で譲受人等の悪意または重過失を立証しないと、譲受人等による受益権の行使を容認しなければならなくなる（同項ただし書）。

　なお、受益権の譲渡制限は、信託行為で定めることとされているから、受益者と受託者との合意により受益権の譲渡制限をすることはできない。

(d)　**受益権の譲渡等の対抗要件**　　受益権の譲渡の対抗要件は、民法467条の指名債権の譲渡の対抗要件に準じ、受託者への対抗要件は、譲渡人の受託者への通知または受託者の承諾であり（94条1項）、受託者以外の第三者への対抗要件は、確定日付のある証書による受託者への通知または受託者の承諾である（同条2項）。

　受益権の共同相続の場合は、法定相続分を超えて受益権を承継した共同相続人は、法定相続分を超える部分については対抗要件を備えなければ第三者に対抗することができない（民法899条の2第1項）。受託者に対する対抗要件は、被相続人の地位を包括的に承継した共同相続人全員の受託者への通知または受託者の承諾ということになるが、法定相続分を超えて受益権を承継した共同相続人が、その受益権に係る遺言の内容（遺産の分割により承継した場合は、その受益権に係る遺産の分割の内容）を明らかにして受託者にその承継を通知すれば、共同相続人全員が受託者に通知したものとみなされる（95条の2）。

(e)　**受益権譲渡における受託者の抗弁**　　受託者は、受益権の譲渡に関し、受託者への通知または受託者の承諾がなされるまでに譲渡人に対して生じた事由をもって、譲受人に対抗できる（95条）。

　受益権は一種の地位であり、受益権の譲渡は、複数の権利を含む包括的な地位を移転するものであるから、受益権の譲渡によって受託者の抗弁が切断されることがないようにされている。

(2) 受益権の質入れ

(a)　**質入性**　　受益者は、受益権の性質がこれを許さない場合を除き、その有する受益権に質権を設定することができる（96条1項）。信託行為で質入

れの禁止または制限（「質入制限」）特約を設けることはできるが、その定めは、譲受人その他の第三者が悪意または重過失の場合に限って対抗することができるから、受託者の方で質権者等の悪意または重過失を立証しないと、質権者等による質権の行使を容認しなければならなくなる（同条2項）。

(b) 質入れの対抗要件　受益権の質入れの対抗要件に関する規定はないが、受益権の譲渡と質入れで受託者の異議をとどめない承諾の効果が異なるのは整合性に欠けるから、受益権の譲渡の対抗要件に関する規定である94条および受託者の抗弁に関する規定である95条が類推適用されると解される。

(c) 質入れの効果　受益権を目的とする質権は、受益権自体のほか、下記の金銭その他の財産（「金銭等」）について存在する（97条）。

① 受益権を有する受益者が受託者から信託財産に係る給付として受けた金銭等
② 受益権取得請求（103条6項）によって受益権を有する受益者が受ける金銭等
③ 信託の変更による受益権の併合または分割によって受益権を有する受益者が受ける金銭等
④ 信託の併合または分割によって受益権を有する受益者が受ける金銭等
⑤ その他、受益権を有する受益者が受益権に代わるものとして受ける金銭等

(d) 質入れの効力　受益権質権者は、受益権の価値代替物たる上記の金銭等のうち、金銭に限っては、受託者から受領し、他の債権者に先だって自己の債権の弁済に充てることができる（98条1項）。

自己の債権の弁済期が到来していないときは、受益権質権者は、受託者に対して受益権の価値代替物たる金銭等に相当する金額を供託させることができ、その場合には、質権は、その供託金に存在する（同条2項）。

(3) 受益権の放棄

(a) 放棄の意義　受益者は、信託行為の当事者である場合を除き、受託者に対し、受益権を放棄する旨の意思表示をすることができる（99条1項）。受益権を放棄した場合には、当初から受益権を有しなかったものとみなされるが、第三者の権利を害することはできない（同条2項）。

一般に、権利の放棄は、第三者を害しないかぎり、権利者が自由に行うことができるから、権利の総体としての受益権を受益者が放棄するのは、規定を設けるまでもなく当然にすることができる。しかし、権利放棄には遡及効がなく、将来効しかないから、当然に受益権を取得して信託の利益を享受する受益者の場合には、将来発生する信託の利益は放棄することはできても、過去に発生した信託の利益は享受してしまうことになる。そこで、受益者に指定されてからその権利を放棄するまでの間の信託の利益の強制的な享受から免れることを可能にするために、受益権の放棄には特別に遡及効が付与されている。

　このように、受益者は、受益権の放棄権を有するが、放棄権は権利であるから、原則として放棄することができる。受益権の放棄権を放棄すると、以後は、受益権の放棄が認められなくなる。受益者として指定された者が受益者となる意思表示をしたときには、受益権の放棄権を放棄する意思表示をしたものと解される。

　なお、将来発生する信託の利益を放棄する場合、すなわち、既給付分は受領し、将来分のみを放棄する場合については、残存するすべての受益債権の放棄を行うことになる。受益債権を放棄すると、受益債権は受益権の必須の部分であり（受益権の定義（2条7項））、受益債権のない受益権は存続し得ないから、受益権は消滅するが、この場合は、受益権の消滅の効果が遡及効を持つことはない。

(b)　**放棄の効果**　　受益権を放棄すると、当初から受益権を有していなかったことになるから、受益権を放棄した受益者は、すでに給付を受けているものがあれば、不当利得として信託財産に返還することになる。

　他に受益者がいない場合は、信託は当初から受益者が存在しないこととなって、目的の達成不能により終了することになる（163条1号）。

(c)　**第三者の保護**　　受益権の放棄により、第三者の権利を害することはできないとされているので（99条2項ただし書）、受益権に対する質権の設定など、受益権が第三者の権利の目的となっている場合や受益権が差し押えられている場合等には、放棄することができない。

(d)　**信託行為の当事者である場合の放棄不可**　　このように、受益者は、受益権の放棄をすることができるが、受益者が信託行為の当事者である場合

は、放棄することはできない（99条1項ただし書）。

すなわち、信託行為の当事者とは、委託者または受託者であり、受益者が信託行為の当事者であるということは、受益者が委託者または受託者であるということになるが、それは、信託の設定もしくは引受け、または受益権の譲受けを通して、自らの意思で受益者となって受益権を取得したのであるから、それにもかかわらず受益権の放棄を認めるのは合理性に欠けるとの趣旨による。

2……受益債権
（1）受益権と受益債権

受益権は、「受益債権」と「これを確保するためにこの法律の規定に基づいて受託者その他の者に対し一定の行為を求めることができる権利」を合わせたものであり（2条7項）、受益者の有する権利の総体あるいは包括的な地位を表わすものであるから、受益権は「受益債権」を包含する概念であり、他方、「受益債権」は、「受益権」に包含される各種の権利のうち、最も基本的な権利であるという関係にある。

（2）受益債権に係る債務に関する受託者の有限責任

受益債権に係る債務については、受託者は、信託財産に属する財産のみをもって履行する責任を負う（100条）とされる。これは、受益債権に係る債務の物的有限責任を定めたものであり、受益債権に係る債務は、信託財産に属する財産のみが責任財産となるのであって、受託者の固有財産は責任財産とならない。

受託者は、委託者から受託した財産を信託財産として管理または処分等を行い、それにより受益者に信託財産に係る給付を行うのであって、これらの給付は受託した信託財産によって行われるべきものであるから、信託財産の範囲で履行の責任を負えばよく、受託者の固有財産をもってまで履行する責任を負う必要はない。

なお、受益債権に係る債務に関する受託者の有限責任に関する規定は、信託の清算に関して、帰属権利者に対する残余財産の給付債務について準用される（183条5項）から、受託者は、残余財産の給付の場合も、固有財産では責任を負わない。

(3) 受益債権と信託債権との優劣関係

　受益債権と信託債権は、それぞれ、信託財産に属する財産を責任財産とする債権であるが、受益債権は信託債権に劣後する（101条）。

　すなわち、信託債権と受益債権とが実体法上の優先順位を争う関係に立つ局面としては、強制執行手続や破産手続における配当の局面があるが、その際には、受益債権は信託債権に劣後するということである。

　受益債権は、信託財産から給付を受けることを内容としているが、信託債権は、受託者の信託事務処理に基づいて生じた権利であり、信託財産の価値の維持・増加を目的として行った行為の中で生じたものであること、受益者は、信託債権者と異なり、受託者に対する種々の監督的権利や信託の変更等に関与する権利を有すること等に鑑みれば、受益債権が信託事務処理に基づいた債権（信託債権）に劣後することが公平に適うと考えられる。

(4) 受益債権の期間制限

(a) 消滅時効期間　　受益債権の消滅時効は、原則として、債権の消滅時効の例による（102条1項）とされる。債権は、権利を行使できることを知った時から5年間行使しなかったとき、または権利を行使できる時から10年間行使しないときに、時効によって消滅する（民法166条1項）ので、受益債権は、受益者が受益債権を行使することができることを知った時から5年間行使しないとき、または受益債権を行使できる時から10年間行使しなかったときは、消滅することになる。

(b) 消滅時効の進行停止　　受益債権の消滅時効は、受益者が受益者としての指定を受けたことを知るまでの間（受益者が現に存しない場合は、信託管理人が選任されるまでの間）は、進行しない（102条2項）。

　通常の債権は、「権利を行使することができる時」から10年間行使しないと消滅することになっているが（民法166条1項2号）、受益者は、特段の意思表示を要することなく当然に受益権を取得するから（88条1項）、受益者として指定されたことを知っていないにもかかわらず、受益権の消滅時効が進行してしまうおそれがある。そこで、受益債権の消滅時効は、受益者が受益者として指定されたことを知った後でなければ進行しないこととされている。

(c) 消滅時効の援用制限　　受託者が、ある受益者の有する受益債権について消滅時効を援用すると、その受益者は損失を被る一方、他の受益者また

は帰属権利者は利益を得るので、受益債権の消滅時効の援用は、公平義務、さらには忠実義務に違反することにもなりかねない。他方で、受益者が受益債権の行使を怠っている場合や、受益者の所在が不明で信託財産の引渡しができない場合には、その援用を認める必要がある。

そこで、この2つの側面の調整を図るため、受益債権の消滅時効は、次の場合に限って、援用することができるとされている（102条3項）。

① 受託者が、消滅時効の期間の経過後、遅滞なく、受益者に対し受益債権の存在およびその内容を相当な期間を定めて通知し、かつ、受益者からその期間内に履行の請求を受けなかったとき

② 消滅時効の期間の経過時において受益者の所在が不明であるとき、その他信託行為の定め、受益者の状況、関係資料の滅失その他の事情に照らして、受益者に上記①の通知をしないことについて正当な理由があるとき

(d) 除斥期間　受益債権の消滅時効の進行を受益者の主観的要件にかからしめたことで消滅時効が進行せず、長期にわたって受託者を信託に基づく債務により拘束するおそれがあることから除斥期間が設けられ、受益債権は、これを行使できる時から20年を経過したときは、消滅する（102条4項）とされている。

除斥期間の起算点を「信託行為の時」とせず、「受益債権を行使することができる時」としたのは、受益者が未存在である等の理由により、信託行為の時には受益債権を行使することのできる者が存在しない場合があり得るからである。

3……受益権取得請求権

(1) 受益権取得請求制度

信託の変更または併合もしくは分割は、信託行為の定めや受益者の多数決によって行うことが認められているので、自己の意思に反して信託の変更や信託の併合または分割をされてしまう受益者が生じることになる。

そこで、このような受益者を保護するために、受益者の利益に重大な影響を及ぼすおそれのある重要な信託の変更等（重要な信託の変更および信託の併合または分割）により、自己の意思に反して不利益を受けるおそれのある受

益者については、受益者の有する受益権につき合理的な対価を得て信託から離脱する機会が制度的に保障されている。

(2) 重要な信託の変更等に係る受益権取得請求

(a) 重要な信託の変更または信託の併合・分割に係る受益権取得請求
下記の事項に係る変更（重要な信託の変更）がされる場合、または信託の併合もしくは分割がされる場合には、これにより損害を受けるおそれのある受益者は、受託者に対し、自己の有する受益権を公正な価格で取得することを請求することができる（103条1項・2項本文）。

ただし、「信託の目的の変更」と「受益権の譲渡の制限」の場合については、受益者に損害が生じるおそれがあることは要しない（同条1項・2項ただし書）。これは、「信託の目的の変更」は、信託の基本的性格の変更であるため離脱の意思を尊重すべきだからであり、「受益権の譲渡の制限」は、損害の発生が定型的に予想されるからである。

① 信託の目的の変更
② 受益権の譲渡の制限
③ 受託者の義務の全部または一部の減免（その減免について、その範囲およびその意思決定方法につき信託行為に定めがある場合を除く。）
④ 受益債権の内容の変更（その内容の変更について、その範囲およびその意思決定方法につき信託行為に定めがある場合を除く。）
⑤ 信託行為において定めた事項

上記④・⑤に関して、信託行為の定めがある場合が除かれているが、信託行為に定めがあれば受益者が不測の損害を受けるおそれがないと考えられるので、受益権取得請求権は認められないのである。

なお、受益権取得請求権は、単独受益者権（92条18号）であり、原則として信託行為の定めによって制限することはできないが、受益者保護の観点から認められたものであり、受益者が、事前または事後に、放棄することはできると解される。

(b) 賛成受益者の受益権取得請求者からの排除　受益権取得請求制度は、自己の意思に反して信託の変更等がされることによって不利益を受ける受益者を保護する制度であるから、重要な信託の変更等（重要な信託の変更または信託の併合もしくは分割）の意思決定に関与し、その際に重要な信託の変更

等に賛成する旨の意思表示をした受益者は、受益権取得請求をすることができない（103条3項）。

(3) 受益権取得請求手続

(a) 重要な信託の変更等の受益者への通知または公告　受益権取得請求の機会を受益者に保障する観点から、受託者は、重要な信託の変更等の意思決定の日から20日以内に、受益者に対し、下記の事項を通知しなければならない（103条4項）。この通知は、官報による公告をもって代えることができる（同条5項）。

① 重要な信託の変更等をする旨
② 重要な信託の変更等がその効力を生じる日（効力発生日）
③ 重要な信託の変更等の中止に関する条件を定めたときは、その条件

(b) 受益権取得請求権の行使等　受益権取得請求は、信託の安定性確保の観点から、重要な信託の変更等の受益者への通知またはその旨の公告の日から20日以内に、その受益権取得請求に係る受益権の内容を明らかにしてしなければならず（103条6項）、また、受益権取得請求をした受益者は、受託者の承諾を得ない限り、受益権取得請求を撤回することができない（同条7項）。

ただし、受益権取得請求の日から60日以内に、受益権の価格の決定の裁判所への申立てがないときは、その期間の満了後は、受益者は、いつでも、受益権取得請求を撤回することができる（104条7項）。

なお、重要な信託の変更等が中止されたときは、受益権取得請求は、その効力を失う（103条8項）。

(c) 受益権の価格の決定等　受益権取得請求があった場合において、受益権の価格の決定は、受託者と受益者との間の協議により行い、協議が調ったときは、受託者は、受益権取得請求の日から60日を経過する日（その日までに効力発生日が到来していない場合は、効力発生日）までにその支払をしなければならない（104条1項）。

受益権の価格の決定について、受益権取得請求の日から30日以内に協議が調わないときは、受託者または受益者は、その期間満了の日後30日以内に、裁判所に対し、価格の決定の申立てをすることができ、裁判所が価格を決定する（同条2項〜6項）。

なお、受益権取得請求をした受益者は、裁判所が価格を決定するまで支払を受けることができないので、その間の利息補償をするために、受託者は、裁判所の決定した価格に対する受益権取得請求の日から 60 日を経過する日（または効力発生日）以後の利息を支払わなければならない（同条 8 項）。ただ、その価格決定があるまでは、受託者が公正な価格と認める額を支払うことができる（同条 9 項）とされているので、この支払額に対応する部分については、利息負担を免れることができる。

(4) 受益権取得請求に係る受益権の取得と消滅

(a) 受託者の受益権取得請求に係る受益権の取得　受益権取得請求権は形成権であるから、受益者の請求により受託者は受益権を取得し、公正な価格の支払債務を受益者に負うことになるが、その効力の発生は、受託者が受益権の価格に相当する金銭を支払った時である（104 条 10 項）。

　受益証券が発行されている受益権について受益権取得請求があったときは、受益証券と引き換えに、受益権の価格に相当する金銭を支払わなければならない（同条 11 項）。これにより、二重払いのリスクを回避することができる。

(b) 受益権取得請求に係る受託者の有限責任と受益権の消滅　受益権取得請求に係る債務については、信託行為または重要な信託の変更等の意思決定において別段の定めがある場合を除き、受託者は、信託財産に属する財産のみをもって履行の責任を負い（104 条 12 項）、受益者の受益権取得請求により受託者が信託財産をもって取得した受益権は、混同により消滅する（同条 13 項本文）。

　受託者が、すべての受益者からの受益権取得請求に応じて受益権を信託財産をもって取得した場合には、すべての受益権が消滅するとともに、信託財産もなくなるため、信託目的の達成不能となり、信託は終了することになる。

　ただし、信託行為または重要な信託の変更等の意思決定において定めれば、信託財産をもって受益権を取得しても消滅しないこととし、取得した受益権（自己受益権）をさらに第三者に譲渡することによって、その対価を信託財産に帰属させることも認められる（同項ただし書）。

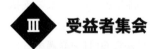 **受益者集会**

1……受益者集会制度

　複数受益者の意思決定は、信託行為の別段の定めにより、さまざまな方法で行うことが可能であるが（105条1項ただし書）、多数決制度の1つのモデルとして、多数決原理に基づく意思決定を行うための合議体である受益者集会制度が設けられている。

　受益者集会制度が設けられたことにより、信託行為において「受益者の意思決定は受益者集会における多数決による」と定めれば、信託法の受益者集会に関する規定（106条～122条）が適用されるので（105条2項）、受益者の意思決定の方法として合議体による意思決定を採用する場合には、その定めを個別的に設ける必要がなくなる。

　また、受益者集会自体に関しても、信託行為に別段の定めを置くことは可能であるから（同項ただし書）、各受益者集団ごとに意思決定をする必要があるような場合には、たとえば、「種類受益者集会」を置くことも認められる。

2……受益者集会の招集

(1) 招集者

(a)　**受託者（または信託監督人）による招集**　受益者集会については、株式会社における定時株主総会（会社法296条1項）に相当する制度は設けられていない。これは、受益者集会に関して信託行為に別段の定めを置くことが認められており（105条2項ただし書）、受益者集会の決議事項等についても信託行為で自由に定めることができるため、定期的に受益者集会を開催する必要がないからである。

　受託者（信託監督人が現に存する場合は、受託者または信託監督人）は、必要がある場合には、いつでも受益者集会を招集することができる（106条）。受益者集会の運営は信託事務の処理の一部ということができるから、受託者がその招集権限を有するが、受益者集会で決議される事項には、受託者の解任等の受託者が特別な利害関係を有する事項があり得ること、また、受益者自身で受託者を適切に監督することができない場合等があることから、信託監

督人にも招集権限が認められている。

(b) **受益者による招集** 受益者は、受託者（または信託監督人）に対し、受益者集会の目的である事項および招集の理由を示して、受益者集会の招集を請求することができる（107条1項）。

受益者が受益者集会の招集を請求したにもかかわらず、①受益者集会の招集請求の後遅滞なく招集の手続が行われない場合、または②招集請求の日から8週間以内の日を受益者集会の日とする受益者集会の招集の通知が発せられない場合において、信託財産に著しい損害を生じるおそれがあるときは、受益者集会の招集請求をした受益者は、自ら、受益者集会を招集することができる（同条2項）。

(2) 招集の決定およびその通知

(a) **招集事項の決定** 招集者は、受益者集会を招集する場合は、次の招集事項を決定しなければならない（108条）。

① 受益者集会の日時および場所
② 受益者集会の目的である事項があるときは、その事項
③ 受益者集会に出席しない受益者が電磁的方法によって議決権を行使することができることとするときは、その旨
④ 上記①〜③のほか、法務省令（規則6条）で定める以下の事項
　1 受益者集会参考書類（110条1項）に記載すべき事項
　2 書面による議決権の行使の期限（通知日から2週間以上）
　3 議決権の不統一行使（117条1項）の取扱い
　4 議決権行使書面（110条1項）に賛否等の記載がない場合等の各議案の賛否等の取扱い
　5 電磁的方法による議決権の行使が可能な場合における、電磁的方法による議決権行使の期限と議決権行使書面の交付方法
　6 議決権不統一行使の通知方法

(b) **招集の通知** 招集者は、受益者集会を招集する場合には、書面（または電磁的方法）によりその通知をしなければならない。無記名式受益証券を発行している場合には、その公告をしなければならない。

① 書面による通知
　招集者は、受益者集会を招集するには、受益者集会の日の2週間前ま

でに、知れている受益者および受託者（信託監督人が現に存する場合は、知れている受益者、受託者および信託監督人）に対して、書面をもってその通知を発しなければならない（109条1項）。
② 電磁的方法による通知
　　招集者は、書面による通知の発出に代えて、通知を受けるべき者の承諾を得て、電磁的方法により通知を発することができる。承諾を得る場合には、電磁的方法により通知を発出しようとする者（通知発出者）は、あらかじめ、その用いる電磁的方法の種類および内容を示し、書面または電磁的方法により承諾を得なければならない（施行令1条）。
　　電磁的方法により通知を発した場合には、招集者は、書面による通知を発したものとみなされる（109条2項）。
③ 通知事項
　　招集通知には、招集事項（上記(2)(a)①～④）を記載または記録しなければならない（同条3項）。
④ 無記名式の受益証券が発行されている場合の招集公告
　　無記名式の受益証券が発行されている場合において受益者集会を招集するには、招集者は、個別通知ができないため、受益者集会の日の3週間前までに、受益者集会を招集する旨および招集事項（上記(2)(a)①～④）を官報により公告しなければならない（同条4項）。

(3) 受益者集会参考書類および議決権行使書面の交付・提供

受益者集会においては、議決権は、集会で行使するだけでなく、集会の開催前に書面あるいは電磁的方法によって行使することもできるので、招集通知に際して、知れている受益者等に対して、受益者集会参考書類（議決権の行使について参考となるべき事項を記載した書類）および議決権行使書面（受益者が議決権を行使するための書面）の交付または提供をしなければならない。

(a) 書面による議決権行使（書面投票制度）の場合
① 書面による通知の際の交付
　　招集者は、書面による通知に際しては、法務省令の定めるところにより、知れている受益者に対し、受益者集会参考書類および議決権行使書面を交付しなければならない（110条1項）。
② 電磁的方法による通知の際の提供

電磁的方法による通知を承諾した受益者に電磁的方法による通知を発するときは、受益者集会参考書類および議決権行使書面の交付に代えて、これらの書類に記載すべき事項を電磁的方法により提供することができる。ただし、受益者の請求があったときは、これらの書類を受益者に交付しなければならない（同条2項）。

③　無記名式受益証券の発行に伴う招集公告の場合の請求に基づく交付

無記名式受益証券が発行されている場合において、招集者が招集の公告をした場合には、受益者集会の日の1週間前までに無記名受益権（無記名式の受益証券が発行されている受益権）の受益者の請求があったときは、直ちに、受益者集会参考書類および議決権行使書面を受益者に交付しなければならない（同条3項）。

また、受益者集会参考書類および議決権行使書面の交付に代えて、政令で定めるところにより、受益者の承諾を得て、これらの書類に記載すべき事項を電磁的方法により提供することができる。この場合には、招集者は、これらの書類の交付をしたものとみなされる（同条4項）。

(b)　**電磁的方法による議決権行使（電子投票制度）の場合**　招集者は、受益者集会に出席しない受益者が電磁的方法によって議決権を行使することができる旨を定めた場合には（108条3号）、電磁的方法による招集通知を発することを承諾した受益者に対し（109条2項）、電磁的方法による招集通知に際して、法務省令の定めるところにより、議決権行使書面に記載すべき事項を電磁的方法により提供しなければならない（111条1項）。

電磁的方法による通知の承諾をしていない受益者に対しては、受益者から、受益者集会の日の1週間前までに議決権行使書面に記載すべき事項の電磁的方法による提供の請求があったときは、法務省令で定めるところにより、直ちに、議決権行使書面に記載すべき事項を電磁的方法により提供しなければならない（同条2項）。

3……受益者集会における決議等

(1) 議決権

(a)　**受益者の議決権**　受益者は、各受益権の内容が均等である場合は、受益権の個数に応じて、それ以外の場合は、受益者集会の招集の決定の時に

おける受益権の価格に応じて議決権を有する（112条1項）。

すなわち、受益権が均等の内容を有するものとして単位数量化されている場合には、各受益者は、その単位数量、すなわち受益権の個数に応じた議決権を有し、これに当たらない場合には、各受益者が有する受益権の時価（価値）を算定し、自己の有する受益権の時価（価値）の合計額の全受益権の時価（価値）の合計額に対して占める割合に応じた議決権を有する。

もっとも、受益者集会に関する規律は任意規定であり、信託行為で別段の定めがあるときは、その定めるところによる（105条2項ただし書）。

(b) **受託者の無議決権**　受託者は、受益権がその信託の信託財産に属するときは、その受益権については、議決権を有しない（112条2項）。

受益権が信託財産に属している場合には、受託者がその受益権に係る議決権を行使することになるが、受託者の固有財産で受益権を保有している場合と異なって、受託者は経済的リスクを負わない形で議決権を行使できることになり、受益者の利益に反するような議決権行使がなされるおそれがあることから、議決権を有しないことになっている。

(2) 決議

受益者集会における決議方法には、原則的な決議方法である普通決議のほかに、決議事項の重要性に応じて、特別決議と特殊決議がある。いずれの方法によっても、受益者集会の目的である事項（108条2号）以外の事項については、決議をすることができない（113条5項）。

(a) **普通決議**　受益者集会の決議は、議決権を行使することができる受益者の議決権の過半数を有する受益者が出席し、出席した受益者の議決権の過半数をもって行う（113条1項）。

(b) **特別決議**　下記①～⑧の事項に係る受益者集会の決議は、受益者集会において議決権を行使することができる受益者の議決権の過半数を有する受益者が出席し、出席した受益者の議決権の3分の2以上に当たる多数をもって行う（113条2項）。

① 受託者の損失の塡補責任等または法人受託者の役員のその法人受託者との損失の塡補責任等に係る連帯責任の免除（各受益者の全員一致によってのみ責任免除できる事項（105条4項）を除く。）

② 信託監督人による事務処理の終了に関する委託者と受益者の合意

③ 受益者代理人による事務処理の終了に関する委託者と代理される受益者の合意
④ 信託の変更に関する委託者、受託者および受益者の合意もしくは信託の変更が信託目的に反しないことが明らかなときの受託者および受益者の合意、または信託の変更が受託者の利益を害しないことが明らかあるときの委託者および受益者の受託者に対する意思表示、ならびに信託の変更が信託の目的に反しないことおよび受託者の利益を害しないことが明らかであるときの受益者の受託者に対する意思表示
⑤ 信託の併合に関する委託者、受託者および受益者の合意、または信託の併合が信託目的に反しないことが明らかであるときの受託者および受益者の合意
⑥ 吸収信託分割に関する委託者、受託者および受益者の合意、または吸収信託分割が信託目的に反しないことが明らかであるときの受託者および受益者の合意
⑦ 新規信託分割に関する委託者、受託者および受益者の合意、または新規信託分割が信託目的に反しないことが明らかであるときの受託者および受益者の合意
⑧ 信託終了に関する委託者および受益者の合意

(c) **特殊決議**　下記①〜③の重要な信託の変更等（受益者間の権衡に変更を及ぼすものを除く。）に係る受益者集会の決議は、受益者集会において議決権を行使することができる受益者の半数以上であって（頭数要件）、かつ、受益者の議決権の3分の2以上に当たる多数をもって行う（113条3項）。
① 受益権の譲渡の制限
② 受託者の義務の全部または一部の免除（減免について、その範囲およびその意思決定の方法につき信託行為に定めがある場合を除く。）
③ 受益債権の内容の変更（内容の変更について、その範囲およびその意思決定の方法につき信託行為に定めがある場合を除く。）

(d) **特別特殊決議**　下記①・②の重要な信託の変更等（受益者間の権衡に変更を及ぼすものに限る。）に係る受益者集会の決議は、総受益者の半数以上であって（頭数要件）、かつ、総受益者の議決権の4分の3以上に当たる多数をもって行う（113条4項）。

① 信託目的の変更
② 受益債権の内容の変更（内容の変更について、その範囲およびその意思決定方法につき信託行為に定めがある場合を除く。）

(3) 議決権の行使等

　議決権の行使は、受益者が受益者集会に出席して行使するのが原則であるが、議決権行使の機会をより多く確保する観点から、議決権の代理行使や書面による議決権の行使等が認められている。

(a)　議決権の代理行使　　受益者は、受益者集会ごとに代理権の授与を行い、代理人によってその議決権を行使することができる。この場合においては、受益者またはその代理人は、代理権を証明する書面を招集者に提出しなければならない（114条1項・2項）。

　受益者またはその代理人は、代理権を証明する書面の提出に代えて、招集者の承諾を得て、その書面に記載すべき事項を電磁的方法により提供することができ、この場合においては、受益者またはその代理人は、書面を提出したものとみなされる（同条3項）。

　この場合、招集者は、受益者が109条2項の承諾（電磁的方法による通知の承諾）をした者である場合には、正当な理由がなければ、承諾を拒んではならない（同条4項）。

(b)　書面による議決権の行使　　受益者集会に出席しない受益者は、書面によって議決権を行使することができる（115条1項）。書面による議決権の行使は、議決権行使書面に必要な事項を記載し、法務省令（規則9条）で定める時までにそれらの事項を記載した議決権行使書面を招集者に提出して行う（115条2項）。

　書面によって行使した議決権は、出席した議決権者の行使した議決権とみなされる（同条3項）。

(c)　電磁的方法による議決権の行使　　電磁的方法による議決権の行使は、政令（施行令2条）で定めるところにより、招集者の承諾を得て、法務省令（規則10条）で定める時までに議決権行使書面に記載すべき事項を、電磁的方法により招集者に提供して行う（116条1項）。

　この場合、招集者は、受益者が109条2項の承諾（電磁的方法による通知の承諾）をした者である場合には、正当な理由がなければ、承諾を拒んでは

ならない (116条2項)。電磁的方法によって行使した議決権は、出席した議決権者の行使した議決権とみなされる (同条3項)。

(d) **議決権の不統一行使**　受益者は、その有する議決権を統一しないで行使することができる。この場合には、受益者集会の日の3日前までに、招集者に対しその旨およびその理由を通知しなければならない (117条1項)。

招集者は、受益者が他人のために受益権を有する者でないときは、受益者が有する議決権を統一しないで行使することを拒むことができる (同条2項)。

4……受益者集会の議事等
(1) 受託者の出席

受益者集会に出席することができるのは受益者のみであるが、受託者は受益者集会の決議の結果に重大な利害を有することから、受託者 (法人受託者の場合は、代表者または代理人) は、受益者集会に出席し、または書面により意見を述べることができる (118条1項) とされ、受託者の出席権および書面による意見陳述権が認められている。

他方、受益者集会または招集者は、必要があると認めるときは、受託者に対し、その出席を求めることができる。この場合において、受益者集会にあっては、これをする旨の決議を経なければならない (同条2項)。

(2) 受益者集会の延期または続行の決議

受益者集会においては、集会の目的事項 (108条2号) 以外は決議することができないが (113条5項)、その延期または続行については決議することができ、延期または続行の決議があった場合には、108条 (受益者集会の招集の決定) および109条 (受益者集会の招集の通知) は、適用されない (119条)。

延期とは、議事に入らないで集会を日延べすることであり、続行とは、議事に入ったが審議が終わらないで集会を後日に継続することであって、いずれも同一の集会を日を分けて開催されるだけであり、別々の集会ではないので、改めて招集の決定や通知を行う必要はないのである。

(3) 受益者集会の議事録

招集者は、受益者集会の議事については、法務省令 (規則11条2項) の定めるところにより、書面または電磁的記録をもって議事録を作成しなければならない (120条)。

議事録は、下記の事項を内容とするものでなければならない（規則11条3項）。
① 受益者集会が開催された日および場所
② 受益者集会の議事の経過の要領およびその結果
③ 受託者（法人受託者の場合は、その代表者または代理人）が受益者集会に出席し、または書面により意見を述べたときは（118条1項）、その意見の内容の概要
④ 受益者集会に出席した受託者（法人受託者の場合は、その代表者または代理人）または信託監督人の氏名または名称
⑤ 受益者集会の議長が存するときは、議長の氏名
⑥ 議事録の作成に係る職務を行った者の氏名または名称

（4）受益者集会の決議の効力
　受益者集会の決議は、信託のすべての受益者に対して効力を有する（121条）。議決権を行使することができない受益権の受益者にも効力が及ぶ。

（5）受益者集会の費用の負担
　複数の受益者の意思決定を行う受益者集会に係る費用は、信託を円滑に運営するための共益的な費用としての性格を有するから、受益者集会に関する必要な費用を支出した者は、受託者に対し、その償還を請求することができ（122条1項）、受託者は、受益者集会の費用請求に係る債務については、信託財産に属する財産のみをもってこれを履行する責任（有限責任）を負う（同条2項）。

受益者代理制度

1……受益者代理制度の概要

　信託は、受託者に信託財産の管理または処分等を委ねる一方、受益者が受益権に基づいて受託者を監視・監督することで適正な信託事務の処理を確保し、それによって受益者の保護を図るものであるが、受益者が未だ存在していない場合や、存在していても受益者自身で受託者を適正に監視・監督することが期待できない場合、あるいは受益者による意思決定が事実上困難であ

るような場合には、受益者の保護を図ることができない。

そこで、このような場合であっても、受託者を監視・監督することができるようにするために、信託管理人、信託監督人および受益者代理人の制度（「受益者代理制度」と総称する。）が設けられている。

(1) 信託管理人・信託監督人・受益者代理人

(a) **信託管理人**　信託管理人は、たとえば、将来生まれる子を受益者として指定した場合や、一定の条件を満たした者を受益者として指定しているが、未だ条件が成就していない場合、あるいは受益者の定めのない信託のように、受益者が現に存しない場合において、信託行為の定めまたは裁判所の決定によって選任され、受益者のために自己の名をもって、原則として受益者が有する信託法上の一切の権利を行使する権限を有する者である。

(b) **信託監督人**　信託監督人は、たとえば、受益者が年少者、高齢者あるいは知的障害者であるような場合のように、受益者が現に存するものの、受益者自身で受託者を適切に監督することが期待できないような場合において、信託行為の定めまたは裁判所の決定によって選任され、受益者のために自己の名をもって、原則として受託者の信託事務の処理を監督するために受益者が有する権利を行使する権限を有する者である。

(c) **受益者代理人**　受益者代理人は、受益者が現に存するものの、例えば、受益者が団体の構成員であることという資格によって特定されているために頻繁に変動する場合、無記名式の受益証券が発行されて転々流通するために受益者が不特定多数に及ぶような場合、あるいは受益者が単なる投資の対象として受益権を取得するに過ぎず、信託の利益を享受すること以外には受益者の権利を積極的に行使することが期待できないような場合等、受益者による信託に関する意思決定や受託者の監督が事実上困難であるような場合において、信託行為の定めによって選任され、受益者の全部または一部のために、その代理人として、原則として受益者が有する信託法上の一切の権利を行使する権限を有する者である。

(2) 信託管理人・信託監督人・受益者代理人の関係

信託管理人、信託監督人および受益者代理人は、いずれも、受託者の信託事務の処理を監督して受益者の利益を保護すべき地位にある者であるという点において共通性を有するが、選任されるべき場合や選任方法、権限の内容

等は、各々の法的性質に応じて異なる。

　選任については、信託管理人が受益者が現に存しない場合に選任されるのに対して、信託監督人および受益者代理人は、受益者が現に存する場合に選任される。また、信託管理人および信託監督人が、信託行為の定めまたは裁判所の決定によって選任されるのに対して、受益者代理人は、信託行為の定めによってのみ選任される。

　権限については、信託管理人および受益者代理人が、原則として受益者が有する信託法上の一切の権利を行使する権限を有するのに対して、信託監督人は、原則として受益者が有する受託者を監督するための権利のみを行使する権限を有する。

　地位については、信託管理人および信託監督人が、自己の名をもって権利を行使すべき信託の機関であるのに対して、受益者代理人は、文字どおり、受益者の全部または一部の代理人である。

(3) 信託管理人・信託監督人・受益者代理人の資格

　信託管理人・信託監督人・受益者代理人の職務の重要性に鑑み、受託者の

【受益者代理制度】

	信託管理人	信託監督人	受益者代理人
選任のケース	受益者が現に存しない場合	受益者は現に存するが、受託者を適切に監督することができない場合	受益者は現に存するが、受益者の多数性・変動性等により、意思決定等が困難な場合
選任の方法	①信託行為による選任（123条1項） ②裁判所による選任（同条4項）	①信託行為による選任（131条1項） ②裁判所による選任（同条4項）	信託行為による選任（138条1項）
権限の行使	・自己の名をもって ・受益者の権利に関する一切の裁判上または裁判外の行為をする権限を行使する(125条1項)	・自己の名をもって ・受益者の受託者を監督する権利に関する一切の裁判上または裁判外の行為をする権限を行使する（132条1項）	・代理する受益者の範囲を示して ・受益者の権利に関する一切の裁判上または裁判外の行為をする権限を行使する(139条1項・2項)
義務	・善管注意義務(126条1項) ・誠実・公平義務(同条2項)	・善管注意義務(133条1項) ・誠実・公平義務(同条2項)	・善管注意義務(140条1項) ・誠実・公平義務(同条2項)

場合と同様、未成年者、成年被後見人、被保佐人は、信託管理人・信託監督人・受益者代理人になることができない（124条1号、137条・144条で124条1号を準用）。

また、信託管理人・信託監督人・受益者代理人は、受託者を監視・監督をする者であるから、受託者からの独立性を確保するために、受託者は、信託管理人・信託監督人・受益者代理人になることができない（124条2号、137条・144条で124条2号を準用）。

2……信託管理人
(1) 信託管理人の選任
(a) **信託行為による選任**　信託行為においては、受益者が現に存しない場合に、信託管理人となるべき者を指定する定めを設けることができ（123条1項）、指定された信託管理人が就任の承諾をすることにより信託管理人に選任される。

信託行為に信託管理人となるべき者を指定する定めがある場合は、利害関係人は、指定された信託管理人に対し、相当の期間を定めて、その期間内に就任の承諾をするかどうかを確答すべき旨を催告することができ（停止条件または始期が付されているときは、停止条件が成就し、または始期が到来した後に限る。）（同条2項）、指定された信託管理人が、その期間内に、委託者（委託者が現に存しない場合は、受託者）に確答しないときは、承諾しなかったものとみなされる（同条3項）。

(b) **裁判所による選任**　受益者が現に存しない場合において、信託行為に信託管理人に関する定めがないとき、または信託行為の定めにより信託管理人となるべき者として指定された者が就任の承諾をせず、もしくはこれをすることができないときは、裁判所は、利害関係人の申立てにより、信託管理人を選任することができ（123条4項）、信託管理人の選任の裁判があったときは、信託行為に信託管理人についての定めが設けられたものとみなされる（同条5項）。

(2) 信託管理人の権限・義務
信託管理人は、信託行為に別段の定めがない限り、受益者のために自己の名をもって、受益者の権利に関する一切の裁判上または裁判外の行為をする

権限を有し（125条1項）、その権限の行使にあたっては、善良な管理者の注意をもって、受益者のために、誠実かつ公平に行使しなければならない（126条）。

　信託管理人が複数あるときは、信託行為に別段の定めがない限り、共同して権限に属する行為をしなければならない（125条2項）。また、受益者に対してすべき通知は、信託管理人があるときは、信託管理人に対して通知しなければならない（同条3項）。

　受益権は、信託行為に基づいて信託財産の給付を受ける権利（受益債権）とそれを確保するための監督的権利（受託者に対する監視・監督権と信託の運営に関与する権利）で構成されるが、上述のように、信託管理人は、その受益権に関する一切の行為をする権限を有するとされる。しかし、信託管理人が選任されるのは受益者が現に存しない場合であり、信託の利益は受益者に給付されずに信託財産に留保されるので、受益者が信託財産の給付を受ける権利である受益債権の行使は想定されていないから、信託管理人は、受益債権を除いた受託者に対する監視・監督権と信託の運営に関与する権利について行為する権限を有することになる。

(3) 信託管理人の費用・報酬等

(a) 費用等の請求　信託管理人は、その事務を処理するのに必要と認められる費用および支出の日以後の利息を受託者に請求することができ（127条1項）、受託者は、信託財産に属する財産のみをもってこれを履行する責任を負う（同条4項）。

(b) 損害賠償の請求　信託管理人は、①事務の処理をするため自己に過失なく損害を受けた場合は、その損害額について、または②事務の処理をするため第三者の故意または過失によって損害を受けた場合（①の場合を除く。）は、第三者に対し賠償を請求することができる額について、受託者にその賠償を請求することができ（127条2項）、受託者は、信託財産に属する財産のみをもってこれを履行する責任を負う（同条4項）。

(c) 報酬の請求　信託管理人は、商法512条（報酬請求権）の規定の適用がある場合のほか、信託行為に信託管理人が報酬を受ける旨の定めがある場合に限り、受託者に報酬を請求することができ（127条3項）、受託者は、信託財産に属する財産のみをもってこれを履行する責任を負う（同条4項）。

報酬の額は、信託行為に報酬の額または算定方法に関する定めがあるときはその定めにより、その定めがないときは相当の額とされる（同条5項）。

なお、裁判所は、信託管理人を選任した場合には、信託管理人の報酬を定めることができ（同条6項）、報酬の裁判があったときは、信託管理人について、信託行為に報酬を受ける旨の定めと報酬の額またはその算定方法の定めがあったものとみなされる（同条7項）。

(4) 信託管理人の変更

信託管理人の任務が終了すると、新信託管理人が選任され、前信託管理人（信託管理人であった者）から事務の引継ぎを受けて、その任務を引き継ぐ。

信託管理人の任務終了に関しては、受託者の任務終了の規定（56条～58条）が準用され、新信託管理人の選任に関しては、新受託者の選任の規定（62条）が準用される。

(a) 信託管理人の任務終了

① 任務終了事由

信託管理人の任務は、信託の清算が結了した場合のほか、個人信託管理人の死亡・後見または保佐開始の審判、信託管理人の破産手続開始の決定、法人信託管理人の合併以外の理由による解散、下記の②の信託管理人の辞任、下記③の信託管理人の解任、信託行為に定めた事由により終了する（128条1項：56条1項の準用）。

ただし、法人信託管理人が合併して解散した場合には、合併後存続する法人または合併により設立される法人が信託管理人の任務を引き継ぎ、法人信託管理人が分割した場合には、分割により信託管理人としての権利義務を承継する法人が信託管理人の任務を引き継ぐ（128条1項：56条2項準用）。

また、信託管理人が再生または更生手続開始の決定を受けたことによっては信託管理人の任務は終了しないが、管財人があるときは、信託管理人の職務は、管財人に専属する（128条1項：56条6項・7項準用）。

なお、信託管理人が破産手続開始の決定を受けた場合において、信託行為の別段の定めにより信託管理人の任務が終了しないときは、信託管理人の職務は、破産者が行う（128条1項：56条4項準用）。

② 信託管理人の辞任

信託管理人は、信託行為に別段の定めがない限り、委託者の同意を得て辞任することができる（委託者が現に存しない場合は、辞任することができない。）(128条2項：57条1項・6項準用)。

また、信託管理人は、やむを得ない事由があるときは、裁判所の許可を得て、辞任することができる（128条2項：57条2項準用)。

③ 信託管理人の解任

委託者は、信託行為に別段の定めがない限り、いつでも信託管理人を解任することができるが（128条2項：58条1項準用)、信託管理人に不利な時期に信託管理人を解任したときは、やむを得ない事由があった場合を除き、信託管理人の損害を賠償しなければならない（128条2項：58条2項準用)。

信託管理人がその任務に違反して信託財産に著しい損害を与えたことその他重要な事由があるときは、裁判所は、委託者の申立てにより、信託管理人を解任することができる（128条2項：58条4項準用)。

(b) 新信託管理人の選任

① 委託者による選任

信託管理人の任務が任務終了事由により終了した場合において、信託行為に新信託管理人に関する定めがないとき、または信託行為の定めにより新信託管理人として指定された者がその任務を引き受けず、もしくはこれをすることができないときは、委託者は、新信託管理人を選任することができる（129条1項：62条1項準用)。

信託行為に新信託管理人となるべき者を指定する定めがあるときは、利害関係人は、指定された新信託管理人に対し、相当の期間を定めて、その期間内に就任を承諾するかどうかを確答すべき旨を催告することができ（停止条件または始期が付されているときは、停止条件が成就し、または始期が到来した後に限る。）(129条1項：62条2項準用)、指定された新信託管理人が、その期間内に委託者に対し確答をしないときは、就任の承諾をしなかったものとみなされるので（129条1項：62条3項準用)、委託者は、自ら新信託管理人を選任するか、または裁判所に対して新信託管理人の選任の申立てをするかの選択をすることになる。

②　裁判所による選任

　　委託者の状況その他の事情に照らして必要があると認めるときは、裁判所は、利害関係人の申立てにより、新信託管理人を選任することができる（129条1項：62条4項準用）。

(c)　**前信託管理人から新信託管理人への信託事務の引継ぎ等**　　新信託管理人が就任した場合には、前信託管理人は、遅滞なく、新信託管理人がその事務の処理を行うのに必要な事務の引継ぎをしなければならない（129条2項）。

　また、前信託管理人は、受益者が存するに至った後においてその受益者となった者を知ったときは、遅滞なく、受益者となった者に対しその事務の経過および結果を報告しなければならない（同条3項）。

(5) 信託管理人の事務処理の終了等

(a)　**事務処理の終了事由**　　信託管理人による事務の処理は、下記の事由によって終了する。ただし、下記②の事由による場合には、信託行為に別段の定めがあるときは、その定めるところによる（130条1項）。

①　受益者が存するに至ったこと
②　委託者が信託管理人に対し事務の処理を終了する旨の意思表示をしたこと
③　信託行為において定めた事由

(b)　**事務の経過および結果の報告**　　事務処理の終了事由により信託管理人の事務の処理が終了した場合には、前信託管理人は、受益者が存するに至った後においてその受益者となった者を知った場合に限り、遅滞なく、受益者に対し、その事務の経過および結果を報告しなければならない（130条2項）。

3……信託監督人

(1) 信託監督人の選任

(a)　**信託行為による選任**　　信託行為においては、受益者が現に存する場合に、信託監督人となるべき者を指定する定めを設けることができ（131条1項）、指定された信託監督人が就任の承諾をすることにより信託監督人に選任される。

信託行為に信託監督人となるべき者を指定する定めがあるときは、利害関係人は、指定された信託監督人に対し、相当の期間を定めて、その期間内に就任の承諾をするかどうかを確答すべき旨の催告をすることができ（停止条件または始期が付されているときは、停止条件が成就し、または始期が到来した後に限る。）（同条2項）、指定された信託監督人が期間内に委託者（委託者が現に存しない場合は、受託者）に対し確答をしないときは、承諾しなかったものとみなされる（同条3項）。

(b)　裁判所による選任　受益者が受託者の監督を適切に行うことができない特別の事情がある場合において、信託行為に信託監督人に関する定めがないとき、または信託行為の定めにより信託監督人となるべき者として指定された者が就任の承諾をせず、もしくはこれをすることができないときは、裁判所は、利害関係人の申立てにより、信託監督人を選任することができ（131条4項）、信託監督人の選任の裁判があったときは、信託行為に信託監督人についての定めが設けられたものとみなされる（同条5項）。

　裁判所による信託監督人の選任は、信託行為で選任できるのにしなかった委託者の意思に反しない場合に限定されるべきであるから、裁判所による選任が許容される「特別の事情」とは、信託行為の当時においては委託者には予見できなかったような特別な事情が生じたために、受益者が受託者の監督を適切に行うことが不可能ないし著しく困難となるに至った場合と解される。

(2)　信託監督人の権限・義務

　信託監督人は、信託行為に別段の定めがない限り、受益者のために自己の名をもって、92条（単独受益者権）各号（受益権の放棄権（17号）、受益権取得請求権（18号）、受益権原簿記載事項記載書面の交付等請求権（21号）、受益権原簿への記載等請求権（23号）を除く。）に掲げる権利に関する一切の裁判上または裁判外の行為をする権限を有し（132条1項）、その権限の行使にあたっては、善良な管理者の注意をもって、受益者のために、誠実かつ公平に行使しなければならない（133条）。

　また、信託監督人が複数あるときは、信託行為に別段の定めがない限り、これらの者は共同してその権限に属する行為をしなければならない（132条2項）。

　信託監督人は、信託管理人の場合とは異なり、受益者が現に存する場合に

選任されるので、受益者自身による権利の行使と信託監督人による権利の行使との競合問題が生じるが、92条各号の権利、すなわち、受託者の監督に係る権利については、受益者は単独で行使することのできる権利（単独受益者権）として位置付けられているから、これらの権利を受益者と信託監督人が重畳的に行使できるとしても、信託事務の円滑な処理を妨げることにはならない。

　なお、信託監督人が行使権限を有する権利から、受益権放棄権、受益権取得請求権、受益権原簿記載事項記載書面の交付等請求権、受益権原簿への記載等請求権が除かれているが、これらの権利は、いずれも受益者の個人的な利益を目的とした権利であり、受託者を監督する立場にある信託監督人が行使するのに相応しくないからである。

(3) 信託監督人の費用・報酬等

　信託監督人の費用・報酬等に関しては、信託管理人の費用・報酬等の規定（127条）が準用される（137条）。

(4) 信託監督人の変更

　信託監督人の任務が終了すると、新信託監督人が選任され、前信託監督人（信託監督人であった者）から事務の引継ぎを受けて、その任務を引き継ぐ。

(a)　**信託監督人の任務終了**　　信託監督人の任務終了に関しては、信託管理人の場合と同様、受託者の任務終了の規定（56条〜58条）が準用される（134条）。

(b)　**新信託監督人の選任**

　① 委託者および受益者の合意による選任

　　　信託監督人の任務が任務終了事由により終了した場合において、信託行為に新信託監督人に関する定めがないとき、または信託行為の定めにより新信託監督人となるべき者として指定された者がその引受けをせず、またはこれをすることができないときは、委託者および受益者は、その合意により、新信託監督人を選任することができる（135条1項・62条1項準用）。委託者が現に存しない場合には、受益者は、単独で新信託監督人を選任することができる（135条1項・62条8項準用）。

　　　信託行為に新信託監督人となるべき者を指定する定めがあるときは、利害関係人は、指定された新信託監督人に対し、相当な期間を定めて、

その期間内に就任の承諾をするかどうかを確答すべき旨を催告することができ（停止条件または始期が付されているときは、停止条件が成就し、または始期が到来した後に限る。）(135条1項：62条2項準用)、指定された新信託監督人が、その期間内に委託者および受益者（委託者が現に存しない場合は受益者、複数の受益者が現に存する場合は、そのうちの1人）に確答しないときは、就任の承諾をしなかったものとみなされるので（135条1項：62条3項準用）、委託者および受益者は、その合意により新信託監督人を選任するか（委託者が現に存しない場合は、受益者が自ら新信託監督人を選任するか）、または裁判所に対して新信託監督人の選任の申立てをするかの選択をすることになる。

② 裁判所による選任

委託者および受益者による信託監督人選任の合意に係る協議の状況（委託者が現に存しない場合には、受益者の状況）その他の事情に照らして必要があると認められるときは、裁判所は、利害関係人の申立てにより、新信託監督人を選任することができる（135条1項：62条4項・8項準用）。

(c) **前信託監督人から新信託監督人への信託事務の引継ぎ等** 前信託監督人は、新信託監督人が就任した場合には、遅滞なく、受益者に対しその事務の経過および結果を報告し、新信託監督人がその事務の処理を行うのに必要な事務の引継ぎをしなければならない（135条2項）。

(5) 信託監督人の事務処理の終了等

(a) **事務処理の終了事由** 信託監督人による事務の処理は、信託の清算の結了のほか、下記の事由によって終了する。ただし、下記①の事由による場合には、信託行為に別段の定めがあるときは、その定めるところによる（136条1項）。

① 委託者および受益者が信託監督人による事務の処理を終了する旨の合意をしたこと。ただし、委託者が現に存しない場合には、その合意をすることができない（同条3項）。

② 信託行為において定めた事由

(b) **受益者への事務の経過および結果の報告** 信託監督人による事務の処理が終了した場合には、前信託監督人は、受益者に対しその事務の経過および結果を報告しなければならない（136条2項）。

4……受益者代理人
(1) 受益者代理人の選任

　信託行為においては、その代理する受益者を定めて、受益者代理人となるべき者を指定する定めを設けることができ（138条1項）、指定された受益者代理人が就任の承諾をすることにより受益者代理人に選任される。

　信託行為に受益者代理人となるべき者を指定する定めがあるときは、利害関係人は、指定された受益者代理人に対し、相当の期間を定めて、その期間内に就任の承諾をするかどうかを確答すべき旨を催告することができ（停止条件または始期が付されているときは、停止条件が成就し、または始期が到来した後に限る。）（同条2項）、指定された受益者代理人が期間内に委託者（委託者が現に存しない場合は、受託者）に確答しないときは、承諾しなかったものとみなされる（同条3項）。

　なお、受益者代理人の選任については、信託行為の定めによる選任のみに限られ、裁判所による選任はない。

(2) 受益者代理人の権限・義務等

(a)　**受益者代理人の権限・義務**　受益者代理人は、信託行為に別段の定めがない限り、その代理する受益者のために、受益者の権利（受託者または法人たる受託者の役員等の損失塡補責任等の免除（42条）を除く。）に関する一切の裁判上または裁判外の行為をする権限を有し（139条1項）、その権限の行使にあたっては、善良な管理者の注意をもって、その代理する受益者のために、誠実かつ公平に行為しなければならない（140条）。

　また、1人の受益者につき複数の受益者代理人があるときは、これらの者が共同してその権限に属する行為をしなければならない（139条3項）。

　なお、受益者代理人の行使できる受益者の権利から、受託者等の損失の塡補責任等の免除（42条）が除かれているが、これは、複数の受益者が存する場合における受託者等の損失塡補責任等の免除に係る意思決定の方法については、信託行為の別段の定めが認められず、受益者集会における多数決（特別決議）が求められ、また、一定の場合には受益者全員の一致が求められるなど（105条1項・3項・4項）、特に重要な権利であるため、受益者代理人ではなく、受益者自ら意思決定をすることが望ましいからである。

(b)　**受益者代理人と代理される受益者の権利行使**　受益者代理人は、受

益者が多数の場合や頻繁に変動する場合等において、受託者に対する監督の実効性と信託の円滑な運営を確保するために選任されるが、このような場合には受益者を逐一把握することは困難であると考えられるので、受益者代理人がその代理する受益者のために裁判上または裁判外の行為をするときは、その代理する受益者の範囲を示せば足りる（139 条 2 項）とされ、受益者代理人が複数の受益者を代理して権利を行使するに際しては、代理する範囲を示せば個々の受益者をすべて顕名することは要しないとされている。

また、受益者代理人は、受益者が現に存する場合に選任されるので、受益者自身による権利の行使と受益者代理人による権利の行使との競合問題が生じる。そこで、受益者代理人に代理される受益者は、権利競合の問題が生じない 92 条各号に掲げる権利（単独受益者権）と信託行為において定めた権利に限って行使することができ、それ以外の権利については行使することができない（139 条 4 項）とされている。

したがって、たとえば、信託の円滑な運営を確保するために受益者代理人が受益債権を行使する場合には、受益者は受益債権を行使できなくなるので、受託者は、受益者代理人に信託財産の給付を行えば、受益者との関係において受益債権に係る債務を履行したことになり、信託財産の給付を受けた受益者代理人は、受領物の引渡し義務を受益者に対して負うことになる（140 条 1 項）。受益者代理人がその受領物を引き渡さない場合は、受益者はその引渡しを請求することができる（民法 646 条参照）。

(3) 受益者代理人の費用・報酬等

受益者代理人の費用・報酬等に関しては、信託管理人の費用・報酬等の規定（127 条 1 項〜5 項）が準用される（144 条）。

(4) 受益者代理人の変更

受益者代理人の任務が終了すると、新受益者代理人が選任され、前受益者代理人（受益者代理人であった者）から事務の引継ぎを受けて、その任務を引き継ぐ。

(a) 受益者代理人の任務終了 　受益者代理人の任務終了に関しては、信託監督人の場合と同様、受託者の任務終了の規定（56 条〜58 条）が準用される（141 条）。

(b) **新受益者代理人の選任**
① 委託者および受益者の合意による選任

受益者代理人の任務が任務終了事由により終了した場合において、信託行為に新受益者代理人に関する定めがないとき、または信託行為の定めにより新受益者代理人となるべき者として指定された者がその引受けをせず、またはこれをすることができないときは、委託者および受益者は、その合意により、新受益者代理人を選任することができる（142条1項：62条1項準用）。委託者が現に存しない場合には、受益者は、単独で新受益者代理人を選任することができる（142条1項：62条8項準用）。

信託行為に新受益者代理人となるべき者を指定する定めがあるときは、委託者または受益者代理人に代理される受益者は、指定された新受益者代理人に対し、相当な期間を定めて、その期間内に就任の承諾をするかどうかを確答すべき旨を催告することができ（停止条件または始期が付されているときは、停止条件が成就し、または始期が到来した後に限る。）（142条1項：62条2項準用）、指定された新受益者代理人が、その期間内に委託者および受益者（委託者が現に存しない場合には受益者、複数の受益者が現に存する場合にはそのうちの1人）に確答しないときは、就任の承諾をしなかったものとみなされるので（142条1項：62条3項・8項準用）、委託者および受益者は、その合意により新受益者代理人を選任するか（委託者が現に存しない場合は、受益者が自ら新受益者代理人を選任するか）、または裁判所に対して新受益者代理人の選任の申立てをするかの選択をすることになる。

② 裁判所による選任

委託者および受益者による新受益者代理人の選任の合意に係る協議の状況（委託者が現に存しない場合には、受益者の状況）その他の事情に照らして必要があると認めるときは、裁判所は、委託者または受益者代理人に代理される受益者の申立てにより、新受益者代理人を選任することができる（142条1項：62条4項・8項準用）。

(c) **前受益者代理人から新受益者代理人への信託事務の引継ぎ等**　前受益者代理人は、新受益者代理人が就任した場合には、遅滞なく、受益者に対しその事務の経過および結果を報告し、新受益者代理人がその事務の処理を

行うのに必要な事務の引継ぎをしなければならない (142条2項)。

(5) 受益者代理人の事務処理の終了等

(a) 事務処理の終了事由　受益者代理人による事務の処理は、信託の清算の結了のほか、下記の事由により終了する。ただし、下記①の事由による場合には、信託行為に別段の定めがあるときは、その定めるところによる (143条1項)。

① 委託者および受益者代理人に代理される受益者が受益者代理人による事務の処理を終了する旨の合意をしたこと。ただし、委託者が現に存しない場合には、その合意をすることができない (同条3項)。

② 信託行為において定めた事由

(b) 受益者への事務の経過および結果の報告　受益者代理人による事務の処理が終了した場合には、前受益者代理人は、遅滞なく、その代理する受益者に対しその事務の経過および結果を報告しなければならない (143条2項)。

第 6 章

委託者

 委託者の意義

　委託者は、信託契約の締結、信託遺言または信託宣言により信託を設定する者である（2条4項）。このように、委託者は、信託の設定者として重要な役割を果たす者であるが、信託は、受益者のために設定されるものであり、委託者は、信託の利益を享受する主体としての受益者が有する受益権と同等の権利を有するものではない。

　委託者は、信託行為の当事者として、信託の目的を定めて財産を信託財産として出捐するから、信託目的設定者としての地位と信託財産出捐者としての地位を有し、これらの地位に相応する権利を有するにとどまる。受託者に対する監視・監督権等の受益権の中核をなす権利は、原則として有しないとされ、信託行為の定めによってのみ留保することが認められる。

　信託法には委託者に関する資格制限規定はないので、誰でも委託者になれるが、信託の設定にあたって財産の処分等を行うので、行為能力は必要である。遺言信託の場合には、遺言能力（満15歳）があればよい（民法961条）。委託者が法人の場合は、定款その他の基本約款で定められた範囲内で信託の設定をすることができる（同法34条）。

 委託者の権利

1……委託者として有する権利

　委託者は、信託の目的設定者として信託の目的の達成には相応の利害を有するから、信託事務処理状況の情報に係る権利、受託者等の信託事務の処理

に関わる者の解任・選任等に関する権利、信託の変更・併合・分割、信託の終了に関する合意権等を有する。また、信託財産の出捐者であるから、信託終了時に信託財産の法定帰属権利者になるほか、利害関係人としての権利をも有する。

他方において、これらの権利を放棄することは可能であるから、信託行為においてこれらの権利の全部または一部を有しない旨を定めることができる（145条1項）。

（1）委託者としての権利

① 信託事務処理状況等の報告請求権（36条）
② 受託者の辞任の同意権（57条1項）
③ 受益者との合意による受託者の解任権（58条1項）
④ 裁判所に対する受託者の解任申立権（同条4項）
⑤ 受益者との合意による新受託者の選任権（62条1項）
⑥ 裁判所に対する信託財産管理者の解任申立権（70条：58条4項準用）
⑦ 裁判所に対する信託財産法人管理人の解任申立権（74条6項：70条準用）
⑧ 遺言代用信託における受益者変更権（90条1項）
⑨ 信託管理人の辞任の同意権（128条2項：57条1項準用）
⑩ 受益者との合意による信託管理人の解任権（128条2項：58条1項準用）
⑪ 裁判所に対する信託管理人の解任申立権（128条2項：58条4項準用）
⑫ 受益者との合意による新信託管理人の選任権（129条1項：62条1項準用）
⑬ 信託監督人の辞任の同意権（134条2項：57条1項準用）
⑭ 受益者との合意による信託監督人の解任権（134条2項：58条1項準用）
⑮ 裁判所に対する信託監督人の解任申立権（134条2項：58条4項準用）
⑯ 受益者との合意による新信託監督人の選任権（135条1項：62条1項準用）
⑰ 受益者代理人の辞任の同意権（141条2項：57条1項準用）
⑱ 受益者との合意による受益者代理人の解任権（141条2項：58条1項準用）
⑲ 裁判所に対する受益者代理人の解任申立権（142条2項：58条4項準用）

⑳ 受益者との合意による新受益者代理人の選任権（142条1項：62条1項準用）
㉑ 新受益者代理人に対する就任諾否の催告権（142条1項：62条2項準用）
㉒ 裁判所に対する新受益者代理人の選任申立権（142条1項：62条4項準用）
㉓ 信託の変更の合意権等（149条1項・3項1号）
㉔ 裁判所に対する信託の変更の申立権（150条1項）
㉕ 信託併合の合意権（151条1項）
㉖ 吸収信託分割の合意権（155条1項）
㉗ 新規信託分割の合意権（159条1項）
㉘ 受益者との合意による信託終了権（164条1項）
㉙ 裁判所に対する特別の事情による信託終了命令の申立権（165条1項）
㉚ 裁判所に対する公益確保のための信託終了命令、信託財産保全処分命令、清算のための新受託者選任の申立権（166条1項・169条1項・173条1項）
㉛ 信託終了時の法定帰属権利者（182条2項）
㉜ 受益証券発行信託における受益権原簿の閲覧等請求権（190条2項）
㉝ 会計監査人設置信託における受益者との合意による新会計監査人の選任権（250条1項）
㉞ 会計監査人設置信託における会計監査人の辞任の同意権および受益者との合意による会計監査人の解任権（251条：57条1項・58条1項準用）

(2) 利害関係人としての権利

① 財産状況開示資料・信託財産保全処分関連資料等の閲覧等請求権（38条6項・172条1項～3項）
② 受託者・新受託者、信託管理人・新信託管理人、信託監督人・新信託監督人、受益者代理人に対する就任諾否の催告権（5条1項・62条2項・123条2項・129条1項・131条2項・135条1項・138条2項）
③ 裁判所に対する受託者・新受託者、信託管理人・新信託管理人、信託監督人・新信託監督人の選任の申立権（6条1項・62条4項・123条4項・129条1項・131条4項・135条1項）
④ 裁判所に対する信託財産管理命令・信託財産法人管理命令の申立権

（63条1項・74条2項）

2……信託行為で留保することができる権利
(1) 監視・監督権の留保
　委託者は、受託者に対する監視・監督権等の受益権の中核となる権利は有しないのが原則であるが、下記の監視・監督権等の権利については、信託行為の定めにより、受益者とともにこれらの権利の全部または一部を留保することができる（145条2項）。
　① 信託財産への強制執行等に対する異議権（23条5項・6項）
　② 受託者の権限違反行為の取消権および前受託者の権限違反行為の取消権（27条1項・2項、75条4項）
　③ 受託者の利益相反行為の取消権（31条6項・7項）
　④ 受託者の競合行為に対する介入権（32条4項）
　⑤ 帳簿等の閲覧等請求権（38条1項）
　⑥ 受益者の氏名等の開示請求権（39条1項）
　⑦ 受託者の任務違反行為に対する損失の填補・原状回復請求権（40条）
　⑧ 法人受託者の役員とその法人の任務違反行為に対する損失の填補・原状回復請求権（41条）
　⑨ 受託者の信託違反行為の差止請求権（44条）
　⑩ 検査役の選任の申立権（46条1項）
　⑪ 前受託者の信託財産処分行為の差止請求権（59条5項）
　⑫ 前受託者の相続人等および破産管財人の信託財産処分行為の差止請求権（60条3項・5項）
　⑬ 限定責任信託における受託者の制限違反給付に係る金銭の填補等請求権（226条1項）
　⑭ 限定責任信託の信託事業年度において欠損が生じた場合の金銭の填補等請求権（228条1項）
　⑮ 会計監査人設置信託の会計監査人の任務違反行為に対する損失の填補請求権（254条1項）
　なお、上記①、⑦から⑨または⑪から⑮の権利を留保した場合は、委託者は、第三者異議の訴えまたは損失の填補等請求もしくは行為差止請求の訴え

を提起して勝訴したときは、信託財産から相当と認められる額を限度として訴えに係る費用等の支弁を受けることができ、敗訴したときでも、悪意があった場合を除き、受託者に対し、これによって生じた損害の賠償責任を負わない（145条3項：24条・45条・61条準用）。

(2) 通知・報告受領権等の留保

委託者は、信託行為の定めにより、受託者が下記の義務を負う旨を定めることができる（145条4項）。

① 信託法の規定により受託者が受益者（信託管理人が現に存する場合は、信託管理人）に対して通知すべき事項を委託者に対しても通知する義務
・受託者の利益相反行為または競合行為をしたときの重要な事実の通知（31条3項・32条3項）
・受託者が信託財産から費用の前払または信託報酬を受けるために行うその額および算定根拠の通知（48条3項・54条3項）
・前受託者による法人受託者の任務終了の通知および前受託者の相続人等による個人受託者の任務終了の通知（59条1項・60条1項）

② 信託法の規定により受託者が受益者（信託管理人が現に存する場合には、信託管理人）に対して報告すべき事項を委託者に対しても報告する義務
・財産状況開示資料の内容に関する報告（37条3項）

③ 前受託者の信託事務に関する計算の承認（77条1項）、または清算受託者の信託事務に関する最終計算の承認を委託者に対しても求める義務（184条1項）

3……遺言代用信託における委託者の権利等の特例

遺言代用信託（90条）において、受益者が現に存せず、または委託者死亡後に信託財産に係る給付を受ける受益者が90条2項の規定により受益権を有しないとされているときは、信託行為に別段の定めがない限り、委託者が、145条2項各号の留保可能な監視・監督権を有し、受託者が、145条4項各号の受託者が受益者等に対して負っている通知または報告義務および受益者に信託事務等の計算承認を求める義務を委託者に対して負う（148条）。

遺言代用信託においては、委託者が死亡するまで受益者として権利を有する者がいない場合があるので、受託者の適切な信託事務の処理を確保するた

めには、受託者に対する監督権を行使する者が存することが望ましい。そこで、このような場合には、受益者に代わって委託者が、受託者に対する監視・監督権を行使することとされている。

III 委託者の地位

1……委託者の地位の移転

委託者の地位は、受託者および受益者の同意を得て、または信託行為において定めた方法に従い、第三者に移転することができる（146条1項）。委託者が複数いる場合には、委託者の地位は、他の委託者、受託者および受益者の同意を得て、または信託行為の定めた方法に従い、第三者に移転することができる（同条2項）。

委託者の地位には、信託目的設定者としての地位と信託財産出捐者としての地位があり、両者は不可分の関係にある。信託目的設定者としての地位に基づく委託者の権利は、一身専属的な権利が多いことから、移転性を有しないとも考えられるが、信託関係者全員の同意がある場合や信託行為の定めによる場合には、委託者の地位を移転しても信託関係者の利益を害することにはならないと考えられるので、このような場合には委託者の地位の移転が認められる。

2……委託者の地位の承継

委託者の地位は、その相続人が相続により承継する（147条の反対解釈）。委託者が法人の場合は、合併後の存続法人や新設法人等の包括承継者が承継する。

3……遺言信託における委託者の地位の不承継

遺言信託は、法定相続分とは異なる財産承継を信託をもって実現しようとするものであるから、委託者の相続人と受益者とは、信託財産に関して類型的に利害が対立する関係にあり、委託者の相続人に委託者の権利の適切な行使を期待することは類型的に困難である。

また、遺言信託を設定した委託者としての意思としても、相続人は委託者の権利義務を有しないものとすることが通常であると考えられるので、遺言信託においては、信託行為に別段の定めがない限り、委託者の相続人は、委託者の地位を相続により承継しない（147条）。

第 7 章
遺言代用信託等

受益者指定権等

1……受益者指定権等の意義

受益者指定権等とは、受益者を指定し、またはこれを変更する権利をいう（89条1項）。受益者指定権は、信託行為においては特定の者を受益者に指定せず、事後的に一定の者の意思により受益者を指定させる権利であり、受益者変更権は、信託行為において受益者として指定した者を、事後的に一定の者の意思により変更する権利である。

2……受益者指定権等の行使

(1) 受託者に対する意思表示による行使

受益者指定権等は、受託者に対する意思表示により権利を行使するが（89条1項）、受託者が受益者指定権等を有する場合は、受益者となるべき者に対する意思表示により行使する（同条6項）。

(2) 遺言による行使

受益者指定権等は、遺言によっても行使することができる（89条2項）。ただし、遺言は、相手方のない単独行為であるので、遺言者の死亡によって遺言による受益者指定権等の効力が発生しても、受託者は変更の事実を知らないことがあり得る。そこで、遺言の存在および内容を知らない受託者の利益を保護するため、遺言によってこの権利が行使されたことを受託者が知らない間は、受託者は、新たに受益者となった者から受益権の主張を対抗されないとされている（同条3項）。

(3) 受益者変更権の行使による受益権喪失の通知

受益者変更権の行使により、変更前の旧受益者は受益権を失うことになる

が、旧受益者は、将来にわたり受益者として信託の利益を享受し得る期待を有していると考えられる。そこで、旧受益者の不測の損害を被ることを防止するため、受託者は、信託行為に別段の定めがない限り、旧受益者に対して、遅滞なく、受益権を失った旨を通知しなければならない（89条4項）。

3……受益者指定権等の非相続性

受益者指定権等が一身専属的なものかどうかは、権利を有する者を定めた信託行為の趣旨の解釈によるが、このような権利を信託行為で定めた委託者の合理的意思としては、権利者の相続人にこの権利を行使させる意図までは有していないことが通常であるから、信託行為に別段の定めがない限り、この権利は相続によって承継されないとされている（89条5項）。

受益者指定権等は相続によって承継されないので、受益者を指定しないうちに受益者指定権者が死亡した場合には、受益者が存しないことが確定し、信託の目的の達成不能に該当して、信託は終了することになる。一方、受益者を変更しないうちに受益者変更権者が死亡した場合には、その時点における受益者に受益権が確定的に帰属し、信託は、そのまま存続することになる。

なお、受託者が受益者指定権等を有している場合において受託者の変更があった場合は、受益者指定権等が受託者の地位に付随しているものと解される場合は、新受託者に承継されることになるが、受託者の個人的な見識等に着目して付与されたものであると解される場合には、新受託者には承継されないと考えられる。

II 遺言代用信託

1……遺言代用信託の意義

遺言代用信託とは、委託者の死亡により受益権等を取得する旨の定めのある信託をいうが（90条）、あたかも遺贈のような機能を有することから、このように通称されている。

遺言代用信託は、典型的には、委託者が財産を信託して、委託者生存中は委託者自身を受益者とし、委託者死亡後は委託者の配偶者や子などを受益者

にすることによって、自己の死亡後における財産の分配を信託によって実現しようとするものである。生前行為によって自己の死亡後における財産の分配を図るという点において、死因贈与と類似する機能を有する。

2……委託者の受益者変更権

死因贈与については、遺贈に関する規定がその方式を除いて準用され（民法554条）、贈与者はいつでもその贈与を撤回することができる（同法1022条）。遺言代用信託においても、委託者は、受益者をいつでも自由に変更できるとの意思を有することが通常であるので、89条で規定されている受益者指定権等の行使の特則として、委託者は受益者変更権を有する旨が定められている。

すなわち、委託者は、下記①または②の遺言代用信託においては、信託行為に別段の定めがない限り、受益者変更権を有する（90条1項）。

① 委託者の死亡の時に受益者となるべき者として指定された者が受益権を取得する旨の定めのある信託（同項1号）
② 委託者の死亡の時以後に受益者が信託財産に係る給付を受ける旨の定めのある信託（同項2号）

上記①の死亡後受益者は、委託者の死亡の時に受益者となるべき者として指定された者であるので、委託者死亡までは受益権を有していないが、上記②の死亡後受益者は、受益者が信託財産に係る給付を受けるのは委託者死亡後とされているだけで、信託財産に係る給付を受ける権利については委託者死亡時まで取得しないものの、受益権自体はすでに取得している。

しかしそうすると、上記②の死亡後受益者がいる場合には、委託者が信託を変更したり、あるいは信託を終了させようとすると、その受益者の同意を得なければならないことになり、これでは遺言代用信託を設定した委託者の通常の意思に添わない。そこで、上記②の死亡後受益者は、信託行為に別段の定めがない限り、委託者が死亡するまでは受益権を取得しないものとされている（同条2項）。

3……遺言代用信託における委託者の権利等の特例

遺言代用信託では、委託者が死亡するまでの間、受益者としての権利を有

する者が誰も存在しない場合があり得る。しかし、このような信託でも、受託者に対する適切な信託事務の処理を確保する必要性は当然に認められるから、受益者に代わって委託者が監督的権利を行使できるとされている。

すなわち、信託行為に別段の定めがある場合を除き、委託者は、145条2項の権利（委託者の留保可能な権利）を有し、受託者は、同条4項の義務（受益者に対して行うべき通知および報告義務ならびに受益者に計算の承認を求める義務を委託者に対しても負う義務）を負うとされている（148条）。受益者が存する通常の信託の場合に比べて、委託者の受託者に対する監督上の権利が強化されるとともに、受託者には委託者に対する通知等の義務が加重されることになる。

III 後継ぎ遺贈型受益者連続信託

1……後継ぎ遺贈型受益者連続信託の意義

後継ぎ遺贈型受益者連続信託とは、受益者の死亡により、受益者の有する受益権が消滅し、他の者が新たに受益権を取得する旨の定め（受益者の死亡により順次他の者が受益権を取得する旨の定めを含む。）のある信託をいう（91条）。

たとえば、委託者が自己の生存中は自ら受益者となり、委託者の死亡により委託者の妻が次の受益者となり、さらに、その妻の死亡により委託者の子がその次の受益者となるような信託である。

これにより、さまざまな家族環境に対応した多様な財産の承継を世代を超えて行うことが可能になる。

2……後継ぎ遺贈と受益者連続信託の関係

信託行為の定めにより受益権を複数の者に連続して帰属させる信託を受益者連続信託というが、受益者連続信託の1つである後継ぎ遺贈型受益者連続信託は、新受益者の受益権取得が、前受益者の死亡により生ずるところにその特徴がある。

一方、先順位者の死亡により後順位者が権利を取得する形で財産承継をさ

せるものとして後継ぎ遺贈があるが、これは民法上有効性が争われているので、後継ぎ遺贈と後継ぎ遺贈型受益者連続信託との関係が問題となる。

　後継ぎ遺贈の有効性が争われる主な理由は、所有権は、完全・包括・恒久的な権利であるから、受遺者の死亡時を終期とする期限付き所有権の創設は認められないということである。しかし、後継ぎ遺贈型受益者連続信託においては、所有権は受託者に移転していて受託者が所有者であり続けるので、対象となるのは、所有権ではなく受益権ということになるが、受益権に存続期間等を設けることは法律上可能であるから、後継ぎ遺贈の有効性との関係で問題にはならない。

3……後継ぎ遺贈型受益者連続信託の存続期間の制限

　後継ぎ遺贈型受益者連続信託に関しては、信託行為の定めいかんによっては世代を超えて長期にわたり存続することが可能になるが、ある世代の人間がその後の財産の利用や承継のあり方を決め、次の世代が長期にわたってそれに拘束されるのは、財産秩序を害して好ましくない。

　そこで、後継ぎ遺贈型受益者連続信託の期間については制限が設けられており、後継ぎ遺贈型受益者連続信託が設定された時から30年を経過した時以後において、現に存する受益者が受益権を取得し、かつ、その受益者が死亡するまでまたは受益権が消滅するまでの間、その効力を有する（91条）とされている。したがって、後継ぎ遺贈型受益者連続信託が設定されたときから30年を経過した時以後においては、先順位の受益者の死亡による後順位の受益者の受益権の取得は1回限りしか認められないことになる。

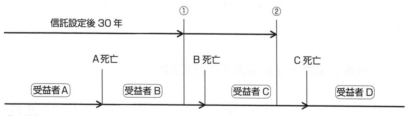

①の場合
　受益者Cは、受益権を取得し、Cの死亡またはCの有する受益権が消滅するまで、この信託は存続する。
　受益者Dは、受益権を取得しない。
②の場合
　受益者Dは、受益権を取得し、Dの死亡またはDの有する受益権が消滅するまで、この信託は存続する。

■コラム8——信託と遺留分

　財産の管理・承継を目的とする民事信託においては、委託者が、自分の死後の財産の承継方法を定める場合があり、この場合の信託は遺贈や死因贈与と似た機能を有する。このため、遺贈や死因贈与と同様に、民法の遺留分の規律の適用を受ける（改正前民法1031条の類推適用）。信託によって遺留分が侵害されることがあり、その場合、遺留分減殺請求の対象となることについて争いはないが、遺留分侵害行為の捉え方をめぐっては、大きく分けて2つの考え方があり、そこから、遺留分の算定方法、遺留分減殺請求の対象とその効果、遺留分減殺請求権の行使方法などをめぐって様々な解釈が分かれてきた。

　一方には、信託が委託者から受益者への遺贈や死因贈与に近い実質を有する点を重視して、信託により受益者に対し受益権という信託財産の実質的利益を授与すること（受益権授与行為）が遺留分侵害行為であるという考え方がある。この考え方からは、遺留分算定の基礎となる財産は受益権の価額であり、遺留分減殺の対象は受益権の授与行為である。したがって、遺留分減殺請求の相手方は受益者であり、遺留分減殺請求の効果として受益権が準共有となるという結論が導かれやすい。

　もう一方には、信託により委託者から受託者に相続財産が逸出する点を重視して、被相続人から受託者に信託財産の所有権が形式的に移転したこと（信託設定行為）が遺留分侵害行為であるという考え方がある。この考え方からは、遺留分算定の基礎となる財産は信託財産の価額であり、遺留分減殺の対象は信託設定行為またはそれに基づく財産の処分行為であり、遺留分減殺請求の相手方は受託者あるいは受託者と受益者である。したがって、遺留分減殺請求の効果は、信託の一部効力否定であり、信託財産が共有となるという結論が導かれやすい。

　2018（平成30）年7月に公布された民法（相続法）の改正により、遺留分減殺請求権の行使によって当然に物権的効果が生じるとされている民法の規律は見直され、遺留分に関する権利の行使によって遺留分侵害額に相当する金銭債権が生じることとなった（民法1046条）。改正民法の施行後においては、上記のいずれの考え方をとるとしても、遺留分減殺請求の行使によって受益権または信託財産の共有状態が生じるということはない。これに対して、何を遺留分侵害行為と捉え、どのように遺留分を算定するかという問題については改正後も残ることとなる。

第 8 章 信託の変更、併合・分割

  信託の変更

1……信託の変更の意義

信託の変更とは、信託行為に定められた信託の目的、信託財産の管理方法、受益者に対する信託財産に係る給付内容その他の事項について、これを事後的に変更することである。

信託がされた時点においては予想できない事態が生じることも少なくなく、そのような事態に完全に対処するような内容の信託条項をあらかじめ設けておくことは実際上困難であるから、信託の変更に関する規律が設けられている。

信託の変更は、関係当事者等の意思による信託の変更と裁判所の命令による信託の変更とに大別することができる。

2……関係当事者の合意による信託の変更

(1) 信託の変更ルールの原則

信託の変更は、委託者、受託者および受益者の合意によってすることができるが、信託の変更の合意をする場合には、変更後の信託行為の内容を明らかにしてしなければならない（149条1項）。

信託の変更は、委託者、受託者および受益者全員の合意があればできると解されてきたところを、信託法において、明文をもって、信託の変更の原則的な方法として規定したものである。「委託者」、「受託者」、「受益者」は、信託関係における地位を指すものであるから、その地位にある者が複数ある場合はそれらの者の中で意思決定を行い、その上で委託者、受託者および受益者の合意を形成することになる。

(2) 信託の変更ルールの例外

(a) 例外の要件とその場合の関係当事者の合意または意思表示　信託の変更をするに際し、常に委託者、受託者および受益者の合意が必要であるとすると、多大な時間や費用がかかり、かえって委託者や受益者の利益に反することとなる場合がある。そこで、関係当事者の利害に配慮しつつ、より柔軟な信託の変更を可能とするため、変更する信託行為の内容が関係当事者のうちの特定の者の利益を害しないことが明らかである場合には、その者の関与なくして、信託の変更をすることができるとされている。

すなわち、①委託者の意思である「信託の目的に反しないことが明らかであるとき」は、委託者との合意を不要とし、②信託の管理者である「受託者の利益を害しないことが明らかであるとき」は、受託者との合意を不要とし、③信託の利益を享受する者である「受益者の利益に適合することが明らかであるとき」は、受益者との合意を不要とすることにより、下記のとおり、信託関係者の一部の合意を得ることなく信託を変更することができる（149条2項）。

① 信託の目的に反しないことが明らかであるときは、受託者と受益者の合意によって信託を変更することができる（同項1号）。

② 信託の目的に反しないことおよび受益者の利益に適合することが明らかであるときは、受託者の書面等による意思表示によって信託を変更することができる（同項2号）。

③ 受託者の利益を害しないことが明らかであるときは、委託者と受益者の受託者に対する意思表示によって信託を変更することができる（同条3項1号）。

④ 信託の目的に反しないことおよび受託者の利益を害しないことが明らかであるときは、受益者の受託者に対する意思表示によって信託を変更することができる（同項2号）。

⑤ 信託行為の別段の定めによる信託の変更

　信託の変更に関しては、信託行為に別段の定めがあるときは、その定めによる（同条4項）とされているので、上記①～④とは異なる信託の変更の方法を採用することや、また、信託の変更権自体を特定の第三者に委ねること等も認められる。

なお、上記③と④の場合は、信託の変更に受託者は関与していないので、受託者は信託が変更されたことを知らないまま信託事務の処理を行うことになり、不測の不利益を受けるおそれがある。そこで、その場合には、変更の合意ではなく、変更の受託者に対する意思表示によることとし、その意思表示が受託者に到達したときに変更の効力が生じるものとなっている。

(b) 信託の変更の制限 以上のように、信託の変更によって信託行為の内容を事後的に変更することができるが、信託法において、①信託の変更によって受益証券発行信託の定めを設けることおよび廃止すること（185条3項・4項）、②信託の変更によって目的信託の定めを設けることおよび廃止すること（258条2項・3項）は禁止されているので、これは信託の変更の範囲外である。

また、委託者・受託者・受益者の変更については、その地位の変更になるので、それぞれの地位の移転に関する規定に従って行われるべきものであるから（委託者：146条、受託者：56条以下、受益者：89条等）、これも信託の変更の範囲外である。

なお、信託の変更によって限定責任信託の定めを廃止することについては明文で規定されているが（221条）、信託の変更によって限定責任信託の定めを設けることについては規定されていない。したがって、信託の変更によって限定責任信託の定めを設けることの可否が問題になるが、受益証券発行信託の場合のように明文で禁止されているわけではなく、これは、責任財産を信託財産に限定する信託の変更なので、変更前の信託債権者の同意が得られれば、可能と考えられる。

(c) 変更後の信託行為の内容の通知 上記(a)①・②・④の場合には、受託者は、意思決定に関与しなかった委託者または受益者に対して、遅滞なく、変更後の信託行為の内容を通知しなければならない（149条2項後段・3項後段）。委託者が現に存しない場合には、委託者への通知は不要である（同条5項）。

もっとも、信託行為に別段の定めをすることが認められているので（同条4項）、軽微な信託の変更の場合や通知に相応の費用を要するような場合について、変更後の信託行為の内容の通知義務を免除することは可能である。

(d) 委託者が現に存しない場合等の取扱い 委託者が現に存しない場合には、委託者が関与する合意や意思表示はできないことので、149条1項

（委託者・受託者・受益者の合意）や同条3項1号（委託者と受益者の受託者に対する意思表示）は、適用しないものとされている（149条5項）。したがって、委託者が関与しなければならない形態をとる信託の変更はすることができない。

3……裁判所の命令による信託の変更

信託の変更は、関係当事者の意思によって行うのが原則であるが、関係当事者が多数にのぼる場合などにおいては、実際上、合意をするのが困難な場合もある。

そこで、信託行為の当時予見することができなかった特別の事情により、信託事務の処理の方法に係る信託行為の定めが信託の目的および信託財産の状況その他の事情に照らして受益者の利益に適合しなくなるに至ったときは、裁判所は、委託者、受託者または受益者の申立てにより、信託の変更を命ずることができるとされている（150条1項）。

信託の変更を行う場合、信託事務の処理の方法は多様なものがあり、どれが受益者の利益に適合するかを裁判所が一義的に判断するには困難を伴うことが予想される。そこで、申立てにあたっては、変更後の信託行為の定めを明らかにしなければならないとされており（同条2項）、裁判所は、明示された信託行為の内容をもとに信託の変更の要否・内容を判断することになる。

II 信託の併合

1……信託の併合の意義

信託の併合とは、受託者を同一とする2以上の信託の信託財産の全部を1の新たな信託の信託財産とすることをいう（2条10項）。信託の併合により、従前の各信託はいずれも終了し、その清算も要しない（175条かっこ書）。信託の併合は、複数の信託財産を統合して運用することにより投資効率を上げる場合等に利用される。

信託の併合は、広義には信託の変更に該当するので、原則として信託の変更の要件・手続をベースとして行われる。ただし、信託の併合は、同一の受

託者に係る複数の信託の信託財産を1つの新たな信託財産とするものであるから、信託財産の管理または処分権限を有する受託者の関与なくして信託財産が変わってしまうのは適当でないので、受託者が関与しない信託の変更の部分は除かれる。

なお、信託の変更には裁判所の命令による信託の変更が認められていたが、信託の併合には認められていない。信託の併合の場合は、事情変更による信託の変更とは異なり、新たな信託関係の構築につながるものであるから、裁判所の判断にはなじまないと考えられたからである。

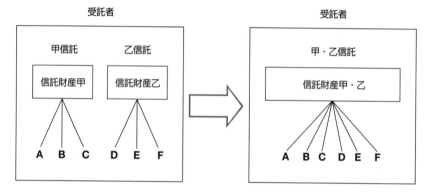

2……関係当事者の合意等による信託の併合・分割
(1) 信託の併合ルールの原則
(a) 委託者、受託者および受益者の合意　信託の併合も、広義には信託の変更に該当すると考えられるから、信託の変更の要件・手続をベースとして規定されており（受託者が関与しない部分を除く。）、従前の各信託の委託者、受託者および受益者の合意により行うのが原則である（151条1項前段）。

(b) 併合後の内容の明示　信託の併合をするに当たっては、予定されている信託の併合の内容の合理性判断に必要な情報を提供するため、あらかじめ下記の事項を明らかにしてしなければならない（151条1項後段）。

① 信託の併合後の信託行為の内容
② 信託行為において定める受益権の内容に変更があるときは、その内容および変更の理由
③ 信託の併合に際して受益者に対し金銭その他の財産を交付するときは、

その財産の内容およびその価額
　④　信託の併合がその効力を生じる日（効力発生日）
　⑤　その他法務省令（規則12条）で定める事項

(2) 信託の併合ルールの例外

(a)　例外の要件およびその場合の関係当事者の合意または意思表示　12(2)(a)で述べた信託の変更の場合と同様の趣旨で、下記のように、信託の併合ルールの例外（受託者が関与しない部分を除く。）が設けられている（151条2項）。

　①　信託の目的に反しないことが明らかであるときは、受託者と受益者の合意によって信託の併合をすることができる（同項1号）。
　②　信託の目的に反しないことおよび受益者の利益に適合することが明らかであるときは、受託者の書面等による意思表示によって信託の併合をすることができる（同項2号）。
　③　信託行為の別段の定めにより信託の併合をすることができる（同条3項）。

(b)　併合後の信託行為の内容の通知　受託者は、上記(a)①の場合は委託者に対し、上記(a)②の場合は委託者および受益者に対し、遅滞なく、前記(1)(b)①～⑤の事項を通知しなければならない（151条2項後段）。委託者が現に存しない場合は、委託者への通知は不要である（同条4項）。

(c)　委託者が現に存しない場合の取扱い　委託者が現に存しない場合には、委託者、受託者および受益者の合意による信託の併合（151条1項）は、することができない（同条4項）。

3……信託の併合に係る債権者異議手続等

(1) 債権者の異議

　信託の併合がなされると、従前の信託の信託財産責任負担債務が併合後の信託に承継されるから、従前の信託の一方の運用状況が芳しくない場合には、他方の従前の信託の信託財産責任負担債務の債権者は、自己の債権の回収可能性に悪影響を受ける恐れがある。そこで、このような債権者を保護するために、信託の併合について異議を述べる制度が認められている（152条1項）。
　ただし、常に法定の債権者異議手続を踏まなければならないとすると、必

要以上に重厚かつ煩雑な手続を求めることになるので、信託の併合をしても債権者を害するおそれのないことが明らかであるときは、債権者異議手続をとることを要しない（同項ただし書）。

なお、受益債権を有する受益者も、形式的にはこの債権者に含まれるが、受益者は、原則として信託の併合の意思決定に関与できることや、信託の併合により損害を受けるおそれがある場合には受益権取得請求権が認められることに鑑み、債権者異議手続の対象にはならないと解されている。

(2) 信託の併合の公告・催告

受託者は、債権者の全部または一部が異議を述べることができる場合には、下記の事項を官報により公告し、かつ、知れている債権者には各別に催告をしなければならない（152条2項）。

法人受託者は、時事に関する事項を掲載する日刊新聞紙による公告または電子公告により各別の催告に代えることができる（同条3項）。

① 信託の併合をする旨
② 債権者は、一定期間（1か月以上）に異議を述べることができる旨
③ その他法務省令（規則13条）で定める事項

(3) 債権者の異議の効果

所定の期間内に債権者が異議を述べなかったときは、信託の併合について承認したものとみなされる（152条4項）。

所定の期間内に債権者が異議を述べたときは、受託者は、信託の併合をしてもその債権者を害するおそれがない場合を除き、その債権者に対し、弁済もしくは担保の提供をするか、または弁済を目的として相当の財産を信託会社等に信託しなければならない（同条5項）。

4……信託の併合の効果

信託の併合により、従前の各信託は終了するとともに、新たな1つの信託が成立し、従前の各信託の信託財産は、清算されずにその信託に承継される（163条5号・175条）。従前の信託の信託財産責任負担債務は、併合後の信託財産責任負担債務になり（153条）、従前の信託財産限定責任負担債務（信託財産責任負担債務のうち、受託者が信託財産に属する財産のみをもって履行する責任を負う債務）は、併合後の信託の信託財産限定責任負担債務になる（154

条)。

5……信託の併合の公示

　信託の併合は、受託者が同一である信託間で行われるため、権利の登記名義人には変更はないが、信託財産に属する財産には権利の帰属に変更があるので、信託の併合を原因として別の信託の目的になった旨の権利の変更の登記をすることによって信託の併合の公示をすることになる。この場合には、その権利の変更の登記と併せて、権利が帰属していた信託についての信託の登記を抹消し、新たに権利が帰属することとなる信託についての信託の登記をする。
　すなわち、信託の併合が行われた場合には、信託の併合後の新たな信託について信託の併合を原因とする変更の登記と従前の信託の登記の抹消を同時にすることによって、信託の併合の公示をする（不登法104条の2第1項）。
　なお、受益証券発行信託の受益権が振替法上の振替受益権とされている場合には、併合後の振替受益権について振替口座簿に記載または記録をすることにより併合の効果が反映される（振替法127条の13）。

III　信託の分割

1……信託の分割の意義

　信託の分割とは、ある信託の信託財産の一部を受託者を同一とする他の信託の信託財産として移転すること（吸収信託分割）、または、ある信託の信託財産の一部を受託者を同一とする新たな信託の信託財産として移転すること（新規信託分割）をいう（2条11項）。信託の分割は、管理・運用の選択と集中を図る観点から、信託財産を再構成する場合等に利用される。
　信託の分割は、広義には信託の変更に該当するが、信託の併合と同様、信託を創造的に変更するものであるから、信託の併合と同様の要件・手続をベースとして行われ、裁判所の命令による信託の分割も認められていない。

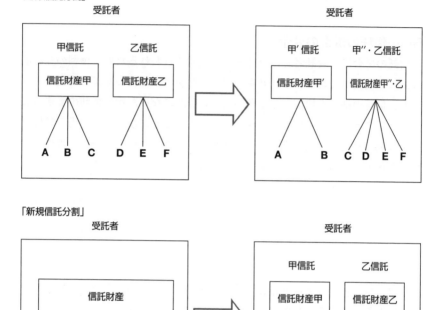

2……関係当事者の合意等による信託の分割
(1) 信託の分割ルールの原則
(a) **委託者、受託者および受益者の合意**　信託の分割（吸収信託分割および新規信託分割）も、信託の併合と同様、広義には信託の変更に該当するので、信託の変更の要件・手続をベースとして規定されており（受託者が関与しない部分を除く。）、各信託の委託者、受託者および受益者の合意により信託の分割を行うのが原則である（155条1項・159条1項）。

(b) **分割後の内容の明示**　信託の分割（吸収信託分割または新規信託分割）をするにあたっては、予定されている信託の分割の内容の合理性判断に必要な情報を提供するため、あらかじめ下記の事項を明らかにしてしなければな

らない（155条1項後段・159条1項後段）。
① 信託の分割後の信託行為の内容（155条1項1号・159条1項1号）
② 信託行為において定める受益権の内容に変更があるときは、その内容および変更の理由（155条1項2号・159条1項2号）
③ 信託の分割に際して受益者に対し金銭その他の財産を交付するときは、その財産の内容およびその価額（155条1項3号・159条1項3号）
④ 信託の分割の効力発生日（155条1項4号・159条1項4号）
⑤ 移転する財産の内容（155条1項5号・159条1項5号）
⑥ 吸収信託分割によりその信託財産の一部を他の信託に移転する信託（分割信託）の信託財産責任負担債務でなくなり、分割信託からその信託財産の一部の移転を受ける信託（承継信託）の信託財産責任負担債務となる債務があるときは、その債務に係る事項（155条1項6号）
　新規信託分割により従前の信託の信託財産責任負担債務でなくなり、新たな信託の信託財産責任負担債務となる債務があるときは、その債務に係る事項（159条1項6号）
⑦ その他法務省令（規則14条・16条）で定める事項（155条1項7号・159条1項7号）

(2) 信託の分割ルールの例外

(a) 例外の要件およびその場合の関係当事者の合意または意思表示　信託の併合の場合と同様の趣旨で、下記のように、信託の分割ルールの例外が設けられている（155条2項・159条2項）。
① 信託の目的に反しないことが明らかであるときは、受託者と受益者の合意によって信託の分割をすることができる（155条2項1号・159条2項1号）。
② 信託の目的に反しないことおよび受益者の利益に適合することが明らかであるときは、受託者の書面等による意思表示により信託の分割をすることができる（155条2項2号・159条2項2号）。
③ 信託行為の別段の定めにより信託の分割をすることができる（155条3項・159条3項）。

(b) 分割後の信託行為の内容の通知　受託者は、上記(a)①の場合は委託者に対し、上記(a)②の場合は、委託者および受益者に対し、遅滞なく、

前記(1)(b)①〜⑦の事項を通知しなければならない（155条2項後段・159条2項後段）。委託者が現に存しない場合は、委託者への通知は不要である（155条4項・159条4項）。

(c) **委託者が現に存しない場合の取扱い**　委託者が現に存しない場合には、委託者、受託者および受益者の三者の合意による信託の分割（155条1項・159条1項）は、することができない（155条4項・159条4項）。

3……信託の分割に係る債権者異議手続
(1) 債権者の異議

　吸収信託分割の場合には、分割信託および承継信託の各信託財産責任負担債務の債権者は、どの財産が分割信託から承継信託に移転するかによって自己の債権の回収可能性に影響を受けるおそれがある。同様に、新規信託分割の場合には、従前の信託の信託財産責任負担債務の債権者は、どの信託財産が従前の信託から新たな信託に移転するかによって、自己の債権の回収可能性に影響を受けるおそれがある。そこで、このような債権者を保護するために、信託分割について異議を述べることが認められている（156条1項・160条1項）。ただし、信託の併合の場合と同様、債権者を害するおそれのないことが明らかであるときは、債権者異議手続をとることを要しない（156条1項ただし書・160条1項ただし書）。

　なお、信託の併合の場合と同様、受益債権を有する受益者も形式的にはこの債権者に含まれるが、債権者異議手続の対象にはならないと解されている。

(2) 信託の分割の公告・催告

　受託者は、債権者の全部または一部が異議を述べることができる場合には、下記の事項を官報により公告し、かつ、知れたる債権者には各別に催告しなければならない（156条2項・160条2項）。

　法人受託者は、時事に関する事項を掲載する日刊新聞紙による公告または電子公告により各別の催告に代えることができる（156条3項・160条3項）。

　① 信託の分割をする旨（156条2項1号・160条2項1号）
　② 債権者は、一定期間内（1か月以上）に異議を述べることができること（156条2項2号・160条2項2号）
　③ その他法務省令（規則15条・17条）で定める事項（156条2項3号・160条

2項3号）

(3) 債権者の異議の効果

所定の期間内に債権者が異議を述べなかったときは、信託の分割について承認したものとみなされる（156条4項・160条4項）。

所定の期間内に債権者が異議を述べたときは、受託者は、信託の分割をしてもその債権者を害するおそれがない場合を除き、その債権者に対し、弁済もしくは担保を提供するか、または弁済を目的として相当の財産を信託会社等に信託しなければならない（156条5項・160条5項）。

4……信託の分割の効果
(1) 吸収信託分割の場合

吸収信託分割の場合は、分割信託の財産の一部が承継信託に移転するとともに、分割信託から承継信託に移転する信託財産責任負担債務は、分割信託の信託財産責任負担債務でなくなり、承継信託の信託財産責任負担債務になる。この場合には、分割信託の信託財産限定責任負担債務であった債務は、承継信託の信託財産限定責任負担債務となる（157条）。

(2) 新規信託分割の場合

新規信託分割の場合は、従前の信託の信託財産に属する財産の一部が新たな信託に移転するとともに、従前の信託から新たな信託に移転する信託財産責任負担債務は、従前の信託の信託財産責任負担債務でなくなり、新たな信託の信託財産責任負担債務となる。この場合には、従前の信託の信託財産限定責任負担債務であった債務は、新たな信託の信託財産限定責任負担債務となる（161条）。

(3) 個別催告を受けなかった債権者の保護

信託の分割に係る債権者異議手続において、個別催告を受けるべき債権者がこれを受けなかった場合には、その債権者を保護するために特則が設けられ、下記のように、受託者に対し、分割前の債権に基づいて、分割後の信託財産をもって債務の履行を請求することもできる（158条・162条）。

(a) **分割信託の信託債権者**　分割信託の信託債権者は、受託者に対し、吸収信託分割後の承継信託の信託財産に属する財産をもって債務を履行することを請求することもできる。ただし、吸収信託分割の効力発生日における

承継信託の移転を受ける財産の価額を限度とする（158条1号）。

(b) 承継信託の信託債権者　承継信託の信託債権者は、受託者に対し、吸収信託分割後の分割信託の信託財産に属する財産をもって債務を履行することを請求することもできる。ただし、吸収信託分割の効力発生日における分割信託の信託財産の価額を限度とする（158条2号）。

(c) 従前の信託の信託債権者　従前の信託の信託債権者は、受託者に対し、新規信託分割後の新たな信託の信託財産に属する財産をもって債務を履行することを請求することもできる。ただし、新規信託分割の効力発生日における新たな信託の信託財産の価額を限度とする（162条1号）。

(d) 新たな信託の信託債権者　新たな信託の信託債権者は、受託者に対し、新規信託分割後の従前の信託の信託財産に属する財産をもって債務を履行することを請求することもできる。ただし、新規信託分割の効力発生日における従前の信託の信託財産の価額を限度とする（162条2号）。

5……信託の分割の公示

　信託の分割は、受託者が同一である信託で行われるため、権利の登記名義人には変更はないが、信託財産に属する財産には権利の帰属に変更があるので、信託の分割を原因として別の信託の目的になった旨の権利の変更の登記をすることによって、信託の分割の公示をすることになる。この場合には、その権利の変更の登記と併せて、権利が帰属していた信託についての信託の登記を抹消し、新たに権利が帰属することとなる信託についての信託の登記をする（不登法104条の2第1項）。

　なお、受益証券発行信託の受益権が振替法上の振替受益権とされている場合には、分割後の振替受益権について振替口座簿に記載または記録をすることにより、信託の分割の効果が反映される（振替法127条の14）。

第 9 章
信託の終了・清算・破産

信託の終了

1……信託の終了の意義

信託は、信託設定行為によって効力が発生し、信託の終了に伴う残務処理や残余財産の給付等によって最終的に終了するが、ここでいう「信託の終了」とは、信託の終了事由の発生により、信託関係が将来に向かって消滅することをいう。この信託の終了を原因として信託財産責任負担債務の弁済等を行い、残余財産の給付等を行って信託関係を終結させる行為は、「信託の清算」として別に規定されている。

2……信託の終了事由

信託は、委託者と受益者の終了の合意によって終了する（164条）ほか、下記の事由の発生により終了し（163条）、信託関係は、将来に向かって消滅する。
① 信託の目的を達成したとき、または信託の目的を達成することができなくなったとき（163条1号）
　信託は、信託の目的を達成するために存在するものであるから、信託の目的が達成された場合、または達成することができなくなったときは、存在する意義を失い終了する。
② 受託者が受益権の全部を固有財産で有する状態が1年間継続したとき（同条2号）
　受託者は受益者の1人として信託の利益を享受することはできるが（8条）、受託者が受益者を兼ねることは、信託の本質である受託者と受益者との分立構造を否定するものであるから、解消されなければならな

I 信託の終了

い。しかし、受託者が信託の受益権の全部をその固有財産で保有する状態が生じても、受益権の全部または一部を譲渡することによりこの兼任状態を解消できるし、他方、受託者が受益権の全部を一旦取得して、その後に転売するという実務的要請もあるため、受託者と受益者の兼任状態が生じても信託は直ちには終了せず、1年間継続した場合に終了することとされている。

③ 受託者が欠けた場合であって、新受託者が就任しない状態が1年間継続したとき（163条3号）

上記②と同様、受託者と受益者とが別に存在し、受託者が受益者のために信託事務の処理を行うという財産管理制度としての信託の必須の要素を欠いている状態が1年間継続した場合は、信託関係がそれ以上存続することは認められず、信託は終了する。

信託が終了すると信託の清算が開始して、受託者は清算受託者として信託の清算事務を行うことになるが、この場合には受託者が欠けているので、清算受託者を選任する必要がある。清算受託者も受託者であるから、受託者の任務終了の場合の新受託者の選任手続（62条）により、選任することになる。

④ 受託者が信託財産不足で費用償還等を受けられない場合において、受託者が信託を終了させたとき（163条4号）

信託事務の処理に係る費用等については、信託財産から支出するのが原則であり、受託者が固有財産で支払う義務を負うわけではないから、受託者が信託財産から費用等の償還または費用の前払（52条1項）、損害の賠償（53条2項）、信託報酬の支払い（54条4項）を受けるのに信託財産が不足している場合には、受託者は、委託者および受益者に必要な事項を通知した上で、相当の期間を経過しても償還等が受けられなかったときは、信託を終了させることができる（52条1項、53条2項、54条4項）。

なお、信託財産で信託事務処理の費用を賄うのが困難になるような支払不能または債務超過に陥っているような場合には、受託者が破産手続開始の申立てを行い、その申立てにより破産手続開始の決定があった場合には（179条1項、破産法244条の3、244条の4）、下記⑦の破産手続開始

の決定による信託の終了となる。
⑤ 信託の併合がされたとき（163条5号）

信託の併合は、受託者を同一とする2以上の信託の信託財産の全部を1の新たな信託の信託財産とすることであり（2条10項）、信託の併合により、従前の各信託の信託財産はもちろん信託財産責任負担債務も新たな信託に承継されるので（153条・154条）、従前の各信託を存続させる意義がなくなるから、各信託はいずれも終了し、清算も要しない（175条かっこ書）。

⑥ 特別の事情により（165条）、または公益の確保のために（166条）、信託の終了を命ずる裁判があったとき（163条6号）（後述4・5）
⑦ 信託財産について破産手続開始の決定があったとき（同条7号）

信託財産について破産手続開始の決定があった場合には、破産法の規定に基づいて信託財産の清算が行われるので、信託は、その存続の意義を失って終了する。

信託の終了に伴う信託の清算は、破産法に基づいて信託財産の清算が行われるので行われないが、破産法上の清算で信託財産が残るような場合には、信託の清算が行われる（175条かっこ書）。

⑧ 委託者が破産手続開始の決定、再生手続開始の決定または更生手続開始の決定を受けた場合において、双方未履行双務契約の解除の規定により信託契約が解除されたとき（163条8号）

委託者が破産・再生・更生手続開始の決定等を受けた場合において、双方未履行双務契約の解除に関する規定（破産法53条1項、民再法49条1項、会更法61条1項）により信託契約の解除がされた場合には、信託は終了し、清算が行われる。

この双方未履行双務契約に関する解除権が行使された場合、一般の契約では、契約関係が遡及的に消滅すると解されているが、信託契約では、本規定によって将来に向かってのみ信託が終了し、信託は清算手続に移行する。

⑨ 信託行為において定めた事由が生じたとき（163条9号）

信託行為において信託の終了事由として定められた一定の期間の経過、一定の客観的事象の発生または条件の成就等により、信託は終了する。

3……委託者と受益者の合意による終了

　委託者および受益者は、信託行為に別段の定めがない限り、いつでも、その合意により、信託を終了させることができる（164条1項）。信託の設定者である委託者と信託の利益の享受者である受益者が信託の終了を望むのであれば、これを妨げる理由はないからである。

　ただし、委託者および受益者が、受託者の不利な時期に信託を終了したときは、やむを得ない事由があった場合を除き、受託者の損害を賠償しなければならない（同条2項）。

　委託者が現に存しない場合には、受益者だけでは信託を終了させることができない。したがって、受託者の不利な時期に信託を終了させた場合における損害賠償に関する規定も適用されない（同条4項）。信託の終了という重大事項については、信託の目的設定者としての委託者の関与を必須とするものである。

　信託の終了により信託の清算が開始するが、委託者と受益者の合意のみで信託が終了すると、受託者はその合意を知らずに信託財産の管理・処分等を行う可能性があり、信託の清算の範囲を超える信託財産の管理または処分等を行ってしまうことが起こり得る。これを回避するためには、受託者は、常に委託者と受益者の信託の終了の合意の有無を確認しなければならなくなるが、これでは円滑な信託事務の処理に重大な支障を来すおそれがある。受託者の損害を賠償する方法（同条2項）が手当てはされているものの限定的であり、また、円滑な信託事務の処理のためには必ずしも有効ではない。

　一方、同様の問題は、委託者と受益者の合意でできる信託の変更の場合にも生じる。しかし、信託の変更の場合には、委託者と受益者の受託者に対する意思表示によってすることになっており（149条3項1号）、その意思表示が受託者に到達したときに信託の変更の効力が発生するので、受託者が信託の変更を知らないまま信託財産の管理または処分等を行うことはない。

　翻って、信託の終了は、信託自体を消滅させる最も重大な信託の変更であるとも考えられるから、164条1項は、委託者と受益者が、合意の上で信託終了の意思表示を受託者にすることにより信託を終了できるという趣旨の定めと解する余地もある。少なくとも、条文どおりに委託者と受益者の合意により信託が終了すると解する場合には、委託者と受益者は、信託の終了を知

らない受託者に対しては、信託の終了を対抗できないと解すべきであろう（遺言による受益者指定権等の行使の受託者への対抗不可（89条3項）参照）。

4……特別の事情による裁判所の終了命令

　信託は、信託終了事由の発生や委託者と受益者の合意により終了するが、信託の終了事由以外にも信託の存続を認める意義がないものがあり得るし、また委託者と受益者の合意による終了についても、委託者が不在の場合や受益者間で対立がある場合には、信託の終了の合意が難しい場合があり得る。そこで、これを補完するもととして、裁判所の命令による信託の終了制度が設けられている。

　すなわち、信託行為の当時予見することができなかった特別の事情により、信託を終了することが信託目的および信託財産の状況その他の事情に照らして受益者の利益に適合するに至ったことが明らかであるときは、裁判所は、委託者、受託者または受益者の申立てにより、信託の終了を命ずることができる（165条1項）。

5……公益の確保のための裁判所の終了命令

　信託の濫用目的での設定および設定後の濫用的な運用を防止するために、利害関係人の申立てによる公益の確保のための信託の終了を命じる裁判の制度が設けられている。

　この裁判は、公益の確保・実現のために行われることから、法務大臣が公益の代表者として、さまざまな場面で関与する。

(1) 信託の終了を命じる裁判

　裁判所は、下記の場合において、公益を確保するため信託の存立を許すことができないと認めるときは、法務大臣または委託者、受益者、信託債権者その他の利害関係人の申立てにより、信託の終了を命じることができる（166条1項）。

① 不法な目的に基づいて信託がされたとき
② 受託者が、法令もしくは信託行為で定めるその権限を逸脱しもしくは濫用する行為または刑罰法令に触れる行為をした場合において、法務大臣から書面による警告を受けたにもかかわらず、なお継続的にまたは反

復して当該行為をしたとき

なお、委託者、受益者、信託債権者その他の利害関係人が信託の終了命令の申立てをしたときは、裁判所は、この申立てが悪意であることを疎明してした受託者の申立てにより、信託の終了命令の申立てをした者に対し、相当な担保を立てるべきことを命じることができる（同条6項・7項）。

(2) 法務大臣の裁判への関与

裁判所その他の官庁、検察官または吏員は、その職務上、信託の終了を命ずる裁判の申立てまたは法務大臣の書面による警告をすべき事由があることを知ったときは、法務大臣にその旨を通知しなければならない（167条）。

裁判所は、法務大臣に対し、信託の終了を命ずる裁判の申立てに係る事件が係属したことおよびその審問の期日を通知しなければならず（168条3項）、信託の終了命令の申立てについて裁判する場合には、法務大臣に対し、意見を求めなければならない（同条1項）。

法務大臣は、裁判所がその申立てに係る事件について審問をするときは、その審問に立ち会うことができる（同条2項）。

(3) 信託財産の保全処分

公益確保のための信託終了命令の申立てがあった場合、その申立てのときからその申立てに係る決定があるまでの間に、財産隠匿等の不正な行為が行われて信託財産が散逸してしまうおそれがある。そこで、信託の終了命令が出されるまでの間、管理人による信託財産の管理等の保全措置が講じられる。

(a) **管理命令**　裁判所は、信託の終了を命じる裁判の申立てがあった場合には、法務大臣もしくは委託者、受益者、信託債権者その他の利害関係人の申立てによりまたは職権で、申立てにつき決定があるまでの間、信託財産に関し、管理人による管理を命じる処分（管理命令）その他の必要な処分を命ずることができる（169条1項）。

裁判所は、管理命令をする場合は、管理命令で管理人を選任しなければならず、選任した管理人は、裁判所が監督する（170条1項・2項）。

裁判所は、管理人に対し、信託財産に属する財産および信託財産責任負担債務の状況を報告し、かつ、その管理の計算をすることを命じることができる（同条3項）。

なお、管理人の選任の裁判があった後に、信託財産に属する財産に関して

した受託者の法律行為は、信託財産との関係においては、その効力を主張することができない（170条4項：65条1項準用）。受託者が管理人の選任の裁判があった日にした法律行為は、裁判があった後にしたものと推定される（170条4項：65条2項準用）。

(b) **管理人**　管理人については、以下のように、信託財産管理者に関する規定が準用される（170条4項）。

① 管理人の選任の公告

管理人の選任の公告については、64条（信託財産管理者の選任等）が準用される。

② 管理人の権限・義務等

管理人の権限および義務等については、66条から69条（信託財産管理者の権限、信託財産に属する財産の管理、信託財産管理者の当事者適格、信託財産管理者の義務）が準用される。

③ 管理人の辞任・解任

管理人の辞任および解任については、70条（信託財産管理者の辞任・解任）が準用される。

④ 管理人の費用・報酬

管理人の費用および報酬については、71条（信託財産管理者の報酬等）が準用される。

(c) **保全処分に係る登記等**　信託財産に属する権利で登記または登録がされたものについて、裁判所の信託財産に関する保全処分があったときは、裁判所書記官は、職権で、遅滞なく、保全処分の登記または登録を嘱託しなければならない（170条5項）。保全処分の変更もしくは取消しがあった場合または保全処分が効力を失った場合も、同様である（同条6項）。

(d) **保全処分に係る費用負担**　裁判所が信託財産の保全処分をした場合は、非訟事件の手続の費用および保全処分について必要な費用は、受託者の負担となる（171条1項）。

(e) **保全処分に係る資料の閲覧等**　利害関係人は、裁判所書記官に対し、信託財産に属する財産および信託財産責任負担債務の状況の報告または計算に関する資料の閲覧を請求できる（172条1項）ほか、その資料の謄写または正本、謄本もしくは抄本の交付を請求することができる（同条2項）。ただし、

訴訟記録の保存または裁判所の執務に支障があるときは、することができない（同条5項：民訴法91条5項準用）。

法務大臣は、裁判所書記官に対し、信託財産に属する財産および信託財産責任負担債務の状況の報告または計算に関する資料の閲覧を請求することができる（同条4項）。

(4) 信託の清算のための新受託者の選任

公益確保のための信託終了が命令がされると信託は終了して清算が開始することになるが、公益確保のために存立が許されない信託の受託者を清算受託者として信託の清算をさせるのは、より適正な信託の清算が求められる状況の下では必ずしも適当でない場合があり得る。そこで、裁判所の下で新受託者を選任することにして、この新受託者に信託の清算を行わせることにしている。

裁判所は、信託の終了を命じた場合には、法務大臣もしくは委託者、受益者、信託債権者その他の利害関係人の申立てにより、または職権で、信託の清算のために新受託者を選任しなければならない（173条1項）。新受託者が選任されたときは、前受託者の任務は、終了する（同条3項）。

新受託者は、信託財産から裁判所が定める額の費用の前払いおよび報酬を受けることができる（同条4項）。

(5) 管理人の新受託者への信託事務の引継ぎ等

管理人の新受託者への信託事務の引継ぎ等については、72条（信託財産管理者による新受託者への信託事務の引継ぎ等）が準用される（170条4項）。

 信託の清算

1……信託の清算の意義

信託が終了すると、信託が終了した時以後の受託者（「清算受託者」）は、現務を結了して、信託財産に属する債権を取り立てる一方、信託財産に属する債務や受益債権に係る債務を弁済し、残余財産を残余財産受益者等に給付して信託関係を終結させなければならない（175条）。これを信託の清算という。

このように信託の清算においては、受託者の職務は、①現務の結了、②信託財産に属する債権の取立ておよび信託債権に係る債務の弁済、③受益債権（残余財産の給付を内容とするものを除く。）に係る債務の弁済、④残余財産の給付に限定されるので（177条）、その職務内容は大きく変化する。しかし、清算受託者は、善管注意義務、忠実義務等の義務を負いつつこれらを行うべきであるから、信託が終了した場合においても、信託の清算が結了するまでは、信託は、なお存続するものとみなされる（176条）。

　清算受託者がその職務を終了し、信託事務の最終計算を行って受益者等にその承認を求めると信託の清算が結了する。この信託の清算の結了によって存続するとみなされていた信託関係が消滅し（同条）、清算受託者の任務も終了する（56条1項柱書）。

　なお、信託の併合によって信託が終了した場合は（163条5号）、従前の各信託は終了して、その信託財産は併合によって新たに設定された信託に承継されるので清算は不要であり、また、信託財産の破産手続開始の決定により信託が終了した場合（同条7号）であって破産手続が終了していない場合も、信託の終了に伴う清算は破産法に基づいて行われるので不要であるから、これらの場合は、信託の清算をしなければならない信託の終了の場合から除かれている（175条かっこ書）。

2……清算受託者の権限等

(1) 清算権限

　清算受託者は、信託行為に別段の定めがない限り、信託の清算のために必要な一切の行為をする権限を有する（178条1項）。したがって、信託財産の管理を目的とする信託であっても、清算手続における債務の弁済のために財産の処分が必要な場合は、信託財産を処分することができる。

(2) 競売権限

　上記(1)のとおり、清算受託者は、信託の清算を行うために必要な権限を有しているが、信託行為で受益債権に係る債務や残余財産の給付義務等の履行として受益者または帰属権利者（「受益者等」178条2項1号））に対し特定の財産の現物給付をすべきことが定められている場合があり、この場合には換価処分等をすることができない。そうすると、受益者等の受領拒絶や受領

不能等により現物給付が出来ない場合には、清算受託者がその財産を保有し続けることになるが、これでは可及的速やかに残務処理を行って信託関係を終結させることを目的とする清算の趣旨にそぐわないし、また、その財産の保有が長期にわたるようなことになれば、清算受託者に過剰な負担を強いることにもなりかねない。

そこで、清算受託者の保護等の観点から、清算受託者は、下記の場合には、信託財産に属する財産を競売に付すことができることとされている（同条2項）。

① 受益者または帰属権利者（「受益者等」）が信託財産に属する財産を受領することを拒み、もしくはこれを受領することができない場合において、相当の期間を定めてその受領を催告したとき
② 受益者等の住所が不明である場合

清算受託者は、上記①の催告をして信託財産に属する財産を競売に付したときは、遅滞なく、受益者等にその旨を通知しなければならないが（同条3項）、損傷その他の事由による価格の低落のおそれのある物については、上記①の催告をしないで競売に付すことができる（同条4項）。

(3) 条件付債務等の弁済

清算受託者は、条件付債権や存続期間が不確定な債権など、その額が不確定な債権に係る債務を弁済することができる（180条1項前段）。この場合には、清算受託者は、これらの債権を評価させるために、裁判所に対して、鑑定人の選任の申立てをし（同項後段）、選任された鑑定人の評価に従い、債務を弁済しなければならない（同条2項）。

鑑定人の選任の手続に係る費用のほか、鑑定人の呼び出しおよび質問に関する費用は、債権者ではなく清算受託者が（信託財産で）負担する（同条3項）。

ただし、清算受託者、受益者、信託債権者および帰属権利者の間に別段の合意がある場合には、あえて費用のかかる鑑定を行うまでのことはなく、鑑定人の選任の申立ては不要である（同条6項）。

(4) 清算中の信託財産の破産手続開始の申立て

清算中の信託において、信託財産に属する財産がその債務を完済するのに足りないことが明らかになったときは、清算受託者は、直ちに信託財産につ

いての破産手続開始の申立てをしなければならない（179条1項）。

　信託財産についての破産手続開始の決定がなされた場合において、清算受託者がすでに信託財産責任負担債務に係る債権を有する債権者に支払ったものがあるときは、破産管財人は、これを取り戻すことができる（同条2項）。

3……残余財産の給付および帰属
(1) 残余財産の給付
　清算受託者は、残余財産を残余財産受益者または帰属権利者（「残余財産受益者等」182条2項かっこ書））に給付することによって信託関係を終結するが、信託債権に係る債務の弁済および受益債権（残余財産の給付を内容とするものを除く。）に係る債務の弁済をした後でなければ、残余財産受益者等に給付することができない（181条本文）。

　残余財産は、信託財産から信託財産責任負担債務（残余財産の給付債務を除く。）を弁済した後に残った財産であるから、信託債権に係る債務および受益債権に係る債務（残余財産の給付を内容とするものを除く。）を弁済した後でなければ残余財産は確定しないし、また、弁済前に残余財産を給付することは、信託債権者および受益債権者を害する結果となるから、その信託財産責任負担債務の弁済前に残余財産の給付をすることはできないのである。

　ただし、信託財産責任負担債務の弁済が信託財産で十分にまかなえるような場合には、清算事務の処理上の便宜および清算の結了の迅速化を図る観点から、信託財産責任負担債務の弁済をするために必要と認められる財産を留保すれば、残余財産を給付することができる（同条ただし書）。

(2) 残余財産の帰属
　残余財産は、残余財産受益者等、委託者またはその相続人その他一般承継人、清算受託者の順で帰属する（182条）。
(a) 残余財産受益者等
　① 残余財産受益者
　　残余財産受益者は、信託行為において残余財産の給付を内容とする受益債権に係る受益者となるべき者として指定された者であり（182条1項1号）、受益債権の内容が残余財産の給付であることを除けば、通常の受益者と異なるところはなく、信託の終了前から受益者としての権利を有

する。

② 帰属権利者

　帰属権利者は、信託行為において残余財産の帰属すべき者となるべき者として指定された者であり（182条1項2号）、信託の終了後に残存する財産を受けられるにすぎない。帰属権利者は、信託の清算中においてのみ受益者とみなされるだけであるから（183条6項）、信託の終了事由が発生するまでは受益者に与えられた権利を行使することができない。

(b) **委託者またはその相続人その他の一般承継人**　信託行為に残余財産受益者等の指定に関する定めがない場合、または信託行為の定めにより残余財産受益者等として指定を受けた者のすべてがその権利を放棄した場合には、委託者が信託目的設定者としての地位と財産出捐者としての地位を有することを踏まえて、信託行為に委託者またはその相続人その他の一般承継人を帰属権利者として指定する旨の定めがあったものとみなされ、残余財産は、委託者またはその相続人その他の一般承継人に帰属する（182条2項）。

(c) **清算受託者**　上記(a)および(b)により残余財産の帰属が定まらないときは、残余財産は、清算受託者に帰属する（182条3項）。

　指定された残余財産受益者等の権利が消滅した場合や、帰属権利者に指定されていたものとみなされた委託者またはその相続人その他の一般承継人の権利が放棄されるなどして消滅した場合には、残余財産は、最終的に清算受託者に帰属することになる。

■コラム9──残余財産の移転時期

　信託の清算手続において、清算受託者は、残余財産受益者または帰属権利者（以下「残余財産受益者等」という）に対して残余財産を給付する義務を負う（177条4号参照）。条文上は、「給付」という一定の行為があってはじめて残余財産が残余財権受益者等に移転することが想定されているようにも読めるが、必ずしも自明のことではない。残余財産は、いつ、清算受託者のどのような行為によって残余財権受益者等に移転するだろうか。

　まず、交付される財産が特定されれば、残余財産はそのときに移転するという見解がある。この見解は、信託行為または法律の規定により清算受託者が残余財産の給付義務を負うことから、帰属権利者および清算受託者の権利義務は、自らの意思表示によるものではないが、目的物の権利の移転について物の売買

契約における売主と買主の権利義務ないし地位にあると考えることができるとして、義務者・債務者が有する財産から目的物が特定したときは、その時点で所有権が移転するのが物権変動の一般則により整合的な帰結であると説明する。

これに対して、売買契約のような債権契約が権利移転の当事者間に存在するわけではないため、何らかの処分行為が必要であり、それを体現するものとして物の交付を要するという見解もある。この見解によれば、権利移転時期の明確性にも資することとなる。

民事信託においては、信託を利用する目的は財産の管理・承継であるから、信託が終了したときには帰属権利者に速やかに承継させることが、当事者の通常の意思であると考えられる。したがって、物権変動の一般則のとおり、交付される財産が特定されたときに移転すると考えてよいだろう。

ただし、商事信託においては多数の受益者が存在することを前提とした効率的な信託事務処理が行われる必要があり、権利の移転時期を明確にしておく必要性が高い。このため、受託者による意思表示などの行為があってはじめて財産が移転すると解すべきではないかと考えられる。

(3) 帰属権利者

帰属権利者と帰属権利者が有する残余財産の給付をすべき債務に係る債権（残余財産給付債権）に関しては、受益者と受益債権との類似性にかんがみ、受益権と受益債権に関する規律に準じた規律が設けられている。

(a) **残余財産給付債権の当然取得**　信託行為の定めにより帰属権利者となるべき者として指定された者は、信託行為に別段の定めがない限り、当然に残余財産給付債権を取得する（183条1項）。

帰属権利者が残余財産給付債権を取得したことを知らないときは、清算受託者は、遅滞なく、その旨を通知しなければならない（同条2項：88条2項の準用）。

(b) **帰属権利者としての権利の放棄**　信託行為の定めにより帰属権利者となった者は、清算受託者に対し、その権利を放棄する旨の意思表示をすることができる。ただし、信託行為の定めにより帰属権利者となった者が信託行為の当事者である場合には、放棄をすることができない（183条3項）。

信託行為の定めにより帰属権利者となった者がその権利を放棄する旨の意思表示をしたときは、当初から帰属権利者としての権利を取得していなかっ

たとみなされる。ただし、第三者の権利を害することはできない（183条4項）。

(c) 残余財産給付債権に係る清算受託者の有限責任等　清算受託者は、残余財産給付債権に係る債務については、信託財産に属する財産のみをもって履行する責任を負う（183条5項：100条準用）。

残余財産は、信託債権および受益債権（残余財産の給付を内容とするものを除く。）に係る債務を弁済した後の財産であるから、残余財産給付債権は、その性格上信託債権のみならず、受益債権（残余財産の給付を除く。）よりも劣後することになる（101条）。

(d) 残余財産給付債権の期間制限

① 消滅時効期間

残余財産給付債権の消滅時効は、債権の消滅時効の例による（183条5項：102条1項準用）。したがって、残余財産給付請求権は、帰属権利者が権利を行使できることを知った時から5年間、または権利を行使できる時から10年間行使しないと時効により消滅することになる（民法166条1項）。

② 消滅時効の進行停止

残余財産給付債権の消滅時効は、帰属権利者が帰属権利者として指定を受けたことを知るに至るまでの間は、進行しない（183条5項：102条2項準用）。

③ 消滅時効の援用制限

残余財産給付債権の消滅時効は、下記の場合に限り、援用することができる（183条5項：102条3項準用）。

1　清算受託者が、消滅時効の期間の経過後、遅滞なく、帰属権利者に対し残余財産給付債権の存在およびその内容を相当な期間を定めて通知し、かつ、帰属権利者からその期間内に履行の請求を受けなかったとき

2　消滅時効の期間の経過時において帰属権利者の所在が不明であるとき、その他信託行為の定め、帰属権利者の状況、関係資料の滅失その他の事情に照らして、帰属権利者に対し上記1の通知をしないことについて正当な理由があるとき

④ 除斥期間
　　残余財産給付債権は、これを行使できる時から20年を経過したときは、消滅する（183条5項：102条4項準用）。
(e) **みなし受益者**　　帰属権利者は、信託の清算中は、受益者とみなされる（183条6項）。

4……清算受託者の職務の終了等
(1) 最終計算の承認
　清算受託者は、その職務を終了したときは、遅滞なく、信託事務に関する最終計算を行い、信託が終了した時における受益者（受益者（信託管理人が現に存する場合は、信託管理人）および帰属権利者（「受益者等」））のすべてに対して、その承認を求めなければならない（184条1項）。

(2) 清算受託者の免責
　受益者等が最終計算を承認し、かつ、清算受託者の職務の執行に不正の行為がなかったときは、受益者等に対する清算受託者の責任は、免除されたものとみなされる（184条2項）。
　受益者等が清算受託者からこの最終計算の承認を求められた時から1か月以内に異議を述べなかった場合には、受益者等は、最終計算を承認したものとみなされる（同条3項）。

■**コラム10──最終計算終了後に判明した債権・債務**
　清算受託者は、最終計算を行い、受益者に対して承認を求めることによって、清算手続を結了する（184条）。しかし、実際には、受託者が清算手続を結了した後になって、新たに信託財産があることが判明することや、信託財産責任負担債務を負担していることが判明することがありうる。この場合、受託者は清算手続をやり直さなければならないのだろうか。
　まず、信託財産の取立や信託財産責任負担債務の弁済は、清算受託者の職務であり、清算手続の一部であるから、事後的に債権債務が明らかになった場合は、当初の清算手続に瑕疵があり、結了したとはいえないと考えられる。そして、信託法176条は、信託は清算が結了するまではなお存続するものとみなすと規定しているので、清算手続が結了したとはいえず、信託が存続していたこととなる。

このように考えると、受託者が清算手続を結了した後になって、新たな信託財産があることが判明した場合や、信託財産責任負担債務を負担していることが判明した場合、受託者は、清算手続をやり直さなければならないことになる。仮に、信託財産があることが判明した場合には、清算受託者は、財産を残余財産受益者等に交付することとなる。これに対して、信託財産責任負担債務を負っていることが判明した場合には、清算受託者は、その債務を弁済し、残余財権受益者等に対して交付した残余財産の返還を求める必要がある。このような負担を、極力、軽減するためには、信託財産があることが判明した場合や、信託財産責任負担債務を負担していることが判明した場合の処理の仕方を信託行為で予め定めておくことが重要である。

信託の破産

1……信託財産の破産制度

　信託財産には独立性があるので、信託財産に対する強制執行等は制限され、また、信託財産は、受託者が破産した場合でもその破産財団には属しないが、信託財産責任負担債務に係る債権、すなわち信託債権と受益債権の責任財産にはなるので、信託財産をもって完済することができない場合が生じ得る。

　信託債権に関しては、受託者が信託財産だけではなく固有財産をもって弁済する責任を負うので、受託者が破産しない限りは、直ちに信託財産の破産には至らないが、信託財産の財務内容が悪化するような場合には、固有財産の財務内容も悪化していることが予想されるので、信託財産の破産という制度の必要性は、従来から認識されていた。

　そこで、信託法において、受託者の責任の範囲を信託財産に限定する限定責任信託（216条）や信託財産に責任を限定する責任限定特約の有効性が承認されたこと（21条2項4号）に合わせて、破産法において、信託財産の破産制度が整備された。

　すなわち、破産手続の対象として、「債務者の財産」や「相続財産」のほかに、「信託財産」を加えるとともに（破産法2条1項）、破産財団にも、「破産者の財産」や「相続財産」のほかに「信託財産」を加えることによって

（同法2条14項）信託財産の破産能力を承認した上で、破産法第10章の2として「信託財産の破産に関する特則」を設けて、信託財産に関する破産手続を整備したのである。

なお、信託の清算と破産との関係について、信託財産について破産手続が開始すると信託は終了するが（163条7号）、信託の終了による信託の清算は行われず（175条かっこ書）、破産手続によって清算が行われ、破産手続の終了により信託の清算も結了すれば、それによって信託は消滅することになる（176条）。

2……信託財産の破産手続
(1) 信託財産の破産事件の管轄
(a) 国際裁判管轄　信託財産についての破産手続開始の申立てに関する国際裁判管轄は、信託財産に属する財産が日本国内にあるとき、または受託者の住所が日本国内にあるときに限り、認められる（破産法244条の2第1項）。

(b) 土地管轄　信託財産の破産事件は、受託者の住所地を管轄する地方裁判所が管轄する。受託者複数の場合は、そのいずれかの住所地を管轄する地方裁判所が競合的に管轄する（破産法244条の2第2項）。

これによる管轄裁判所が存しないときは、信託財産に属する財産（債権の場合は、裁判上請求できる地）の所在地を管轄する地方裁判所が管轄する（同条3項）。

(c) 大規模事件の場合の管轄　破産債権者が500人以上であるときは、管轄地方裁判所に加え、その地方裁判所の所在地を管轄する高等裁判所の所在地を管轄する地方裁判所にも管轄が認められる（破産法244条の2第4項：同法5条8項準用）。さらに、1,000人以上であるときは、東京地方裁判所または大阪地方裁判所にも管轄が認められる（同法244条の2第4項：同法5条9項準用）。

(d) 複数の管轄がある場合　複数の地方裁判所に管轄が認められるときは、先に破産手続開始の申立てがあった地方裁判所が管轄する（破産法244条の2第5項）。

(2) 信託財産の破産手続開始の原因
裁判所は、信託財産が支払不能または債務超過にあるときは、申立てによ

り、決定で、破産手続を開始する（破産法244条の3:同法15条1項準用）。

(a) **支払不能**　「支払不能」とは、受託者が、信託財産による支払能力を欠くため、信託財産責任負担債務のうち弁済期にあるものにつき、一般的かつ継続的に弁済することができない状態をいう（同法2条11項かっこ書）。「信託財産による支払能力を欠く」とあるのは、受託者の固有財産による支払能力は加味しないことを意味する。

(b) **債務超過**　「債務超過」とは、受託者が、信託財産責任負担債務につき、信託財産に属する財産をもって完済するこことができない状態をいう（破産法244条の3かっこ書）。具体的には、信託財産に係る資産と債務を比較して、債務が資産を上回る状態である。

(3) 破産手続開始の申立て

(a) **申立権者**　信託財産の破産手続の対象債権（破産債権）は、信託債権と受益債権であるから、信託債権を有する者と受益者は、破産手続開始の申立てをすることができる。このほか、信託財産に属する財産の管理または処分権等を有する受託者、信託財産管理者、信託財産法人の管理人、信託法170条1項の管理人（「受託者等」）も破産手続開始の申立てをすることができる（破産法244条の4第1項）。

(b) **申立て**　信託債権を有する者または受益者は、申立てに際して、その債権または受益債権の存在および信託財産の破産手続開始の原因となる事実を疎明しなければならない（破産法244条の4第2項1号）。

　受託者等も、申立てに際して、信託財産の破産手続開始の原因となる事実を疎明しなければならないが（同項2号）、受託者等が1人であるとき、または受託者等が複数の場合において受託者等の全員が破産手続開始の申立てをしたときは、不要である（同条3項）。

　なお、信託が終了した後であっても、残余財産の給付が終了するまでの間は、破産手続開始の申立てをすることができる（同条4項）。

(4) 破産財団の範囲

　破産手続開始の時において信託財産に属する一切の財産（日本国内にあるかどうかを問わない。）が、破産財団になる（破産法244条の5）。

　信託財産の破産については、「破産者（債務者）」に当たる概念が存しないから、相続財産の場合（同法229条1項）と同様に、信託財産に属する一切の

財産を破産財団とする特別な規定が設けられている。

(5) 受託者等の説明義務等

(a) **説明義務** 破産手続開始の決定があった場合には、破産者等に対しては破産に関する説明義務が課されるが（破産法40条）、信託財産については、相続財産の場合と同様（同法230条）、破産者が存しないため、信託財産に属する財産の管理処分権を有する受託者等および受託者等であった者に説明義務が課される（同法244条の6第1項1号・2項）。また、受益証券発行信託の会計監査人および会計監査人であった者にも説明義務が課される（同条1項2号・2項）。

したがって、受託者等および会計監査人は、破産管財人の請求、債権者委員会の請求または債権者集会の決議に基づく請求があった場合には、破産に関して必要な説明をしなければならない（同条1項・2項）。

(b) **住居制限・引致** 受託者等が個人である場合には、相続財産の破産手続の場合（破産法230条3項）と同様、一般の破産における居住制限（同法37条）や引致（同法38条）の規定が準用される（同法244条の6第3項）。

(c) **重要財産開示義務** 受託者等には破産者の重要財産開示義務（破産法41条）の規定が準用されるので、受託者等は、信託財産について破産手続開始の決定があったときは、遅滞なく、破産財団に属することとなる財産の内容、すなわち、信託財産に属する財産の内容を記載した書面を裁判所に提出しなければならない（同法244条の6第4項）。

(6) 信託債権者および受益者の地位

(a) **信託債権を有する者の手続参加** 信託債権を有する者（信託財産限定責任負担債務に係る債権者を除く。）は、信託財産に属する財産に対して強制執行等をすることができるのはもちろん、受託者の固有財産に属する財産に対しても強制執行等をすることができるので、信託財産と固有財産の双方を責任財産としているといえるが、信託財産について破産手続開始の決定があった場合には、信託財産限定責任負担債務に係る債権者および受益者とともに、破産手続開始の時に有する債権の全額について破産手続に参加することができる（破産法244条の7第1項）。

(b) **受益者の手続参加** 受益者は、受託者の固有財産に属する財産をその責任財産とせず、信託財産に属する財産のみを責任財産とするために、受

託者の破産手続においては破産債権として取り扱われず、これに参加することはできないが、信託財産の破産手続には、破産手続開始の決定の時において有する債権の全額について参加することができる（破産法244条の7第1項）。

(c) **信託債権と受益債権との優劣関係** 受益債権は信託債権に劣後するものとされるから（101条）、信託財産について破産手続開始の決定があったとは、信託債権は受益債権に優先する（破産法244条の7第2項）。

また、受益債権は、約定劣後破産債権（信託財産の破産において、配当の順位が劣後的破産債権に後れる旨の合意がされた債権）と同順位とされるから（同条3項本文）、配当弁済は、信託債権（優先的破産債権、一般的破産債権、劣後的破産債権の順）の後に、受益債権および約定劣後破産債権という順序で、債権額に応じて行われることになる。ただし、信託行為の定めにより、約定劣後破産債権が受益債権に優先するものとすることができる（同項ただし書）。

(7) 固有財産等責任負担債務に係る債権者の地位

受託者の固有財産または他の信託の信託財産に属する財産のみをもって履行する責任を負う債務（固有財産等責任負担債務（22条1項））に係る債権を有する者は、信託財産に属する財産に対して強制執行することができず（23条1項）、信託財産が破産した場合においても固有財産等責任負担債務に係る債権が破産債権にならないことは当然であり、破産債権者としてその権利を行使することはできない（破産法244条の9）。

(8) 受託者の地位

受託者は、信託目的の達成のために必要な行為を行う権限を有するが、破産手続開始後は、破産財団に属する財産の管理または処分権限は、破産管財人に専属することになるので（破産法2条14項・78条1項）、破産手続が継続する限り、原則として、信託に関する権限を有しないことになる。

もっとも、信託財産の管理または処分等に関係のない、自己の権利として有する権利、例えば、①信託の変更、併合・分割等への合意権（149条・151条・155条・159条）、②信託の変更を命ずる裁判の申立権（150条）、③破産手続開始決定前の費用償還請求権、損害賠償請求権および報酬請求権等（49条1項・53条1項・54条1項）については行使することができる。

そして、信託財産からの費用等の償還もしくは費用の前払、損害の賠償、信託報酬等を受ける受託者の権利は、信託財産の破産手続との関係では、金

銭債権とみなされ、破産債権として取り扱われるので（破産法244条の8）、受託者はこの債権に基づいて破産手続に参加することができる。

(9) 委託者の地位

　委託者は、信託財産の拠出者として信託行為の当事者ではあるものの、信託成立後の信託関係は、原則として受託者と受益者との間で形成され、委託者は信託目的の達成について特別の利害を有するにすぎないので、信託財産の破産手続においても、信託関係における主たる利害関係人としては位置付けられていない。

　ただ、委託者は、原則として信託の変更について同意権を有しているので、受託者等が同意破産手続廃止の申立てをするに当たり、あらかじめ信託を継続することにする信託の変更手続を行う際の当事者にはなる（破産法244条の13第3項）。

(10) 否認権に関する規定の適用関係

(a)　否認の対象行為　　債務者が破産した場合、破産手続開始前に破産者がした一定の行為の効力が否認されるが、信託財産の破産の場合は、相続財産の場合と同様、破産者に当たる概念が存しないことから、信託財産の破産における否認権に関する規定の適用について特則が設けられ、受託者等が信託財産に関してした行為が破産者がした行為とみなされて、否認権に関する規定（破産法160条～176条）が適用される（同法244条の10第1項）。

　したがって、受託者等が信託財産に関してした、①詐害行為（破産債権者詐害行為、支払停止後の破産債権者詐害行為、対価的均衡を欠く代物弁済等の行為、支払停止後・その前6か月の無償行為等）、②相当な対価を得てした隠匿等の処分行為、③偏頗行為（義務ある偏頗行為、義務なき偏頗行為）等が否認の対象行為となる。

(b)　受託者等が信託財産に関してした行為の相手方等が受託者等または会計監査人である場合の悪意の推定　　破産者の内部者（破産法161条2項）が行為の相手方や債権者である場合には、その相手方や債権者の悪意が推定されるが（同法162条2項、168条3項）、信託の場合においては、否認対象行為の相手方や債権者が受託者等または会計監査人である場合に悪意が推定されることになる。

　信託の場合には、受託者は、信託財産と固有財産との間で取引を行うこと

（自己取引）や、信託財産と他の信託の信託財産との間で取引を行うこと（信託財産間取引）があるが、これらはいずれも受託者が自らを相手方として行う行為であるために、受託者が隠匿等の処分行為を行えば、相手方も当然これを知っていると考えられるからである。また、相手方が会計監査人である場合や、職務分掌によって処分権限を有する受託者と処分権限を有しない受託者とに分かれる場合には、同一受託者間での取引ではないが、通常、情報を共有しているものと考えられるからである。

① 受託者等が相当な対価を得てした信託財産に属する財産の隠匿等の処分行為の場合

受託者等が相当の対価を得て行う信託財産に属する財産の処分行為（隠匿等の処分）の否認に関しては、行為の当時、その行為の相手方が受託者等が隠匿等の処分をする意思を有していたことを知っていたこと（悪意）の証明ができなければ否認することはできないが（破産法161条1項）、行為の相手方が受託者等または会計監査人であるときは、行為の当時、その相手方は受託者等が隠匿等の処分をする意思を有していたことを知っていたものと推定される（同法244条の10第2項）。

② 受託者等が特定の信託財産責任負担債務に係る債権者に対してした担保の提供等（義務ある偏頗行為）の場合

信託財産が支払不能になった後または破産手続開始の申立てがあった後にした、既存の信託財産責任負担債務についてされた担保の提供または弁済等の債務の消滅に関する行為（義務ある偏頗行為（本旨弁済等））の否認については、債権者が、その行為の当時、支払不能もしくは支払停止または破産手続開始の申立てがあったことを知っていた場合に限り否認することができるが（破産法162条1項1号）、債権者が受託者等または会計監査人であるときは、支払不能および支払停止または破産手続開始の申立てがあったことを知っていたものと推定される（同法244条の10第3項）。

③ 受託者等が受けた反対給付に関する相手方の権利

受託者等の信託財産の破産債権者（信託債権者・受益債権者）を害する行為（破産法160条1項）、受託者等が支払停止等の後もしくはその前6月以内にした無償行為およびこれと同視すべき有償行為（同条3項）ま

たは受託者が相当な対価を得てした信託財産に属する財産の処分行為（隠匿等の処分）（同法161条1項）が否認された場合、行為の相手方は、受託者の受けた反対給付が破産財団中に現存していればその反対給付の返還を請求することができ、それが現存していない場合は、財団債権者として反対給付の価額の償還請求をする権利を有する（同法168条1項）。

ただし、行為の相手方が受託者の隠匿等の処分をする意思を知っていた場合（悪意の場合）は、財団債権者として反対給付の価額の償還請求をすることができるのは、反対給付によって生じた利益が破産財団に現存する場合に限られ、それ以外の場合は破産債権者として反対給付の価額の償還請求をすることになる。反対給付によって生じた利益の一部が破産財団中に現存する場合は、財団債権者としてその利益の返還を請求し、破産債権者として反対給付と現存利益の差額を償還請求をすることとなる（同条2項）。

また、行為の相手方に否認の原因があるときは、転得者に対しても否認権を行使することができる（その転得者が他の転得者から転得した者である場合は、その転得者の前に転得した全ての転得者に対しても否認の原因がある場合に限る。）（同法170条1項）。転得者に対する否認権の行使により、上記の場合と同様、受託者等の債権者詐害行為、受託者等の支払停止等の後・その前6月以内の無償行為・同視できる有償行為または受託者等の隠匿等の処分行為等が否認された場合には、転得者が、基本的に相手方と同じように、受託者等の受けた反対給付に関する権利を行使することとなる（同法170条の2第2項）。

以上のように、相手方の主観的要件により反対給付に関する権利の内容が異なるが、行為の相手方が受託者等または会計監査人である場合は、その相手方は、行為の当時、受託者等が債権者詐害行為や隠匿等の処分等をする意思を有していたことを知っていたものと推定される（悪意の推定）（同法244条の10第4項）。

（11）破産管財人の権限

受益者は、受益権を有しており、受託者に対して各種の監視・監督権を行使することができるが、信託財産について破産手続が開始された場合には、破産管財人に一元的に行使させる方が適切と考えられるものが少なくない。

そこで、信託財産について破産手続開始の決定があった場合には、下記の行為は、破産管財人が行うこととされている（破産法244条の11第1項）。破産手続開始の決定前に保全命令が出された場合には、保全管理人が行う（同条2項）。

① 受託者の権限違反行為の取消権（27条1項・2項）の行使
② 受託者の利益相反行為（自己取引・信託財産間取引）の追認（31条5項）
③ 受託者の利益相反行為の取消権（31条6項・7項）の行使
④ 受託者の競合行為の介入権（32条4項）の行使
⑤ 受託者の損失の塡補または原状回復の責任および法人受託者の役員とその法人との損失の塡補または原状回復の責任に係る連帯責任（40条・41条）の追及
⑥ 受託者の損失の塡補または原状回復の責任および法人受託者の役員とその法人との損失の塡補または原状回復の責任に係る連帯責任の免除（42条）
⑦ 限定責任信託における受託者の金銭の塡補責任および会計監査人設置信託における会計監査人の損失の塡補責任（226条1項・228条1項・254条1項）の追及

また、受託者等または会計監査人に対する責任追及を簡易・迅速に行うことができるようにするために、役員の財産に対する保全処分（破産法177条）の規定は、信託財産について破産手続開始の決定があった場合における受託者等または会計監査人の財産に対する保全処分について、役員の責任の査定の申立て等（同法178条）、役員責任査定決定等（同法179条）、役員責任査定決定に対する異議の訴え（同法180条）、役員責任査定決定の効力（同法181条）の規定は、信託財産についての破産手続における受託者等または会計監査人の責任に基づく損失の塡補または原状回復の請求権の査定について、それぞれ準用される（同法244条の11第3項）。

(12) 保全管理命令

信託財産の管理および処分に失当があるとき、その他の信託財産に属する財産を確保するために特に必要があると認めるときは、破産手続開始の申立て直後に、受託者の管理処分権限を喪失させて保全管理人に管理させる必要があるが、保全管理命令の発令は、債務者が法人である場合に限定されてい

るので、債務者の財産について読替規定を置いて、信託財産に属する財産にも適用ができるようにされている（破産法244条の12）。

（13）破産債権者の同意による破産手続廃止の申立て

　受託者等は、破産債権者の同意による破産手続廃止の申立てをすることができる（破産法244条の13第1項）。受託者等が複数の場合は、各受託者等が独立して申立てをすることができる（同条2項）。

　受託者等が同意破産手続廃止の申立てをするには、信託の変更に関する規定に従い、あらかじめ、信託を継続する手続をしなければならない（同条3項）。信託法には、一度終了した信託を再度継続することについて特段の規定は設けられていないが、破産法において、信託の変更に関する規定に従った手続を行うことにより、信託を継続することが可能であることが明らかにされている。

第 10 章

特例信託

受益証券発行信託

1……受益証券発行信託の意義

　受益証券発行信託とは、信託行為において信託法第8章の定めるところにより、1または2以上の受益権を表示する証券（受益証券）を発行する旨の定めのある信託をいう（185条1項・3項）。

　受益権の有価証券化については、従来は、貸付信託法、投資信託法、資産流動化法等の商事信託特別法により行われてきたが、信託法により、一般的に、信託行為の定めにより行うことが可能となった。上記の特別法では、受益権を転々流通させることを前提として受益証券を発行することとされているが、信託法においては、さまざまな類型の信託があることを踏まえて、受益証券は発行されないことを原則として、信託行為に定めた場合において受益証券を発行できることとされている。

　また、受益証券は、すべての受益権について発行しなければならないわけではなく、信託行為で特定の内容の受益権については受益証券を発行しない旨を定めることができる（同条2項）。たとえば、受益権を優先受益権と劣後受益権に分けて、優先受益権については投資家に売却するために受益証券を発行するが、劣後受益権については、委託者がそのまま保有するので受益証券を発行しないような場合である。

　ただし、信託の変更によって受益証券不発行の定めを変更することはできず（同条3項）、また、信託の変更によって受益証券発行の定めや受益証券不発行の定めを設けることはできない（同条4項）。これを認めると、受益証券発行信託とそれ以外の信託とでは、受益権に関する譲渡の対抗要件や善意取得の成否、さらには権利の行使方法等が大きく異なるので、法的安定性を害

することになるからである。

　このように、信託行為の定めによって受益権を証券化することが可能となり、受益権の自由譲渡性や流通性が高まることから、受託者と受益者との関係の希薄化、受益者の不特定多数化に伴う権利関係の複雑化等に対応するための特例として、受益権原簿制度や受益証券制度等が設けられている。

2……受益権原簿制度

　受益証券発行信託では、受益権が証券化され、受益権の流通性が高まるので、不特定多数の受益者が存在することが予想される。多数の絶えず変動する受益者に対する受託者からの各種の通知や受益者の権利行使がスムーズに行えるようにするために、受益権原簿制度が導入されている。

(1) 受益権原簿の作成

　受益証券発行信託の受託者は、遅滞なく、受益権原簿を作成し、下記の受益権原簿記載事項を記載または記録しなければならない（186条）。

① 各受益権に係る受益権の内容その他の受益権の内容を特定するものとして法務省令（規則18条）で定める以下の事項

　1　各受益権に係る受益債権の給付の内容、弁済期（弁済期の定めのないときは、その旨）その他の受益債権の内容

　2　受益権について譲渡の制限があるときは、その旨およびその内容

　3　受益証券発行信託において、受益債権の内容が同一の2以上の受益権がある場合において、それらの受益権について、受益者として有する権利の行使に関して内容の異なる信託行為の定めがあるときは、その定めの要旨

② 各受益権に係る受益証券の番号、発行の日、受益証券が記名式か無記名式かの別および無記名式の受益証券の数

③ 各受益権に係る受益者（無記名受益権の受益者を除く。）の氏名または名称および住所

④ 上記③の受益者が各受益権を取得した日

⑤ その他法務省令（規則19条）で定める以下の事項

　1　受益証券発行信託の委託者の氏名または名称および住所（委託者が現に存しないときは、その旨）

2　受益証券発行信託の受託者の氏名または名称および住所
　　3　信託監督人があるときは、(イ)その氏名または名称および住所、(ロ)信託監督人の権限について信託行為の別段の定めがあるときは、その定めの内容
　　4　受益者代理人があるときは、(イ)その氏名または名称および住所、(ロ)受益者代理人の権限について信託行為に別段の定めがあるときは、その定めの内容
　　5　受益証券不発行の定めがあるときは、その定めの内容
　　6　受益権原簿管理人を定めたときは、その氏名または名称および住所
　　7　限定責任信託であるときは、その名称および事務処理地
　　8　以上1～7のほか、受益証券発行信託の信託の条項
　なお、受益証券発行信託の受託者は、受益権原簿の作成および備置き等の事務費用の節約等の観点から、受益権原簿管理人を定めて、受益権原簿に関する事務を委託することができる（188条）。

(2) 受益権原簿記載事項記載書面の交付等

　受益証券の発行されない受益証券発行信託の受益権を有する受益者は、受益権原簿記載事項について、受益証券という証明手段を有しないから、受託者または第三者に対する自己の受益権の内容等の証明を可能にする手段として、受益証券発行信託の受託者に対し、受益者についての受益権原簿に記載または記録された受益権原簿記載事項を記載または記録した書面の交付または電磁的記録の提供を請求することができる（187条1項）。

　受益権原簿記載事項記載書面には、受益証券発行信託の受託者（法人である受託者は、その代表者）が署名または記名押印しなければならない（同条2項）。これが電磁的記録である場合は、法務省令で定める署名または記名押印に代わる措置（電子署名）をとらなければならない（同条3項、規則31条）。

(3) 基準日制度

　受益証券発行信託においては、受託者に対して権利を行使できる受益者は、無記名受益権の場合を除き、権利行使時点における受益権原簿上の受益者であるが、受益者が不特定多数に及び得るから、誰がその時点における受益権原簿上の受益者であるか把握するのは容易ではない。

　そこで、株式会社の場合と同様（会社法124条）、一定時点における受益者

に権利行使を認めるために基準日制度が設けられ、受益証券発行信託の受託者は、信託行為に別段の定めがない限り、一定の日（基準日）を定めて、その基準日において受益権原簿に記載または記録されている受益者（「基準日受益者」）をその権利を行使することができる者と定めることができる（189条1項）。

　受益証券発行信託の受託者は、基準日受益者が行使できる権利（基準日から3か月以内に行使するものに限る。）の内容を定めて基準日を定めたときは、基準日の2週間前までに、基準日および対象となる権利の内容を官報により公告しなければならない（同条3項・4項）。ただし、信託行為において基準日および基準日受益者が行使することができる権利の内容についての定めがある場合は、公告は不要である（同条4項ただし書）。

　なお、無記名受益権の受益者については、その受益者の氏名等が受益権原簿に記載または記録されることはなく（186条3号かっこ書）、受益権原簿上の記載または記録が受託者に対する権利行使のための対抗要件とされているわけではないから（195条3項）、基準日制度は適用されない（189条2項）。

(4) 受益権原簿の備置きおよび閲覧等

　受益証券発行信託の受託者に対し、受益権原簿の備置きを義務づけた上で、委託者、受益者その他の利害関係人に受益権原簿の閲覧等の請求を認める一方、受託者には、閲覧等請求拒否事由がある場合に、その請求を拒むことを認めている（190条）。

(a)　受益権原簿の備置き　　受益証券発行信託の受託者は、受益権原簿をその住所（法人受託者の場合は、その主たる事務所、受益権原簿管理人が現に存する場合はその営業所）に備え置かなければならない（190条1項）。

(b)　受益権原簿の閲覧等請求とその拒否事由　　委託者、受益者その他の利害関係人は、受益証券発行信託の受託者に対し、受益権原簿について、請求理由を明らかにして、閲覧または謄写請求をすることができる（190条2項）。利害関係人には、信託監督人、受益者代理人、受益者集会の招集権者、登録受益権質権者等のほか、受益権の譲渡の対抗要件を具備する関係で受益証券の発行の有無を確認する必要があることから、受益権を譲り受けようとする者も含まれると解される。

　受託者は、委託者、受益者その他の利害関係人から受益権原簿の閲覧等請

求があった場合には、下記の閲覧等請求拒否事由に該当しない限り、これを拒むことができない（同条3項）。
  ① 請求者がその権利の確保または権利の行使に関する調査以外の目的で請求を行ったとき
  ② 請求者が不適当な時に請求を行ったとき
  ③ 請求者が信託事務の処理を妨げ、または受益者の共同の利益を害する目的で請求を行ったとき
  ④ 請求者が受益権原簿の閲覧または謄写によって知り得た事実を利益を得て第三者に通報するため請求を行ったとき
  ⑤ 請求者が、過去2年以内において、受益権原簿の閲覧または謄写によって知り得た事実を利益を得て第三者に通報したことがあるものであるとき

(c) **受益者の氏名等の閲覧等請求**　受益権原簿記載事項のうち、受益者の氏名等および受益権取得日についての閲覧または謄写請求は、39条（他の受益者の氏名等の開示請求）に規定する他の受益者の氏名等の開示請求と実質的に異ならないため、信託行為の定めによって閲覧または謄写請求の対象から除外することができるとされている（190条4項）。

ただし、受益証券発行信託において、受益証券の発行されない受益権（185条2項の定めのある受益権）の譲渡については、受益権を取得した者の氏名等の受益権原簿への記載または記録が第三者対抗要件となっているので（195条2項）、信託行為の定めによって請求対象から除外することはできない（190条4項かっこ書）。

(5) 受益者への通知等

(a) **記名受益権等の受益者への通知等**　記名受益権または受益証券の発行されない受益権（記名受益権等）の譲渡の対抗要件は、受益権原簿への受益権取得者の氏名等の記載または記録であり（195条1項・2項）、受益権の受益者への通知または催告は、受益権原簿に記載または記録されている住所（受益者が別に通知または催告を受ける場所または連絡先を受託者に通知した場合は、その場所または連絡先）に通知すれば足り、通常到達すべき時期に到達したものとみなされる（191条1項・2項）。

なお、受益証券発行信託の受益権が複数の者に共有されている場合は、共

有者から受託者に通知または催告の受領者として通知された者に通知すれば足り、この通知がない場合には、共有者の1人に対してすれば足りる（同条3項・4項）。

(b) **無記名受益権の受益者への通知等**　無記名受益権の譲渡等の対抗要件は、受益証券の占有であり、受益者を確知することができない。そこで、無記名受益権の受益者への通知は、受益者のうち受託者に氏名または名称および住所の知れている受益者に対してすれば足りるが、通知すべき事項は官報により公告しなければならない（191条5項）。

(6) 受益者の権利行使

(a) **記名受益権等の受益者の権利行使**　受益証券発行信託においては、受託者に対して権利を行使することができる受益者は、権利行使時点における受益権原簿上の受益者（受託者が基準日を定めている場合は、基準日受益者）である。

(b) **無記名受益権の受益者の権利行使**　無記名受益権の受益者が受益証券発行信託の受託者その他の者に対して権利を行使しようとするときは、受益証券を受託者その他の者に提示しなければならない（192条1項）。また、受益者集会において議決権を行使する場合は、受益者集会の日の1週間前までに、受益証券を招集者に提示しなければならない（同条2項）。

無記名受益権の場合には、受託者が無記名受益権の受益者を把握することは困難であるから、その占有にいわゆる権利推定効（196条1項）が付与されている受益証券の提示が求められるのである。

(c) **受益権共有者の権利行使**　受益証券発行信託の受益権の共有者は、受益権について権利を行使する者1人を定めて、その氏名または名称および住所を受託者に通知しなければ、受益権についての権利を行使することができない。ただし、この通知は、受託者の便宜のためのものであるから、受託者が権利を行使することに同意した場合は、その通知をしなくても権利を行使することができる（193条）。

3……受益権の譲渡等の特例

(1) 受益権の譲渡の特例

(a) **受益証券の発行されている受益権の譲渡**　受益証券の法的性質は、

株券と同じく、有因証券であり、講学上の無記名証券と位置付けられ、受益権の譲渡は、受益証券の交付によってその効力を生じ（194条）、受益証券の占有が受託者その他の第三者に対する対抗要件となる。受益証券の占有者は、受益権を適法に有すると推定され（196条1項）、受益証券の交付を受けた者は、受益権を善意取得し得る（同条2項）。

ただし、記名受益証券が発行されている受益権の譲渡の受託者に対する対抗要件は、受益権を取得した者の氏名等の受益権原簿への記載または記録であり（195条1項）、受託者以外の第三者に対する対抗要件は、有価証券法理に従い、受益証券の占有となる。

(b) 受益証券の発行されない受益権の譲渡　受益証券の発行されない受益権の譲渡は、受益証券がないので、一般の受益権の譲渡（93条）の場合と同じく、譲渡人と譲受人との合意によって行われるが、受託者その他の第三者に対する対抗要件は、取得者の氏名等の受益権原簿への記載または記録となる（195条2項）。

受益証券の発行されない受益権であっても、受益証券発行信託の受益権である以上は、一般の譲渡の対抗要件である受託者への通知または受託者の承諾（94条）によらないで、受益権原簿への記載または記録をもって一律に権利関係を決しようとする趣旨である。

(c) 受益権の譲渡等に係る受益権原簿記載事項の受益権原簿への記載等
受益権の譲渡等により受益権原簿記載事項に変更が生じるので、無記名受益権の場合を除き（197条4項、198条3項）、受託者自ら、または受益者の請求により、名義書換を行う。

受益証券発行信託の受託者は、下記の場合には、受託者自身で受益権の受益者に係る受益権原簿記載事項（受益権が受益証券発行信託の信託財産に属するか、固有財産または他の信託の信託財産に属するかの別を含む（規則20条）。）を受益権原簿に記載または記録しなければならない（197条）。

① 受益証券発行信託の受益権を取得した場合において、受益権が消滅しなかったとき、または受益証券発行信託の受益権を処分したとき（同条1項1号・2号）

② 信託の変更によって受益権が併合または分割されたとき（同条2項・3項）

また、受益証券発行信託の受益権を受益証券発行信託の受託者以外の者から取得した者（受託者を除く。）は、受益証券発行信託の受託者に対し、その取得した受益権の受益者として記載または記録されている者（現在の受益者）またはその相続人その他一般承継人と共同して、受益権に係る受益権原簿記載事項の受益権原簿への記載または記録を請求することができる（198条1項・2項）。受託者がその受益権を取得した場合は、受託者自身で名義書換をする（同条1項かっこ書）。

　ただし、利害関係人の利益を害するおそれがないものとして法務省令（規則21条）で定める以下の場合は、受益権取得者が単独で、受益証券発行信託の受託者に対し、受益権に係る受益権原簿記載事項の受益権原簿への記載または記録を請求することができる。

① 　受益証券発行信託の受益権取得者が受益証券を提示して請求した場合（同条1項）

② 　受益証券不発行信託の受益権取得者が以下の請求をした場合（同条2項）

　　1 　現在の受益者またはその一般承継人に対する名義書換を命ずる確定判決を得て、それを証する書面等を提供して請求した場合

　　2 　その確定判決と同一の効力を有するもの（和解調書や調停調書等）を得て、それを証する書面等を提供して請求した場合

　　3 　その受益権を一般承継により取得したことを証する書面等を提供して請求した場合

　　4 　その受益権を競売により取得したことを証する書面等を提供して請求した場合

（2）受益権の質入れの特例

（a）　受益権の質入れ　受益証券の発行されている受益証券発行信託の受益権の質入れは、株式の略式質（会社法146条2項、同法147条2項・3項）に相当するもので、受益権に係る受益証券の交付によって効力が生じ（199条）、受益証券の継続占有が受託者その他の第三者に対する対抗要件となる（200条1項）。

　受益証券の発行されない受益証券発行信託の受益権の質入れは、一般の質入れの場合と同様、質権設定者と質権者との合意によって行うが、受益証

発行信託の受託者その他の第三者に対する対抗要件は、質権者の氏名等の受益権原簿への記載または記録となる（同条2項）。

(b) **登録受益権質** 受益証券発行信託の受益権に質権を設定した者は、無記名受益権である場合を除き、受益証券発行信託の受託者に対して、下記の事項を受益権原簿に記載または記録することを請求することができる（201条）。

① 質権者の氏名または名称および住所
② 質権の目的である受益権

受益権原簿に記載または記録された質権者（「登録受益権質権者」）は、受益証券発行信託の受託者に対し、登録受益権質権者についての受益権原簿に記載または記録された事項を記載した書面の交付または電磁的記録の提供を請求することができる（202条1項）。

受益権原簿記載事項記載書面には、受益証券発行信託の受託者（法人である受託者は、その代表者）が署名または記名押印しなければならない（同条2項）。また、これが電磁的記録である場合は、法務省令で定める署名または記名押印に代わる措置（電子署名）をとらなければならない（同条3項、規則31条）。

(c) **登録受益権質権者に係る通知等および受益権原簿への記載等** 受益証券発行信託の受託者の登録受益権質権者に対する通知または催告は、登録受益権質の場合には、質権者の氏名・住所および質権の目的である受益権が受益権原簿に記載または記録されていることから、受益権原簿に記載または記録されている住所宛てに発すれば足り、通常到達すべきであった時に到達したものとみなされる（203条）。

また、受益証券発行信託の受託者は、信託の変更によって受益権が併合または分割された場合において、受益権を目的とする質権の質権者が登録受益権質権者であるときは、併合または分割された受益権について、その質権者の氏名または名称および住所を受益権原簿に記載または記録しなければならない（204条）。

さらに、受益証券発行信託の受託者は、受益証券の発行されている受益証券発行信託の受益権の質権者については継続してその受益権に係る受益証券を占有することが受益証券発行信託の受託者その他の第三者に対する対抗要

件になっているので、信託の変更により併合または分割された受益権に係る受益証券を登録受益権質権者に引き渡さなければならない（205条）。

(3) 受益証券の発行されない受益権の信託財産に属することの対抗要件

受益証券の発行されない受益証券発行信託の受益権で他の信託の信託財産に属するものについては、その受益権が信託財産に属する旨を受益権原簿に記載または記録しなければ、受益権が信託財産に属することを受益証券発行信託の受託者その他の第三者に対抗することができない（206条1項）。

受益権が属する他の信託の受託者は、受益証券発行信託の受託者に対し、受益権が信託財産に属する旨を受益権原簿に記載または記録することを請求することができ（同条2項）、また、受益権についての受益権原簿に記載または記録された受益権原簿記載事項（その受益権が信託財産に属する旨を含む。）を記載した書面の交付または電磁的記録の提供を請求することができる（同条3項：187条1項準用）。

受益権原簿記載事項記載書面には、受益証券発行信託の受託者（法人である受託者は、その代表者）が署名または記名押印しなければならず、これが電磁的記録である場合は、法務省令で定める署名または記名押印に代わる措置（電子署名）をとらなければならない（同条3項：187条2項・3項準用）。

4……受益証券

(1) 受益証券の発行と不所持制度

受益証券発行信託の受託者は、信託行為の定めに従い、遅滞なく、受益権に係る受益証券を発行しなければならない（207条）。

他方、受益権の譲渡等を予定していない受益者には、善意取得による権利喪失を回避するために受益証券の不所持制度が設けられており、受益証券発行信託の受益者は、信託行為に別段の定めがある場合を除き、受益証券発行信託の受託者に対して、受益権の内容を明らかにして受益証券の不所持を申し出ることができる。その場合、受益権に係る受益証券が発行されていれば、受益証券発行信託の受託者にその受益証券を提出しなければならない（208条1項・2項）。

受益証券不所持の申出を受けた受益証券発行信託の受託者は、遅滞なく、申出を受けた受益権に係る受益証券を発行しない旨を受益権原簿に記載また

は記録しなければならない（同条3項）。

受益権原簿に発行しない旨が記載または記録されると、申出を受けた受益権に係る受益証券は発行することができなくなり（同条4項）、提出された受益証券は、無効となる（同条5項）。

ただし、受益証券の不所持を申し出た受益者は、いつでも、受益証券発行信託の受託者に対し、申し出た受益権に係る受益証券の発行を請求することができる（同条6項）。

なお、無記名受益権に関しては、権利の行使には受益証券の提示が求められており、受益権原簿の記載または記録を前提にしている受益証券不所持制度の対象とはならない（同条7項）。

（2）受益証券の記載事項

受益証券は、いわゆる要因証券であり、受益権の内容は、証券上に記載されているところによるのではなく、信託行為によって定まることになるが、流通性向上等の観点から記載事項が法定されており、受益証券には、下記の事項およびその番号を記載し、受益証券発行信託の受託者（法人受託者の場合は、その代表者）がこれに署名し、または記名押印しなければならない（209条）。

① 受益証券発行信託の受益証券である旨
② 当初の委託者および受益証券発行信託の受託者の氏名または名称および住所
③ 記名式の受益証券にあっては、受益者の氏名または名称
④ 各受益権に係る受益債権の内容その他の受益権の内容を特定するものとして法務省令（規則22条）で定める以下の事項
　1 各受益権に係る受益債権の給付内容、弁済期（弁済期の定めがないときは、その旨）その他の受益債権の内容
　2 受益権について譲渡の制限があるときは、その旨およびその内容
　3 受益証券発行信託において、受益債権の内容が同一の複数の受益権がある場合において、それらの受益権について、受益者として有する権利の行使に関して内容の異なる信託行為の定めがあるときは、その定めの要旨
⑤ 受益証券発行信託の受託者に対する費用等の償還および損害の賠償に

関する信託行為の定め
⑥ 信託報酬の計算方法ならびにその支払方法および時期
⑦ 記名式の受益証券をもって表示される受益権について譲渡の制限があるときは、その旨およびその内容
⑧ 受益者の権利の行使に関する信託行為の定め（信託監督人および受益者代理人に係る事項を含む。）
⑨ その他法務省令（規則23条）で定める事項
限定責任信託の名称および事務処理地（受益証券発行信託が限定責任信託である場合に限る。）

(3) 記名式と無記名式との間の転換

受益証券には記名式と無記名式があり、社債券の発行されている社債の場合（会社法698条）と同様、受益証券の発行されている受益権の受益者は、いつでも、その記名式受益証券を無記名式とし、または無記名式受益証券を記名式とすることを受益証券発行信託の受託者に請求することができる（210条）。

(4) 受益証券の喪失

受益証券を喪失すると、受益権の譲渡・質入や適正な権利行使ができなくなり、さらには受益証券を善意取得されるおそれがある。そこで、受益証券を喪失した者は、受益証券を公示催告手続（非訟法100条）によって無効とすることができる（211条1項）。公示催告（非訟法101条～105条）を経て除権決定により受益証券が無効になったときには（非訟法106条・118条）、受益証券の再発行を請求することができる（211条2項）。

なお、受益証券を喪失した者が公示催告（非訟法114条）の申立てをしたときは、相当の担保を提供して、受託者に対して受益証券に係る債務を履行させることができる（211条3項）。

5……関係当事者の権利義務の特例

(1) 受託者の義務に関する軽減禁止

受益証券発行信託では受益者が不特定多数となることが多く、受益者による監視機能が弱まることから、受託者の義務が厳格化されており、信託行為の定めにより受託者の善管注意義務を軽減することができない（212条1項）。

また、信託事務処理の委託に係る第三者の選任・監督義務が免除される場合において求められる、第三者が不適任・不誠実であった場合または第三者による信託事務の処理が不適切であった場合の受益者への通知、第三者への委任の解除その他の必要な措置をとらなければならない義務について、信託行為に別段の定めを設けることができない(同条2項)。

(2) 受益者の権利行使に関する制限

　受益証券発行信託では、多数の受益者が予想されることから、一部の受益者による濫用的な権利行使を防止するために、信託行為の定めにより制限することができない受益者の権利(単独受益者権：92条各号)のうち、以下に掲げる権利の行使については、信託行為の定めにより保有割合ないし保有期間制限を設けることが認められるほか、複数受益者の意思決定方法として受益者集会による多数決の原則が採用されている(213条・214条)。

(a)　少数受益者権

① 100分の3規制

　受託者・前受託者の権限違反行為の取消権(27条1項・2項)、受託者の利益相反行為の取消権(31条6項・7項)、帳簿等の閲覧等請求権(38条1項)および検査役の選任の申立権(46条1項)は、総受益者の議決権の100分の3以上の割合の受益権を有する受益者または現に存する受益権の総数の100分の3以上の数の受益権を有する受益者に限り行使することができる(213条1項)。

② 10分の1規制

　裁判所の特別の事情による信託の変更命令または公益確保のための終了命令の申立権(150条1項、165条1項)は、総受益者の議決権の10分の1以上の割合の受益権を有する受益者または現に存する受益権の総数の10分の1以上の数の受益権を有する受益者に限り行使することができる(213条2項)。

　ただし、信託行為の定めにより他の受益者の氏名等の開示請求(39条1項)が制限されている場合には、他の受益者と共同して権利を行使することが事実上困難になることから、保有割合による権利行使の制限を認めず(213条3項)、常に各受益者が単独で権利を行使することができる。

(b)　受益権保有期間の制限

　受託者の法令または信託行為の定めに違反

する行為の差止請求（44条1項）は、受益権を6か月以上有する受益者に限り行使することができる（213条4項）。

受託者の信託違反行為の差止請求は、その性質上、一般的に緊急性が高いと考えられ、受益権の保有割合による制限にはなじまないので、6か月前から引き続き受益権を有する受益者であれば、行為差止請求権を行使できるとされている。

(c) **受益者集会における多数決の原則**　受益証券発行信託は、受益者が多数にのぼることが一般的であること等から、複数受益者の意思決定については、一般の信託とは逆に、信託行為に別段の定めがない限り、信託行為に受益者集会における多数決による旨の定めがあるものとみなされる（214条）。

(3) 委託者の権利行使に関する制限

受益証券発行信託は、委託者と受益者が同一人であるのが通例であるが、受益権が譲渡された場合は、受益者の地位が移転するだけであって、委託者の地位は移転しない。受益権譲渡後も引き続き委託者として権利を行使できるとすると、受益者が多数で変動することが多い受益証券発行信託では法律関係が複雑化することから、委託者に認められている権利のうち、下記の権利は、受益者が行使することにして（215条）、簡明化が図られている。

なお、信託行為により委託者が有する権利を有しないもの定めることができるので（145条1項）、この方法によっても権利行使の錯綜を防止することは可能である。

① 信託事務処理状況の報告請求権（36条）
② 受託者・信託監督人・受益者代理人・新受益者代理人の解任（58条4項・134条2項・141条2項）、新受託者・新信託監督人・新受益者代理人の選任（62条4項・135条1項・142条1項）、信託財産管理命令（63条1項）、信託財産法人管理命令（74条2項）、信託監督人の選任（131条4項）、特別の事情による裁判所の信託の変更命令（150条1項）、特別の事情による裁判所の信託の終了命令（165条1項）、公益確保のための裁判所による信託の終了命令・信託財産の保全処分命令・信託の終了命令に伴う新受託者の選任（166条1項・169条1項・173条1項）の申立権
③ 新受託者・信託監督人・受益者代理人の就任諾否の催告権（62条2項・131条2項・138条2項）

④ 信託財産の保全処分に関する資料の閲覧等請求権（172条1項・2項・3項後段）
⑤ 受益権原簿の閲覧等請求権（190条2項）

6……受益証券発行信託の受益権の振替制度

　受益権の有価証券化を認めるとともに、ペーパーレス化（電子化）を踏まえて、受益権を振替制度の対象とするため、「社債、株式等の振替に関する法律」（振替法）に、第6章の2「受益証券発行信託の受益権の振替」（127条の2～127条の32）が加えられた。

　これにより、振替制度が適用される受益証券発行信託の受益権は、振替受益権とされ、受益証券は発行されず（振替法127条の3）、振替口座簿の記載または記録により受益権についての権利の帰属が決まる（同法127条の2第1項）。

　振替受益権の譲渡は、譲渡人である加入者の振替申請により（同法127条の7）、譲受人が自己の口座の保有欄に増加の記載または記録を受けることにより効果を生じ（同法127条の16）、振替受益権の質入れは、振替申請により、質権者がその口座の質権欄に質入れの記載または記録を受けることにより成立する（同法127条の17）。

　また、振替受益権に関する信託の対抗要件については、振替受益権が信託財産に属する旨を振替口座に記載または記録しなければ、信託財産に属することを第三者に対抗することができない（同法127条の18第1項）とされている。

7……信託社債

　信託財産を責任財産とする債券発行のニーズを踏まえ、信託法の施行に伴う会社法施行規則の一部改正により、信託社債制度が整備された。

　信託社債の責任財産は、信託財産と受託者の固有財産となるが、信託財産のみを責任財産とする信託社債も認められる（会社規則99条）。

　まず、信託社債を「信託の受託者が発行する社債であって、信託財産のために発行するものをいう。」（同規則2条3項17号）と定義した上で、募集社債に関する決定事項として「募集社債が信託社債であるときは、その旨及び当該信託社債についての信託を特定するために必要な事項」（同規則162条6号）

を加えたほか、社債原簿に記載または記録すべき事項としても、「社債が信託社債であるときは、当該信託社債についての信託を特定するために必要な事項」(同規則165条11号)を設けた。

次に、募集社債に関する取締役会の決議事項に関して、会社法362条4項5号に基づく会社法施行規則99条(社債を引き受ける者の募集に際して取締役会が定めるべき事項)に2項を新設し、「信託社債(当該信託社債について信託財産に属する財産のみをもってその履行の責任を負うものに限る。)の募集に係る法[会社法]676条各号に掲げる事項の決定を委任する場合には、法362条4項5号に規定する法務省令で定める事項は、当該決定を委任する旨とする。」と規定して、信託財産に属する財産を責任財産とする信託社債の募集に際して取締役会が定めるべき事項は、募集事項の決定を取締役に委任する旨だけであるとした。

以上から、信託財産に属する財産のみを責任財産とする信託社債については、取締役会の決議で定めなければならないのは、募集事項の決定を取締役に委任する旨だけであり、それ以外は、取締役に委任することができる。

限定責任信託

1……限定責任信託の意義

限定責任信託とは、受託者が、信託のすべての信託財産責任負担債務について、信託財産に属する財産のみをもってその履行の責任を負う信託をいい(2条12項)、限定責任信託の定めの登記をすることによって効力を生じる(216条1項)。

受託者は、信託財産の所有者(権利者)として行為するから、信託事務の処理を行うことにより負担した信託財産責任負担債務については、信託財産のみならず固有財産をもってその履行の責任を負うのが原則であるが、限定責任信託では信託財産だけに責任財産が限定されることとなる。そこで、受託者と取引関係に入る第三者(信託債権者等)を保護するために、限定責任信託の表示(限定責任信託の登記・名称規制・取引相手方への明示)、財務情報開示の強化(会計帳簿の作成、計算関係書類等の作成・報告・保存の義務づけ

等)、信託財産の確保（受益者に対する給付制限、制限違反給付等に係る受託者および受益者の責任）、受託者の責任の強化（第三者責任・虚偽記載責任）、限定責任信託の清算の特例等の特例が設けられている。

2……限定責任信託の成立
(1) 限定責任信託の定めとその登記

限定責任信託は、信託行為においてそのすべての信託財産責任負担債務について受託者が信託財産に属する財産のみをもってその履行の責任を負う旨の定めをし、限定責任信託の定めの登記をすることによって効力を生じる（216条1項）。一般の信託と異なり、責任財産が信託財産に限定されるので、第三者の予見可能性を確保するために登記が成立要件になっている。

限定責任信託の定めをする信託行為には、下記の事項を定めなければならない（同条2項）。

① 限定責任信託の目的
② 限定責任信託の名称
③ 委託者および受託者の氏名または名称および住所
④ 限定責任信託の主たる事務処理地
⑤ 信託財産に属する財産の管理または処分の方法
⑥ その他法務省令（規則24条）で定める事項（信託事務年度）

なお、信託行為の定めとその登記の双方が揃って初めて効力を生じるのは限定責任信託としての効力であって、信託としての効力は、通常どおり、信託契約の締結時に生じる。したがって、限定責任信託の定めの登記をしていない段階でも、受託者は、善管注意義務に基づいて信託事務の処理を行う必要がある。

(2) 固有財産に属する財産に対する強制執行等の禁止

限定責任信託においては、信託財産責任負担債務（21条1項8号に掲げる権利（受託者が信託の事務の処理についてした不法行為によって生じた債権）に係る債務を除く。）に係る債権に基づいて固有財産に属する財産に対し強制執行等をすることはできない（217条1項）。これに違反してされた強制執行等に対しては、受託者は、異議を主張して、その強制執行等を排除することができる（同条2項）。

限定責任信託においては、責任財産が信託財産に限定されているから、受託者の固有財産に対して強制執行等をすることはできないが、受託者が信託事務を処理するについてした不法行為によって生じた権利に係る債務（21条1項8号）は除かれるので（217条1項かっこ書）、受託者が信託事務処理をするについて、故意または過失によって第三者に損害を与えた場合には、損害を受けた者は、受託者の不法行為によって生じた権利に基づいて、信託財産に対してのみならず、受託者の固有財産にも強制執行等をすることができる。

　これは、受託者が故意または過失によって不法行為をした場合のように、帰責性のある不法行為をした受託者に限定責任信託の利益を認めるのは適当でないので、原則に戻り、一般の信託と同様、受託者は、信託財産のほか固有財産でも責任を負わなければならないのである。

　このように、受託者が固有財産でも責任を負うことになるのは、受託者に何らかの帰責事由があることが責任発生要件とされ、あるいは帰責事由の存しないことが免責要件とされる場合であり、過失を責任要件とする一般の不法行為責任（民法709条）のほかに、無過失を免責要件とする、使用者責任（同法715条1項）、土地工作物占有者責任（同法717条1項本文）、自動車運行供用者責任（自動車損害賠償保障法3条）、製造物責任（製造物責任法3条）等が21条1項8号に該当することになる。

　もっとも、ここで除かれる21条1項8号の不法行為責任は、受託者の行為（不作為を含む。）が前提とされており、受託者の行為が観念されないような不法行為責任は含まれない。たとえば、工作物の所有者が負う二次的責任（民法717条1項ただし書）、いわゆる所有者責任は、物を所有することから生じる責任であり、帰責事由は前提とされないから、21条1項8号の不法行為責任には該当しない。

(3) 限定責任信託の定めを廃止する信託の変更

　限定責任信託の定めを廃止する旨の信託の変更がされ、限定責任信託の終了の登記（235条）がされたときは、その変更後の信託には信託法第9章（限定責任信託の特例）は適用されない（221条）。したがって、その後は、一般の信託として存続することになるので、信託債権者は、信託財産に対してのみならず、固有財産にも強制執行等をすることができるようになる。

　このように、信託の変更によって限定責任信託の定めを廃止することはで

きるが、信託の変更によって限定責任信託の定めを設けることについては規定がないので、その可否が問題となる。受益証券発行信託の場合のように、その定めを設けることが明文で禁止されているわけではないので、このような責任財産を信託財産に限定する変更であれば、変更前の信託債権者の同意が得られれば可能と解される。

　なお、限定責任信託の定めの廃止については、限定責任信託の終了の登記が要件となっており、限定責任信託の定めが廃止されても、限定責任信託の終了の登記がされるまでは限定責任信託として存続していることになるので、限定責任信託として信託法第9章（限定責任信託の特例）が適用されることになる。

3……限定責任信託の表示

　限定責任信託においては、信託債権者の責任財産が信託財産に属する財産に限定されるため、受託者と取引関係に入ろうとする第三者の予見可能性を確保し、不測の損害を与えることを防止するために、限定責任信託の登記、名称規制および相手方への明示等が定められている。

(1) 限定責任信託の登記

　限定責任信託の成立には、信託行為における限定責任信託である旨の定めとその登記が必要であるが（216条）、限定責任信託の定めの登記は、その定めをしたときから2週間以内に、下記の事項を登記しなければならない（232条）。

① 　限定責任信託の目的
② 　限定責任信託の名称
③ 　受託者の氏名または名称および住所
④ 　限定責任信託の事務処理地
⑤ 　信託財産管理者または信託財産法人管理人が選任されたとき（64条1項、74条6項）は、その氏名または名称および住所
⑥ 　信託の終了事由（163条9号）についての信託行為の定めがあるときは、その定め
⑦ 　会計監査人設置信託（248条3項）であるときは、その旨および会計監査人の氏名または名称

限定責任信託の定めの登記は、限定責任信託の受託者に責任限定の利益を与えるにあたり、限定責任信託自体の公示を充実させる観点から設けられたものであって、信託財産に属する財産に関する登記（不登法 97 条以下）や登録（特許令 56 条以下）とは異なり、商業登記や法人登記と性格を同じくするものである。

　したがって、会社の登記（会社法 908 条）や一般社団法人等の登記（一般社団法人及び一般財団法人に関する法律 299 条）の場合と同様、登記すべき事項は、登記の後でなければ、これをもって善意の第三者に対抗することができない。登記の後であれば、第三者が正当な事由によってその登記があったことを知らなかった場合を除き、第三者に対抗することができる（220 条 1 項）。また、故意または過失によって不実の事項を登記した者は、その事項が不実であることをもって善意の第三者に対抗することができない（同条 2 項）。

(2) 限定責任信託の名称規制

　限定責任信託であることを明確化するために、限定責任信託には、「限定責任信託」という文字の使用が義務づけられる（218 条 1 項）。他方、何人も、限定責任信託でないものについては、その名称または商号中に、限定責任信託であると誤認されるおそれのある文字の使用が禁止される（同条 2 項）。また、何人も、不正の目的で、他の限定責任信託であると誤認されるおそれのある名称または商号を使用することが禁止される（同条 3 項）。

　名称規制に違反する名称または商号の使用によって事業に係る利益を侵害され、または侵害されるおそれのある限定責任信託の受託者は、その利益を侵害する者または侵害するおそれのある者に対して、その侵害の停止または予防を請求することができる（同条 4 項）。

(3) 取引相手への明示

　個別の取引に際しても限定責任信託であることの予見可能性を高めるために、受託者は、限定責任信託の受託者として取引するにあたっては、その旨を取引の相手方に示さなければ、限定責任信託であることを取引の相手方に対し主張することができない（219 条）。したがって、取引相手方への明示を怠ると、限定責任信託の利益を受けることができず、固有財産も責任財産となることを免れなくなる。限定責任信託の定めの登記はされているが、これは限定責任信託であることの公示にすぎず、限定責任信託の受託者としての

取引であることを示すものではないので、限定責任信託の登記によって取引相手方への明示義務を免れることはできない。

取引の際に明示すべき事項は、限定責任信託の名称およびその限定責任信託の受託者として取引を行う旨であるが、取引の相手方への明示は、限定責任信託の受託者との取引であることを知らせるものであるから、繰り返し同種の取引を行う場合等は、取引の範囲を限定した上で、包括的に明示しておくことでも可能であると考えられる。

4……財務情報に関する情報開示の強化

限定責任信託においては、責任財産が信託財産に限定されるため、信託債権者を保護する観点から財務情報に関する情報開示が強化され、受託者は、法務省令で定めるところにより会計帳簿・計算関係書類等を作成して報告・保存しなければならず、信託債権者等は、貸借対照表等の閲覧等請求をすることができることとされている。

(1) 会計帳簿の作成義務

受託者は、法務省令で定めるところにより、書面または電磁的記録により限定責任信託の会計帳簿を作成しなければならない（222条2項、規則33条2号、計算規則6条）。

会計帳簿における資産・負債の評価については、会社の資産・負債の評価と基本的に同様のものとされている（計算規則7条・8条）。

(a) 資産　資産の評価については、原則として取得原価主義が採用され、減価償却、強制評価・減損損失、貸倒引当金、償却減価法、定価法・時価法等について定められている（計算規則7条）。

(b) 負債　負債については、債務額を会計帳簿に付し（計算規則8条1項）、負債性引当金を計上する（同条2項）。

(c) のれん　のれんの評価については、有償で譲り受けた場合、併合・分割により取得した場合の他、のれんを計上しなければならない正当な理由がある場合において、資産または負債として計上できる（計算規則9条）。

(d) 金銭以外の当初拠出財産の評価の特例

① 当初信託財産の評価

金銭以外の当初信託財産（信託行為において信託財産に帰属すべきもの

として定められた財産）は、委託者における信託の直前の適正な帳簿価額を付さなければならないが（計算規則10条1項）、当初信託財産の市場価格（市場価格がない場合は、一般的に合理的と認められる評価慣行により算定された価額）をもって測定することとすべき場合には、その市場価格を付さなければならない（同条2項）。

② 受益者に現物給付する財産の評価

受益者に現物給付をする場合は、1市場価格のある財産は市場価格を、2市場価格がない場合で一般的に合理的と認められる評価慣行が確立されている財産はその評価慣行により算定された価額を、3市場価格がない財産であって一般的に合理的と認められる評価慣行が確立されていない財産は給付の直前における財産の適正な帳簿価額を付さなければならない（同規則11条1項）。

もっとも、会計慣行上、給付の直前における財産の適正な帳簿価額を付すべき場合には、その帳簿価額を付さなければならない（同条2項）。

(2) 貸借対照表等の作成義務

受託者は、限定責任信託の効力が生じた後速やかに、限定責任信託の効力が生じた日における限定責任信託の貸借対照表を作成しなければならない（222条3項）。

その後、受託者は、毎年、一定の時期において（信託事務年度経過後、3か月以内（計算規則12条3項））、貸借対照表、損益計算書および信託概況報告ならびにこれらの附属明細書等の書類または電磁的記録（計算関係書類等）を作成しなければならない（222条4項、計算規則12条2項）。

限定責任信託が会計監査人設置信託（248条3項）である場合には、計算関係書類等の作成とともに、会計監査人による会計監査（252条1項）を受けなければならない（計算規則12条4項）。

(a) 計算書類（貸借対照表・損益計算書）

① 表示の原則

計算書類に係る事項の金額は、1円単位、1,000円単位または100万円単位をもって表示する（計算規則13条）。

② 会計方針に係る重要事項等の注記

計算書類作成に採用している会計処理の原則および手続ならびに表示

方法その他の計算書類作成のための基本となる事項（会計方針）のうち、資産の評価・原価償却の方法、引当金および収益・費用の計上基準等の重要な事項について注記しなければならない（同規則14条1項）。

会計方針を変更した場合には、変更の理由、その変更が計算書類に与える影響の内容等について注記しなければならない（同条2項）。

③ 貸借対照表の表示

貸借対照表の区分として、「資産」、「負債」、「純資産」が規定されているが（同規則18条1項）、さらにどのように分けるかは、会計慣行上適切と認められる範囲内であれば多様な表示が許容される（同条2項～4項）。

純資産の部については、資本制度がない点において株式会社とは異なっており、計算規則では「信託拠出金」や「剰余金」の概念が挙げられている（同条4項）。受益債権に係る債務の額は、貸借対照表の負債の部に計上することはできない（同規則19条）。また、貸借対照表には、給付可能額（225条）を注記しなければならない（計算規則20条）。

④ 損益計算書の表示

収益もしくは費用または利益もしくは損失について、適切な部または項目に分けて表示しなければならないとだけ規定され（同規則21条）、具体的な細目は会計慣行に委ねられている。

⑤ 附属明細書

各信託事務年度に係る計算書類の附属明細書には、計算書類の内容を補足する重要な事項を表示しなければならない（同規則22条）。

(b) 信託概況報告 受託者は、計算書類（貸借対照表・損益計算書）およびこれらの附属明細書に加えて、信託概況報告とその附属明細書を作成しなければならない（222条4項、計算規則12条2項）。

信託概況報告は、株式会社の事業報告に相当するものであり、限定責任信託の状況に関する重要な事項をその内容としなければならない（同規則23条1項）。

信託概況報告の附属明細書は、信託概況報告の内容を補足する重要な事項をその内容としなければならない（同条2項）。

(3) 計算関係書類等に関する報告義務

受託者は、各信託事業年度の貸借対照表、損益計算書および信託概況報告

ならびにこれらの附属明細書等の書類または電磁的記録（計算関係書類等）を作成したときは、信託行為に別段の定めがない限り、その内容について、受益者（信託管理人が現に存する場合は、信託管理人）に報告しなければならない（222条5項）。

(4) 会計帳簿、貸借対照表等の保存義務

(a) 会計帳簿の保存　受託者は、会計帳簿を作成したときは、その作成の日から10年間（その期間内に信託の清算の結了があったときは、信託の清算の結了の日までの間）、保存しなければならない（222条6項本文）。

ただし、受益者（複数の受益者が現に存する場合は受益者全員、信託管理人が現に存する場合は信託管理人）に、その書類もしくはその写しを交付したとき、または電磁的記録に記録された事項を提供したときは、保存義務を免れる（同条6項ただし書）。

(b) 信託事務処理関係書類の保存　受託者は、信託財産に属する財産の処分に係る契約書、その他の信託事務の処理に関する書類または電磁的記録（信託事務処理関係書類）を作成し、または取得したときは、その作成または取得の日から10年間、保存しなければならない（222条7項）。

ただし、受益者（複数の受益者が現に存する場合は受益者全員、信託管理人が現に存する場合は信託管理人）にその書類もしくはその写しを交付し、または電磁的記録に記録された事項を提供したときは、保存義務を免れる（同項後段）。

(c) 貸借対照表等の保存　受託者は、限定責任信託の効力発行日の貸借対照表ならびに各信託事務年度の貸借対照表、損益計算書、信託概況報告およびこれらの附属明細書等の書類または電磁的記録（「貸借対照表等」）を作成したときは、信託の清算の結了の日までの間、保存しなければならない（222条8項本文）。

ただし、その作成の日から10年を経過した後において、受益者（複数の受益者が現に存する場合は受益者全員、信託管理人が現に存する場合は信託管理人）に対し、その書類もしくはその写しを交付し、または電磁的記録に記録された事項を提供したときは、保存義務を免れる（同項ただし書）。

(5) 会計帳簿・貸借対照表等の閲覧等請求

(a) 受益者の閲覧等請求　受益者は、受託者に対し、①会計帳簿、②信

託事務処理関係書類、③限定責任信託の効力発生日の貸借対照表ならびに各信託事務年度の貸借対照表、損益計算書、信託概況報告およびこれらの附属明細書等の書類または電磁的記録（貸借対照表等）の閲覧・謄写を請求することができるが、①の会計帳簿、②の信託事務処理関係書類については、受託者が閲覧等の対象となる書類等を特定するとともに、その妥当性を判断する必要上、請求の理由を明らかにしてしなければならない（222条9項：38条1項・6項準用）。

(b) 利害関係人の閲覧等請求　利害関係人は、上記(a)③の限定責任信託の効力発生日の貸借対照表ならびに各信託事務年度の貸借対照表、損益計算書、信託概況報告およびこれらの附属明細書等の書類または電磁的記録（貸借対照表等）の閲覧・謄写を請求することができる（222条9項：38条6項準用）。

(c) 閲覧等請求の拒絶事由　受託者は、受益者から請求の理由を明らかにして会計帳簿または信託事務処理関係書類の閲覧等請求があったときは、会計帳簿等閲覧等請求拒絶事由（帳簿等閲覧等請求拒絶事由と同様）に該当すると認められる場合を除き、これを拒むことができない（222条9項：38条2項準用）。

(d) 受益者の同意に基づく閲覧等請求の拒絶　信託行為において、下記の①および②の情報以外の情報について、受益者が同意したときは上記(a)の閲覧・謄写の請求をすることができない旨の定がある場合には、同意をした受益者（その承継人を含む。）は、その同意を撤回することができない（222条9項：38条4項準用）。

① 限定責任信託の効力発生日の貸借対照表または各信託事務年度の貸借対照表、損益計算書および信託概況報告ならびにそれらの附属明細書等の書類または電磁的記録（貸借対照表等）の作成に欠かすことのできない情報その他の信託に関する重要な情報

② 同意をした受益者以外の者の利益を害するおそれのない情報

受託者は、同意をした受益者から上記(a)の閲覧または謄写の請求があったときは、上記①および②の情報に該当する部分を除き、これを拒むことができる（222条9項：38条5項準用）。

(6) 裁判所による会計帳簿・貸借対照表等の提出命令

　限定責任信託では、責任財産が信託財産に限定されることから、信託財産の状況等を把握することは信託債権者にとっても、また、信託財産の給付制限に関する責任を負う受益者にとっても重要である。特に、信託債権者や受益者が受託者と訴訟になった場合においては、会計帳簿や貸借対照表等は重要な証拠資料になることから、これらの書類等については、裁判所による提出命令が認められている。

　すなわち、裁判所は、申立てによりまたは職権で、訴訟の当事者に対し、①会計帳簿、②限定責任信託の効力発生日の貸借対照表、③各信託事務年度の貸借対照表、損益計算書および信託概要報告ならびにこれらの附属明細書（計算関係書類等）の全部または一部の提出を命ずることができる（223条）。

5……信託財産の確保

　限定責任信託では、信託債権に係る責任財産が信託財産に属する財産に限定されるので、信託債権者を保護するため、信託財産の確保の観点から、受益者に対する給付制限や制限違反給付等に関する受託者および受益者の責任等が定められている。

(1) 受益者に対する給付制限

　限定責任信託では、信託債権の責任財産は信託財産に限定されるので、信託債権に劣後する受益債権に係る給付債務の履行は、信託財産の純資産額の範囲内において定める給付可能額を超えて給付することはできない（225条）。

　給付可能額は、前信託事務年度末日の純資産額から、100万円と給付財産の帳簿価額との合計額を控除した額である（計算規則24条1項）。100万円は、信託債権者の保護の観点から認められるものであり、信託行為において100万円を超える信託留保金を定めれば増額することも認められ、その信託留保金の額を純資産額から控除することができる（同条1項1号かっこ書）。ただし、これを信託の変更によって事後的に変更することはできない（同条3項）。

　なお、受託者が信託財産によって受益権を取得する行為は、受益者に対する弁済行為ではないが、信託財産に属する財産を受益者に給付することになるので給付制限の対象となり、純資産額から控除される給付財産に含められる（同条1項柱書かっこ書）。一方、受託者が信託財産をもって取得した受益権

（自己受益権）は、信託債権者にとっては責任財産として期待できるものではないから、純資産額の計算上、資産としては計上しないものとされている（同条2項）。

(2) 制限違反給付に対する受託者と受益者の責任

(a) **給付可能額を超える給付に関する受託者および受益者の責任**　受託者が、給付可能額を超えて受益者に信託財産に係る給付をした場合には、受託者がその職務を行うについて注意を怠らなかったことを証明した場合を除き、受託者および受益者は、連帯して、受託者は、給付額（給付の帳簿額）に相当する金銭の信託財産に対する塡補義務を負い、給付を受けた受益者は、現に受けた個別の給付額に相当する金銭の受託者に対する支払の義務を負う（226条1項・5項）。受益者から受託者に支払われた金銭は、信託財産に属する（同条3項）。

ただし、受託者が義務の全部または一部を履行した場合には、給付を受けた受益者は、履行金額に受給額の給付額に対する割合を乗じて得た金額の限度で、受託者に対する支払義務を免れ、受益者が受託者に対する支払義務の全部または一部を履行した場合は、受託者は、その履行金額の限度で信託財産に対する塡補義務を免れる（同条2項）。

このように、給付制限違反給付に関しては、受託者および受益者は、連帯して、受託者は信託財産に対する金銭の塡補義務を負い、給付を受けた受益者は受託者に対する金銭の支払義務を負うこととされているので、受託者が信託財産に金銭を塡補した場合には、給付を受けた受益者に対して求償権を有することになる。しかし、受託者の任務懈怠によって制限違反給付が行われたのであるから、給付を受けた受益者が、給付額が給付日における給付可能額を超えることについて善意であるときは、給付額について、受託者からの求償請求に応じる義務を負わないとされている（227条1項）。

他方、信託債権者を保護するため、信託財産を確保する観点から、信託債権者が給付を受けた受益者に対して受給額（受給額が債権者の債権額を超える場合は、債権額）に相当する金銭を支払わせることができる（同条2項）とされており、この場合には、受益者は、制限違反給付について善意であっても、支払請求に応じなければならないことになる。

なお、受託者の塡補義務および受益者の支払義務は、免除することはでき

ないのが原則であるが、給付日における給付可能額を限度として義務を免除することについて総受益者の同意がある場合は、免除することができる（226条4項）。

(b) 欠損が生じた場合の受託者および受益者の責任　受益者に給付した日には給付可能額が存在していても、その後の信託事務の処理その他によって信託財産が減少すれば、信託債権者を害することになる。

そこで、受託者が受益者に給付した信託事業年度において欠損額（貸借対照表の負債の額が資産の額を上回る場合において、負債の額から資産の額を控除して得た額）が生じたときは、受託者がその職務を行うについて注意を怠らなかったことを証明した場合を除き、受託者および受益者は、連帯して、受託者は、その欠損額（欠損額が給付額を超える場合は、給付額）に相当する金銭の信託財産に対する塡補義務を負い、受益者は、欠損額（欠損額が現に受けた個別の給付額を超える場合は、給付額）に相当する金銭の受託者に対する支払義務を負う（228条1項・5項）。受益者から受託者に支払われた金銭は、信託財産に属する（同条3項）。

ただし、受託者が信託財産に対する塡補義務の全部または一部を履行したときは、給付を受けた受益者は、履行額に受給額の給付額に対する割合を乗じて得た額の限度で受託者に対する支払義務を免れ、受益者が受託者に対する支払義務の全部または一部を履行した場合には、受託者は、履行額の限度で信託財産に対する塡補義務を免れる（同条2項）。

なお、受託者の塡補義務および受益者の支払義務は、総受益者の同意がなければ、免除することができない（同条4項）。

(3) 制限違反給付・欠損に関する金銭の塡補請求等の訴えに係る費用等の信託財産からの支弁

制限違反給付・欠損に関する金銭の塡補請求等の訴えに係る費用の支弁については、45条（損失の塡補請求の訴えに係る費用等の支弁等）が準用されるので（226条6項・228条6項）、受益者が受託者に対して制限違反給付額または欠損額に相当する金銭の塡補請求等に係る訴えを提起して勝訴した場合には、訴えに係る費用等は、相当と認められる額を限度として信託財産から支弁される。また、受益者が敗訴した場合であっても、悪意があったときを除き、受託者に対してこれによって生じた損害の賠償責任を負わない。

6……受託者の責任の強化

　限定責任信託の信託債権者を保護するために受託者の責任が加重され、受託者が信託事務を行うについて悪意または重過失があったときは、受託者は、これによって第三者に生じた損害の賠償責任（第三者責任）を負う（224条1項）。

　また、貸借対照表等に記載または記録すべき重要事項について虚偽記載等をしたとき、または虚偽の登記もしくは虚偽の公告をしたときも、受託者がそれらの行為をすることについて注意を怠らなかったことを証明した場合を除き、これによって第三者に生じた損害の賠償責任（虚偽記載責任）を負う（同条2項）。

　上記いずれの場合も、他に損害の賠償責任を負う受託者がいる場合は、それらの受託者は、連帯債務者となる（同条3項）。

　受託者の任務懈怠による損失の塡補または原状回復の責任は、受益者に対する責任であり、第三者に対して負うのは原則として不法行為責任であるが、信託財産に責任が限定される限定責任信託の信託債権者を保護する観点から、任務懈怠に悪意または重過失がある場合には、第三者に対する加害行為について故意または過失がなくとも、受託者は、任務懈怠と因果関係にある損害について第三者に対して賠償責任を負う（法定の特別責任）。なお、加害行為について故意または過失があれば、別途、不法行為責任も成立する。

7……限定責任信託に係る清算の特例

　限定責任信託においては、信託債権者の保護や公平弁済の確保がより重視されるので、限定責任信託の清算については、信託の清算に関する規定（175条~184条）の適用に加えて、公告、弁済制限、除斥等が定められている。

　限定責任信託の清算受託者は、その就任後遅滞なく、信託債権者に対し、一定期間内（2か月以上）にその債権を申し出るべき旨を、官報に公告し、かつ、知れている信託債権者には、各別にこれを催告しなければならない（229条1項）。この公告には、上記の期間内に申出をしないときは清算から除斥される旨を付記しなければならない（同条2項）。

　限定責任信託の清算受託者は、総信託債権者に対する公平な弁済を確保するため、申出期間内は、限定責任信託の債務の弁済をすることができない

(230条1項)。その期間中に債務不履行が生じた場合は、その責任は免れないとされるので（同項後段）、履行遅滞に基づく損害賠償責任を負うことになる。

他方、限定責任信託の債務の弁済禁止の例外として、申出期間中であっても、少額の債権、清算中の限定責任信託の信託財産に属する財産につき存する担保権によって担保される債権、その他これを弁済しても他の債権者を害するおそれのない債権に係る債務については、裁判所の許可を得て、弁済することができる（同条2項）。

申出期間内にその債権の申出をしなかった信託債権者は、清算から除斥され（231条1項）、給付されていない残余財産に対してのみ弁済請求をすることができることになる（同条2項）。

なお、知れている債権者は、清算から除斥されないので（同条1項かっこ書）、申出期間内に債権の申出をしなくても、申出をした信託債権者と同様に弁済を受けることができる。

8……限定責任信託の登記

216条（限定責任信託の要件）、220条（登記の効力）および221条（限定責任信託の定めを廃止する旨の信託の変更）の規定を受けて、232条から247条において、限定責任信託の登記細目が定められている。その主なものは以下のとおりである。

(1) 限定責任信託の定めの登記

信託行為において、216条1項の定め（限定責任信託の定め）がされたときは、2週間以内に、下記の事項を登記しなければならない（232条）。

① 限定責任信託の目的
② 限定責任信託の名称
③ 受託者の氏名または名称および住所
④ 限定責任信託の事務処理地
⑤ 信託財産管理者または信託財産法人管理人が選任されたときは（64条1項、74条6項）、その氏名または名称および住所
⑥ 信託の終了事由（163条9号）についての信託行為の定めがあるときは、その定め
⑦ 会計監査人設置信託（248条3項）であるときは、その旨および会計監

査人の氏名または名称

(2) 限定責任信託に係る変更の登記

(a) 事務処理地の変更登記　限定責任信託の事務処理地に変更があったときは、2週間以内に、旧事務処理地においてはその変更の登記を、新事務処理地においては前記(1)①～⑦の事項を登記しなければならない（233条1項）。

同一の登記所の管轄区域内において限定責任信託の事務処理地の変更があったときは、その変更の登記をすれば足りる（同条2項）。

(b) 事務処理地以外の変更登記　前記(1)の事項（④を除く。）に変更があったときは、2週間以内に、その変更を登記しなければならない（233条3項）。

(3) 職務執行停止の仮処分命令等の登記

限定責任信託の受託者の職務の執行停止、職務代行者の選任の仮処分命令、またはその仮処分の命令の変更・取消しの決定がなされたときは、その事務処理地において、その登記をしなければならない（234条）。

(4) 終了・清算の登記

(a) 終了の登記　限定責任信託が、信託の終了事由（裁判所による終了命令および信託財産についての破産手続開始の決定を除く。）もしくは委託者および受益者の信託終了の合意もしくは信託行為の別段の定めにより限定責任信託が終了したとき、または限定責任信託の定めを廃止する旨の信託の変更がされたときは、2週間以内に、終了の登記をしなければならない（235条）。

(b) 清算受託者の登記　限定責任信託が終了した場合において、終了時の受託者が清算受託者になるときは、終了の日から2週間以内に、清算受託者の氏名または名称および住所を登記しなければならない。清算受託者が選任されたときも、同様である（236条）。

(c) 清算結了の登記　限定責任信託の清算が結了したときは、最終計算の承認の日から2週間以内に、清算結了の登記をしなければならない（237条）。

受益証券発行限定責任信託

1……受益証券発行限定責任信託の意義

　受益証券発行限定責任信託とは、受益証券発行信託である限定責任信託をいい（248条1項）、受益証券発行信託と限定責任信託の両方の性質を有する信託である。

　受益権の流通性と責任財産の限定が同時に図られるので、株式会社により近いものとなり、信託に関する会計の適正を確保する必要性が類型的に高いことから、会計監査人制度が設けられている。

　この会計監査人制度は、受益証券発行限定責任信託に限って認められたものであるが、受益証券発行限定責任信託以外の信託において会計監査人を置くことを禁止するものではないので、受益証券発行限定責任信託以外の信託においても、信託行為の定めにより会計監査人を置くことはできる。ただし、その場合、受益証券発行限定責任信託における会計監査人制度に関する規定は適用されないので、信託行為の定めにより会計監査人を置く場合には、併せてその権限や責任等についても詳細に定めておく必要がある。

2……会計監査人

(1) 会計監査人の設置

(a) 信託行為による設置　受益証券発行限定責任信託においては、信託行為の定めにより、一定の資格を有する会計監査人を設置することができる（248条1項）。

(b) 大信託の場合の設置強制　最終の貸借対照表の負債の部に計上した額の合計額が200億円以上あるものについては、株式会社（会社法328条）や一般社団法人等（一般社団法人及び一般財団法人に関する法律62条）と同様、会計監査人を必ず置かなければならない（248条2項）。

　なお、最終の貸借対照表とは、直近の信託事務年度経過後3月以内に作成された貸借対照表をいう（222条4項、計算規則12条3項）。

(c) 会計監査人設置信託　受益証券発行限定責任信託のうち、会計監査人につき、上記(a)の設置の定めのあるもの、および上記(b)の設置が義務

づけられるものを会計監査人設置信託といい、信託行為に会計監査人を指定する定めを設けなければならない（248条3項）。

会計監査人を指定する定めでは、特定の会計監査人の指定や会計監査人となる者の指定の方法、あるいは会計監査人の任期等について定める。

(2) 会計監査人の資格等

会計監査人は、公認会計士または監査法人でなければならないとされ（249条1項）、会計監査人が監査法人の場合は、その社員の中から会計監査人の職務を行う者を選定し（下記②に掲げる者を選定することはできない。）、受託者に通知しなければならい（同条2項）。

また、会計監査人は、受託者の作成した会計帳簿等を監査する立場にあり、受託者と一定の利害関係を有しないことが条件とされるので、下記の者は会計監査人になることができない（同条3項）。

① 公認会計士法の規定により、各事業年度の貸借対照表、損益計算書および信託概要報告ならびにこれらの附属明細書等の書類または電磁的記録（計算関係書類等）について監査することができない者
　例：業務停止の懲戒処分を受けている公認会計士（公認会計士法29条2号）

② 受託者もしくはその利害関係人から公認会計士もしくは監査法人の業務以外の業務により継続的な報酬を受けている者またはその配偶者

③ 監査法人でその社員の半数以上が上記②の者であるもの

3……会計監査人の選任・辞任・解任

(1) 会計監査人の選任

(a) 委託者と受益者の合意による選任　会計監査人が欠けたときは、委託者および受益者は、欠けたときから2か月以内に新会計監査人を選任しなければならない（250条1項）。

(b) 受益者による選任　上記(a)の場合において、委託者が現に存しないとき、または会計監査人が欠けてから2か月以内に合意が調わないときは、受益者のみで新会計監査人を選任することができる（250条2項）。

上記(a)および(b)により新会計監査人が選任されたときは、その新会計監査人について信託行為に会計監査人を指定する定めが設けられたものとみ

なされる（同条4項）。

(c) **受益者集会における選任** 複数の受益者が存在する場合には、受託者（信託監督人が現に存する場合は、受託者または信託監督人）は、新会計監査人を選任するために、遅滞なく、受益者集会を招集しなければならない（250条3項）。

(2) 会計監査人の辞任

会計監査人は、委託者および受益者の同意を得て辞任することができる（251条：57条1項本文準用）。

辞任により退任した会計監査人は、新会計監査人が選任されるまで、なお会計監査人の権利義務を有する（250条5項）。

(3) 会計監査人の解任

委託者および受益者は、いつでも、その合意により、会計監査人を解任することができる（251条：58条1項準用）。会計監査人の不利な時期に解任したときは、やむを得ない事由があった場合を除き、会計監査人の損害を賠償しなければならない（251条：58条2項準用）。

4……会計監査人の権限・義務・責任等

(1) 会計監査人の権限等

(a) **会計監査** 会計監査人は、各信託事業年度の貸借対照表、損益計算書および信託概況報告ならびにこれらの附属明細書等の書類または電磁的記録（計算関係書類等）について監査を行い、会計監査報告を作成しなければならない（252条1項）。

会計監査報告では、①会計監査人の会計監査の方法およびその内容を記載し、②計算関係書類等が受益証券発行限定責任信託の財産および損益の状況をすべての重要な点において適正に表示しているかどうかについての意見があるときは、イ 無限定適正意見、ロ 除外事項を付した限定付適正意見、ハ 不適正意見に分けて意見（意見がないときは、その旨とその理由）を記載するほか、③追記情報、④会計監査報告作成日を記載する（計算規則32条2項）。

(b) **会計帳簿等の閲覧・報告徴求** 会計監査人は、いつでも、受託者に対し、会計帳簿またはこれに関する書類または電磁的記録に記録された事項を法務省令で定める方法により表示したものの閲覧および謄写をし、または

会計に関する報告を求めることができる (252条2項)。
(c) 使用人の制限　会計監査人は、その職務を行うにあたって、下記の者を使用してはならない (252条3項)。
　① 公認会計士法の規定により、各信託事業年度の貸借対照表、損益計算書および信託概要報告ならびにこれらの附属明細書等の書類または電磁的記録（計算関係書類等）について監査することができない者
　② 受託者またはその利害関係人
　③ 受託者またはその利害関係人から公認会計士または監査法人の業務以外の業務により継続的な報酬を受けている者

(2) 会計監査人の義務
　会計監査人は、その職務を行うにあたっては、善良な管理者の注意をもって、これをしなければならない (253条)。

(3) 会計監査人の損失塡補責任等
(a) 損失の塡補責任　会計監査人が任務懈怠により信託財産に損失を生じさせたときは、受益者は、会計監査人に対して損失の塡補を請求することができる (254条1項)。この損失の塡補は、会計監査人が受託者に対して金銭を支払うことによって行われ、受託者に交付された金銭その他の財産は、信託財産に属するものとされる (同条2項)。
(b) 損失の塡補責任の免除　会計監査人の損失の塡補責任の免除等については、42条（1号に限る。）（受託者の損失の塡補責任等の免除）、105条3項・4項（3号を除く。）（受益者集会による受託者の損失の塡補責任等の免除）の規定が準用される (254条3項)。

　すなわち、受益者は、会計監査人の損失の塡補責任を免除することができるが、受益者が複数存在する場合は、損失の塡補責任の全部免除と職務遂行につき悪意または重過失があった場合の損失の塡補責任の一部免除は、受益者の全員一致でなければ免除することができない。軽過失があった場合の責任の一部免除は、受益者集会の多数決（特別決議）によって免除することができる。
(c) 損失の塡補請求責任等に係る債権の消滅時効等　損失の塡補責任等に係る債権の消滅時効については、43条（損失の塡補責任等に係る債権の時効）が準用される (254条3項)。

すなわち、受益者の損失の塡補責任等に係る債権は、受益者が権利を行使することができることを知った時から5年間、または権利を行使できる時から10年間行使しないと時効により消滅するが、受益者が受益者の指定を受けたことを知るまでは、消滅時効は進行しない。除斥期間は20年である。

また、法人会計監査人の役員の法人との損失塡補等に係る連帯責任に係る債権の消滅時効期間も受益者が権利を行使することができることを知った時から5年間、または権利を行使できる時から10年間であり、消滅時効の進行停止や除斥期間20年も同様である。

(d) 損失の塡補請求の訴えに係る費用等の信託財産からの支弁　損失の塡補請求の訴えに係る費用または報酬の支弁については、45条（損失の塡補請求の訴えに係る費用等の支弁等）が準用される（254条3項）。

すなわち、受益者が損失の塡補請求に係る訴えを提起して勝訴した場合には、その訴えに係る費用等は、相当と認められる額を限度として信託財産から支弁される。受益者が敗訴した場合であっても、悪意があったときを除き、受託者に対し、これによって生じた損害の賠償責任を負わない。

(4) 会計監査人の第三者責任等

会計監査人は、その職務を行うについて悪意または重過失があったときは、それによって第三者に生じた損害の賠償責任（第三者責任）を負う（255条1項）。

また、会計監査報告に記載または記録すべき重要事項に虚偽の記載または記録をしたときも、その行為をすることについて注意を怠らなかったことを証明しない限り、それによって第三者に生じた損害の賠償責任（虚偽記載責任）を負う（同条2項）。

上記いずれの場合も、これらの賠償責任を負う他の会計監査人がいる場合は、これらの者は、連帯債務者となる（同条3項）。

(5) 会計監査人の費用・報酬

会計監査人の費用等および報酬については、127条1項から5項（信託管理人の費用等および報酬）が準用される（256条）。

(6) 会計監査人の受益者集会への出席

会計監査人は、受益者集会に出席し、または書面により意見を述べることができる（257条：118条1項準用）。

また、受益者集会または招集者は、必要があるときは、会計監査人に対し、その出席を求めることができる。この場合において、受益者集会にあっては、これをする旨の決議を経なければならない（257条：118条2項準用）。

5……会計監査人設置信託における計算関係書類等の作成・報告・保存と会計監査

(1) 各信託事業年度の計算関係書類等の作成と会計監査

受託者は、各信託事業年度の貸借対照表、損益計算書および信託概況報告ならびにこれらの附属明細書等の書類または電磁的記録（計算関係書類等）を作成し、会計監査人の会計監査（252条1項）を受けなければならない（同条4項：222条4項準用）。

(2) 受益者への報告

受託者は、上記(1)の計算関係書類等を作成したときは、信託行為に別段の定めがない限り、その内容および会計監査報告について受益者（信託管理人が現に存する場合は、信託管理人）に報告しなければならない（252条4項：222条5項準用）。

(3) 計算関係書類等と会計監査報告の保存

受託者は、各信託事業年度の計算関係書類等を作成し、会計監査人の会計監査（252条1項）を受けた場合には、信託の清算の結了の日までの間、その計算関係書類等および会計監査報告を保存しなければならない（同条4項：222条8項本文準用）。

ただし、その作成の日から10年間を経過した後において、受益者（複数の受益者が現に存する場合は受益者全員、信託管理人が現に存する場合は信託管理人）に対し、上記の書類もしくはその写しを交付したとき、または電磁的記録に記録された事項を法務省令で定める方法により提供したときは、保存することを要しない（252条4項：222条8項ただし書準用）。

6……受益証券発行限定責任信託の受託者等の贈収賄罪

受益証券発行限定責任信託は、株式会社等に利益状況が近似して、受益証券発行限定責任信託の受託者等には職務を公正に遂行することが強く求められることから、罰則が設けられている。

受益証券発行限定責任信託の受託者等（受託者（前受託者または清算受託者を含む。）、信託財産管理者、職務代行者、信託財産法人管理人、信託管理人、信託監督人、受益者代理人、検査役、会計監査人）の単純収賄（3 年以下の懲役または 300 万円以下の罰金）、加重収賄（5 年以下の懲役または 500 万円以下の罰金）、受託者等への贈賄（3 年以下の懲役または 300 万円以下の罰金）が、それぞれ処罰の対象となる（267 条）。

受益者の定めのない信託

1……受益者の定めのない信託の意義
(1) 目的信託

受益者の定めのない信託（目的信託）とは、受益者の定めまたは受益者を定める方法のない信託（258 条 1 項）、すなわち、受益権を有する受益者の存在を予定していない信託をいう。信託財産は、受益者の利益のためではなく、信託行為で定められた信託の目的のために管理または処分等がされることになる。

従来、信託は、受益者のために行われるものであるから、受益者を確定し得ない信託は、公益信託を除いて、無効と解されてきた。しかし、受益者は確定し得ないが、公益を目的とする公益信託までには至らない信託が存在し、実際にも利用ニーズがある。たとえば、地域住民が共同で資金を拠出して信託を設定し、地域の老人介護や子育て支援等の非営利活動に充てる場合や、会社を退職する役員が自己の資金を拠出して信託を設定し、その財産や運用益を従業員のための福利厚生施設の運営等に充てる場合等である。

そこで、信託法では、信託の目的が明確であれば、それに基づいて受託者の行為規範を明確化することは可能であるから、その適正執行を確保するための措置を講ずれば、受益者を確定し得ないという理由で一律に信託を無効とするまでのことはないとされ、設定方法の制限（信託宣言による設定不可）、信託の変更による転換の禁止、存続期間の制限（20 年）、委託者の権利強化や信託管理人の必置等による受託者に対する監督等の措置を講じたうえで目的信託が認められた。

(2) 公益信託

　受益者の定めのない信託（目的信託）のうち、学術、技芸、慈善、祭祀、宗教その他公益を目的とするもので、主務官庁の許可を受けたものを公益信託という（公益信託法1条・2条）。公益信託には、公益信託に関する信託法の特別法である「公益信託ニ関スル法律」が適用される。

　公益信託は、目的信託の一類型として位置づけられ、①信託宣言の方法によっては設定できないこと、②信託の変更によって受益者の定めを設けることはできないこと等の目的信託に係る特則の適用を受けるが、公益性を有するため、①公益信託の設定には主務官庁の許可を要すること（同信託法2条1項）、②主務官庁の監督に服すること（同法3条）、③存続期間の制限がないこと（同法2条2項）等において、目的信託とは異なる扱いを受ける。

■コラム11──公益信託法の改正

　公益信託とは、個人の篤志家や企業、法人等が委託者となって、自らの財産を信託財産として拠出し、これを受けた受託者が、信託財産を公益目的のために管理・運用する制度であり、公益信託に関する規律は「公益信託ニ関スル法律」に規定されている。

　公益信託に関する規定は、現行の信託法が制定されるまでは、1922（大正11）年に公布された旧信託法の中に置かれており、受益者の定めのある信託に関する規定のあとに、公益信託の監督等に関する規定が置かれていた。旧信託法の規定のうち、私益信託に関する規定は2006（平成18）年に全面改正（新法制定）されたが、公益信託に関する規定については実質的な改正が行われず、旧信託法の法律番号のまま、法律名を「公益信託ニ関スル法律」として若干の改正が行われたにとどまっている。

　信託法の全面改正において公益信託に関する規定が実質的に改正されなかった理由は、当時、公益信託制度と同様の社会的機能を有する公益法人制度の全面的な見直しが進められていたことによる。現行の信託法が制定された時の国会決議においては、「公益信託制度については、公益法人と社会的に同様の機能を営むものであることにかんがみ、先行して行われた公益法人制度改革の趣旨を踏まえつつ、公益法人制度と整合性のとれた制度とする観点から、遅滞なく、所要の見直しを行うこと」とされた。その後、公益法人制度改革に伴い行われた民法上の旧公益法人から新制度上の公益社団法人または公益財団法人への移行が2013（平成25）年に完了し、2016（平成28）年6月から、法制審議会信

託法部会が再開され、公益信託法の見直しに関する検討が行われ、2018 (平成30) 年12月の同部会において「公益信託法の見直しに関する要綱案」として決定された。この要綱案は、2019 (平成31) 年2月14日の法制審議会において要綱として承認され、同日、法務大臣に答申された。今後、国会における審議が予定されている。

公益信託制度の見直しについては、基本的な方向性として、主に次の3点を挙げることができる。第1に、公益信託の信託事務および信託財産の拡大である。現行の公益信託は、一定の基準を満たすものとして主務官庁の許可を得ることによって、公益信託としての効力を生じる仕組みとなっているが、現在の利用は、奨学金支給や研究助成金の支払いなどの金銭を信託財産として助成を行うタイプに事実上、限定されている。見直しの方向としては、金銭以外の財産を信託財産とし、たとえば美術品の展示や学生寮の運営ができるようにすることが提案されている。第2に、公益信託の受託者は、事実上、信託銀行に限られてきたが、信託事務および信託財産の拡大に伴い、適正に公益信託事務を行う能力を有するものに拡大する必要があることが認識され、受託者の担い手を拡大することが提案されている。第3に、公益法人制度改革のもとでの法人制度の見直しと同様に、主務官庁による許可・監督制を廃止することが提案されている。

公益活動をしようとする個人または法人からみた場合、公益信託は、受託者を活用することにより比較的、簡易に公益活動を行うことができる点でメリットがある。公益信託法の全面改正によって、さらに公益活動が活発に行われることが期待される。

2……目的信託に係る制限等

（1）設定方法の制限

目的信託は、信託契約または信託遺言の方法によってしか設定することができない（258条1項）。したがって、信託宣言（3条3号）によって目的信託を設定することはできない。

受益者の存しない目的信託については、受益者の受託者に対する監督権限を委託者に付与することによって受託者の信託事務処理の適正化を確保することにしているが、自己信託は、委託者と受託者が同一であり、このような措置を取ることができないからである。

(2) 目的信託の転換禁止

目的信託は、信託の変更によって、受益者の定めを設けること、または逆に、受益者の定めのある信託を目的信託に変更することはできない（258条2項）。

受益者は、信託において重要な要素であり、目的信託と一般の信託では、信託目的、設定方法、存続期間制限の有無、関係当事者の権利の内容等において大きく異なるので、信託の変更によって、この間を行ったり来たりするのは相当でないからである。

(3) 存続期間の制限

目的信託の存続期間は、20年以内である（259条）。

信託の目的に関しては、公益または公序良俗に反するような場合を除いて特段の制限はないので、受益者の存しない信託により長期間にわたって受託者の下に信託財産を拘束することが可能となる。しかし、それがあまり長期にわたると合理的または効率的な財産の利用や物資の流通の妨げとなり、ひいては国民経済上の利益に反するおそれがあること等から、20年の存続期間の制限が設けられている。

(4) 詐害信託の場合の取消し

目的信託が委託者の債権者を害する詐害信託である場合は、委託者の債権者は、その信託を取り消すことができる（11条1項本文）。

一般の信託の場合、委託者の債権者は、委託者がその債権者を害することを知ってした信託（詐害信託）を取り消すことができるが、取消しができるのは受益者が債権者を害することを知っていたときに限られる（同項ただし書）。これに対して、目的信託の場合は、受益者が存しないので、受益者の存在を前提とするこのような取扱いは適用されないから、委託者の債権者は、目的信託が詐害信託であれば常に取り消すことができる。

3……目的信託の監督

目的信託は、受益者が存在しないため、一般の信託のような受益者による受託者の監督は期待できない。そこで、委託者の権利強化や信託管理人の設置および権限の強化によって受託者を監督することとされている。

(1) 契約信託の場合における委託者の権利の強化

　信託契約の締結によって設定された目的信託においては、委託者（委託者が複数存在する場合はすべての委託者）は、信託行為に特段の定めがなくても、信託財産に対する強制執行等に対する異議権、受託者の権限違反行為の取消権、受託者の信託違反行為の差止請求権等の委託者が信託行為の定めにより留保することができる権利等（145条2項各号（6号の受益者の氏名等の開示請求権を除く。））が当然に付与されるとともに、受託者は、受益者に対して負う通知義務、報告義務および承認を求める義務（145条4項各号）を委託者に対して負う（260条1項前段）。

　この委託者の留保可能な権利である受託者に対する監視・監督権および受託者が委託者に負う義務については、信託の変更によって変更することができない（260条1項後段）。

(2) 遺言信託の場合における信託管理人の設置およびその権限の強化

　信託遺言によって設定された目的信託においては、受益者のみならず、委託者も存しないことになるため、信託遺言において信託管理人を指定する定めを設けなければならない（258条4項前段）。この場合においては、信託管理人の権限のうち、委託者の留保可能な権利である145条2項各号に掲げる受託者に対する監視・監督権（6号の受益者の氏名等の開示請求権を除く。）を行使する権限を制限する定めを設けることはできない（同項後段）。

　信託管理人を指定する定めがない場合において、遺言執行者の定めがあるときは、遺言執行者が信託管理人を選任しなければならず（同条5項前段）、遺言執行者が信託管理人を選任したときは、信託行為に信託管理人の定めが設けられたものとみなされる（同項後段）。この場合において、信託管理人の権限のうち、委託者の留保可能な権利である145条2項各号に掲げる受託者に対する監視・監督権（6号の受益者の氏名等の開示請求権を除く。）を行使する権限については、信託の変更によって制限することはできない（260条2項）。

　信託管理人を指定する定めがない場合において、遺言執行者の定めがないとき、または遺言執行者となるべき者として指定された者が信託管理人の選任をせず、もしくはこれをすることができないときは、裁判所が、利害関係人の申立てにより、信託管理人を選任することができ（258条6項前段）、信託管理人の選任の裁判があったときは、信託行為に信託管理人の定めが設けら

れたものとみなされる（同項後段）。この場合において、信託管理人の権限のうち、委託者の留保可能な権利である145条2項各号に掲げる受託者に対する監視・監督権（6号の受益者の氏名等の開示請求権を除く。）を行使する権限については、信託の変更によって制限することはできない（260条2項）。

信託遺言による目的信託において、信託管理人が欠けた場合であって、信託管理人が就任しない状態が1年間継続したときは、信託は、終了する（258条8項）。

4……目的信託に関する規定の読替と不適用

目的信託は、受益者の存在を予定していないものであることから、受益者に関係する規定をそのまま適用することはできない。

そこで、目的信託に規定を適用する場合は、必要な読替をする一方（261条1項）、適用しない場合が、以下のとおり明示されている（同条2項～5項）。

① 目的信託に係る受託者の費用等、損害賠償および信託報酬については、受益者から費用等の償還請求はできない（同条2項）。
② 目的信託に係る信託の変更のうち、受託者と受益者の合意による変更、および受益者の受託者に対する意思表示による変更はすることはできない（同条3項）。
③ 目的信託に係る信託の併合のうち、受託者と受益者の合意による信託の併合はすることができない（同条4項）。
④ 目的信託に係る信託の分割のうち、受託者と受益者の合意による吸収信託分割および新規信託分割はすることができない（同条5項）。

第 11 章

信託業と信託業法

 信託業法の概要

1……信託業規制の意義

　信託業法は、1条で、「信託業を営む者等に関し必要な事項を定め、信託に関する引受けその他の取引の公正を確保することにより、信託の委託者及び受益者の保護を図り、もって国民経済の健全な発展に資することを目的とする。」と規定して、信託業法の目的が、信託会社等に対する規制等を行うことにより、委託者および受益者の保護を図ることにあると謳っている。

　信託法では、受託者に対して厳しい義務と責任を課す一方、受益者には各種の受託者に対する監視・監督権を与えることにより、信託事務の適正な処理と受益者の保護を図っている。しかし、現実には、受託者である信託会社と不特定多数の顧客である委託者・受益者との間には情報量や交渉力において格差があり、また、受託者は信託財産を自己名義で管理・運用するという大きな権限を有すること等から、委託者および受益者のさらなる保護を図るために、信託業法では信託会社（受託者）に対する規制、すなわち、開業規制、行為規制、監督等についての規定を設けている。

2……開業規制
(1) 開業規制の意義

　受託者である信託会社は、形式的とはいえ、信託財産の所有者であり、自己名義で信託財産を管理・運用するという大きな権限を有するので、健全な信託業運営の確保、ひいては委託者および受益者の保護の観点から、免許・登録制が導入され、一定の資格および能力を有している者だけが信託の引受けを営業として行うこと（信託業）ができるとされている。

（2）信託会社の免許・登録

　信託会社は、信託財産の管理または処分権限の裁量の大きさによって、信託業全般を営む（運用型）信託会社と管理型信託業のみを営む管理型信託会社に分けられ、（運用型）信託会社の場合には免許を受けることを要し（信託業法3条）、管理型信託会社の場合には登録を受けることを要する（同法7条）。

　なお、自己信託会社については、委託者と受託者が同一であり、信託の引受行為がないことから特例が設けられ、受益権を多数の者（50名以上）が取得する場合に登録を受けることを要する（同法50条の2第1項、信託業令15条の2第1項）。

【信託会社の免許・登録要件等】

	運用型信託会社(業法5条)		管理型信託会社 (業法10条1項)	自己信託会社 (業法50条の2第6項)
	免許拒否事由等		登録拒否事由	
組織規制(2項1号)		株式会社	株式会社(同項1号)	会社(同項1号)
財産規制	最低資本金(同項2号、業令3条) 純資産額(同項3号、業則8条)	1億円 1億円	5,000万円(同項2号) 5,000万円(同項3号)	3,000万円(同項2号) 3,000万円(同項3号)
商号規制(同項4号)			○(同項1号)	—
兼業規制	他業の業務関連性(同項7号) 他業の業務支障性（ 〃 ）		○(同項1号) ○（ 〃 ）	— ○(同項7号) 他業の反公益（ 〃 ）
不適格会社	免許等の取消し等の日から5年未経過(同項5号) 法令違反による罰金刑執行終了日から5年未経過 （同項6号） 会社役員の不適格性(同項8号)		○(同項1号) ○（ 〃 ） ○（ 〃 ）	○(同項6号) ○（ 〃 ） ○（ 〃 ）
主要株主規制(同項9号・10号)			○(同項1号)	—
免許基準	定款・業務方法書の適法性・適切性(1項1号) 健全な業務遂行に足る財産的基礎(同項2号) 業務遂行に足る人的構成(同項3号)	不適格基準	○(同項4号) — ○(同項5号)	○(同項4号) — ○(同項5号)
営業保証金(業法11条2項、業令9条)　2,500万円			1,000万円	1,000万円

3……行為規制
(1) 行為規制の意義
　信託法では、受託者に対して厳しい義務と責任を課すことによって受益者の保護を図っているが、信託業法では、信託会社と顧客（委託者・受益者）との間の情報量や交渉力における格差を踏まえ、委託者・受益者のさらなる保護を図る観点から、信託会社に厳しい義務を課すとともに、信託の引受け（信託契約の締結等）や信託の引受け後の信託財産の管理・運用行為等に対して規制を行っている。このように、信託業法では、信託の引受け後の行為規制だけではなく、信託関係を発生させる信託の引受行為に対しても規制が行われており、信託関係が発生する前の信託法が適用されない段階から規制が行われるところに意義がある。

(2) 信託会社の行為規制
　信託業法における信託会社の行為規制の流れは、信託の引受け前、信託の引受け時、信託の引受け後に整理することができる。
　信託の引受け前においては、信託会社に係る規制として、①商号規制、②名義貸しの禁止、③取締役の兼職制限、④主要株主規制等がある。
　信託の引受け時においては、信託の引受けに係る規制として、①信託の引受けに係る行為準則、②信託契約内容の説明義務、③信託契約締結時交付書面の交付義務があり、信託業務に係る規制として、①信託業務の委託規制、②指定紛争解決機関との契約締結義務等がある。
　さらに、信託の引受けが投資性の強い特定信託契約によって行われる場合には、規制の同等性を確保する観点から、以下の金商法の販売・勧誘に係る行為規制が適用される。
　①特定投資家への告知義務等、②広告規制等、③特定信託契約締結前交付書面の交付義務、④特定信託契約締結前交付書面の交付に係る実質的説明義務、⑤未登録格付業者の信用格付けであることを告知しないで行う勧誘の禁止、⑥迷惑時間における勧誘の禁止、⑦損失補塡等の禁止
　信託の引受け後においては、信託会社に係る義務として、①忠実義務、②善管注意義務、③分別管理体制整備義務、④信託業の信用失墜防止体制整備義務があり、信託財産の管理・運用に係る規制として、①信託財産に係る行為準則、②信託財産状況報告書の交付義務がある。この他に、①重要な信託

の変更等に係る規制、②費用等の償還・前払い範囲等の説明義務等がある。
　なお、信託の公示と相殺については、信託業の実態を踏まえて特例が設けられている。

4……監督
(1) 監督の意義
　受益者は、信託の受益権を有しており、信託法上、帳簿等の閲覧・謄写請求権、受託者の信託違反行為に対する取消権や損失の塡補・行為の差止請求権、受託者の解任・選任の申立権等、受託者に対して各種の監視・監督権を有しているが、受託者が信託会社である場合には、受益者等の私人のみでは十分な監督がなされないおそれがある。
　そこで、信託業法では、信託会社に対して業務運営に関する行政当局への報告・届出義務を課す一方、監督官庁に対して、信託会社の合併・分割等の認可権限や、立入検査、業務改善命令、業務停止命令、免許取消等の権限を与えて、信託会社を監督させている。

(2) 信託会社の報告・届出義務
(a)　報告義務　　信託会社は、事業年度ごとに業務の概況や経理の状況を記載した事業報告書を作成し、毎事業年度経過後3か月以内に内閣総理大臣に提出しなければならない（信託業法33条）。
　また、公衆に対する情報提供として、業務および財産の状況説明書を作成し、毎事業年度終了日の4か月後から1年間、公衆縦覧に供しなければならない（同法34条、信託業規則43条）。

(b)　届出・公告義務　　信託会社は、①破産・再生・更生手続開始の申立てをした場合、②合併・分割による信託業の一部承継および信託業の一部譲渡をした場合、③その他、免許・登録拒否事由に該当した場合、不祥事の発生を知った場合、訴訟・調停の当事者となった場合等には、遅滞なく内閣総理大臣に届け出なければならない（信託業法41条1項、信託業規則48条）。
　また、①信託業の廃業、②信託会社の合併による消滅、③破産による解散、④合併・破産以外理由による解散の場合には、信託会社または会社の代表取締役等（③は破産管財人、④は清算人）は、その旨を届け出なければならない（信託業法41条2項）。

さらに、信託会社は、信託業の廃業、合併による消滅、合併・破産以外の理由による解散、会社分割による信託業の承継または信託業の譲渡をしようとするときは、その30日前に公告・掲示をしなければならず（同条3項）、公告をしたときは、直ちに内閣総理大臣にその旨を届け出なければならない（同条4項）。

(3) 監督官庁の権限

(a) **認可権限**　信託会社の合併・分割は、信託会社の業務運営能力に大きな変更を加えるものであり、受益者の保護が図られないおそれがあることから、内閣総理大臣の認可がなければ効力を生じない（信託業法36条〜38条）。

また、信託会社が他の信託会社に行う信託業の譲渡も、信託業務の運営に大きな影響を及ぼすものであり、受益者の保護が図られないおそれがあることから、内閣総理大臣の認可がなければ効力を生じない（同法39条）。

(b) **立入検査権**　信託会社の信託業務の健全かつ適切な運営を確保するために必要があると認められるときは、信託会社等（信託会社の取引先もしくは信託持株会社、または信託会社・信託持株会社の主要株主等を含む。）に対して、業務もしくは財産に関し参考となるべき報告もしくは資料の提出を命じ、または立入検査をすることができる（信託業法42条）。

(c) **命令・処分権限**　信託会社からの報告・届出や、適時・適切な立入検査等により得られた情報から、信託会社の業務運営が適切性・健全性に欠けていることが判明した場合には、業務改善命令を発出することができる（信託業法43条）。

さらに、信託会社が免許・登録拒否要件等の法定事由に該当する場合には、6月以内の業務停止命令を発出することができ、業務改善命令や業務停止命令等によっても適切に信託業務を遂行できないような場合には、免許・登録の取消処分をすることができる（同法44条、45条）。

免許・登録の取消処分を行った場合、処分により免許・登録の効力は失われるが、信託会社の信託法上の受託者の地位が失われるわけではないので、裁判所に対して受託者の解任および新受託者の選任の申立てをすることができる（同法49条）。

II　信託業と信託会社の業務範囲

1……信託業
(1) 信託業の定義

信託業とは、信託の引受けを行う営業をいう（信託業法2条1項）。すなわち、信託法上の信託の引受けを営利の目的をもって反復継続して行うことである。

(a) 信託の引受け　信託とは、信託法に基づく信託　すなわち、契約信託、遺言信託、自己信託であり、信託の引受けとは、受託者の立場からみて、委託者の信託の設定の意思表示に対してこれを引き受ける旨の意思表示を行って信託関係を発生させることである。

① 契約信託

　契約信託では、委託者と受託者で信託を設定するが、委託者を規制するのではなく、受託者を規制する必要があるので、対象となるのは、「信託の引受け」を行う者（受託者）となる。

　信託の引受行為は、信託契約の効力とは関係なく行われるので、停止条件付信託契約の場合で、条件成就前の信託の効力がまだ発生していない段階でも、信託契約の締結行為は信託の引受行為に該当する。

② 遺言信託

　遺言信託は、遺言の効力発生時に効力が発生するが（4条2項）、利害関係人からの引受けの催告を受け（5条）、これに対して信託の引受けの意思表示をするときは、これが信託の引受行為に該当することになる。

③ 自己信託

　自己信託は、形式的には「信託の引受け」がないので特例が設けられ、自己信託を行う者は、多数者（50名以上）が受益権を取得できる場合には登録を受けなければならず、自己信託の登録を受けた者は、信託会社とみなされて行為規制等の適用を受ける。

(b) 「営業」　営業とは、「営利の目的」をもって「反復継続」して行うことをいう。

「営利の目的」は、いわゆる収支相償性があればよいから、非営利団体で

あっても、直ちに「営利目的」がないとはいえない。

「反復継続」は、行為の回数や行為者の主観を併せて考慮される。1回の信託の引受けであっても、反復継続して信託の引受けをする意思を有していれば、営業として信託の引受けを行ったことになる（例えば、大々的に信託の引受けの宣伝をしておいて、1回の信託の引受けをするような場合）。逆に、反復継続しても、引受けを行う意思が貫かれていない場合（たまたまそうなっているような場合）は、該当しない。

(2) 適用除外業務

他の契約を締結することに付随して金銭の預託等を受ける場合などにおいて、当事者間でも予期せぬ形で信託の成立が認められるような場合があるが、このような場合に信託業法上の規制を加えるのは適当ではない。そこで、他の取引に係る費用に充てるべき金銭の預託を受けるものその他の取引に付随して行われるものであって、その内容等を勘案し、委託者および受益者の保護のために支障を生じることがないと認められるものとして政令（信託業令1条の2）で定める以下のものは、信託業法の適用対象業務から除外されている（信託業法2条1項かっこ書）。

① 弁護士または弁護士法人の行う弁護士業務に必要な費用に充てる目的で依頼者から金銭の預託を受ける行為、その他の委任契約における受任者が委任事務に必要な費用に充てる目的で委任者から金銭の預託を受ける行為

② 請負契約における請負人がその行う仕事に必要な費用に充てる目的で注文者から金銭の預託を受ける行為

③ 上記①および②の行為に準ずるものとして内閣府令で定める行為

(3) 管理型信託業

管理型信託業とは、下記①委託者指図型管理信託、または②保存行為型管理信託の引受けを行う営業をいう（信託業法2条3項）。

信託業は、原則として免許制であるが、①委託者指図型管理信託は、受託者の裁量権が小さく、高度な能力が求められないこと、また、②保存行為型管理信託は、保存行為のようなものであれば、損害を与えるおそれも小さいことから、登録制がとられている。

① 委託者指図型管理信託

委託者または委託者から指図の権限の委託を受けた者（委託者または委託者から指図の権限の委託を受けた者が株式の所有関係または人的関係において受託者と密接な関係を有する者として政令（信託業令2条）で定める者以外の者である場合に限る。）のみの指図により信託財産の管理または処分（処分の目的の達成のために必要な行為を含む。）が行われる信託
② 保存行為型管理信託
信託財産につき保存行為または信託財産の性質を変えない範囲内の利用行為もしくは改良行為のみが行われる信託

2……信託会社の業務範囲
(1) 信託業および法定他業
　信託会社は、信託業のほか、信託契約代理業、信託受益権売買等業務および財産の管理業務（法定他業）を営むことができる（信託業法21条1項）。
　法定他業は、類型的に信託会社が行う信託業との関連性が認められ、また、信託会社の経営に与える影響も小さいと考えられることから、兼業規制は受けない。
(a) 信託契約代理業　信託契約代理業とは、信託契約（当該契約に基づく信託の受託者が当該受益権（当該受益権を表示する証券または証書を含む。）の発行者（金商法2条5項の発行者）とされる場合を除く。）の締結の代理（信託会社または外国信託会社を代理する場合に限る。）または媒介を行う営業をいう（信託業法2条8項）。
　法定他業であっても、信託契約代理業を営もうとする場合は、信託契約代理業の登録を受けることが必要となる（同法67条1項）。
(b) 信託受益権売買等業務　信託受益権売買等業務とは、信託受益権の売買またはその代理・媒介等を行う営業をいう。信託受益権は「有価証券」とみなされたので（金商法2条2項1号）第二項有価証券の売買等に該当して（同法28条2項2号）、第二種金融商品取引業の登録が必要となるところ、信託業法上の規制を受けている信託会社（管理型信託会社を除く。）については、第二種金融商品取引業の登録を受けなくても、信託受益権の売買等を業として行うことができる（同法65条の5第1項）。
(c) 財産の管理業務　財産の管理業務は、信託会社の業務方法書に記載

されている信託財産と同じ種類の財産で、かつ、信託会社が行う信託財産の管理方法と同じ方法によるものに限って営むことができる（信託業法21条1項かっこ書）。

(2) 兼業業務

信託会社は、信託業および法定他業のほか、内閣総理大臣の承認を受けて、信託業務を適正かつ確実に営むことにつき支障を及ぼすおそれのない、信託業務に付随する業務であって、信託業務に関連する業務を営むことができる（信託業法21条2項、信託業規則28条）。

信託業務に付随する業務に限定することによって信託会社の経営リスクを抑制しつつ、関連する業務を兼業することによって信託業務との相乗効果を上げることができるような場合に限定して兼業が承認される。相乗効果により信託会社の経営基盤が強化されれば、信託業務が円滑に遂行されるようになり、受益者の保護にも資することになるとの趣旨による。

Ⅲ 信託会社の行為規制

1……信託会社に係る規制

(1) 商号規制

信託会社でない者が信託会社であると誤認されないようにするために、信託会社は、その商号中に「信託」という文字の使用が義務付けられる一方（信託業法14条1項）、信託会社でない者は、その名称または商号のうちに信託会社であると誤認されるおそれのある文字の使用が禁止される（同条2項）。

ただし、担保付社債信託法上の免許または信託兼営法上の認可を受けている者は、信託の文字の使用は禁止されない（同項ただし書）。

このことから、信託兼営金融機関は、信託会社ではないので信託の文字使用の義務は負わないが、信託の文字の使用は禁止されないので、信託の文字を使用することはできることになる。

(2) 名義貸しの禁止

信託会社は、自己の名義をもって、他人に信託業を営ませてはならない（信託業法15条）。名義貸しの禁止は、免許・登録を受けてない者が信託業を

営むことができるようになって免許・登録制度が潜脱されるのを防止する趣旨である。

信託業務の一部を第三者に委託することは一定の要件の下で認められているが（信託業法 22 条）、信託業務の全部を委託することは、他人に信託業を営ませるものとして、名義貸しに該当する可能性がある。

(3) 取締役の兼職制限等

(a) 取締役等の兼職制限　信託会社の常務に従事する取締役（または執行役）は、他の会社の常務に従事し、または事業を営む場合には、内閣総理大臣の承認を受けなければならない（信託業法 16 条 1 項）。

信託会社の取締役等に高度の職務専念義務を課すことによって、信託財産と兼職先との間の利益相反行為を予防する趣旨である。

(b) 取締役等の資格・任期の制限　信託会社は、非公開会社であっても、定款によって取締役等（取締役、監査役、執行役）の資格を株主に限定することはできず、また、取締役等（取締役、会計参与、監査役）の任期を 10 年まで延長させることはできない（信託業法 16 条 2 項）。

信託会社にあっては、非公開会社であっても、取締役等を株主に限定せずに広く適切な者を取締役等に就任させるとともに、取締役等の任期を延長することなく適切な時期に選任手続を経ることによって、適切な信託事務の遂行を確保する趣旨である。

(4) 主要株主規制

信託会社は、委託者から信託された信託財産を受益者のために管理または処分等をしなければならないが、信託会社の経営に重大な影響力を有する主要株主によって信託会社の経営が歪められ、委託者・受益者の利益が害されることを防止するために、主要株主規制が導入されている。

信託会社の主要株主（総株主または総出資者の議決権の 100 分の 20（会社の財務および営業の方針の決定に対して重要な影響を与えることが推測される事実として内閣府令で定める事実がある場合には、100 分の 15）以上の議決権を有する者等）となった者は、対象議決権保有割合、保有目的等を記載した対象議決権保有届出書を、遅滞なく、内閣総理大臣に提出しなければならない（信託業法 17 条 1 項）。

内閣総理大臣は、信託会社の主要株主が不適格事由（同法 5 条 2 項 9 号イも

しくはロまたは 10 号イからハまでのいずれか）に該当する場合は、その主要株主に対して 3 月以内の期間を定めて必要な措置を取ることを命ずることができる（同法 18 条）。

　信託会社の主要株主は、その信託会社の主要株主でなくなった場合には、遅滞なく、その旨を内閣総理大臣に届け出なければならない（同法 19 条）。

2……信託の引受けに係る行為規制
(1) 信託の引受けに係る行為準則
　信託会社の信託の引受けに際して、委託者に適切な情報を与えることによって過剰なリスクのある信託契約の締結を防止するとともに、信託会社の業務の適正な運営を確保する観点から、信託の引受けに係る禁止行為と信託の引受けに係る適合性の原則が定められている。

(a) 信託の引受けに係る禁止行為　　信託会社は、信託の引受けに関して、以下の行為をしてはならない（信託業法 24 条 1 項）。この禁止行為は、契約信託だけでなく、遺言信託も適用対象となる。

① 虚偽の告知の禁止

　　委託者に対し虚偽のことを告げる行為は禁止される（信託業法 24 条 1 項 1 号）。このような行為が禁止されるのは当然のことであり、要は、事実と異なることの告知の禁止である。重要事実の不告知については、明確に禁止されていないが、これは適合性の原則（後述）に違反する場合があると考えられる。

② 断定的判断の提供の禁止

　　委託者に対し、不確実な事項について断定的判断を提供し、または確実であると誤解させるおそれのあることを告げる行為は禁止される（信託業法 24 条 1 項 2 号）。

　　将来における予測に関する事項であるため、虚偽の事実に該当しない場合があることから、虚偽の告知とは別に規定されている。

③ 特別の利益提供の禁止

　　委託者もしくは受益者または第三者に対し、特別の利益の提供を約し、または提供する行為（第三者をして特別の利益の提供を約させ、または提供させる行為を含む。）は禁止される（信託業法 24 条 1 項 3 号）。

この行為は、委託者を直接害するものではないが、他の委託者・受益者との不均衡が生じ、信託業の適正な運営に支障を生じるおそれがあることから禁止される。
④　損失補塡等の禁止
　　委託者もしくは受益者または第三者に対し、信託の受益権について損失補塡または利益補足（損失補塡等）をすること約し、または信託の受益権について損失補塡または利益補足をすること（第三者をしてその行為を約させ、または行わせることを含む。）は禁止される（信託業法24条1項4号）。
　　ただし、自己（信託会社）の責めに帰すべき事故による損失補塡は、禁止の対象にはならない。
⑤　内閣府令で定める行為の禁止
　　その他、委託者の保護に欠けるものとして内閣府令（信託業規則30条）で定める以下の行為は、禁止される（信託業法24条1項5号）。
　1　委託者に対し、信託契約に関する事項であってその判断に影響を及ぼす重要な事項について、誤解させるおそれのあることを告げ、または表示する行為
　2　委託者との信託契約の締結と自己の利害関係人による委託者への信用供与を併せて行う行為
　3　その他法令違反行為

(b) 信託の引受けに係る適合性の原則　　信託会社は、委託者の知識、経験、財産の状況、信託契約締結の目的等に照らして適切な信託の引受けを行い、委託者の保護に欠けることのないように業務を営まなければならない（信託業法24条2項）。これを適合性の原則という。
　適合性の原則に関しては、広義の適合性原則（業者は顧客の知識・経験・財産等に適合した形で販売・勧誘しなければならないというルール）と狭義の適合性原則（ある特定の顧客に対しては、いかに説明を尽くしても一定の商品の販売・勧誘を行ってはならないというルール）があるが、いずれにしても、リスクの内容等を理解・許容することができない委託者に対しては、信託の引受けを行うことは禁止される。

(2) 信託契約内容の説明義務

　信託会社は、信託契約による信託の引受けを行うときは、あらかじめ、委託者に対し、信託会社の商号および信託契約締結時交付書面の記載事項（信託業法26条1項3号～16号）を説明しなければならない（特定信託契約による信託の引受けの場合は、その記載事項の説明は不要）（同法25条）。

　信託契約内容の説明義務は、信託契約締結時交付書面の内容を説明させることで、委託者の保護を図り、適切な信託の引受けを確保するものであって、説明の内容・方法・程度は、適合性の原則（同法24条2項）に従って行う必要がある。

　ただし、信託会社は、委託者の保護に支障を生じることがない場合として内閣府令（信託業規則31条）で定める以下の場合には、説明義務を負わない（信託業法25条ただし書）。

① 委託者が適格機関投資家等である場合（適格機関投資家等から説明を求められた場合を除く。）

② 委託者との間で同一の内容の金銭または特定売掛債権（委託者と債務者である取引先との継続的取引契約によって生じる売掛債権（信託業規則31条2項））の信託契約を締結したことがある場合（委託者から説明を要しない旨の意思の表明があった場合に限る。）

③ 信託会社の委託を受けた信託契約代理店が委託者に対して信託契約の内容について説明を行った場合

④ 貸付信託契約による信託の引受けを行う場合において、貸付信託約款の内容について説明を行った場合

⑤ 特定目的信託契約による信託の引受けを行う場合において、委託者に対して、資産信託流動化計画に記載された事項について説明を行った場合

(3) 信託契約締結時交付書面の交付義務

(a) **信託契約締結時交付書面**　信託会社は、信託契約による信託の引受けを行ったときは、遅滞なく、委託者に対し、下記の事項を明らかにした書面を交付しなければならない（信託業法26条1項、信託業規則33条）。委託者の承諾を得て、電磁的方法により書面記載事項を提供した場合には、書面を交付したものとみなされる（信託業法26条2項）。

信託契約締結時交付書面は、信託契約による信託の引受けを行ったときに交付する書面であり、信託契約当事者である委託者に対する書面交付であるから、契約信託のみが対象となり、遺言信託と自己信託は、対象にならない。

　なお、信託契約締結時交付書面記載事項は、信託契約書や信託約款に記載されていることが多いので、信託契約書や信託約款の交付によって契約締結時交付書面の交付義務を履行することは可能と考えられる。

① 信託契約の締結年月日
② 委託者の氏名または名称および受託者の商号
③ 信託の目的
④ 信託財産に関する事項
⑤ 信託契約期間に関する事項
⑥ 信託財産の管理または処分の方法に関する事項（信託業法2条3項各号に規定する管理型信託業のいずれにも該当しない信託については、信託財産の管理または処分の方針を含む。）
⑦ 信託業務を委託する場合（信託業法22条3項各号に規定する信託財産の保存・利用・改良業務を委託する場合を除く。）には、委託する信託業務の内容ならびに委託先の氏名または名称および住所または所在地（委託先が確定していない場合は、委託先の選定に係る基準および手続）
⑧ 自己取引、信託財産間取引、双方代理的取引を行う場合は、その旨および取引の概要
⑨ 受益者に関する事項
⑩ 信託財産の交付に関する事項
⑪ 信託報酬に関する事項
⑫ 信託財産に関する租税その他の費用に関する事項
⑬ 信託財産の計算期間（1年以内）に関する事項
⑭ 信託財産の管理または処分の状況の報告に関する事項
⑮ 信託契約の合意による終了に関する事項
⑯ その他内閣府令（信託業規則33条7項・8項）で定める以下の事項
　1　損失の危険に関する事項
　2　信託に係る受益権の譲渡手続に関する事項
　3　信託に係る受益権の譲渡に制限がある場合は、その旨および制限の

内容
　4　以下の事項に特別の定めをする場合は、その定めに関する事項
　　　イ　受託者が複数である場合における信託業務の処理、ロ　受託者の辞任、ハ　受託者の任務終了の場合の新受託者の選任、ニ　信託終了の事由
　5　受託者の公告の方法（公告の期間を含む。）
　6　イ　指定紛争解決機関が存在する場合は、信託会社が締結する手続実施基本契約の相手方である指定紛争解決機関の商号または名称
　　　ロ　指定紛争解決機関が存在しない場合は、手続対象信託業務に関する苦情処理措置および紛争解決措置の内容
　7　限定責任信託の引受けを行った場合は、上記1から6の事項の他、以下の事項（信託業規則33条8項）
　　　イ　限定責任信託の名称、ロ　限定責任信託の事務処理地、ハ　給付可能額および受益者に対する信託財産に係る給付はその給付可能額を超えてすることができない旨

(b)　信託契約締結時交付書面交付不要の場合　　信託契約締結時交付書面を交付しなくても委託者の保護に支障を生ずることがない場合として内閣府令（信託業規則32条）で定める以下の場合は、信託契約締結時交付書面の交付は不要である（信託業法26条1項ただし書）。

① 　委託者が適格機関投資家等の場合であって、書面または電磁的方法によりあらかじめ信託契約締結時交付書面の交付を要しない旨の承諾を得、かつ、委託者から交付要請があった場合に速やかにその書面を交付できる体制が整備されている場合
② 　委託者と同一内容の金銭または特定売掛債権の信託契約を締結したことがあり、かつ、その委託者に信託契約締結時交付書面を交付したことがある場合（その委託者から信託契約締結時交付書面の交付を要しない旨の意思の表明があった場合に限る。）
③ 　貸付信託契約による信託の引受けを行った場合において、委託者に対して貸付信託受益証券を交付した場合
④ 　特定目的信託契約による信託の引受けを行った場合において、委託者に対して特定目的受益証券を交付した場合

(4) 信託業務の委託規制

(a) 委託規制の意義　信託法では、信託事務の委託については、受託者の権限と捉えており（28条）、委託する場合においては受託者に対して信託事務の委託に係る第三者の選任・監督責任を負わせているに過ぎない（35条）。委託先の責任についても、旧信託法における受託者と同一の責任を負う旨の規定を削除した結果、委託先は、受任者としての責任を負うにとどまる。

しかし、顧客からみれば、委託先も受託者と同様の機能を有する場合があり、信託会社との情報力・交渉力の格差等も考慮すると、信託法と同様の規律では受益者保護に欠けるおそれがある。そこで、信託業法において信託業務の委託に関する規制として、業務委託の要件、委託先の責任、信託会社の責任等に関する規定が設けられている。

信託業務の委託に該当するか否かについては、信託法と同様であるから、従業員・職員等の狭義の履行補助者に委託する場合を除き、第三者に信託事務の委託をする場合は、信託業務の委託に該当する。

(b) 業務委託の要件　信託法では、信託事務の処理を委託することが相当な場合には委託することができるが（28条）、信託業法では、受益者保護の観点から、以下の両方の要件を満たす場合に限定されている（信託業法22条1項）。

① 信託業務の一部を委託することおよびその信託業務の委託先（委託先が確定していない場合は、委託先の選定の基準および手続）が信託行為において明らかにされていること

② 委託先が委託された信託業務を的確に遂行することができる者であること

(c) 委託可能業務　以上のように、業務委託の要件を満たさないと信託業務の委託はすることができないが、信託業務の委託先が信託会社と同様の機能を有しているとまではいえない以下の業務については、委託先が信託業務を的確に遂行することができる者である限り、委託することができる（信託業法22条3項）。

① 信託財産の保存行為に係る業務

② 信託財産の性質を変えない範囲において、その利用または改良を目的

とする業務
③ 上記①および②のほか、受益者の保護に支障を生じることがないと認められるものとして内閣府令（信託業規則 29 条）で定める以下の業務等
1 信託行為に信託会社が委託者または受益者（これらの者から指図の権限の委託を受けた者を含む。）のみの指図により信託財産の処分その他の信託の目的の達成のために必要な行為に係る業務を行う旨の定めがある場合におけるその業務
2 信託行為に信託業務の委託先が信託会社（信託会社から指図の権限の委託を受けた者を含む。）のみの指図により委託された信託財産の処分その他の信託の目的の達成のために必要な行為に係る業務を行う旨の定めがある場合におけるその業務
3 信託会社が行う業務の遂行にとって補助的な機能を有する行為

(d) **委託先の責任**　委託先は、信託法上では受任者としての責任を負うにとどまり、受託者と同一の責任を負うことはないが、委託先は、顧客からすると信託会社と同様の機能を有し得るから、信託業法では、委託先にも信託会社と同様の忠実義務、善管注意義務、分別管理体制整備義務および信託業の信用失墜防止体制整備義務、（信託業法 28 条）、信託財産に係る行為準則（同法 29 条 1 項・2 項）およびこれらに係る罰則が適用される（同法 22 条 2 項）。

もっとも、信託業務の委託先が信託会社と同様の機能を有しているとまではいえない以下の業務については、委託先が信託業務を的確に遂行することができる者である限り、信託会社と同様の義務は課されないものとされている（同条 3 項）。
① 信託財産の保存行為に係る業務
② 信託財産の性質を変えない範囲において、その利用または改良を目的とする業務
③ 上記①および②のほか、受益者の保護に支障を生じることがないと認められるものとして内閣府令（信託業規則 29 条）で定める以下の業務等
1 信託行為に信託会社が委託者または受益者（これらの者から指図の権限の委託を受けた者を含む。）のみの指図により信託財産の処分その他の信託の目的の達成のために必要な行為に係る業務を行う旨の定めがある場合におけるその業務

2　信託行為に信託業務の委託先が信託会社（信託会社から指図の権限の委託を受けた者を含む。）のみの指図により委託された信託財産の処分その他の信託の目的の達成のために必要な行為に係る業務を行う旨の定めがある場合におけるその業務
　　3　信託会社が行う業務の遂行にとって補助的な機能を有する行為

(e)　委託した信託会社の責任　　信託法では、受託者は、委託先の選任・監督責任を負っているところであるが（35条2項、40条1項）、信託業法では、信託会社の責任が加重され、委託先が受益者に加えた損害の賠償責任を負うこととされている（信託業法23条1項）。

　もっとも、信託行為等で指名した委託先が受益者に加えた損害についてまで信託会社が賠償責任を負わなければならないとするのは、信託会社に過重な負担を強いることになるので、信託会社が下記の「第三者」（①または②では、株式の所有関係または人的関係において、委託者と密接な関係を有する者として政令（信託業令12条の2第1項）で定める者に該当し、かつ、受託者と密接な関係を有する者として政令（同令12条の2第2項）で定める者に該当しない者に限る。）に委託したときは、賠償責任を負わないこととされている（信託業法23条2項本文）。

　①　信託行為において指名された第三者
　②　信託行為において信託会社が委託者の指名に従い信託業務を第三者に委託する旨の定めがある場合において、その定めに従い指名された第三者
　③　信託行為において信託会社が受益者の指名に従い信託業務を第三者に委託する旨の定めがある場合において、その定めに従い指名された第三者

　ただし、信託会社が、委託先が不適任もしくは不誠実であることまたは委託先が委託された信託業務を的確に遂行していないことを知りながら、その旨の受益者（信託管理人または受益者代理人が現に存する場合は、信託管理人または受益者代理人）に対する通知、委託先への委託の解除その他の必要な措置をとることを怠ったときは、賠償責任を負う（同法23条2項ただし書）。

(5) 指定紛争解決機関との契約締結義務

　2009（平成21）年の信託業法改正により、民事訴訟制度を補完するものと

して、顧客との間の紛争を裁判所等による訴訟に代えて、第三者機関としての紛争解決機関による和解斡旋・調停等により解決を図ろうとする裁判外紛争解決制度が導入された。

信託会社は、①指定紛争解決機関が存在する場合には、1つの指定紛争解決機関との間で手続実施基本契約を締結する措置を取らなければならず、②指定紛争解決機関が存在しない場合は、手続対象業務に関する苦情処理措置および紛争解決措置を取らなければならない（信託業法23条の2第1項）。

信託会社が手続実施基本契約を締結する措置を講じた場合には、その手続実施基本契約の相手方である指定紛争解決機関の商号または名称を公表しなければならない（同条2項）。

3……特定信託契約による信託の引受けに係る行為規制

特定信託契約とは、金利、通貨の価格、金融商品市場における相場その他の指標に係る変動により信託の元本について損失が生じるおそれがある信託契約として内閣府令（信託業規則30条の2第1項）で定める信託契約をいい、このような投資性の強い信託については、規制の横断化という金商法の趣旨を踏まえ、規制の同等性を確保する観点から、信託業法において金商法の販売・勧誘に係る行為規制に関する規定を準用している（信託業法24条の2）。

従って、信託会社が特定信託契約により信託の引受けを行う場合には、信託業法上の信託の引受けに係る行為規制が適用されるほか、以下の金商法上の販売・勧誘に係る行為規制が上乗せして適用される。

【特定信託契約】

> 特定信託契約は、下記の信託契約以外の信託契約をいう（信託業規則30条の2）。
> ① 公益信託に係る信託契約（公信託法1条）
> ② 元本補塡契約のある信託契約（信託営法6条）
> ③ 信託財産を預貯金等にのみ運用する信託契約（上記②を除く。）
> ④ 管理型信託業に係る信託契約
> ⑤ 物または権利の管理または処分を目的とする信託契約（上記④を除く。）

(1) 特定投資家への告知義務等（準用金商法34条〜34条の5）

(a) 特定投資家への告知義務　信託会社は、一般投資家に移行できる特定投資家から特定信託契約の申込みがあった場合でその特定投資家との間で同種類の特定信託契約を締結したことがない場合には、特定信託契約を締結するまでに、特定投資家に対し、一般投資家として取り扱うよう申し出ることができる旨を告知しなければならない（準用金商法34条、信託業規則30条の3）。

(b) 特定投資家を一般投資家として取り扱う場合の義務　特定投資家から一般投資家として取り扱うよう申出があった場合には、信託会社は、特定信託契約締結の勧誘または締結までにその申出を承諾しなければならず（準用金商法34条の2第1項・2項）、承諾に際しては、承諾日、対象契約の種類、一般投資家として取り扱われる旨等を記載した書面を申出者に交付しなければならない（同条3項）。

また、申出者は、承諾日以後いつでも、信託会社に対し、自己を再び特定投資家として取り扱うよう申し出ることができ（準用金商法34条の2第10項）、信託会社は、その復帰申出を承諾する場合には、承諾日、対象契約が特定信託契約である旨、復帰申出者が特定投資家となると投資家保護規定が適用されなくなり、知識・経験・財産の状況等に照らして特定投資家として不適当な場合は保護に欠けることになることを理解している旨、復帰申出者は再び特定投資家として取り扱われる旨等を記載した書面により復帰申出者の同意を得なければならない（準用金商法34条の2第11項）。

(c) 一般投資家を特定投資家として取扱う場合の義務

① 一般投資家である法人を特定投資家として取扱う場合の義務

一般投資家である法人は、信託会社に対し、特定信託契約に関して自己を特定投資家として取り扱うよう申し出ることができ（準用金商法34条の3第1項）、信託会社は、その申出を承諾する場合には、承諾日、申出者を特定投資家として取り扱う期限日、対象契約の種類、申出者が特定投資家となると投資家保護規定が適用されなくなり、知識・経験・財産の状況等に照らして特定投資家として不適当な場合は保護に欠けることになることを理解している旨、申出者は特定投資家として取り扱われる旨等を記載した書面により申出者の同意を得なければならない（準用

金商法34条の3第2項)。

　また、申出者は、承諾日以後いつでも、信託会社に対し、対象契約について自己を再び一般投資家として取り扱うよう申し出ることができ(準用金商法34条の3第9項)、信託会社は、その復帰申出を受けた後最初の対象契約締結の勧誘または締結を行うまでに復帰申出を承諾しなければならず(準用金商法34条の3第10項)、承諾をする場合には、承諾日、対象契約が特定信託契約である旨、承諾日以後は復帰申出者を一般投資家として取り扱う旨等を記載した書面を交付しなければならない(準用金商法34条の3項第11項)。

② 一般投資家である個人を特定投資家として取り扱う場合の義務

　一般投資家が個人の場合は、特定投資家になり得る個人、すなわち、匿名組合(出資総額3億円以上等)の営業者である個人その他これに類する個人であるか(信託業規則30条の11第1項)または知識・経験・財産の状況等(純資産額3億円以上等)に照らして特定投資家に相当する個人(同規則30条の12)でなければならない。

　特定投資家となり得る個人は、特定信託契約に関して自己を特定投資家として取扱うよう申し出ることができ(準用金商法34条の4第1項)、信託会社は、その申出を受けた場合には、申出をした個人に対し、対象契約締結に際して投資家保護規定が適用されなくなり、知識・経験・財産の状況等に照らして特定投資家として不適当な場合は保護に欠けることになる旨を記載した書面を交付するとともに、その個人が特定投資家になり得る個人であることを確認しなければならない(準用金商法34条の4第2項)。

　信託会社は、その申出を承諾する場合には、承諾日、申出者を特定投資家として取り扱う期限日、対象契約の種類、申出者が特定投資家となると投資家保護規定が適用されなくなり、知識・経験・財産の状況等に照らして特定投資家として不適当な場合は保護に欠けることになることを理解している旨、申出者を特定投資家として取り扱う旨等を記載した書面により申出者の同意を得なければならない(準用金商法34条の4第6項：34条の3第2項準用)。

　また、申出者は、承諾日以後いつでも、信託会社に対し、申出に係る

特定信託契約に関して自己を再び一般投資家として取り扱うよう申し出ることができ（準用金商法34条の4第4項）、信託会社は、その申出を受けた後最初の申出に係る特定信託契約締結の勧誘または締結を行うまでに復帰申出を承諾しなければならず（準用金商法34条の4第5項）、承諾をする場合には、承諾日、対象契約が特定信託契約である旨、承諾日以後は復帰申出者を一般投資家として取り扱う旨等を記載した書面を交付しなければならない（準用金商法34条の4第6項：34条の3第11項準用）。

(2) 広告規制等（準用金商法37条）

信託会社は、その行う特定信託契約の締結の業務の内容について広告または広告類似行為（「広告等」）を行う場合には、広告事項（信託業令12条の5）を広告事項の表示方法（信託業規則30条の16第1項）によって行わなければならず（準用金商法37条1項）、また、特定信託契約の締結を行うことによる利益の見込みその他内閣府令（信託業規則30条の20）で定める事項について、著しく事実に相違する表示をし、または著しく人を誤認させるような表示をしてはならない（準用金商法37条2項）。

なお、広告規制は、特定信託契約の締結の業務の内容についての広告等が行われる場合の規制であるから、信託会社が、一般の信託契約や法定他業・兼業業務を営むにあたって行う広告等については、規制の対象とならない。

(a) **広告規制の対象**　広告規制の対象となるのは、特定信託契約の締結の業務の内容についての公告と郵便・信書便・ファックス・電子メールの送信・パンフ等の配布その他の方法により、多数の者に対して同様の内容で情報を提供する広告類似行為（信託業規則30条の15）である。

(b) **広告事項**　信託会社が広告等を行う場合には、信託会社の商号のほか、特定信託契約の締結の業務の内容に関する事項であって、顧客の判断に影響を及ぼすこととなる重要なものとして政令（信託業令12条の5）で定める以下の事項を表示しなければならない（準用金商法37条1項1号・3号）。

① 特定信託契約に関して顧客が支払うべき手数料、報酬その他の対価に関する事項（信託業令12条の5第1項1号、信託業規則30条の17）

② 特定信託契約に関して、金利、通貨の価格、金融商品取引市場における相場その他の指標に係る変動を直接の原因として損失が生じるおそれがある場合には、イ その指標、ロ その指標の変動により損失が生じる

おそれがある旨とその理由（信託業令12条の5第1項2号）
③　特定信託契約に関する重要な事項について顧客の不利益となる事実
（同項3号、信託業規則30条の18）

(c) 広告事項の表示方法　信託会社が特定信託契約の締結の業務の内容について広告等を行う場合には、広告事項について明瞭かつ正確に表示しなければならない（準用金商法37条1項、信託業規則30条の16第1項）。

特定信託契約に関して、金利、通貨の価格、金融商品取引市場における相場その他の指標に係る変動を直接の原因として損失が生じるおそれがある場合には、「イ　その指標、ロ　その指標の変動により損失が生じるおそれがある旨およびその理由」を広告内の最も大きな文字または数字と比べて著しく異ならない大きさで表示しなければならない（信託業規則30条の16第2項）。

(d) 誇大広告の禁止　信託会社は、特定信託契約の締結の業務の内容に関して広告等を行う場合には、特定信託契約の締結を行うことによる利益の見込みその他内閣府令（信託業規則30条の20）で定める以下の事項について、著しく事実に相違する表示をし、または著しく人を誤認させるような表示をしてはならない（準用金商法37条2項）。

①　特定信託契約の解除に関する事項
②　特定信託契約に係る損失の全部または一部の負担または利益の保証に関する事項
③　特定信託契約に係る損害賠償額の予定（違約金を含む。）に関する事項
④　特定信託契約に関して顧客が支払うべき手数料等の額またはその計算方法、支払いの方法および時期ならびに支払先に関する事項

(3) 特定信託契約締結前交付書面の交付義務（準用金商法37条の3）

(a) 特定信託契約締結前交付書面の交付　信託会社は、特定信託契約を締結しようとするときは、内閣府令（信託業規則30条の21）で定めるところにより、あらかじめ、顧客に対し、顧客が行う特定信託契約締結について金利、通貨の価格、金融商品市場における相場その他の指標に係る変動により損失が生ずるおそれがあること、その他特定信託契約の締結の業務の内容に関する事項であって、顧客の判断に影響を及ぼすこととなる重要なものとして内閣府令（信託業規則30条の23）で定める以下の事項を記載した書面を交付しなければならない（準用金商法37条の3第1項）。委託者の承諾を得て、電磁的方

法により書面記載事項を提供した場合には、書面を交付したものとみなされる（同条2項）。

① 当該契約締結前交付書面の内容を十分に読むべき旨
①の2 信託の目的の概要
② 損失の危険に関する事項
③ 信託に係る受益権の譲渡手続に関する事項
④ 信託に係る受益権の譲渡に制限がある場合は、その旨および制限の内容
⑤ 以下の事項に特別の定めをする場合は、その定めに関する事項
　イ　受託者が複数である場合における信託業務の処理、ロ　受託者の辞任、ハ　受託者の任務終了の場合の新受託者の選任、ニ　信託終了の事由
⑥ 受託者の公告の方法（公告の期間を含む。）
⑦ 顧客が行う特定信託契約の締結について金利、通貨の価格、金融商品市場における相場その他の指標に係る変動を直接の原因として損失が生じることとなるおそれがある場合には、イ　その指標、ロ　その指標に係る変動により損失が生じるおそれがある理由
⑧ 特定信託契約に関する租税の概要
⑨ 顧客が当該信託会社に連絡する方法
⑩ 信託会社が対象業者になっている認定投資者保護団体の有無（対象事業者となっている場合は、その名称）
⑪ イ　指定紛争解決機関が存在する場合は、信託会社が締結する手続実施基本契約の相手方である指定紛争解決機関の商号または名称
　ロ　指定紛争解決機関が存在しない場合は、手続対象信託業務に関する苦情処理措置および紛争解決措置の内容
⑫ 信託会社の業務または財務に関する外部監査の有無ならびに外部監査を受けている場合には、外部監査を行った者の氏名または名称ならびに外部監査の対象および結果の概要
⑬ 限定責任信託の引受けを行った場合は、上記①から⑫の事項の他、以下の事項（信託業規則30条の23第2項）
　1　限定責任信託の名称、2　限定責任信託の事務処理地、3　給付可

能額および受益者に対する信託財産に係る給付はその給付可能額を超えてすることができない旨
⑭ 信託会社が特定信託契約の締結後に特定信託契約に基づき特定の銘柄の対象有価証券を信託財産とする方針であるときは、上記①から⑫の事項の他、以下の事項（信託業規則30条の23第3項）。
1 対象有価証券の名称、対象有価証券の価額の算出方法ならびに対象有価証券に係る権利を有する者にその価額を報告する頻度および方法に関する事項
2 対象有価証券の発行者、対象有価証券に係るファンド資産の運用・保管に係る重要な業務を行う者およびファンド資産の運用・保管に係る業務以外の上記1の事項に係る重要な業務を行う者（「ファンド関係者」）の商号または名称、住所または所在地およびそれらの者の役割分担に関する事項
3 信託会社とファンド関係者との間の資本関係および人的間関係
4 ファンド資産に係る外部監査の有無および外部監査を受ける場合には、外部監査を行う者の氏名または名称

上記①の②および⑫ならびに⑭については、信託契約締結時交付書面が委託者または委託者から指図の権限の委託を受けた者のみの指図により信託財産の管理または処分が行われる信託である場合は、記載不要である（信託業規則30条の23第1項ただし書）。

(b) **契約締結前交付書面の記載方法** 契約締結前交付書面記載事項を記載するに当たっては、まず、その交付書面の最初に、交付書面の内容を十分に読むことおよび交付書面記載事項のうち顧客の判断に影響を及ぼすこととなる特に重要なものを12ポイント以上の大きさで平易に記載し（信託業規則30条の21第3項）、次に、顧客が行う特定信託契約の締結について金利、通貨の価格、金融商品市場における相場その他の指標に係る変動を直接の原因として損失が生じることとなるおそれがある場合は、その旨ならびにその指標および指標に係る変動により損失が生じるおそれがある理由を枠の中に12ポイント以上の大きさで記載し（同条2項）、そして、それ以外の交付書面記載事項を8ポイント以上の大きさで明瞭かつ正確に記載しなければならない（同条1項）。

(c) 契約締結前交付書面交付不要の場合　契約締結前交付書面は、投資者の保護に支障を生じることがない場合として内閣府令(信託業規則30条の22)で定める以下の場合は、交付不要である(準用金商法37条の3第1項ただし書)。

① 顧客と同一の内容の特定信託契約を締結したことがあり、かつ、その際に契約締結前交付書面を交付したことがある場合(顧客から契約締結前交付書面の交付を要しない旨の意思の表明があった場合に限る。)
② 顧客に目論見書(契約締結前交付書面の記載事項のすべてが記載されているもの等に限る。)を交付している場合または顧客がその目論見書の交付を受けないことについて同意している場合
③ 既に成立している特定信託契約の一部変更をする場合において、契約変更書面を交付している場合

(4) 特定信託契約締結前交付書面の交付に係る実質的説明義務(準用金商法38条9号)

特定信託契約の締結にあたっては、その契約締結前交付書面、目論見書、契約変更書面の交付に関し、あらかじめ、顧客(特定投資家を除く。)に対して、金融商品市場における相場等の変動により損失が生じるおそれがある旨、および特定信託契約の締結の業務の内容に関する事項であって顧客の判断に影響を及ぼすこととなる重要なものとして内閣府令(信託業規則30条の23)で定める事項(契約締結前交付書面記載事項)(準用金商法37条の3第1項5号および7号)について、顧客の知識、経験、財産の状況および特定信託契約を締結する目的に照らして顧客に理解されるために必要な方法および程度による説明をしなければならない(準用金商法38条9号、信託業規則30条の26第2号)。

(5) 未登録格付業者の信用格付であることを告知しないで行う勧誘の禁止(準用金商法38条3号)

顧客に対し、信用格付業者以外の信用格付業を行う者の付与した信用格付について、その信用格付を付与した者が信用格付業の登録を受けていない者である旨およびその登録の意義や信用格付をした者が信用格付を付与するために用いる方針および方法等を告げることなく提供して、特定信託契約の締結の勧誘をしてはならない。

(6) 迷惑時間における勧誘の禁止（準用金商法38条9号）

特定信託契約の締結または解約に関し、顧客（個人に限る。）に迷惑を覚えさせるような時間に電話または訪問により勧誘をしてはならない（準用金商法38条9号、信託業規則30条の26第3号）。

(7) 損失補填等の禁止（準用金商法39条）

信託会社の損失補填等（損失補填または利益の補足）は禁止されているが、特定信託契約の場合は、信託会社の顧客も、特定信託契約の締結につき、信託会社または第三者との間で、損失補填等を約束しまたは第三者に約束させる行為が禁止され（準用金商法39条2項1号）、また、信託会社の顧客は、信託会社または第三者から損失補填等に係る財産上の利益を受けまたは第三者にその財産上の利益を受けさせる行為も禁止される（同条2項3号）。

なお、信託会社の責めに帰すべき事故による損失の補填は、禁止の対象外である（同条5項）。

4……信託会社の義務

(1) 信託会社の義務の性質（強行法規性）

信託会社の義務については、忠実義務、善管注意義務、分別管理体制等整備義務、信託業の信用失墜防止体制整備義務が信託業法において規定されている（信託業法28条）。

信託法においても受託者の忠実義務（30条）、善管注意義務（29条2項）、分別管理義務（34条）について規定されているが、これらは任意規定とされ、信託行為で別段の定めを設けることができるとされている。しかし、信託会社の義務に関して任意規定とすると、信託会社と顧客との情報量・交渉力等の格差から、過度に信託会社に有利な信託契約となり、受益者の保護に欠けるおそれがある。そこで、信託法上の義務とは別に、信託業法上の義務として規定されたものであり、これらの規定は強行法規的な性質を有するものと解されている。

(2) 信託会社の義務の内容

忠実義務、善管注意義務、分別管理義務等の内容自体は、信託法上の義務と同様であるが、信託業法では行為準則や体制整備義務として規定したり、また、実態に即して一部変更したりしている。

(a) **忠実義務**　忠実義務については、忠実義務違反行為の典型的行為類型の1つである競合行為が信託業法では規定されていない。これは兼業を常態としている実態を踏まえ、類型化してまで禁止することはしなかったものである。

また、利益相反行為の1つである間接取引についても信託業法では規定されていないが、信託財産に係る行為準則における禁止行為の中の1つとして類似の規定がある（信託業規則41条2項4号）。

(b) **分別管理義務**　分別管理義務についても、内容自体は信託法上の義務と同様であるが、信託業法では、後述するように、分別管理義務を適切に遂行できる分別管理体制を整備する義務として規定されている。

(c) **公平義務**　公平義務については、信託業法には規定されていないが、公平義務が信託法上善管注意義務に属する義務とされたことを踏まえて明文化されなかったものであり、信託財産に係る行為準則における禁止行為の中の1つとして類似の規定がある（信託業規則41条2項1号）。

5……信託財産に係る行為準則

信託財産に係る行為準則は、信託会社の忠実義務、善管注意義務を禁止行為として具体化したもので、信託財産に係る禁止行為と利益相反行為の制限から構成されている。

（1）信託財産に係る禁止行為

信託会社は、その受託する信託財産について、下記の取引を行ってはならない（信託業法29条1項）。

(a) **通常の取引の条件と異なる条件での取引で信託財産に損害を与える取引**　信託会社は、通常の取引の条件と異なる条件で、かつ、その条件での取引が信託財産に損害を与えることとなる条件での取引を行ってはならない（信託業法29条1項1号）。

通常と異なる条件で、かつ、損害を与えることとなることが要件となっているから、通常の条件であれば、損害を与えてもこれには該当しないし、また、通常の条件と異なる条件であっても、信託財産に有利な価格での取引等は禁止されないことになる。

(b) **不必要な取引**　信託会社は、信託の目的、信託財産の状況または信

託財産の管理もしくは処分の方針に照らして不必要な取引を行ってはならない（信託業法29条1項2号）。

(c) 情報利用取引　　信託会社は、信託財産に関する情報を利用して自己または信託財産に係る受益者以外の者の利益を図る目的をもって取引を行ってはならない（信託業法29条1項3号）。

　信託財産に関する情報を利用して行う行為は、対象範囲が広く、信託会社の適切な業務運営を萎縮させるおそれがあるため、下記の取引は、禁止対象から除外されている（信託業規則41条1項）。

① 取引の相手方と新たな取引を行うことにより、自己または信託財産に係る受益者以外の者の営む業務による利益を得ることを専ら目的としているとは認められない取引
② 第三者が知り得る情報を利用して行う取引
③ 信託財産に係る受益者に対して、取引に関する重要な事実を開示し、書面または電磁的方法による同意を得て行う取引
④ その他信託財産に損害を与えるおそれがないと認められる取引

(d) 内閣府令で定める行為　　上記(a)～(c)のほか、信託財産に損害を与え、または信託業の信用を失墜させるおそれがある行為として内閣府令（信託業規則41条2項）で定める以下の行為（ただし、⑥～⑧の行為については、年金信託契約である場合に限る。）を行ってはならない（信託業法29条1項4号）。

① 信託財産の売買その他の取引を行った後で、一部の受益者に対し不当に利益を与えまたは不利益を及ぼす方法で当該取引に係る信託財産を特定すること
② 他人から不当な制限または拘束を受けて信託財産に関して取引を行うこと、または行わないこと
③ 特定の資産について作為的に値付けを行うことを目的とした取引を行うこと
④ 信託財産に係る受益者（信託管理人または受益者代理人が現に存する場合は、当該信託管理人または受益者代理人を含む。）に対し、取引に関する重要な事実を開示し、書面または電磁的方法による同意を得て行う場合を除き、通常の取引の条件と比べて受益者に不利益を与える条件で、信託財産に属する財産につき自己の固有財産に属する債務に係る債権を被

担保債権とする担保権を設定することその他第三者との間において信託財産のためにする行為であって受託者または利害関係人と受益者との利益が相反することとなる取引を行うこと
⑤ 重要な信託の変更等（信託業法 29 条の 2 第 1 項）をすることを専ら目的として、受益者代理人を指定すること
⑥ 存続厚生年金基金が年金給付金を特定の運用方法に集中しない方法で運用するように努める義務（廃止前厚生年金基金令 39 条の 15 第 1 項）に違反するおそれがあることを知った場合において、存続厚生年金基金に対し、その旨を通知しないこと
⑦ 存続厚生年金基金から、廃止前厚生年金基金令 30 条 1 項 1 号（運用方法を特定しない信託契約）に違反して、信託財産の運用として特定の金融商品（金商法 2 条 24 項）を取得させることその他の運用方法の特定があった場合において、これに応じること
⑧ 積立金の運用に関して、存続厚生年金基金に対し、不確実な事項について断定的判断を提供し、または確実であると誤解をさせるおそれがあることを告げること

(2) 利益相反取引の制限

信託業法では、信託法と同様、自己取引、信託財産間取引、双方代理的取引を禁止しているが（信託業法 29 条 2 項）、信託法が禁止している競合行為は禁止していない。これは、前述したように、信託会社は専業制が採られているとはいえ、兼業が認められており、それが常態化している実態を踏まえて類型化してまで禁止しないということであって、忠実義務は課せられる（同法 28 条 1 項）。

(a) **自己取引等の禁止**　信託法と同様、信託業法においても、下記の自己取引、信託財産間取引、双方代理的取引は、禁止される（信託業法 29 条 2 項各号）。

① 自己取引

自己またはその利害関係人（株式の所有関係または人的関係において密接な関係を有する者として政令（信託業令 14 条 1 項）で定める者）と信託財産との間における取引

② 信託財産間取引

1つの信託の信託財産と他の信託の信託財産との間の取引
　③　双方代理的取引
　　　第三者との間において信託財産のためにする取引であって、自己が第三者の代理人となって行うのもの
　なお、信託法における自己取引の禁止が固有財産と信託財産との間の取引の禁止であるのに対して、信託業法では、信託会社の固有財産と信託財産の間の取引が禁止されるだけでなく、信託会社の利害関係人と信託財産との間の取引も禁止される。

(b)　**自己取引等が許容される場合**　　信託行為に自己取引等を行う旨およびその取引の概要について定めがあり、またはその取引に関する重要な事実を開示してあらかじめ書面等による受益者の承認を得た場合であり、かつ、受益者の保護に支障を生じることがないとして内閣府令（信託業規則41条3項）で定める以下の取引の場合は、自己取引等を行うことが許容される（信託業法29条2項）。

　①　委託者・受益者または委託者・受益者から指図権の委託を受けた者のみの指図による取引（信託業規則41条3項1号）
　②　信託の目的に照らして合理的に必要と認められる場合における、次に掲げる取引（同項2号イ～ニ）
　　1　金融商品取引所に上場されている有価証券の金融商品市場における売買、店頭売買有価証券の店頭売買有価証券市場における売買、または公表価格等に基づく公社債・株券、投資証券・受益証券等の売買（同号イ）
　　2　取引所金融商品市場における市場デリバティブ取引および外国金融商品市場における外国市場デリバティブ取引（同号ロ）
　　3　不動産鑑定士による鑑定評価を踏まえて行う不動産の売買（同号ハ）
　　4　その他、同種および同量の取引を同様の条件の下で行った場合に成立することとなる通常の取引の条件と比べて、受益者に不利にならない条件で行う取引（同号ニ）
　③　個別の取引ごとに取引について重要な事実を開示し、信託財産に係る受益者の書面または電磁的方法による同意を得て行う取引（同項3号）
　④　その他、受益者の保護に支障を生ずることがないものとして金融庁長

官（または財務局長）の承認を受けて行う取引（同項4号）

(c) 自己取引等を行った場合の書面交付　信託会社は、上記(a)の自己取引等を行った場合には、信託財産の計算期間ごとに、遅滞なく、計算期間における取引の状況を記載した書面（自己取引等報告書）を作成し、その信託財産に係る受益者に交付しなければならない（信託業法29条3項）。委託者の承諾を得て、電磁的方法により書面記載事項を提供した場合には、書面を交付したものとみなされる（同条4項）。

信託法においては、自己取引等の利益相反行為をしたときは、受益者に対し、その行為についての重要な事実を通知しなければならないとされているが（31条3項）、信託業法においては、信託会社が多数の顧客を相手方としており、自己取引等を行う都度、これを受益者に対して通知等をするのは困難なため、信託財産の計算期間ごとに自己取引等報告書を交付すれば足りとされている。

自己取引等報告書記載事項は、以下のとおり（信託業規則41条4項）。

① 取引当事者が法人の場合は、商号または名称および営業所または事務所の所在地、個人の場合は、個人である旨
② 信託財産との取引の相手方となった者が信託会社の利害関係人である場合には、その利害関係人との関係（相手方が信託業務の委託先の利害関係人である場合は、その利害関係人と委託先との関係）
③ 取引の方法
④ 取引を行った年月日
⑤ 取引に係る信託財産の種類その他の信託財産の特定のために必要な事項
⑥ 取引の対象となる資産または権利の種類、銘柄、その他の取引の目的物の特定に必要な事項
⑦ 取引の目的物の数量（同一の当事者間における特定の継続的取引契約に基づき反復してなされた取引については、信託財産の計算期間における取引の数量）
⑧ 取引価格（同一の当事者間における特定の継続的取引契約に基づき反復してなされた取引については、信託計算期間における価格の総額）
⑨ 取引を行った理由

⑩ 取引に関して信託会社（信託業務（信託財産の保存・利用・改良業務を除く。）の委託先を含む。）またはその利害関係人が手数料その他の報酬を得た場合には、その金額
⑪ 書面の交付年月日
⑫ その他参考となる事項

(d) 自己取引等報告書の交付不要の場合　信託法では、受益者に対する利益相反行為に関する重要な事実の通知義務については、信託行為による別段の定めを認めているのに対して（31条3項ただし書）、信託業法では、自己取引等報告書を受益者に交付しなくても受益者の保護に支障を生ずることがない場合として内閣府令（信託業規則41条5項）で定める以下の場合に限定されている（信託業法29条3項ただし書）。

① 受益者が適格機関投資家等であり、その受益者からあらかじめ書面または電磁的方法（書面等）により自己取引等報告書の交付は不要である旨の承諾を得、かつ、受益者からの個別の取引に関する照会に速やかに回答できる体制が整備されている場合（信託業規則41条5項1号）

①の2 受益者が受益証券発行信託の無記名受益権の受益者である場合において、知れている受益者には自己取引等報告書を交付し、それ以外の受益者には要請があれば速やかに自己取引等報告書を交付できる体制が整備されている場合（同項1号の2）

② 委託者・受益者または委託者・受益者から指図権の委託を受けた者のみの指図により行われた自己取引等（信託業法29条2項）の場合で、受益者から書面等により自己取引等報告書交付不要の承諾を得、かつ、受益者からの個別の取引に関する照会に速やかに回答できる体制が整備されている場合（同項2号）

③ 信託管理人または受益者代理人が現に存する場合に、その信託管理人または受益者代理人に自己取引等報告書を交付する場合（同項3号）

④ 自己取引等について取引ごとの内容を書面等で提供することにより自己取引等報告書の交付に代える旨の承諾を受益者から書面等によりあらかじめ得ている場合で、かつ、その取引の内容が書面等により受益者に提供される場合（同項4号）

⑤ 委託者指図型投資信託契約において、投資信託委託会社または金融商

品取引業者等から運用権限の委託を受けた者の指図のみにより自己取引等が行われたものである場合で、かつ、受益者からの個別の照会に対し速やかに回答ができる体制が整備されている場合（同項5号）
⑥　信託の目的に照らして合理的に必要と認められる場合における、次に掲げる取引を行う場合（同項6号）
　　1　金融商品取引所に上場されている有価証券の金融商品市場における売買、店頭売買有価証券の店頭売買有価証券市場における売買、または公表価格等に基づく公社債・株券、投資証券・受益証券等の売買
　　2　取引所金融商品市場における市場デリバティブ取引および外国金融商品市場における外国市場デリバティブ取引
⑦　金銭債権（コールローン、譲渡性預金、預金・貯金に係るものに限る。）の取得および譲渡を行う場合（同項7号）
⑧　信託兼営法6条の規定による元本補塡契約のある金銭信託の受益権の取得および譲渡を行う場合（同項8号）
⑨　受益証券発行信託の受益証券が上場有価証券または特定投資家向け有価証券である場合において、自己取引等報告書記載事項に係る情報が金融商品取引所の定める開示方法により正しく開示される旨または発行者情報として提供もしくは公表される旨および受益者からの要請がない限り自己取引等報告書は交付しない旨の信託行為の定めがある場合で、かつ、受益者からの要請があった場合には速やかに自己取引等報告書を交付できる体制が整備されている場合（同項9号）

6……分別管理体制の整備義務

　信託会社は、信託法34条の分別管理義務に関する規定に基づき信託財産に属する財産と固有財産および他の信託の信託財産に属する財産とを分別して管理するための体制を整備しなければならないとされ（信託業法28条3項）、分別管理体制の整備義務が課せられている。
　信託法において、受託者の分別管理義務が定められ（34条）、また、信託財産と固有財産等に属する財産が識別不能になった場合のルール（識別不能時の価格の割合（価格が不明の場合は均等な割合）で各財産の共有持分が信託財産と固有財産等に帰属する。）が定められているので（18条）、信託法上の分別

管理義務を果たしていれば倒産隔離機能が働いて受益者の保護が図られる。そこで、信託業法では、下記のように、信託会社に分別管理義務を適正に遂行できる分別管理体制の整備義務が課されている（信託業規則39条）。

① 信託会社（信託会社から信託業務（信託業法22条3項各号に掲げる信託財産の保存・利用・改良業務を除く。）の委託を受けた者を含む。）は、管理場所を区別することその他の方法により、信託財産に属する財産と固有財産および他の信託の信託財産に属する財産とを明確に区分し、かつ、信託財産に係る受益者を判別できる状態で管理しなければならない（信託業規則39条1項）。

② 信託会社は、信託業法22条1項（信託業務の委託）の規定により信託財産の管理を第三者に委託する場合は、委託を受けた第三者が、信託財産の種類に応じ、信託財産に属する財産と自己の固有財産に属する財産その他の財産とを区分する等の方法により管理することを確保するための十分な体制を整備しなければならない（信託業規則39条2項）。

③ 信託会社は、信託業務の処理および計算を明らかにするため、下記のとおり、帳簿書類等を作成して保存しなければならない（信託業規則39条3項）。

  1 信託勘定元帳は、信託財産の計算期間の終了の日または信託行為によって設定された期間の終了の日から10年間保存

  2 総勘定元帳は、作成の日から5年間保存

  3 信託業務（信託業法22条3項に掲げる保存・利用・改良業務を除く。）の委託契約書は、委託契約の終了の日から5年間保存

7……信託業の信用失墜防止体制の整備義務

信託会社は、分別管理体制を整備するほか、信託財産に損害を生じさせ、または信託業の信用を失墜させることのない体制の整備および必要な措置を講じなければならないとされ（信託業法28条3項、信託業規則40条）、下記のとおり、信託業の信用失墜防止体制の整備義務が課せられている。

① 内部管理業務の適正遂行体制の整備

信託会社（委託先を含む。）は、下記により、内部管理に関する業務を適正に遂行するための十分な体制を整備しなければならない（信託業規

則40条1項)
1 内部管理に関する業務を的確に遂行できる人的構成を確保すること
2 内部管理に関する業務を遂行するための社内規則(当該業務に関する社内における責任体制を明確化する規定を含むものに限る。)を整備すること
3 内部管理に関する業務に従事する者を信託財産の管理または処分する部門から独立させること

なお、内部管理に関する業務とは、法令遵守の管理、内部監査・内部検査および財務に関する業務をいう(同条2項)。

② 信託契約代理店に対する業務の指導および信託契約代理業務に係る法令遵守状況を検証するための十分な体制の整備(同条3項)
③ 本店その他の営業所を他の信託会社等と同一の建物に設置して業務を営む場合の顧客に対する他の信託会社等との適切な誤認防止措置(同条4項)
④ 電子通信装置を利用して営業を営む場合において、顧客が他の者と誤認することを防止する体制の整備(同条5項)
⑤ 個人顧客の情報管理、従業者の監督および情報管理の取扱いを委託する場合には委託先の監督について、情報の漏えい、滅失または毀損の防止を図るために必要かつ適切な措置(同条6項)
⑥ 信用情報機関から提供を受けた個人である資金需要者の借入返済能力情報をその者の返済能力調査以外の目的に利用しないことを確保するための措置(同条7項)
⑦ 個人顧客の特別の非公開情報(業務上知り得た公表されていない情報)を適切な業務運営に必要と認められる目的以外に利用しないことを確保するための措置(同条8項)
⑧ 運用財産の管理について権利者から信託を受けた場合において、その財産の運用を行う金融商品取引業者が対象有価証券の取得または買付けの申込みを行うために講じた措置により入手した有価証券の価額、対象有価証券に係るファンド監査報告書および金融商品取引業者から通知を受けた運用報告書に記載された有価証券の記載事項(対象有価証券の銘柄、数および価額)について照合を行い、その結果を権利者に通知する

ことを確保するための十分な体制の整備（同条 9 項）
⑨　年金信託契約に基づく積立金の運用について、存続厚生年金基金から示された運用等の基本方針に従って行った場合の利益の見込みおよび損失の可能性について、厚生年金基金の知識、経験、財産の状況および年金信託契約を締結する目的に照らして適切に説明するための十分な体制の整備（同条 10 項）

8……信託財産状況報告書の交付義務
(1) 信託財産状況報告書の作成・交付

　信託会社は、その受託する信託財産について、受益者の保護に支障を生ずることがない場合として内閣府令（信託業規則 38 条）に定める場合を除き、信託財産の計算期間（信託行為においてこれより短い期間の定めがある場合その他の信託の目的に照らして受益者の利益に適合することが明らか場合として内閣府令で定める場合には、計算期間より短い期間で内閣府令で定める期間）ごとに、信託財産状況報告書を作成し、その信託財産に係る受益者に対し交付しなければならない（信託業法 27 条 1 項）。委託者の承諾を得て、電磁的方法により報告書記載事項を提供した場合は、この報告書を交付したものとみなされる（同条 2 項）。

　信託法では、受託者に対して、信託財産に属する財産および信託財産責任負担債務の概況を明らかにする財産状況開示資料の作成義務を課しているが（37 条 2 項、計算規則 4 条 3 項〜6 項）、その作成の方法は、会計帳簿等を作成すべき信託（受益権の譲渡制限がなく、受託者が信託財産の主要部分の売却等が可能な信託等）（同規則 5 条）と限定責任信託について、信託計算規則「第 3 章　限定責任信託の計算」の規定に従って作成すべきことが明記されているものの（同規則 5 条 2 項・6 項）、それ以外の一般の信託については、信託の類型によってさまざまなものがあり得ることを踏まえ、「信託行為の趣旨をしん酌しなければならない」と規定されているだけである（同規則 4 条 6 項）。

　そこで、信託業法においては、所定の記載事項を満たした信託財産状況報告書の交付を義務付けることで、受益者の保護を図ることとしている。

　したがって、信託財産状況報告書は、信託法の財産状況開示資料の上乗せとして信託会社に義務付けられるものであるから、この報告書を受益者（信

託管理人が現に存する場合は、信託管理人）に対して交付すれば、信託法上の義務も果たしたものと解される（37条3項）。

(2) 信託財産状況報告書の記載事項

信託財産状況報告書には、①信託財産の計算期間の末日の資産、負債および元本の状況ならびに計算期間中の収支の状況、②信託財産の種類（株式、公社債、デリバティブ取引、不動産等、金銭債権、知的財産権、それ以外の対象財産等）ごとの管理・運用状況、③信託事務処理のために負担した債務の内容、④委託業務の内容、⑤特定寄附信託の場合の寄附金額等、⑥信託財産の状況の経過・価格の推移、⑦業務または財務に関する外部監査の状況等について記載しなければならない（信託業規則37条1項）。ただし、当期末の資産、負債および元本の状況については当期末の貸借対照表に代えることができ、計算期間中の収支の状態については信託財産の計算期間中の収支計算書に代えることができる（同条2項）。

記載に当たっては、信託財産の状況を正確に判断することができるように明瞭に記載しなければならない（同条3項）。また、記載事項の金額は、信託財産の状況を的確に判断することができなくなるおそれがある場合を除き、100万円単位をもって表示することができる（同条4項）。

(3) 信託財産状況報告書交付不要の場合

信託会社は、信託財産状況報告書を受益者に交付しなくても受益者の保護に支障を生じることがない場合として内閣府令（信託業規則38条）で定める以下の場合には、交付することを要しない（信託業法27条1項ただし書）。

① 受益者が適格機関投資家等であり、その受益者からあらかじめ交付は不要である旨の承諾を得、かつ、受益者からの信託財産の状況に関する照会に速やかに回答できる体制が整備されている場合（信託業規則38条1号）

①の2 受益者が受益証券発行信託の無記名受益権の受益者である場合において、知れている受益者には信託財産状況報告書を交付し、それ以外の受益者には要請があれば速やかに交付できる体制が整備されている場合（同条1号の2）

② 信託管理人または受益者代理人が現に存する場合に、その信託管理人または受益者代理人に信託財産状況報告書を交付する場合（同条2号）

③　委託者指図型投資信託の投資信託委託会社が運用報告書を作成するために必要な情報を提供している場合（同条3号）
④　金融商品取引業者である投資運用業者または商品投資顧問業者の指図により信託財産の管理または処分を行う信託で、その信託の受益者が投資運用業者・商品投資顧問業者の顧客である場合において、投資運用業者・商品投資顧問業者が運用報告書を作成するために必要な情報を提供している場合（同条4号・5号）
⑤　確定拠出年金の資産管理機関として信託財産を管理または処分する信託において、企業型記録関連運営管理機関等が通知するために必要な情報を提供している場合（同条6号）
⑥　あらかじめ受益者から承諾を得て、信託財産状況報告書に代えて、取引ごとの内容を書面等により提供することになっている場合（同条7号）
⑦　他の目的で作成された書面等に信託財産状況報告書の記載事項が記載されている場合で、その書面等により記載内容が受益者に提供される場合（同条8号）
⑧　受益証券発行信託の受益証券が上場有価証券または特定投資家向け有価証券である場合において信託財産状況報告書記載事項に係る情報が正しく開示または発行者情報として提供・公表される旨および受益者からの要請がない限り信託財産状況報告書は交付しない旨の信託行為の定めがある場合で、かつ、受益者からの要請があった場合には速やかに交付できる体制が整備されている場合（同条9号）

9……重要な信託の変更等に係る規制
(1) 重要な信託の変更等に係る規制の意義

　重要な信託の変更等とは、重要な信託の変更（①信託の目的の変更、②受益権の譲渡の制限、③受託者の義務の全部または一部の減免、④受益債権の内容の変更、⑤信託行為に定めた事項の変更）（103条1項）または信託の併合（151条）もしくは信託の分割（155条・159条）をいう（103条3項、信託業法29条の2第1項）。重要な信託の変更等は、委託者、受託者および受益者の合意により行うことを原則としつつも（149条1項・151条1項・155条1項）、より柔軟な変更等を可能とする観点から、一定の者の利益を害しないことが明らかである

ときはその者の関与なくして変更等をすることが認められているほか、信託行為で定めればこれ以外の方法によって変更等をすることも認められており（149条4項・151条3項・155条3項）、信託行為の定めによっては受益者以外の第三者による変更等も可能となっている。

そこで、信託業法では、重要な信託の変更等が受益者の利益に重大な影響を与えうることに鑑み、受益者の意思決定を通じた信託の適正な運営を図る観点から、信託の目的に反しないことおよび受益者の利益に適合することが明らかである場合等を除き、信託会社は、重要な信託の変更等に係る公告・催告等をしなければならないこととし（信託業法29条の2第1項・2項）、さらに重要な信託の変更等に対して異議を述べる受益者が多数に及ぶ場合には、重要な信託の変更等を認めないこととしている（同第3項）。

(2) 重要な信託の変更等の手続

(a) 公告・催告の方法等　信託法においては、受益権取得請求の機会を受益者に保障する観点から公告・催告等の手続が定められており、受託者は、重要な信託の変更等の意思決定の日から20日以内に、受益者に対して、①重要な信託の変更等をする旨、②重要な信託の変更等がその効力を生じる日（効力発生日）、③重要な信託の変更等の中止に関する条件を定めたときは、その条件を通知しなければならないとし（103条4項）、この通知は、官報による公告をもって代えることができるとしている（同条5項）。

そこで、信託業法では、これらを踏まえて、信託会社は、重要な信託の変更等をしようとする場合は、下記の事項を、信託会社における公告の方法（信託業規則41条の3）により公告し、または受益者（信託管理人または受益者代理人が現に存する場合は、信託管理人または受益者代理人を含む。）に各別に催告しなければならないとしている（信託業法29条の2第1項）。

① 重要な信託の変更等をしようとする旨
② 重要な信託の変更等に異議ある受益者は一定期間内（1か月以上）に異議を述べるべき旨
③ その他内閣府令（信託業規則41条の5）で定める以下の事項
　1 重要な信託の変更等をしようとする理由
　2 重要な信託の変更等の内容
　3 重要な信託の変更等の予定年月日

4　異議を述べる期間
　　5　異議を述べる方法
(b) **公告・催告不要の場合**　重要な信託の変更等が信託の目的に反しないことおよび受益者の利益に適合することが明らかである場合は、受益者保護上の問題はないと考えられるので、公告等は不要である（信託業法29条の2第1項）。

　このほか、それぞれの根拠法において受益者保護手続が定められている、公益信託、委託者指図型投資信託、貸付信託、特定目的信託、加入者保護信託、確定給付企業年金信託、適格退職年金信託の場合にも、公告等は不要である（信託業法29条の2第1項、信託業規則41条の2）。

(3) 重要な信託の変更等の禁止

　公告・催告の結果、下記のように異議を述べた受益者が多数に及ぶような場合には、信託会社は、重要な信託の変更等をしてはならない（信託業法29条の2第3項、信託業規則41条の6）。
　① 受益権の内容が均等であって、異議を述べた受益者が保有する受益権の個数が、受益権の総個数の2分の1を超えるとき
　② 各受益権の内容が均等でない場合であって、異議を述べた受益者の保有する受益権の価格が、総受益権の価格の2分の1を超えるとき
　③ 各受益権の内容が均等でない場合であって、異議を述べた受益者が保有する受益権の信託財産に対する元本持分が、総受益権の元本持分の2分の1を超えるとき

　なお、受益者複数の場合であっても、受益者代理人が選任されている場合は、1人の受益者代理人が承認すれば重要な信託の変更等は可能であるが、重要な信託の変更等の手続を潜脱する目的で受益者代理人を指定することは禁止されている（信託業法29条1項4号、信託業規則41条2項5号）。

(4) 重要な信託の変更等の手続の適用除外

　受益者の意思決定を通じた信託の適正な運営を図る観点から重要な信託の変更等の手続が定められているが、下記のように、受益者の多数決による意思決定が確保されている場合は、重要な信託の変更等の手続を行わなくても受益者の利益が害されるおそれはないので、重要な信託の変更等の手続を要しない（信託業法29条の2第4項）。

① 信託行為に受益者集会における多数決による旨の定めがあるとき
② 上記①以外の方法により、受益権の内容が均等の場合にあっては受益権の総個数の2分の1を超える受益権を有する受益者の承認を得たとき、または受益権の内容が均等でない場合にあっては総受益権の価格の2分の1を超える受益権を有する受益者の承認を得たとき
③ 受益権の内容が均等でない場合において、総受益権の元本持分の2分の1を超える受益権を有する受益者の承認を得たとき（信託業規則41条の7）

(5) 重要な信託の変更等の手続の定型的信託契約への適用

　1個の信託約款に基づいて、信託会社が多数の委託者との間に締結する信託契約にあっては、信託契約の定めにより信託約款に係る信託を1つの信託とみなして、重要な信託の変更等の手続が適用される（信託業法29条の2第5項）。

　1個の信託約款に基づいて、信託会社が多数の委託者との間で信託契約を締結して受託した信託財産を合同運用する場合には、法形式上は、多数の信託契約より多数の信託が成立して、成立した多数の信託の数だけ受益者が存在していることになるが、1個の信託約款に基づき各信託契約により信託された財産は合同運用されているので、経済実態としては、1個の信託財産に対して、複数の受益者が存在する信託と同様であるから、重要な信託の変更等の手続を適用する場合には、信託約款に係る複数の信託を1つの信託とみなすこととしているのである。

10……費用の償還または前払いの範囲等の説明義務

　受託者は、信託事務の処理に係る費用や信託報酬は、信託財産から償還または前払いを受けることができるが、受益者から費用等の償還等を受ける場合は、受益者との間で別段の合意をする必要がある（48条5項・54条4項）。

　そこで、信託会社が、受益者との間で、受益者から費用等の償還等を受けることについて合意をする場合には、①費用等もしくは信託報酬の償還または費用もしくは信託報酬の前払いを受けることができる範囲、②信託報酬に関する事項、③信託財産に関する租税その他の費用に関する事項、④信託受益権の損失の危険に関する事項、⑤合意時点までに確定した費用等または報

酬がある場合には、その額について説明する義務を課すことにしたものである（信託業法29条の3、信託業規則41条の8）。

11……信託の公示および相殺に関する特例

信託の公示と信託に係る相殺に関しては、信託業務等の実態等を踏まえて信託法上の規律に対する特例が設けられている。

(1) 信託の公示の特例

信託法14条において、登記または登録しなければ権利の得喪等を第三者に対抗することができない財産については、信託の登記または登録をしなければ、その財産が信託財産に属することを第三者に対抗することができないとされているところ、信託業法30条で、信託会社が信託財産として所有する登録国債については、所定の方法で信託財産である旨の登録を行った場合には、信託法14条の登録をしたものとみなされるとしている。

国債は、振替制度の対象とされ、新たに発行される国債は振替国債のみとなったことから、登録国債から振替国債への移行が進み、国債市場における登録国債の役割は非常に小さくなっているが、すでに発行され、信託の登録をしている登録国債もあり得ることから、信託業法30条の規定が置かれている。

(2) 信託財産に係る相殺の特例

信託会社は、信託財産に属する債権で清算機関（金融商品取引清算機関または外国金融商品取引清算機関）を債務者とするものについては、信託行為に別段の定めがない限り、他の信託財産に属する債務（清算機関による債務引受け等の対価として負担したものに限る。）と相殺することができる（信託業法31条1項）。信託会社がこの相殺によって信託財産に損害を生じさせた場合は、その損害の賠償責任を負う（同法31条2項）。

証券取引における取引相手方の信用リスクの回避や事務の効率化のために清算機関による決済システムが設けられているが、信託会社が扱う信託財産について清算機関の決済システムを利用する場合について、信託業法では、信託法上の相殺制限を踏まえ、信託財産に属する債権と他の信託財産に属する債務との相殺を許容したものである。

 **自己信託の特例**

1……自己信託に係る規制（50名規制）

　自己信託は、委託者が自らを受託者とする信託であり（3条3号）、委託者と受託者が同一人となるから、形式的には信託業の規制概念である「信託の引受け」行為がないことになる。しかし、合理的な範囲内で受益者保護を図る必要はあるから、多数者（50名以上）を相手として自己信託を行う場合について規制が設けられている（信託業法50条の2）。

2……開業規制（登録）

(1) 登録

　自己信託を行う者は、受益権を多数の者（50名以上（信託業令15条の2第1項））が取得することができる場合として政令（同条2項）で定める以下の場合は、内閣総理大臣の登録を受けなければならない（信託業法50条の2第1項本文）。

　① 1回の自己信託の受益者数が50名以上になる場合（信託業令15条の2第2項1号）
　② いわゆる投資ビークルを介在させ、実質的に受益者が50名以上になる場合（同項2号）
　③ 自己信託を繰り返し、その合計受益者数が50名を超える場合（同項3号）
　④ 多数の受益権を発行して、その合計個数が50以上になる場合（同項4号）

(2) 登録の適用除外

　自己信託を行う者は、受益者が50名を超える場合には登録を受けなければならないが、自己信託の受益者の保護のために支障を生じることがないと認められる場合として政令（信託業令15条の3）で定める以下の場合には、登録を要しない（信託業法50条の2第1項ただし書）。

　① 日本政策金融公庫、国際協力銀行、都市再生機構、住宅金融支援機構等が根拠法令に基づいてスキームごとの認可を得て自己信託をする場合

（信託業令15条の3第1号～4号）
② 特定金銭債権の管理または回収を行う者がこれらの行為に付随して管理する金銭等を自己信託する場合（同条5号）
③ 弁護士・弁護士法人が弁護士業務に付随して管理する金銭等、その他委任契約の受任者がその委任事務に付随して管理する金銭等を自己信託する場合（同条6号）
④ 請負契約における請負人がその行う仕事に付随して管理する金銭等を自己信託する場合（同条7号）
⑤ 他人に代わって金銭の収受を行う者がその金銭の収受に付随して管理する金銭等を自己信託する場合（同条8号）
⑥ 賃貸借契約における賃貸人が賃貸借契約に付随して管理する金銭等を自己信託する場合（同条9号、信託業規則51条の10）

3……行為規制
(1) 自己信託会社の義務

　自己信託の登録を受けた者は、信託会社（または管理型信託会社）とみなされて、一定の信託会社の行為規制に係る規定が適用される（信託業法50条の2第12項）。

　他方、自己信託は、委託者と受託者が同一であり、兼業業務を行っていることが前提となっていることから、委託者の保護に係る規定や過度の規制となる規定は、適用されない。

　すなわち、自己信託においては、委託者と受託者が同一であり、保護すべき委託者が存在しないから、信託の引受けに係る行為準則（同法24条）、信託契約の内容の説明義務（同法25条）、信託契約締結時交付書面の交付義務（同法26条）等の委託者保護に関する規定は適用されない。

　ただし、信託の引受けに係る行為準則のうち、特別利益提供の禁止や損失補塡等の禁止（同法24条1項3号・4号）は、委託者の保護だけでなく、信託業の適切な運営のために必要とされているものであるので、自己信託においても適用される。

　また、自己信託会社は、基本的には一般事業を行っており、一般事業を本業とする自己信託会社に適用すると過度の規制となる、商号規制（同法14

条)、取締役の兼職制限(同法16条)、主要株主規制(同法17条)、事業年度(同法32条)は、適用されない。

なお、商号規制は受けないが、自己信託会社は、信託会社ではないので、信託会社と誤認される商号は禁止される(同法14条2項)。

(2) 信託財産の第三者調査

自己信託は、委託者と受託者が同一のため、実態のない財産や過大評価された財産を引当とする受益権が多数の投資家に販売されることによって受益者の利益が損なわれるおそれがある。そこで、多数者を相手方とする自己信託をしたときは、信託される財産の状況を第三者に調査させることとされている。

(a) 第三者調査義務 自己信託会社は、「受益権を多数の者(50名以上)が取得できる場合」(信託業法50条の2第1項、信託業令15条の2第2項)に該当する自己信託を行った場合には、信託財産に属する財産の状況その他の信託財産に関する事項について、第三者による調査が義務づけられる(信託業法50条の2第10項)。

(b) 調査人 信託財産に属する財産について調査をする調査人は、中立かつ公正な調査を期待できる者であって、かつ、信託財産に属する財産の状況その他の信託財産に関する事項に関し専門的知識を有するとともに、監督当局の監督や法令上認められた自主規制により適正な調査遂行を確保できる者として政令(信託業令15条の5)で定める以下の者である。

① 弁護士・弁護士法人
② 公認会計士・監査法人
③ 税理士・税理士法人
④ 不動産鑑定士(不動産および不動産のみを信託する信託受益権の場合に限る。)
⑤ 弁理士・特許業務法人(知的財産権および知的財産権のみを信託する信託受益権に限る。)

なお、上記①から⑤に該当する者であっても、自己信託会社の役員・使用人に該当する者や、第三者調査に関する業務停止処分を受けている者は、中立かつ公正な調査を期待することはできないから、調査人から除かれる。

(c) 調査 調査人は、下記の事項につき、信託財産に属する財産の種類

に応じて適正かつ合理的と認められる方法により調査を行わなければならない（信託業規則51条の7第1項）。
①　有価証券、不動産、不動産の賃借権、地上権、動産、金銭債権、知的財産権等の種類に応じて信託財産に属する財産を特定するために必要な事項
②　自己信託設定時の信託財産に属する財産の価額

上記②の信託財産に属する財産の価額の調査においては、市場価格のある有価証券については設定時の市場価格を、不動産については不動産鑑定士による鑑定評価額を、その他の財産については自己信託会社が価額算定に用いた帳簿書類その他の資料および価額の算定方法を踏まえて、調査しなければならない（同条2項）。

(d)　**報告**　調査人は、上記(c)の調査をした場合は、その調査結果を記載または記録した書面等を自己信託会社に提供して報告しなければならない。また、不正行為または法令もしくは信託行為に違反する事実を発見したときは、その旨もその書面等に記載または記録しなければならない（信託業規則51条の7第3項）。

V　指図権者

1……指図権者の忠実義務

信託財産の管理または処分の方法について指図を行う業を営む者を指図権者といい、指図権者は、信託の本旨に従い、受益者のために忠実に信託財産の管理または処分に係る指図を行わなければならない（信託業法65条）。

指図権者が信託財産の管理または処分の方法について指図を行い、信託会社がその指図に従って信託財産の管理または処分を行うことになるから、実質的に指図権者が信託財産の管理または処分を行っているともいえるので、指図権者にも信託会社と同様に忠実義務が課せられ、忠実義務を行為として具体化した行為準則が適用されるのである。

このように、受益者の保護を図るために、指図権者に対して忠実義務が課せられ、行為準則が適用されるのであるから、受益者本人やすでに受益者に

対する忠実義務を負っている受託者を規制する必要はなく、それ以外の信託行為で指図権を留保した委託者やその委託者から委託を受けた者、あるいは信託行為の定めにより指図権の委託を受けた者等が指図権者として規制の対象になり得る。

　信託財産を管理または処分する権限を有する受託者としての信託会社がその権限を第三者に委託した場合は、その第三者は、「指図権者」ではなく、「信託業務の委託先」として、信託会社と同様の善管注意義務、忠実義務等の義務を負い、信託財産に係る行為準則等の適用を受ける。

　なお、金融商品取引業者等が投資運用業として信託財産の運用等について指図を行うと指図権者に該当することになるが、金商法上の業規制が適用されるので、信託業法上の業規制は適用されないことになっている（金商法42条の8）。

2……指図に係る行為準則

　指図権者は、その指図を行う信託財産について、以下の行為をしてはならない（信託業法66条）。

① 　通常の取引の条件と異なる条件で、かつ、その条件での取引が信託財産に損害を与えることとなる条件での取引を行うことを受託者に指図すること（同条1号）

② 　信託の目的、信託財産の状況または信託財産の管理もしくは処分の方針に照らして不必要な取引を行うことを受託者に指図すること（同条2号）

③ 　信託財産に関する情報を利用して自己または信託財産に係る受益者以外の者の利益を図る目的をもって取引を行うことを受託者に指図すること（同条3号）

　　ただし、内閣府令（信託業規則68条1項）で定める以下の行為は、この禁止される情報利用指図行為から除かれる。

　1 　取引の相手方と新たな取引を行うことにより自己または信託財産に係る受益者以外の者の営む業務による利益を得ることを専ら目的としているとは認められない取引

　2 　第三者が知り得る情報を利用して行う取引

3　信託財産に係る受益者に対し、取引に関する重要な事項を開示し、書面による同意を得て行う取引
  4　その他信託財産に損害を与えるおそれがないと認められる取引
④　その他信託財産に損害を与えるおそれがある行為として内閣府令（信託業規則68条2項）で定める以下の行為（信託業法66条4号）
  1　指図を行った後で、一部の受益者に対し不当に利益を与えまたは不利益を及ぼす方法で当該指図に係る信託財産を特定すること
  2　他人から不当な制限または拘束を受けて信託財産に関して指図を行うこと、または行わないこと
  3　特定の資産について作為的に値付けを行うことを目的として信託財産に関して指図を行うこと
  4　その他法令に違反する行為を行うこと

Ⅵ 信託契約代理店

1……信託契約代理店の信託契約代理業

（1）信託契約代理店

　信託契約代理業とは、信託契約（当該信託契約に基づく信託の受託者が当該信託の受益権（当該受益権を表示する証券または証書を含む。）の発行者（金商法2条5項に規定する発行者をいう。）とされる場合を除く。）の締結の代理（信託

【信託契約代理店の登録要件】

登録拒否事由(信託業法70条)		法人	個人
人的規制	個人の欠格事由(同法5条2項8号イ～チ)　該当(同法70条1号)	―	○
	法人の不適格事由該当(同条2号) イ　登録等の取消等の日または法令違反による罰金刑執行終了の日から5年未経過の主要株主	○	―
	ロ　役員の欠格事由(同法5条2項8号イ～チ)	○	―
不適格基準	信託契約代理業務の的確遂行に必要な体制の未整備(同法70条3号)	○	○
	他業の反公益性(同条4号)	○	○

会社または外国信託会社を代理する場合に限る。）または媒介を行う営業をいうが（信託業法2条8項）、信託契約代理業は、内閣総理大臣の登録を受けた者でなければ営むことができず（同法67条1項）、その登録を受けた者を信託契約代理店という（同法2条9項）。

信託契約代理店制度は、信託会社等の販売チャンネル拡大の一環として認められたものであり、信託会社等が信託契約代理店について監督責任を負う所属信託会社制度を前提として、所属信託会社を代理・媒介する信託契約代理店を規制することによって顧客保護を図るものである。したがって、信託契約代理店は、信託会社または外国信託会社から委託を受けて、その信託会社または外国信託会社（「所属信託会社」）のために信託契約代理業を営まなければならない（信託業法67条2項）。

(2) 信託契約代理業

上述したように、信託契約代理業は、信託契約の締結の代理・媒介を行う営業をいうが、信託契約締結の代理は、信託会社または外国信託会社（信託会社等）を代理する場合に限定されるため（信託業法2条8項かっこ書）、委託者を代理する場合は信託契約代理業には該当しない。また、信託契約代理業は、信託会社等を代理する場合に限定されるため（同項かっこ書）、信託会社等ではないTLO信託会社や同一グループ内受託者が引き受ける信託契約の締結の代理・媒介は、信託契約代理業には該当しない。

信託契約締結の媒介は、代理の場合とは異なり、信託会社等の媒介に限定されないから、信託会社等の側に立って媒介する場合や委託者側に立って媒介する場合のほか、信託会社等と委託者の双方の間に立って媒介する場合があり得るが、信託会社等の側に立つ要素が全くない場合は、信託契約代理業には該当しない。

他方、信託受益権の発行者が受託者とされる信託契約の締結の代理・媒介が、発行者である受託者のために行う信託受益権の取得勧誘（募集）に該当する場合は、有価証券としての信託受益権の募集の取扱いとして金商法が適用されるので、信託契約代理業から除かれる（同項かっこ書）。

ただし、信託受益権の発行者が受託者であっても、信託受益権の発行時が委託者（兼受益者）の信託受益権の譲渡時である信託の場合は、信託契約締結の段階では未だ有価証券としての信託受益権が発行されていないので金商

法は適用されず、信託契約代理業として信託業法が適用される。

なお、自己信託会社にあっては、委託者と受託者が同一人となるため、自己信託の代理・媒介を行う者を観念できないので、自己信託代理業というものは規定されていない。

2……信託契約代理店の行為規制

(1) 標識の掲示

信託契約代理店は、信託契約代理業を営む営業所または事務所ごとに、公衆の見やすい場所に、標識を掲示しなければならない（信託業法72条1項、信託業規則75条）。

また、信託契約代理店以外の者は、その標識またはこれに類似する標識を掲示してはならない（信託業法72条2項）。

(2) 名義貸しの禁止

信託契約代理店は、自己の名義をもって、他人に信託契約代理業を営ませてはならない（信託業法73条）。

(3) 顧客に対する代理または媒介の明示義務

信託契約代理店は、信託契約の締結の代理（所属信託会社を代理する場合に限る。）または媒介を行うときは、あらかじめ、顧客に対して、以下の事項を明らかにしなければならない（信託業法74条）。

① 所属信託会社の商号
② 信託契約の締結を代理するか媒介するかの別
③ 内閣府令（信託業規則76条）で定める以下の事項
　1　所属信託会社が複数ある場合において、顧客が締結しようとする信託契約につき顧客が支払うべき信託報酬と、その信託契約と同種の信託契約につき他の所属信託会社に支払うべき信託報酬が異なるときは、その旨
　2　信託契約の締結の代理・媒介を行う場合において、顧客から信託契約に係る財産の預託を受けるときは、預託を受けることについての所属信託会社からの権限の付与の有無

(4) 顧客から預託を受けた財産の分別管理義務

信託契約代理店は、信託契約の締結の代理・媒介に関して顧客から財産の

預託を受けた場合は、その財産を自己の固有財産および他の信託契約の締結に関して預託を受けた財産と分別して管理しなければならない（信託業法75条）。

(5) 信託契約代理業に係る行為準則

(a) **信託契約締結の代理・媒介に係る禁止行為** 信託契約代理店は、信託契約の締結の代理・媒介を行う場合には、以下の行為をしてはならない（信託業法76条：24条1項準用）。

① 顧客に対し虚偽のことを告げる行為
② 顧客に対し、不確実な事項について断定的判断を提供し、または確実であると誤解させるおそれのあることを告げる行為
③ 顧客たる委託者もしくは受益者または第三者に対し、特別の利益の提供を約し、またはこれを提供する行為（第三者をして特別の利益の提供を約させ、またはこれを提供させる行為を含む。）
④ 顧客たる委託者もしくは受益者または第三者に対し、損失の補塡または利益の補足を約し、またはこれをする行為（第三者をして、損失の補塡または利益の補足を約させ、またはこれを行わせる行為を含み、自己の責めに帰すべき事故による損失の補塡は除く。）
⑤ その他顧客の保護に欠けるものとして内閣府令（信託業規則77条）で定める以下の行為

 1 顧客に対し、信託契約に関する事項であってその判断に影響を及ぼすこととなる重要なものにつき、誤解させるおそれのあることを告げ、または表示する行為

 2 信託契約代理業を営むことにより取得した顧客情報（顧客の財産に関する情報その他の特別な情報をいい、信託契約代理店が信託契約代理業務を行うために所属信託会社に対し提供する必要があると認められる情報および信託契約代理店が行った信託契約の締結の代理または媒介につき顧客に加えた損害を所属信託会社が賠償するために必要であると認められる情報を除く。）が所属信託会社に提供される可能性がある場合において、その旨の説明を書面の交付により行わず、信託契約の締結の代理または媒介をする行為

 3 所属信託会社との間で信託契約を締結することを条件として、所属

信託会社、その利害関係人（信託業法29条2項1号）または法人である信託契約代理店の利害関係人（信託業令14条1項各号）が、信用を供与し、または信用の供与を約していることを知りながら、その信託契約の締結の代理または媒介をする行為（顧客保護に欠けるおそれのないものを除く。）

4　金融機関である信託契約代理店が、自己またはその利害関係人の行う信用供与の条件として信託契約の締結の代理または媒介をする行為（顧客保護に欠けるおそれのないものを除く。）その他の自己の取引上の優越的な地位を不当に利用して信託契約の締結の代理または媒介をする行為

5　専ら自己または顧客以外の者の利益を図る目的をもって、顧客に損害を与えるおそれのある信託契約の締結の代理または媒介をする行為

6　その取り扱う個人である顧客に関する情報の安全管理、従業員の監督およびその情報の取扱いを委託する場合にはその委託先の監督について、情報の漏えい、滅失または毀損の防止を図るために必要かつ適切な措置を怠ること

7　その取り扱う個人である顧客に関する人種、信条、門地、本籍地、保健医療または犯罪経歴についての情報その他の特別の非公開情報（その業務上知り得た公表されていない情報をいう。）を、適切な業務の運営の確保その他必要と認められる目的以外の目的のために利用しないことを確保するための措置を怠ること

8　その他法令に違反する行為

(b)　**信託契約締結の代理・媒介に係る適合性の原則**　信託契約代理店は、顧客の知識、経験、財産の状況、信託契約締結の目的に照らして適切に信託契約の締結の代理・媒介を行い、顧客の保護に欠けることのないようにしなければならない（信託業法76条：24条2項準用）。

(6) 信託契約内容の説明義務

信託契約代理店は、信託契約の締結の代理・媒介を行うときは、顧客に対し受託者の商号および信託契約締結時交付書面の記載事項（信託業法26条1項3号～16号）について説明しなければならない（同法76条：25条本文準用）。

ただし、顧客の保護に支障を生じることがない場合として、内閣府令（信

託業規則78条）で定める以下の場合は、その説明を要しない（信託業法76条：25条ただし書準用）。

① 顧客が適格機関投資家等である場合（適格機関投資家等から説明を求められた場合を除く。）
② 顧客との間で同一の内容の金銭の信託契約の締結の代理・媒介をしたことがある場合（顧客から説明不要の意思表明があった場合に限る。）
③ 信託契約の締結の媒介をする場合において、所属信託会社が顧客に対し信託契約の内容について説明を行うこととなっている場合
④ 信託兼営法6条の規定に基づき損失の補塡または利益の補足を約する特約が付された金銭信託に係る信託契約の締結の代理・媒介を行う場合（顧客から説明を求められた場合を除く。）

3……所属信託会社の損害賠償責任

　信託契約代理店の所属信託会社は、信託契約代理店が行った信託契約の締結の代理・媒介につき顧客に加えた損害の賠償責任を負う（信託業法85条本文）。

　信託契約代理店制度は、信託会社等の販売チャンネル拡大の一環として認められたものであり、所属信託会社が信託契約代理店について指導・監督責任を負うことになっているところから（同法28条3項、信託業規則40条3項）、民法715条の使用者責任と同様の責任を所属信託会社に負わせるものである。

　この損害賠償責任は、所属信託会社が信託契約代理店への委託につき相当の注意をし、かつ、信託契約代理店が行う信託契約の締結の代理・媒介につき顧客に加えた損害の発生の防止に努めたときは免責されることになっているが（信託業法85条ただし書）、使用者責任は事実上の無過失責任とされていることからすると、免責が認められるのは非常に難しいものになると考えられる。

■コラム12——「旧法信託」に対する信託業法（信託兼営法）の適用関係

　2004（平成16）年に信託業法が全面改正された際、同法の附則として経過規定が設けられ、改正法の施行日（同年12月30日）よりも前に引き受けられた信託については、一部の行為規制に関する規定について改正後の規定を適用しないこととされた。2004年の改正当時、信託業法の行為規制の規定が適用される信託会社は存在していなかったが、信託兼営金融機関が引受けを行った信託については信託兼営法によって信託業法の規定が準用されているから、この経過規定は、信託兼営金融機関が引き受けた信託について適用関係を明らかにする意味がある。

　また、信託法についても、2006（平成18）年に全面改正された際、同時に成立した「信託法の施行に伴う関係法律の整備等に関する法律」（信託法整備法）に経過規定が設けられた。具体的には、全面改正された信託法の施行日（2007（平成19）年9月30日）よりも前に効力が生じた信託は「旧法信託」と呼ばれ、原則として改正前の信託法（旧信託法）が適用される。この取扱いは、信託法整備法によって改正された信託業法の適用関係についても同様であり、「旧法信託」には、原則として信託法整備法によって改正される前の信託業法の規定が適用される。また、信託法整備法は、旧法信託であっても、関係者の合意によって新信託法および信託法の全面改正に伴う改正後の信託業法の適用を選択できるような手当をしている。

　このように、信託法整備法および信託業法のそれぞれに経過規定があり、また、信託法整備法が関係者による選択を許容していることから、これらの法改正の前から存在していた信託について、いずれの時点の信託業法の規定が適用されるかが問題となる。

1. **2004（平成16）年信託業法改正における取扱い**

　2004（平成16）年に全面改正された信託業法（以下「旧・新信託業法」という。）は、同年12月30日から施行された。その上で、信託業法附則7条により次の経過措置が定められた。

　まず、信託業務の委託に関する規定である旧・新信託業法22条および23条は、「施行日以後に行われる信託業務の委託について適用する」（附則7条1項）とされたので、施行日以後に委託が行なわれた信託契約については、それ以前に引き受けられたものであっても、旧・新信託業法22条および23条が適用される。これらが適用されない場合には、2004年に行われた全面改正前の信託業法（以下「旧信託業法」という。）の規律による。ただし、旧信託業法に信託

業務の委託に関する規定は存在しなかったため、結果として、私法である旧信託法の規律によることとなる。

次に、信託の引受けおよび忠実義務に関する規定である旧・新信託業法24条から26条まで、ならびに、28条および29条は「施行日以後に行われる信託の引受けについて適用する」(附則7条2項)とされたので、引受けが施行日以後である信託契約について、旧・新信託業法24条から26条まで、ならびに、28条および29条が適用される。これらが適用されない場合には、旧信託業法の規律による。ただし、旧信託業法に信託の引受けおよび忠実義務に関する規定は存在しなかったため、これも結果として、私法である旧信託法の規律によることとなる。

信託財産状況報告書に関する規定である旧・新信託業法27条は、「施行日以後に計算期間を開始する信託財産について適用する」(附則7条3項)とされた。そして、計算期間は旧・新信託業法26条3項により原則として1年以内とされたから、施行日より前に引き受けられた信託契約であっても、原則として1年以内に旧・新信託業法27条のみが適用されることになった。

最後に、指図権者の義務についての旧・新信託業法65条および66条は、「施行日以後に引き受けられる信託に係る信託財産について適用する」(附則7条4項)とされたので、引受けが施行日以後である信託契約について、旧・新信託業法65条および66条が適用される。これらが適用されない場合には、旧信託業法の規律による。ただし、旧信託業法に指図権者に関する規定は存在しなかったし、私法である旧信託法にも存在しなかったため、指図権者の義務については解釈問題となる。

2. 2006 (平成18) 年信託法改正時における取扱い

2006 (平成18) 年に全面改正された信託法は、2007 (平成19) 年9月30日から施行された (信託法附則1項)。また、信託法整備法によって改正された信託業法も、原則として新信託法の施行日 (2007 (平成19) 年9月30日) から施行された (信託法整備法附則柱書)。その上で、信託法整備法2条に「契約によってされた信託で信託法…の施行の日前にその効力が生じたものについては、信託財産に属する財産についての対抗要件に関する事項を除き、なお従前の例による。遺言によってされた信託で施行日前に当該遺言がされたものについても、同様とする」との経過規定が設けられた。

したがって、信託法の施行日以後に効力が生じた信託契約については、新信託法や新・新信託業法が全面的に適用されることとなる。これに対して、信託法の施行日より前に効力 (なお、引受けではないことに留意) が生じた信託契約

信託契約	適用関係			
2007(平成19)年9月30日以後に効力が発生したもの	新信託法および新・新信託業法が適用			
2007(平成19)年9月30日より前に効力が発生したが、新法信託としたもの				
2004(平成16)年12月30日より前に引き受けられたもの				
2007(平成19)年9月30日より前に効力が発生し、新法信託としていないもの	旧信託法、旧・新信託業法が適用			
2004(平成16)年12月30日より前に引き受けられたもの	信託業務の委託	信託の引受けおよび信託業務の委託の両方が施行日より前 ⇒旧信託業法適用※	信託の引受けは施行日より前であるが、信託業務の委託は施行日以後 ⇒旧・新信託業法適用	信託行為の引受けが施行日以後（信託業務の委託も当然施行日以後）⇒旧・新信託業法適用
	信託の引受けおよび忠実義務	信託の引受けが施行日より前⇒旧信託業法適用※		信託の引受けが施行日以後 ⇒旧・新信託業法適用
	信託財産状況報告書	施行日から原則1年以内に旧・新信託業法適用		
	指図権者の義務	信託の引受けが施行日より前⇒旧信託業法適用※		信託の引受けが施行日以後 ⇒旧・新信託業法適用

※ 旧信託業法には対応する規律が存在しないため、結果として、私法である旧信託法の規律による。指図権者の義務については私法である旧信託法にも規律が存在しなかったため解釈問題となる。

については「従前の例による」ので、旧信託法や、上記①の適用関係で旧・新信託業法または旧信託業法が適用され続けることとなる。

　また、信託法の施行日より前に効力が生じた信託契約についても、「前条の規定によりなお従前の例によることとされる信託については、信託行為の定めにより、又は委託者、受託者及び受益者（第1条の規定による改正前の信託法（以下『旧信託法』という。）第8条第1項に規定する信託管理人が現に存する場合に

あっては、当該信託管理人）の書面若しくは電磁的記録（新信託法第3条第3号に規定する電磁的記録をいう。）による合意によって適用される法律を新法（新信託法及びこの法律の規定による改正後の法律をいう。以下同じ。）とする旨の信託の変更をして、これを新法の規定の適用を受ける信託（以下「新法信託」という。）とすることができる」こととされた（信託法整備法3条1項）。

「この法律の規定による改正後の法律」には信託業法も含まれるから、「旧法信託」であっても、信託行為の定めによって、または、委託者、受託者および受益者が「新法信託」とする合意をすることによって、新信託法および新・新信託業法の適用を選択することができる。上記①で旧信託業法を適用することとされていた信託契約であっても、新法信託を選択した場合、全面的に新・新信託業法が適用され、旧信託業法や旧・新信託業法の適用の余地はない。

第 12 章
信託業と信託兼営法

I 信託兼営法の概要

1……信託兼営法の意義

「金融機関の信託業務の兼営等に関する法律」（信託兼営法）は、銀行その他の金融機関（「金融機関」*）が信託業務を兼営する場合の根拠となる法律であり、金融機関は、この法律に基づき内閣総理大臣の認可を受けて、信託業務を兼営することができる。

信託兼営法は、金融機関の他業禁止を解除して信託業務を営むことを可能する法律であるから、銀行法等の各金融機関の根拠法に対する信託業に関する特別法であるということができる。また、信託兼営法は、信託業は信託業法上の免許・登録を受けた者でなければ営むことができないという信託業法の禁止を解除する法律であるので、信託兼営金融機関が営む信託業に関する特別法でもあるということができる。しかし、信託業規制一般法である信託業法は、信託業を営む信託会社に対して適用される法律であって金融機関には適用されないので、信託兼営法では、信託業法を準用する方法あるいは必要に応じて独自に規定する方法で、開業規制、行為規制、監督等について規定している。

信託兼営法には信託業法1条のような目的規定はないが、信託兼営金融機関に対する信託業規制法であるから、「信託兼営金融機関について必要な事項を定め、信託業の適正な執行を確保することによって委託者・受益者の保護を図ること」が目的になると考えられる。

＊「金融機関」（信託兼営令2条）：①銀行、②長期信用銀行、②の2商工組合中央金庫、③信用金庫、④労働金庫、⑤信用協同組合、⑥農林中央金庫、⑦農業協同組合、⑧漁業協同組合、⑨水産加工業協同組合、⑩信用金庫連合会、⑪労働金庫連合会、⑫協同

I 信託兼営法の概要 | 323

組合連合会、⑬農業協同組合連合会、⑭漁業協同組合連合会、⑮水産加工業協同組合連合会

　信託兼営法は、当初、「普通銀行等ノ貯蓄銀行業務又ハ信託業務ノ兼営等ニ関スル法律」（昭和18年法律43号）として制定されたが、昭和56年の新銀行法の制定に際して貯蓄銀行法が廃止されたことから「貯蓄銀行業務」が削除されて「普通銀行等ノ信託業務ノ兼営等ニ関スル法律」となり、平成4年の金融制度改革法による改正によって信託兼営金融機関の範囲が協同組織金融機関にまで拡大されたことから「金融機関ノ信託業務ノ兼営等ニ関スル法律」となった。その後、平成16年の信託業法全面改正（新法制定）に伴う改正があり、また、平成18年の信託法の全面改正（新法制定）に伴う改正があって、この際に口語化され、現在の「金融機関の信託業務の兼営等に関する法律」になっている。

2……信託兼営法の信託業規制

　信託兼営法は、信託兼営金融機関の信託業務の適正な執行を確保することによって委託者・受益者の保護を図るために、開業規制、行為規制、監督等について規定している。

(1) 開業規制

　信託業は、銀行業とその性格・内容を異にすることから、信託業を適切に遂行できる能力を有する金融機関だけが信託業務を兼営することができるようにするために、後述するように、金融機関が信託業務を兼営するには内閣総理大臣の認可を要するとされている（信託兼営法1条）。

(2) 行為規制

　信託兼営金融機関の行為規制については、後述するように、信託会社の行為規制との同等性を確保する観点から、基本的に信託業法上または金融商品取引法上の行為規制を準用する形で規定されている（信託兼営法2条・2条の2）。

(3) 監督

　銀行等の金融機関は、それぞれの根拠法に基づく監督官庁の監督を受けるが、信託業務に関しては、内閣総理大臣（金融庁長官）の監督を受けることになる。

　信託兼営法は、信託兼営金融機関に対して報告・届出義務等を課す一方、

監督官庁に対して立入検査権や業務停止命令・認可取消処分等の権限を与えて信託兼営金融機関を監督させている。

(a) 報告・届出義務等

① 報告義務

信託兼営金融機関は、事業年度ごとに、信託業務および信託業務に係る財産の状況を記載した中間業務報告書および業務報告書を作成し、その事業年度終了後3月以内に内閣総理大臣（金融庁長官）に提出しなければならない（信託兼営法7条、信託兼営規則38条1項・2項・5項）。

② 届出・公告義務

信託兼営金融機関は、1 信託業務の開始・廃業または合併もしくは会社分割による信託業務の一部承継・譲渡があった場合、2 信託業務に関する訴訟・調停の当事者になった場合またはその訴訟・調停が終結した場合、3 役職員や委託先・代理店が信託業務を遂行する際に犯罪行為その他の違法行為または現金等の紛失もしくは管理失当による100万円以上の信託財産への損失を与えたこと等を知った場合には、遅滞なく、内閣総理大臣（金融庁長官）に届け出なければならない（信託兼営法8条1項、信託兼営規則39条1項・2項）。

また、信託業務を営む営業所・事務所の設置、位置の変更・廃止もしくは信託業務の内容の変更があった場合、または代理店の設置・廃止もしくは業務内容の変更があった場合にも届け出なければならない（信託兼営法8条2項、信託兼営規則39条3項・4項）。

さらに、信託兼営金融機関は、信託業務の廃止、合併・解散または会社分割による信託業務の承継・譲渡等をしようとする場合は、その30日前までに、その旨を公告・掲示しなければならず（信託兼営法8条3項、信託兼営規則40条1項・2項・4項）、その公告をしたときは、直ちに、その旨を内閣総理大臣（金融庁長官）に届け出なければならない（信託兼営法8条4項、信託兼営規則40条3項）。

(b) 監督上の処分　内閣総理大臣（金融庁長官）は、信託兼営金融機関の信託業務の健全かつ適切な運営を確保するために、立入検査、業務停止命令、兼営の認可取消し等を行うことができる。

① 立入検査

　信託兼営金融機関の信託業務の健全かつ適切な運営を確保するために必要があると認めるときは、信託兼営金融機関等に対して、業務もしくは財産に関し参考となるべき報告もしくは資料の提出を命じ、または立入検査することができる（信託兼営法2条1項：信託業法42条準用）。

② 業務停止命令等

　信託兼営金融機関の業務または財産に照らして、信託業務の健全かつ適切な運営を確保するために必要があると認めるときは、その信託兼営金融機関に対し、必要な限度において、期限を付して信託業務の全部もしくは一部の停止を命じ、または信託業務の種類もしくは方法の変更、財産の供託その他監督上必要な措置を命ずることができる（信託兼営法9条）。

③ 兼営の認可の取消し等

　信託兼営金融機関が信託業務の遂行にあたり、法令もしくは法令に基づく内閣総理大臣の命令に違反したとき、または公益を害する行為をしたときは、その信託兼営金融機関に対し、信託業務の全部もしくは一部の停止を命じ、または信託業務の兼営の認可（信託兼営法1条1項）を取り消すことができる（同法10条）。

　信託業務の兼営の認可を取り消したとき、または信託業務の全部もしくは一部の停止を命じたときは、その旨を公告しなければならない（信託兼営法12条、信託兼営規則42条）。

　また、信託業務の兼営の認可の取消処分を行った場合、その処分により認可の効力は失われるが、信託兼営金融機関の信託法上の受託者としての地位は失われるわけではないので、裁判所に対して受託者の解任および新任の申立てをすることができる（信託兼営法2条1項：信託業法49条準用）。

信託兼営金融機関の開業規制

1……信託業務の兼営の認可
(1) 信託業務の兼営

　金融機関は、信託兼営法に基づき、内閣総理大臣の認可を受けて、信託業（信託業法2条1項）および併営業務（「信託業務」）を営むことができる（信託兼営法1条1項）。

　銀行は、銀行法に基づき、銀行の固有業務・付随業務・他業証券業務等（銀行法10条・11条）のほか、原則として他の業務を営むことができないが（同法12条）、信託兼営法に基づく信託業務の兼営の認可を受けることにより、信託兼営法上の信託業務を営むことができることになる。

(2) 兼営の認可

(a)　**認可申請**　信託業務の兼営の認可を受けようとする金融機関は、内閣府令（信託兼営規則1条）の定めるところにより、認可申請書に「業務の種類及び方法書」および認可の審査の参考となるべき事項を記載した書面を添付して、金融庁長官を経由して内閣総理大臣に提出しなければならない（信託兼営法1条2項）。

　「業務の種類及び方法書」には、①業務運営の基本方針、②信託業務の実施体制、③引受けを行う信託に関する、イ　引受けを行う信託財産の種類、ロ　信託財産の管理または処分の方法、ハ　信託財産の分別管理の方法、ニ　信託業務の一部を第三者に委託する場合は、委託業務の内容および委託先の選定に係る基準および手続（保存・利用・改良業務を委託する場合を除く。）ホ　元本補塡または利益の補足に関する事項、ヘ　信託契約締結の勧誘、信託契約の内容の明確化および信託財産の状況に係る情報提供に関する基本方針、④併営業務の種類（信託受益権売買等業務を営む場合は、その業務の実施体制を含む。）を記載しなければならない（信託兼営規則4条）。

　なお、金融機関が業務の種類または方法を変更する場合には、内閣総理大臣の認可を受けなければならない（信託兼営法3条）。

(b)　**兼営の認可**　内閣総理大臣は、信託業務の兼営の認可申請があった場合には、以下の基準に適合するかどうかを審査しなければならない（信託

兼営法1条3項)。
① 申請者が、信託業務を健全に遂行するに足りる財産的基礎を有し、かつ、信託業務を的確に遂行することができること
② 申請者による信託業務の遂行が金融秩序を乱すおそれがないものであること

2……信託業務の範囲
(1) 信託業と併営業務
信託業務の兼営の認可を受けた信託兼営金融機関は、信託業法上の信託業と以下の併営業務を信託業務として営むことができる（信託兼営法1条1項）。
① 信託契約代理業（信託業法2条8項）
② 信託受益権売買等業務（信託受益権の売買等（金商法65条の5第1項）を行う業務）
③ 財産の管理（受託する信託財産と同じ種類の財産について、業務の種類及び方法書に定める信託財産の管理方法と同じ方法により管理するものに限る。）
④ 財産に関する遺言の執行
⑤ 会計の検査
⑥ 財産の取得、処分または貸借に関する代理または媒介
⑦ 以下の事項に係る代理事務
　イ　上記③の財産の管理、ロ　財産の整理または清算、ハ　債権の取立て、ニ　債務の履行

(2) 適用除外業務
信託業務から以下の業務が除かれているので（信託兼営法1条かっこ書、信託兼営令3条）、信託兼営金融機関は、除かれたこれらの不動産関連業務は兼営することができない。
① 土地もしくはその定着物、地上権または土地の賃借権（「土地等」）を含む財産の信託であって、土地等の処分を信託の目的の全部または一部とするもの（イ 特定目的信託（資産流動化法2条13項）、ロ その受益権の譲渡先が特定目的会社（同法2条3項）または登録投資法人（投信法2条13項）に限られる信託を除く。）（信託兼営令3条1号）
② 上記①の土地等の信託に係る信託契約代理業

③ 不動産の売買および貸借の代理および媒介
④ その他内閣府令（信託兼営規則3条）で定める以下の業務
   1 信託財産の管理または処分において宅地建物取引（宅地・建物の売買・交換または宅地・建物の売買・交換・賃借の代理・媒介）を行う信託
   2 上記1の信託に係る信託契約代理業
   3 不動産の鑑定評価
   4 不動産に係る投資助言業務
   5 商品投資顧問業務

Ⅲ 信託兼営金融機関の行為規制

1……信託業法の行為規制の適用

（1）信託業務を営む場合

信託兼営金融機関が信託業務を営む場合は、以下の信託業法の規定が準用され（信託兼営法2条1項）、信託会社の行為規制と同様の規制が行われる。

① 営業保証金（信託業法11条）
② 信託業務の委託（同法22条）
③ 信託業務の委託に係る信託会社の責任（同法23条）
④ 信託の引受けに係る行為準則（同法24条）
⑤ 信託契約の内容の説明（同法25条）
⑥ 信託契約締結時の書面交付（同法26条）
⑦ 信託財産状況報告書の交付（同法27条）
⑧ 信託会社の忠実義務等（同法28条）
⑨ 信託財産に係る行為準則（同法29条）
⑩ 重要な信託の変更等（同法29条の2）
⑪ 費用等の償還または前払いの範囲等の説明（同法29条の3）
⑫ 信託の公示の特例（同法30条）
⑬ 信託財産に係る債務の相殺（同法31条）

（2）信託契約締結の代理・媒介を委託する場合

信託兼営金融機関が信託契約の締結の代理・媒介を第三者に委託する場合

は、信託兼営金融機関を信託会社とみなして、信託業法2条8項（信託契約代理業の定義）および信託業法第5章（信託契約代理店）が適用されるので（信託兼営法2条2項）、信託兼営金融機関は、所属信託兼営金融機関として信託契約代理店を指導・監督する義務を負う。

2……金融商品取引法の行為規制の適用
（1）特定信託契約による信託の引受けを行う場合
　信託兼営金融機関が特定信託契約（信託業法24条の2）による信託の引受けを行う場合には、信託会社の場合と同様、以下の金商法の規定が準用され、金商法上の販売・勧誘行為規制と同様の規制が行われる（信託兼営法2条の2）。

① 特定投資家への告知義務等（準用金商法34条～34条の5）
② 広告等の規制（準用金商法37条）
③ 特定信託契約締結前交付書面の交付（準用金商法37条の3）および交付に係る実質的説明義務（準用金商法38条9号）
④ 禁止行為
　1 信用格付業者以外の者の信用格付けであることを告知しないで行う勧誘の禁止（準用金商法38条3号）
　2 迷惑時間における勧誘の禁止（準用金商法38条9号）
⑤ 損失補塡等の禁止（準用金商法39条2項）

（2）信託受益権売買等業務を営む場合
　信託兼営金融機関は、金商法上の登録金融機関業務に係る登録（金商法33条の2）を受けなくても信託受益権売買等業務を営むことができるが（信託兼営法2条3項）、その業務を営む場合には、信託会社の場合と同様、信託兼営金融機関は登録金融機関（金商法2条11項）とみなされて以下の金商法の規定が準用され、金商法上の行為規制と同様の規制が行われる（信託兼営法2条4項）。

① 特定投資家への告知等（準用金商法34条～34条の5）
② 誠実公正義務（準用金商法36条1項）
③ 販売勧誘行為規制
　1 勧誘前行為規制
　　標識掲示義務（準用金商法36条の2）、名義貸しの禁止（準用金商法36

条の3)、広告等の規制（準用金商法37条）
  2 勧誘行為規制
    虚偽の告知の禁止（準用金商法38条1号）、断定的判断の提供の禁止（準用金商法38条2号）、未登録業者による信用格付けであることを告げないで行う勧誘の禁止（準用金商法38条3号）、不招請勧誘の禁止（準用金商法38条4号）、勧誘受託意思不確認勧誘・再勧誘の禁止（準用金商法38条5号・6号）、適合性の原則（準用金商法40条）
  3 販売行為規制
    取引態様の事前明示義務（準用金商法37条の2）、契約締結前交付書面の交付義務（準用金商法37条の3）、契約締結時交付書面の交付義務（準用金商法37条の4）
  4 販売行為後規制
    書面による解除（クーリングオフ）（準用金商法37条の6）
④ 損失補塡等の禁止（準用金商法39条）
⑤ 業務運営状況規制
  1 不適正な取扱い状況の禁止（準用金商法40条の2）
  2 特定投資家向け有価証券の売買等に関する制限（準用金商法40条の4）
  3 特定投資家向け有価証券に関する告知義務（準用金商法40条の5）
⑥ 雑則（準用金商法45条1号・2号）
⑦ 経理（準用金商法48条・48条の2）
⑧ 監督（準用金商法51条の2、52条の2第1項・2項）
⑨ 雑則（準用金商法190条、194条の5第2項）

信託業務に係る特例

預金取扱金融機関である信託兼営金融機関が営む信託業務であることを踏まえて、信託会社が行う信託業務とは異なる取扱いがされている。

1……同一人に対する信用の供与等
(1) 元本補塡付き金銭信託の貸付金に係る信用供与規制

　銀行法においては、銀行経営の健全性確保等の観点から、大口信用供与規制が行われているが（銀行法13条）、信託財産に係る損益は実質的には受益者に帰属するので（実績配当主義）、信託兼営金融機関の固有財産（銀行部門）には影響を及ぼさないことから、信託財産からの貸出については大口信用供与規制は受けない。

　しかし、信託財産からの貸出であっても、元本補塡等の特約を付している場合には、融資先のリスクが信託兼営金融機関の固有財産（銀行部門）に影響を及ぼすことになるので、その一定額が大口信用供与規制を受ける貸出金に含まれることになる（信託兼営法4条、信託兼営令12条、信託兼営規則33条）。

　すなわち、信託兼営金融機関が元本補塡付き金銭信託（運用方法の特定しない元本補塡契約付き金銭信託（貸付信託を含む。））に係る信託契約を締結している場合は、金融機関に係る貸出金にはこの元本補塡付き金銭信託の信託財産の運用に係る貸出金が含まれる（信託兼営令12条）。

　なお、元本補塡付き金銭信託の信託財産の運用に係る貸付金は、資金の貸付けまたは手形割引のうち、信託財産残高表の貸出金勘定に計上されるものを指す（信託兼営規則33条1項）。

(2) 信用供与等限度額

　信用供与等限度額は、同一人に対する元本補塡付き金銭信託の信託財産の運用に係る貸付金の額から、その同一人に係る以下に掲げる額の合計額を控除して計算される（信託兼営規則33条2項）。

① 　貸出金の担保とされている当該信託業務を営む金融機関の預金・貯金・定期積金の額
② 　貸出金の担保とされている国債または地方債の額
③ 　貸出金の担保とされている貿易保険等の保険金額
④ 　貨物代金決済に係る貸付金の額
⑤ 　貸出金に係る信用保証協会の債務保証に対する日本政策金融公庫による保険金額

2……定型的信託契約約款の変更等

　信託兼営金融機関は、多数人を委託者または受益者とする定型的信託契約（貸付信託または投資信託に係る契約を除く。）について約款の変更をしようとするときは、その契約の委託者および受益者全員の同意を得る方法によるほか、内閣総理大臣の認可を受けて、その変更に異議ある委託者または受益者は一定期間内（1か月以上）に異議を述べるべき旨を公告する方法によりすることができる（信託兼営法5条1項・2項）。

　この信託の変更が重要な信託の変更等に該当する場合は、重要な信託の変更等に係る信託業法上の規制を受けるが（信託兼営法2条1項、信託業法29条の2第5項）、定型的信託契約約款の変更によって行う場合は、この規制の適用を受けない（信託兼営規則24条1号）。

(1) 定型的信託契約約款変更の認可

(a) 認可申請　　信託兼営金融機関は、定型的信託契約約款の変更に係る認可を受けようとするときは、認可申請書に以下の書類を添付して金融庁長官等に提出しなければならない（信託兼営規則34条1項）。

① 理由書
② 公告の内容および方法を記載した書類
③ 委託者または受益者が約款の変更について異議を述べることのできる期間および異議を述べたときの処理の方法を記載した書類

(b) 審査　　金融庁長官等は、上記認可申請があったときは、申請の内容が受益者の保護に欠けるおそれがないものであるかどうかを審査する（信託兼営規則34条2項）。

(2) 変更の公告

　信託兼営金融機関が行う定型的信託契約約款の変更についての公告は、以下の事項を明らかにして、信託業務を営む金融機関における公告の方法によりしなければならない（信託兼営規則35条）。

① 変更の内容および理由
② 金融庁長官等の認可を受けた年月日
③ 委託者または受益者が異議を述べることができる期間および方法に関する事項

(3) 変更の承認・異議

委託者または受益者は、上記(2)の期間内に異議を述べなかった場合には、その契約の変更を承諾したものとみなされ（信託兼営法5条3項）、異議を述べた受益者は、信託兼営金融機関に対して、その変更がなかったならば有していたであろう公正な価格で受益権の買取りを請求することができる（同条4項）。

3……損失補塡・利益補足を行う信託契約の締結

信託兼営金融機関は、運用方法の特定しない金銭信託に限り、元本に損失が生じた場合または一定額の利益が得られなかった場合に、これを補塡しまたは補足する旨を定める信託契約を締結することができる（信託兼営法6条）。

信託会社については、損失補塡または利益補足をすることは禁止されているが（信託業法24条1項4号）、信託兼営金融機関については、資本規制（銀行法5条、銀行令3条）、自己資本比率規制（銀行法14条の2）等の規定が設けられ、預金取扱金融機関としての強固な財政基盤を有しているので、運用方法の特定しない金銭信託に限り、元本補塡契約または利益補足契約を締結することが認められている。

ただし、元本補塡または利益補足を行うことができる信託契約は、信託契約に係る信託財産の総額の2分の1を超える額を以下に掲げる資産に投資することを目的とする信託契約以外の信託契約でなければならない（信託兼営規則37条）。

① 金融商品取引法上の第一項有価証券（貸付信託の受益証券・受益証券発行信託の受益証券を除く。）・第二項有価証券（信託受益権・外国信託受益権を除く。）
② デリバティブ取引に係る権利
③ 商品市場における取引、外国商品市場取引および店頭商品デリバティブ取引に係る権利
④ 主として上記①～③の資産に投資することを目的とする金銭の信託の受益権（上記①に該当するものを除く。）
⑤ 有価証券を信託する信託の受益権

また、利益補足契約をする場合の利益歩合は、金融庁長官が定める歩合を

超えてはならない（信託兼営規則36条）。

4……商号

　商号規制に関し、信託兼営法は信託業法を準用していない。従って、信託兼営金融機関は、信託会社ではないので、商号中に「信託」の文字を用いることは強制されない（信託業法14条1項）。

　他方、信託会社ではない者は、信託会社と誤認されるおそれのある文字を用いることが禁止されるが（同条2項）、信託兼営金融機関には適用されないので（同項ただし書）、商号中に「信託」の文字を用いることができる。

信託兼営金融機関の有価証券関連業務

1……銀行等の金融機関の有価証券関連業務

　金商法は、銀行等の金融機関の有価証券関連業と投資運用業を禁止する（金商法33条1項本文）一方、銀行等の金融機関が銀行業務として行っている有価証券に関連する業務の実態を踏まえて、金融機関の有価証券関連業を一定の範囲で許容している（同項ただし書・同条2項）。

　すなわち、投資目的をもってまたは信託契約に基づき委託者（兼受益者）の計算において行う有価証券の売買または有価証券関連デリバティブ取引は許容される（同法33条1項ただし書）。このほか、書面取次ぎ行為や公共債等の有価証券関連業務も許容されるが（同条2項）、これらの業務は登録金融機関業務とされるので、内閣総理大臣の登録を受けなければならない（同法33条の2）。

　金商法において一定の範囲で有価証券関連業が許容されていることを受けて、銀行法では、銀行業に付随する業務（銀行法10条2項）として、または他業証券業務（同法11条）として一定の有価証券関連業務を営むことができると規定している。

　たとえば、金商法上許容される投資目的をもって行う有価証券の売買または有価証券関連デリバティブ取引（金商法33条1項ただし書）については付随業務（銀行法10条2項2号）として営むことができ、登録金融機関業務（金商

法33条の2)については付随業務または他業証券業務（銀行法11条1号・2号）として営むことができるとされている。

2……信託兼営金融機関の有価証券関連業務

　信託兼営金融機関は、銀行等の金融機関であると同時に、信託兼営法の認可を受けて信託兼営法上の信託業務を営む金融機関であるので、たとえば、信託兼営金融機関が銀行である場合は、銀行法が適用され、銀行法上の業規制（開業規制・行為規制）が行われるほか、信託兼営法が適用され、信託兼営法による行為規制等が適用されて、信託会社と同等の行為規制が行われる。

　このように、信託兼営金融機関には銀行法と信託兼営法を通して信託業法が適用されるので、金商法上の有価証券関連業務に関しては、銀行の付随業務または他業証券業務として有価証券関連業務を営むことができるほか、信託業務として有価証券関連業務を営むことができる。

　銀行業務または信託業務により受託した資金・資産等を運用する一連の業務に関しては、銀行法または信託兼営法を通して信託業法が適用されることで、預金者および委託者・受益者の保護ならびに銀行業務および信託業務の健全性の確保が図られる一方、銀行の付随業務または他業証券業務として行われる登録金融機関業務または信託兼営金融機関の法定他業とされる信託受益権売買等業務に関しては、金商法が適用されて投資者としての預金者や受益者等の保護が図られることになる。

(1) 銀行業務としての有価証券関連業務

　信託兼営金融機関は、付随業務または他業証券業務として認められる有価証券関連業務を営むことができるが、登録金融機関業務に該当する場合には、内閣総理大臣の登録を要する（金商法33条の2）。

(a) 銀行の付随業務としての有価証券関連業務　　信託兼営金融機関は、銀行の付随業務として、以下の行為を行うことができる（銀行法10条2項）。

　① 投資目的をもって行う有価証券の売買または有価証券関連デリバティブ取引

　　この取引は、有価証券関連業として禁止されず（金商法33条1項ただし書）、また登録金融機関業務ともされていないので（同法33条の2第2号かっこ書）、登録をしないで行うことができる（銀行法10条2項2号）。

② 書面取次ぎ行為

書面取次ぎ行為とは、金融機関が顧客の書面による注文を受けてその計算において有価証券の売買または有価証券関連デリバティブ取引を行うことをいうが、その注文に関する顧客に対する勧誘に基づいて行ってはならず、また金融機関が行う投資助言業務に関しその顧客から注文を受けて行ってはならない（金商法33条2項）とされているので、受動的な取次ぎに限定されるところ、信託兼営金融機関の場合は、投資助言業務に関して顧客から注文を受けて行うことが認められる（同法33条の2第1号）。

なお、書面取次ぎ行為は、登録金融機関業務とされているので（金商法33条の2第1号）、登録を要する。

③ 金銭債権等の取得または譲渡（銀行法10条2項5号・5号の2）

金銭債権の取得または譲渡（5号）または短期社債等の取得または譲渡（5号の2）である。

④ 国債等の残額引受けとその募集の取扱い（銀行法10条2項4号・5号の2）

国債等の残額引受けとその募集の取扱い（4号）または特定社債等の残額引受けとその募集の取扱い（5号の2）である。

⑤ 有価証券の私募の取扱い（銀行法10条2項6号）

⑥ 社債等の募集または管理の受託（銀行法10条2項7号）

⑦ 金融デリバティブ取引等（銀行法10条2項12号〜17号）

1　有価証券関連デリバティブ取引等以外のデリバティブ取引（12号）およびその媒介・取次ぎ・代理（13号）

2　金融等デリバティブ取引（14号）およびその媒介・取次ぎ・代理（15号）

3　有価証券関連店頭デリバティブ取引（16号）およびその媒介・取次ぎ・代理（17号）

(b) 銀行の他業証券業務としての有価証券関連業務　信託兼営金融機関は、以下の他業証券業務を銀行業務の遂行を妨げない限度において営むことができるが（銀行法11条）、登録金融機関業務とされているので（金商法33条の2）、登録を要する（同法33条の2柱書）。

① 投資助言業務（銀行法11条1号）
② 公共債等の有価証券関連業務
　金商法33条2項各号の有価証券・取引に係る当該各号に定める以下の行為（有価証券非関連取引行為）に係る業務である（銀行法10条2号）。
　1　公共社債・受益証券等の売買・デリバティブ取引（その媒介・取次ぎ・代理、委託の媒介・取次ぎ・代理、引受け、売出し・特定投資家向け売付け勧誘および募集・売出しの取扱い、私募・特定投資家向け売付け勧誘等の取扱い）（金商法33条2項1号）
　2　投信法上の受益証券・投資証券等の売買・デリバティブ取引（その媒介・取次ぎ・代理、委託の媒介・取次ぎ・代理および募集・私募の取扱い）（金商法33条2項2号）
　3　外国国債等の市場デリバティブ取引等（その媒介・取次ぎ・代理、委託の媒介・取次ぎ・代理、私募の取扱い、金融商品仲介）（金商法33条2項3号）
　4　上記1〜3の有価証券以外の有価証券の私募の取扱い・金融商品仲介（金商法33条2項4号）
　5　上記1〜3の有価証券の店頭デリバティブ取引（金商法33条2項5号）
　6　有価証券の売買・有価証券関連デリバティブ取引等に係る有価証券等清算取次ぎ（金商法33条2項6号）

（2）信託業務としての有価証券関連業務

（a）投資運用業務　信託業務には信託財産運用業務が内在しており、信託兼営法の認可を受けて信託業務を兼営する信託兼営金融機関は、他の金融機関と異なり、投資運用業を営むことは禁止されない（金商法33条の8第1項）。

　このように、信託兼営金融機関は投資運用業を営むことができるが、投資運用業は登録金融機関業務とされるので登録を要するところ、投資信託運用行為と信託ファンド自己運用行為（金銭その他の財産を信託財産とするものに限る。）を業として行うことは投資運用業から除かれるので、委託者非指図型投資信託運用業と信託財産運用業は登録をしないで営むことができる（金商法33条の8第1項）。

**（b）信託契約に基づいて行う有価証券の売買または有価証券関連デリバテ

ィブ取引業務　　信託契約に基づき委託者（兼受益者）の計算において行う有価証券の売買または有価証券関連デリバティブ取引は禁止されないので（金商法33条1項ただし書）、信託兼営金融機関は、営業として行うことができ、また登録金融機関業務からも除かれているので（同法33条の2第2号かっこ書）、登録も要しない。

(c) 信託受益権売買等業務　　前述したように、信託兼営金融機関は、法定他業として信託受益権売買等業務を営むことが認められ、登録金融機関業務の登録を受けないで営むことができる（信託兼営法2条3項）。

ただし、信託受益権売買等業務を営む場合には、信託兼営金融機関は登録金融機関とみなされて、一定の金商法上の行為規制の適用を受ける（同条4項）。

第 13 章

信託の受益権と金融商品取引法

 信託の受益権に係る金融商品取引法の適用と規制上の調整

1……信託の受益権(信託受益証券・信託受益権)に係る金融商品取引法の適用

　信託業に関しては、信託業法が適用され、開業規制、行為規制等が行われる。信託に関する取引(信託取引)は、信託の引受け(信託契約の締結等)と信託受益権の譲渡等に大別することができるが、信託契約の締結等には、①信託契約の締結のほか、②信託契約の締結の代理・媒介等があり、また、信託受益権の譲渡等には、③信託受益権の譲渡のほか、④信託受益権の譲渡の代理・媒介等があり、これらが営業として行われる場合には、①は信託業として、②は信託契約代理業として、③・④は信託受益権販売業として開業規制、行為規制等が行われていた。

　しかし、2006(平成18)年の金商法の改正において、規制の柔軟化・横断化の観点から、受益証券(受益証券発行信託の受益証券)が金商法上の有価証券(第一項有価証券)とされただけでなく、一般の受益権も金商法上の有価証券とみなされた(第二項有価証券とされた)ことから、全ての信託の受益権(信託受益証券・信託受益権)について金商法が適用されることになり、信託業法から信託受益権販売業に関する規定が削除された(以下では、金商法上の法規制である開示規制、不公正取引規制、業規制(開業規制・行為規制)のうち、信託業法との関連性を踏まえて開示規制と業規制を取り上げる。)。

　信託の受益権について金商法が適用されることになったことから、信託の受益権の募集・売出しを行う場合には開示規制が適用され、信託の受益権の発行者は、発行開示として有価証券届出書・目論見書を提出しなければなら

ず、また、継続開示として有価証券報告書等を提出しなければならない。ただし、信託受益権は、開示免除有価証券である第二項有価証券であるから、原則として、開示規制の対象にはならない。

また、信託の受益権の売買等（売買、売買の媒介・取次ぎ・代理、引受け、募集・売出しの取扱い等）を業として行う場合には金融商品取引業（信託兼営金融機関が業として行う場合は、登録金融機関業務、以下同じ。）に該当して金商法上の業規制を受けることになる。すなわち、信託の受益権の売買等を業として行おうとする場合には、開業規制が適用されて金融商品取引業（登録金融機関業務）の登録を受けなければならず、また、信託の受益権の売買等を行う場合には、行為規制が適用されて販売・勧誘ルール等に従わなければならない。

このように、信託の受益権に関して金商法が適用されることになり、開示規制や業規制を受けることになったが、次に述べるように、資産金融型証券としての信託の受益権の性質等を踏まえて開示規制上の調整がなされているほか、信託業法等との二重規制回避等の観点から業規制上の調整がなされている。

2……信託の受益権に係る開示規制上の調整

信託法上の受益権および受益証券を金商法上の有価証券として開示規制を適用するにあたり、信託の受益権の資産金融型有価証券としての性質を踏まえて、信託業務の類型に応じて信託の受益権の発行者と発行時が定められている（金商法2条5項、金商定義府令14条）。

また、自益信託の受益権に関しては、その実質を踏まえて、一定の自益信託の受益権の売付け勧誘等（売出し）を取得勧誘類似行為として取得勧誘行為（募集）に含める等の措置が講じられている（金商法2条3項・4項、金商定義府令9条）。

(1) 信託の受益権の発行者と発行時

(a) **金融商品取引法上の信託の受益権**　信託法上の受益証券の発行者は受託者であるが（207条）、金商法においては資産金融型有価証券としての性質を踏まえて、開示情報を有している者に開示義務を課すという観点から信託受益証券の「発行者」が定められている（金商法2条5項かっこ書、金商定義

府令14条1項・2項）。

　また、信託法上の受益権は、いわゆる私法上の有価証券ではないので、有価証券とみなして開示規制を行うには、「発行者」を定めるだけでなく、有価証券として発行される「発行時」を定める必要がある。そこで、受益権の種類ごとに、開示情報を提供できる者を信託受益権の「発行者」として定めるとともに、受益権の発生およびその譲渡について、有価証券の発行といえる状態、すなわち流通市場に置かれるようになったのはいつかという観点から信託受益権の「発行時」が定められている（金商法2条5項、金商定義府令14条3項・4項）。

(b) 金融商品取引法上の信託の受益権の「発行者」　信託の受益権（信託受益証券・信託受益権）の「発行者」は、委託者指図型信託の場合は「委託者」、自益型金銭の信託の場合は「受託者」、それ以外の信託の場合は「委託者および受託者」とされている（金商定義府令14条2項2号・3項1号）。

　委託者指図型信託の場合は、委託者が信託財産の運用の指図を行い、受託者はその指図に従って信託財産の管理または処分を行うだけなので、実質的には委託者が信託の運営をしていて信託に関する情報を有していると考えられることから、委託者が発行者とされている。

　自益型金銭の信託の場合は、委託者は金銭を信託すると同時に受益者として信託の成立により発生した受益権を取得し、受託者は裁量権をもって受託した金銭を信託財産として管理・運用するので、受託者が信託の運営をしていて信託に関する情報を有していると考えられることから、受託者が発行者とされている。

　自益型金銭の信託については、投資者である委託者（兼受益者）から金銭の信託を受け、信託会社等である受託者がその金銭を信託財産として運用して、そこから得られる利益を投資者である受益者に配当するのであるから、これを受託者側から見れば、信託の受益権を募集して、その信託の受益権を購入した委託者兼受益者から得た金銭を運用しているということができる一方、これを委託者兼受益者側から見れば、金銭という資産の運用手段として信託の受益権を購入しているということができる。

　自益型の金銭以外の物・権利等の信託の場合は、受託者は、受託後の信託財産に関する情報は有しているが、受託前の財産に関する情報については委

託者が情報を有していること等から、信託の設定当事者者である委託者と受託者の双方が発行者とされている。

(c) **金融商品取引法上の信託受益権の「発行時」**　信託受益権の発行時は、自益信託（合同運用信託（元本補塡契約のある金銭信託を除く。）を除く。）の場合は、委託者（兼受益者）が受益権を譲渡した時であり（金商定義府令14条4項1号イ）、それ以外の信託の場合は、信託の効力発生時とされている（同号ロ）。

自益信託（単独運用信託）の場合は、委託者（兼受益者）が信託を設定した段階では、自らの財産を信託受益権に転換して保有しているに過ぎず、信託受益権は信託の中に留まっているような状態であると考えられることから、委託者兼受益者がその受益権を譲渡するときに発行されたことにするものである。

自益信託から合同運用信託が除かれているので、合同運用信託の受益権の発行時は、信託の効力発生時となる。合同運用信託は、その業務の実態からみて、合同運用金銭信託が想定され、受託者が行う委託者兼受益者に対する信託契約締結の勧誘は、受託者の委託者兼受益者に対する信託受益権の取得勧誘（自己募集）であると考えられるので、発行者は受託者で、発行時が信託の効力発生時となる。

ただし、2014（平成26）年4月の金商定義府令の改正により、自益信託から除かれる合同運用信託から元本補塡契約のある金銭信託が除かれたので（金商定義府令14条4項1号イかっこ書）、元本補塡契約のある合同運用金銭信託の受益権の場合は、合同運用信託であっても自益信託（単独運用信託）と同様、委託者（兼受益者）の受益権譲渡時が発行時となる。

(2) 信託の受益権の取得勧誘類似行為

信託の受益権が金商法上の有価証券とされたことから、信託の受益権の譲渡が有価証券の募集または売出しに該当することがある。有価証券の募集とは、新たに発行される有価証券の取得の申込みの勧誘（「取得勧誘」といい、「取得勧誘類似行為」を含む。）と定義され（金商法2条3項）、有価証券の売出しとは、既に発行された有価証券の売付けの申込みまたはその買付けの申込みの勧誘（「売付け勧誘等」といい、「取得勧誘類似行為」等を除く。）と定義されて（金商法2条4項）、取得勧誘（募集）には取得勧誘類似行為が含まれる一

方、売付け勧誘等（売出し）からはその取得勧誘類似行為が除かれている。

　取得勧誘（募集）に含まれる信託の受益権の取得勧誘類似行為は、①自益型受益証券発行信託（単独運用信託）の受益証券に係る信託の委託者がその有価証券（委託者が譲り受けたものを除く。）を譲渡するために行う売付け勧誘等、②自益信託（単独運用信託・元本補填契約のある合同運用金銭信託）の受益権に係る委託者がその権利（委託者が譲り受けたものを除く。）を譲渡するために行う売付け勧誘等とされている（金商定義府令9条3号・6号）。

　自益信託において委託者（兼受益者）が受益権を譲渡するということは、自己の財産を信託することによって取得した受益権を譲渡することになるので、形式的には売付け勧誘等（売出し）に該当することになるが、信託の受益権の発行時を定めたときと同様に実質的に捉えて、自益信託においては自らの財産を受益権に転換して保有しているに過ぎず、信託の受益権は信託の中に留まっているような状態であると考えられることから、委託者（兼受益者）が信託の受益権を譲渡するために行う売付け勧誘（売出し）を取得勧誘類似行為として募集に含める一方、形式的には売付け勧誘等に該当するので、その売付け勧誘等から除かれていると考えられる。

　ただし、取得勧誘類似行為として募集に含められるのは、委託者が受益者の地位に基づいて有する受益権を譲渡する場合であって、委託者が他者から譲り受けたものを自己のものとして譲渡するような場合は含まれない（金商定義府令9条3号かっこ書・6号かっこ書）。

3……信託の受益権に係る業規制上の調整
（1）信託受益権の自己募集・私募の金融商品取引業からの除外

　集団投資スキーム（ファンド等）が金商法上の規制対象になったことに伴い、一定の有価証券の自己募集・私募が第二種金融商品取引業として規制されることになった（金商法28条2項1号）。信託受益権も有価証券とみなされたことから、信託受益権の自己募集・私募も第二種金融商品取引業に該当することになるが、信託業法上の規制を受けているものについては、二重規制排除の観点から、金商法上の規制対象とはされない（商品ファンド持分を除く。）（金商法2条8項7号、金商令1条の9の2）。

(2) 信託会社等の運用行為の金融商品取引業からの除外

　投資信託運用行為（金商法2条8項14号）やファンド自己運用行為（同項15号）が、投資運用業として金商法上の規制を受けることになった（同法28条4項）ことから、信託会社の行う運用行為についても、投資信託運用行為やファンド自己運用行為に該当して、業として行うと金融商品取引業の投資運用業（同項2号・3号）に該当することになるが、二重規制排除の観点から、金商法の規制対象にはならない（同法65条の5第5項）。

　信託兼営金融機関の場合は、前述したように、投資運用業を営むことは禁止されず登録金融機関業務として営むことができ、そのうち投資信託運用行為と信託ファンド自己運用行為は、登録金融機関業務の登録を受けなくても業として営むことができる（同法33条の8第1項）。

 # Ⅱ　信託の受益権に係る金融商品取引法上の開示規制

1……特定有価証券の開示
(1) 企業金融型証券と資産金融型証券

　有価証券は企業金融型証券と資産金融型証券に大別でき、信託の受益権（信託受益証券・信託受益権）は、資産金融型証券に属する。

　株券（株式）や社債券（社債）のような伝統的な有価証券は、発行者である企業自身の信用力や事業の見込みがその価値の基礎となっているところから企業金融型証券といわれ、企業金融型証券の開示規制は、発行者である企業自身に対して、その財務状況や事業の状況等の情報を正確かつタイムリーに開示させることに重点が置かれている。

　他方、間接金融から直接金融への流れの中で進展した金融技術の発展や法制度の整備等により、発行者の信用力ではなく、それとは切り離された資産をその価値の裏付けとする証券（例：資産流動化法上の優先出資証券・特定目的信託受益証券や投信法上の投資証券等）が登場し、企業金融型証券と対比して資産金融型証券といわれる。

　資産金融型証券に関しては、発行者自身の情報よりもその価値の裏付けとなっている資産の内容やその運用・管理の状況、それらを証券化する仕組み

等の情報が重要であり、また、証券発行の主体が、例えば、ペーパーカンパニーに過ぎない特定目的会社であったりする場合があるなど、必ずしも開示すべき必要な情報を有しているとは限らないので、開示内容や開示義務者（発行者）について企業金融型証券とは異なる取扱いが必要になる。

(2) 特定有価証券

企業金融型証券とは区別される資産金融型証券については、その特徴を踏まえ、その主なものを「特定有価証券」（金商法5条1項）と呼び、その性質に着目した特別の開示制度が整備されている。

まず、金商法では、「特定有価証券」を「その投資者の投資判断に重要な影響を及ぼす情報がその発行者が行う資産の運用その他これに類似する事業に関する情報である有価証券として政令で定めるもの」と定義して（金商法5条1項）、その実質がいわゆる資産金融型証券であることを明らかにした上で、政令（金商令2条の13）において、以下の有価証券または権利を特定有価証券として指定している。

① 資産流動化法上の特定社債券、優先出資証券・新優先出資引受権証券、特定目的信託の受益証券およびコマーシャルペーパー（資産流動化法上の特定約束手形に限る。）（金商法2条1項4号・8号・13号および15号）

② 投信法上の投資信託受益証券・外国投資信託受益証券および投資証券・新投資口予約証券・投資法人債券・外国投資証券（同項10号および11号）

③ 信託法上の受益証券発行信託の受益証券（同項14号）

④ 抵当証券法上の抵当証券（同項16号）

⑤ 外国貸付債権信託受益証券（同項18号）

⑥ 有価証券信託受益証券（上記①～⑤の有価証券を受託有価証券とするものに限る。）

⑦ 有価証券投資事業権利等（金商法2条3号）（学校法人等貸付債権を除く。）（同項19号）

⑧ 以上に準ずるものとして内閣府令（特定開示府令8条）で定めるもの（上記①～⑤の有価証券または有価証券に係る権利を表示する預託証券・証書（同項20号）等）

ここで指定されているのは、基本的には開示規制の対象となる第一項有価

証券の中で資産金融型証券としての性質を有するものであるが、開示免除有価証券である第二項有価証券（金商法3条3号）であっても、主として有価証券に投資するものについては、有価証券投資事業権利等（同号かっこ書）として特定有価証券に含められて開示規制の対象とされている（金商法3条3号イ・ロ、金商令2条の13第7号）。例えば、信託受益権については、当該信託受益権に係る信託の信託財産に属する資産の価額の総額の50％を超える額を有価証券に対する投資に充てて運用を行うものである場合には（金商令2条の10第1項1号柱書）、有価証券投資事業権利等に該当して、開示規制の適用を受ける。

(3) 特定有価証券の開示内容

次に、特定有価証券の開示については、特定有価証券の資産金融型証券としての性質を踏まえて、「当該会社が行う資産の運用その他これに類似する事業に係る資産の経理の状況その他資産の内容に関する重要な事項その他の公益または投資者保護のため必要かつ適当なものとして内閣府令で定める事項」の開示が求められている（金商法5条5項・24条5項、特定開示府令10条・22条）。

すなわち、その証券の実質的な価値を裏付ける資産、その運用者または管理者、運用または管理の内容等についての情報を開示することが求められるのであるが、特定有価証券にはさまざまなタイプの有価証券があり、開示すべき情報も一様ではないため、「特定有価証券の内容等の開示に関する内閣府令」（特定開示府令）においてその開示すべき情報や様式の詳細が定められている。後掲「信託受益証券等に係る有価証券届出書・有価証券報告書」参照。

(4) 特定有価証券の開示方法

(a) 特定有価証券の開示義務　特定有価証券についても、その開示規制の基本構造自体は他の有価証券と同様である。

特定有価証券の発行者は、まず、発行開示として、特定有価証券の募集・売出し等を行う場合において、有価証券届出書の提出義務を負い（金商法5条5項による同条1項～4項の準用）、目論見書の作成・交付義務を負う（同法13条・15条）。

次に、継続開示として、有価証券報告書（同法24条5項による同条1項～4項

の準用)、半期報告書(同法24条の5第3項による同条1項・2項の準用)、臨時報告書(同条4項)といった書類の提出義務を負う。

(b) 特定有価証券の発行者と発行時　「発行者」とは、有価証券を発行または発行しようとする者をいうが、特定有価証券については、その性質を踏まえて、内閣府令で定める有価証券については内閣府令で定める者とされ、さらに、特定有価証券が第二項有価証券である場合には、発行者だけでなく発行時についても内閣府令で定められている(金商法2条5項、金商定義府令14条)。

まず、金商定義府令14条1項において、発行者を定める特定有価証券(第一項有価証券)として、①特定目的信託の受益証券、②受益証券発行信託の受益証券、③抵当証券、④①〜③の性質を有する外国証券・証書、⑤預託証券・証書を定めた上で、同条2項において各有価証券ごとにその発行者を以下のように定めている。

受益証券発行信託の受益証券については、イ　委託者指図型信託の場合は委託者、ロ　自益型金銭の信託の場合は受託者、ハ　イおよびロ以外の場合は委託者および受託者とされている(同項2号)。

次に、特定有価証券が第二項有価証券の場合は、金商法2条5項において権利の種類ごとに内閣府令で定める者が内閣府令で定める時に当該権利を有価証券として発行するものとみなされ、これを受けて、金商定義府令14条3項で発行者を、同条4項で発行時を以下のように定めている。

【金商法における信託受益権の「発行者」と「発行時」】

		委託者指図型	委託者非指図型	
			金銭	物・権利
自益信託	発行者	委託者	受託者	委託者・受託者
	発行時	受益権譲渡時	受益権譲渡時(元本補塡契約のない合同運用金銭信託は、信託効力発生時)	受益権譲渡時
他益信託	発行者	委託者	委託者・受託者	委託者・受託者
	発行時	信託効力発生時	信託効力発生時	信託効力発生時

(金商法2条5項、金商定義府令14条)

信託受益権の発行者については、イ　委託者指図型信託の場合は委託者、ロ　自益型金銭の信託の場合は受託者、ハ　イおよびロ以外の場合は委託者および受託者とされ（同条3項1号）、信託受益権の発行時については、イ　自益信託（合同運用信託（元本補塡契約のある金銭信託を除く。）を除く。）の場合は委託者が受益権を譲渡する時、ロ　イ以外の場合は信託の効力が生じる時とされている（同条4項1号）。

(c)　特定有価証券の募集・売出し　　特定有価証券の募集・売出しについても、他の有価証券の募集・売出しと同様である。

① 特定有価証券が第一項有価証券の場合

取得勧誘・売付け勧誘等の相手方の数が50名以上であり（金商法2条3項1号・4項1号、金商令1条の5・1条の8）、かつ、適格機関投資家私募・私売出し、特定投資家私募・私売出し、少人数私募・私売出しのいずれにも該当しないものが募集・売出しに該当する（同条3項2号・4項2号）。

② 特定有価証券が第二項有価証券の場合

取得勧誘・売付け勧誘等に応じることにより相当程度多数の者（500名以上）がその取得勧誘・売付け勧誘等に係る有価証券を所有することとなるものが募集・売出しに該当する（金商法2条3項3号・4項3号、金商令1条の7の2・1条の8の5）。

第二項有価証券は、第一項有価証券と異なり、一般に、その組成において、投資者の需要などを踏まえながらその内容を確定させていく方法などがとられている場合が多いこと等を勘案して、所有者基準により募集・売出しの判定が行われる。

なお、前述したように、信託の受益権に関しては、以下の売付け勧誘等（売出し）が取得勧誘類似行為として取得勧誘（募集）に含まれる一方、売付け勧誘等（売出し）から除かれる（金商定義府令9条）。

1　自益型受益証券発行信託（単独運用信託）の受益証券の場合は、委託者（兼受益者）がその有価証券を譲渡するために行う売付け勧誘等
2　自益型単独運用信託・元本補塡契約のある合同運用金銭信託の信託受益権の場合は、委託者（兼受益者）がその権利を譲渡するために行う売付け勧誘等

(5) 特定有価証券としての信託の受益権の募集・売出し

(a) 信託受益証券（第一項有価証券）の場合　受益証券発行信託の受益証券のように第一項有価証券である場合は、信託業務の類型ごとに定められる発行者（金商定義府令14条2項）、すなわち、委託者指図型信託の場合は委託者、自益型金銭の信託の場合は受託者、それ以外の信託の場合は委託者および受託者が、その信託受益証券の募集・売出し（相手方50名以上）を行う場合において、その信託受益証券に係る有価証券届出書・有価証券報告書の提出等の開示義務を負う。

(b) 信託受益権（第二項有価証券）の場合　有価証券投資事業権利等に該当する信託受益権のように第二項有価証券である場合は、信託業務の類型ごとに定められる発行者（金商定義府令14条3項）により類型ごとに定められる発行時（同条4項）に権利が発行されるものとして募集・売出し（所有者500名以上）が行われる場合に、信託受益権の発行者が信託受益権に係る有価証券届出書・有価証券報告書の提出等の開示義務を負う。

すなわち、委託者指図型信託の場合は委託者、自益型金銭の信託の場合は受託者、それ以外の信託の場合は委託者および受託者を発行者として、自益信託（合同運用信託（元本補塡契約のある金銭信託を除く。）を除く。）の場合は委託者（兼受益者）がその受益権を譲渡する時に、それ以外の場合は信託の効力が発生した時にその信託受益権が発行されるものとして募集・売出しが行われる。

① 受託者による信託受益権の募集

「発行者」が受託者で、「発行時」が信託効力発生時の信託（元本補塡契約のない合同運用金銭信託）において、発行者である受託者の委託者（兼受益者）に対する信託契約締結の勧誘は、その信託受益権の委託者兼受益者に対する取得勧誘（募集）に該当するので、その募集により500名以上の者が受益者になるような場合には、発行者である受託者は、その信託契約の締結に際して信託受益権の開示義務を負う。

② 委託者（兼受益者）による信託受益権の募集

「発行時」が委託者（兼受益者）の受益権譲渡時である信託において、

1　「発行者」が委託者である信託（委託者指図型自益信託）の委託者（兼受益者）が行う信託受益権を譲渡するために行う取得勧誘は、信

託受益権の取得勧誘（募集）に該当するので、その募集により500名以上の者が受益者になるような場合には、発行者である委託者（兼受益者）は、信託受益権を譲渡するに際してその信託受益権の開示義務を負う。
2　「発行者」が受託者である信託（自益型単独運用信託・元本補塡契約のある合同運用金銭信託）の委託者（兼受益者）が行う信託受益権を譲渡するために行う取得勧誘は、発行者である受託者から取得したその信託受益権の売付け勧誘等（売出し）になるが、前述したように、その行為は取得勧誘類似行為として募集に該当するので、その募集により500名以上の者が受益者になるような場合には、発行者である受託者は、委託者（兼受益者）がその信託受益権を譲渡するに際してその信託受益権の開示義務を負う。
3　「発行者」が委託者および受託者である信託（自益型物・権利等の信託）の委託者（兼受益者）が行う信託受益権を譲渡するために行う取得勧誘は、上記1または2と同様に、その信託受益権の募集に該当するので、その募集により500名以上の者が受益者になるような場合には、発行者である委託者および受託者は、委託者（兼受益者）が信託受益権を譲渡するに際してその信託受益権の開示義務を負う。

③　受益者による信託受益権の売出し

「発行時」が信託の効力発生時である信託（自益型元本補塡契約のない合同運用金銭信託および他益信託）において、受益者がその有する信託受益権を譲渡するために行う取得勧誘は、すでに発行されている信託受益権を譲渡するために行う売付け勧誘等（売出し）に該当するので、その売出しにより500名以上の者が受益者になるような場合には、その信託受益権の発行者（委託者指図型他益信託の場合は委託者、自益型元本補塡契約のない合同運用金銭信託の場合は受託者、委託者非指図型他益信託の場合は委託者および受託者）は、受益者が信託受益権を譲渡するに際してその信託受益権の開示義務を負う。

2……信託の受益権に係る有価証券届出書・目論見書
(1) 有価証券届出書
(a) 有価証券届出書の提出義務　特定有価証券としての信託の受益権の募集・売出し等を行う場合には、その信託の受益権の発行者がその旨を届け出なければならず（金商法4条1項～3項）、届出を行う者は、以下の事項を記載した有価証券届出書を内閣総理大臣に提出しなければならない（金商法5条5項：同条1項準用）。後掲「信託受益証券等に係る有価証券届出書・有価証券報告書」参照。

① 当該募集または売出しに関する事項（証券情報）

② 当該会社が行う資産の運用その他これに類似する事業に係る資産の経理の状況その他資産の内容に関する重要な事項その他の公益または投資者保護のため必要かつ適当なものとして内閣府令（特定開示府令10条）で定める事項（ファンド情報・特定信託財産情報・信託財産情報等）

ただし、①募集・売出しの相手方がその特定有価証券に係る情報をすでに取得しているか、または容易に取得することができる場合、②開示が行われている特定有価証券の売出しの場合、③発行価額または売出価額の総額が1億円未満の募集・売出し等の場合（特定開示府令2条）等には、届出義務は免除される（金商法5条5項：同条1項準用（4条1項ただし書準用））。

(b) 特定有価証券に係るみなし有価証券届出書制度　特定有価証券について継続して募集・売出しをする場合、その都度提出される有価証券届出書と継続開示として提出されている有価証券報告書における信託財産等の情報は、基本的には重複する。そこで、一定の要件の下で、証券情報のみを記載した募集事項等記載書面を有価証券報告書と併せて提出することにより、有価証券届出書の提出とみなす制度が導入された（2013（平成25）年金商法改正）。

有価証券届出書を提出しなければならない特定有価証券届出書提出会社（特定有価証券届出書提出者を含む。）は、有価証券の募集・売出しが1年間継続して行われている場合には、証券情報を記載した書面（「募集事項等記載書面」）を提出することができる（金商法5条10項、特定開示府令11条の6）。

特定有価証券届出書提出会社が特定有価証券に係る募集事項等記載書面を提出する場合には、その提出日の属する特定有価証券の特定期間の直前の特

定期間に係る有価証券報告書とその添付書類と併せて提出しなければならず（金商法5条11項）、特定有価証券届出書提出会社が募集事項等記載書面および有価証券報告書・添付書類を提出した場合は、その募集事項等記載書面および有価証券報告書は有価証券届出書とみなされて金融商品取引法令が適用される（金商法5条12項）。

(2) 目論見書

(a) 目論見書の作成　特定有価証券としての信託の受益権の募集・売出し等について届出義務のある発行者は、その募集・売出しに際し、目論見書を作成しなければならない。既に開示されている特定有価証券の売出しについては有価証券届出書の提出義務が免ぜられるが（金商法4条1項3号）、目論見書は作成しなければならない。

ただし、特定有価証券の売出価額の総額が1億円未満であるものその他内閣府令（特定開示府令14条）で定めるものについては、原則として目論見書の作成を要しない（金商法13条1項本文かっこ書）。

(b) 目論見書の交付　発行者、有価証券の売出しをする者、引受人、金融商品取引業者、登録金融機関または金融仲介業者は、募集・売出しの届出をした特定有価証券または既に開示された特定有価証券を募集・売出しにより取得させまたは売り付ける場合には、目論見書をあらかじめまたは同時に交付しなければならない（交付目論見書）（金商法15条2項本文）。

また、発行者、有価証券の売出しをする者、引受人、金融商品取引業者、登録金融機関または金融商品仲介業者は、募集・売出しの届出をした特定有価証券（政令で定めるものに限る。）または既に開示された特定有価証券を募集・売出しにより取得させまたは売り付ける場合において、その取得させまたは売り付ける時までに、相手方から目論見書の交付の請求があったときは、直ちに交付しなければならない（請求目論見書）（同条3項）。

3……信託の受益権に係る有価証券報告書

(1) 有価証券報告書

(a) 有価証券報告書の提出義務　特定有価証券としての信託の受益権の発行者は、特定有価証券が以下のいずれかの有価証券に該当する場合には、その特定有価証券につき、特定期間ごとに、資産の運用その他これに類似す

る事業に係る資産の経理の状況その他資産の内容に関する重要な事項その他公益または投資者保護のために必要かつ適当なものとして内閣府令で定める事項を記載した報告書（「有価証券報告書」）を、内国会社にあっては特定期間経過後3月以内、外国会社にあっては6月以内に、内閣総理大臣に提出しなければならない（金商法24条5項：同条1項準用）。後掲「信託受益証券等に係る有価証券届出書・有価証券報告書」参照。

① 金融商品取引所に上場されている有価証券（特定上場有価証券を除く。）
② 店頭売買有価証券（金商令3条）（特定店頭売買有価証券（同令3条の6第2項）を除く。）
③ 発行開示された有価証券
   1 有価証券届出書が提出された有価証券（金商法4条1項・2項・3項本文）
   2 発行登録追補書類が提出された有価証券（同法23条の8第1項本文）
   3 発行登録が効力を生じている場合に発行登録追補書類を提出することなく募集・売出しが行われた短期社債等（同条2項）
④ 多数者（500名以上）に所有される第二項有価証券で有価証券投資事業権利等に該当するもの（金商令4条の2第4項・5項）。

なお、開示義務者は、信託の受益権の発行者であるが、信託受益証券または信託受益権に係る信託の効力が生じるときの委託者については、募集事項等記載書面と有価証券報告書を併出する場合を除き、開示義務が免ぜられる（金商法24条5項：同条1項かっこ書準用、特定開示府令22条の2）。信託の効力発生後は、受託者に信託財産に関する情報は集中するから、委託者は開示義務を免ぜられるのである。

(b) **有価証券報告書の提出義務の免除**　有価証券報告書の提出義務は、①特定期間末日における信託財産に属する資産の価額の総額が1億円未満の場合（金商令4条の2第2項）、②上記(a)③の発行開示された有価証券および④の多数者に所有された有価証券投資事業権利等に関し、有価証券報告書の提出をしないことについて内閣総理大臣の承認を受けた場合（同条1項）には免除される（金商法24条5項：同条1項ただし書準用）。

(2) 半期報告書・臨時報告書

(a) **半期報告書**　特定有価証券としての信託の受益権に係る有価証券報

告書を提出しなければならない者は、特定有価証券に係る特定期間が6月を超える場合には、特定期間ごとに、特定期間が開始した日以後6月間の資産の運用その他これに類似する事業に係る資産の経理の状況その他資産の内容に関する重要な事項その他公益または投資者保護のために必要かつ適当なものとして内閣府令で定める事項を記載した半期報告書を、特定期間経過後3月以内に内閣総理大臣に提出しなければならない（金商法24条の5第3項：同条の5第1項準用、特定開示府令28条1項）。

(b) **臨時報告書**　特定有価証券に係る有価証券報告書を提出しなければならない者は、その者が発行者である特定有価証券の募集・売出しが外国で行われるとき、その他公益または投資者保護のため必要かつ適当なものとして内閣府令で定める場合に該当することとなったときは、内閣府令で定める事項を記載した臨時報告書を、遅滞なく、内閣総理大臣に提出しなければならない（金商法24条の5第4項、特定開示府令29条）。

4……信託受益権（第二項有価証券）の不開示

(1) 開示規制不適用（原則）

信託受益権は、有価証券とみなされる第二項有価証券であり、第二項有価証券は開示免除有価証券であるから、原則として、開示規制は適用されない（金商法3条3号）。

信託受益権は、証券が発行されておらず流通性に乏しいことから、その情報を公衆縦覧により広く開示する必要性が低く、むしろ金融商品取引業者等による書面交付等による情報提供の方がより投資家保護につながると考えられることによる。

なお、貸付信託法上の貸付信託の受益証券は、金商法上の第一項有価証券（金商法2条1項12号）であるが、貸付信託法の規制を受けているので、開示規制の適用除外有価証券となっている（同法3条2号）。

(2) 開示規制適用（例外）

信託受益権には開示規制は適用されないが、前述したように、その信託の投資が主として有価証券に対するものである場合、すなわち、信託財産の価額の50％を超える額を有価証券に対する投資に充てて運用を行うものである場合は、有価証券投資事業権利等に該当して（金商法3条3号ロ、金商令2条

の10第1項1号柱書)、特定有価証券として開示規制の対象となる。

　ただし、信託財産の価額の50％を超える額を有価証券に投資する場合であっても、信託を受けた有価証券の管理を目的とする信託であり、その信託財産である有価証券をもって新たに「有価証券に対する投資に充てて運用」を行わない限りにおいては、その信託受益権は、有価証券投資事業権利等には該当しない（特定有価証券開示ガイドライン3-2）。

(3) 開示規制適用の例外（開示規制不適用）

　信託財産の価額の50％を超える額を有価証券に対して投資する信託受益権は、上述したように、有価証券投資事業権利等に該当して特定有価証券としての開示規制の適用を受けるが、法律に根拠を有する以下の信託受益権は、有価証券投資事業権利等に該当する場合であっても、有価証券投資事業権利等となる権利から除かれ（金商法3条3号ロ、金商令2条の10第1項1号かっこ書)、開示規制の対象とはならない。

①厚生年金基金信託（改正前厚生年金保険法130条の2・136条の3・159条の2)、国民年金基金信託（国民年金法128条・137条の15)、確定給付企業年金信託（確定給付企業年金法65条・66条)、確定拠出年金信託（確定拠出年金法8条）等の受益権

②加入者保護信託の受益権（振替法51条）

③顧客分別金信託の受益権（金商法43条の2第2項）その他これに類するものとして内閣府令（特定開示府令1条の4）で定める以下の信託の受益権
　1　商品顧客区分管理信託の受益権（金商業府令142条の4第1項）
　2　顧客区分管理信託の受益権（金商業府令143条1項1号）
　3　クラウドファンディング払込金保全信託の受益権（金商定義府令16条1項14号の2ロ）
　4　発行保証金信託および履行保証金信託の受益権（資金決済に関する法律16条・45条）

④財産形成信託の受益権（勤労者財産形成促進法6条の2・6条の3）

⑤一定の要件を満たした商品投資信託の受益権（商品投資事業規制法2条）

【信託受益証券等に係る有価証券届出書・有価証券報告書】

内国信託受益証券・信託社債券・信託受益権の 有価証券届出書(6号様式)	内国信託受益証券・信託社債券・信託受益権の 有価証券報告書(9号様式)
内国信託受益証券、内国信託社債券および内国信託受益権の有価証券届出書は、6号様式により記載しなければならない(特定有価証券開示府令10条1項9号)。	内国信託受益証券、内国信託社債券および内国信託受益権に係る有価証券報告書は、9号様式により記載しなければならない(特定有価証券開示府令22条1項9号)。
第一部　証券情報 第1.　内国信託受益証券の募集(売出)要項 　1.　内国信託受益証券の形態等、2.　発行(売出)数、3.　発行(売出)価額の総額、4.　発行(売出)価格、5.　給付の内容、時期および場所、6.　募集の方法、7.　申込手数料、8.　申込単位、9.　申込期間および申込取扱場所、10.　申込証拠金、11.　申込期日および払込取扱場所、12.　引受け等の概要、13.　振替機関に関する事項、14.　その他 第2.　内国信託社債券の募集(売出)要項 　1.　新規発行社債(短期社債を除く。)、2.　社債の引受けおよび社債管理の委託、3.　新規発行短期社債、4.　売出社債(売出短期社債を除く。)、5.　売出短期社債、6.　売出社債の条件	
第二部　信託財産情報 第1.　信託財産の状況 　1.　概況、2.　信託財産を構成する資産の概要、3.　信託の仕組み、4.　信託財産を構成する資産の状況、5.　投資リスク 第2.　信託財産の経理状況 　1.　貸借対照表、2.　損益計算書	第1.　信託財産の状況 　1.　概況(信託財産に係る法制度の概要、信託財産の基本的性格・沿革・管理体制等) 　2.　信託財産を構成する資産の概要(信託財産を構成する資産に係る法制度の概要、信託財産を構成する資産の内容・回収方法) 　3.　信託の仕組み(信託の概要、受益権、受益証券の取得者の権利) 　4.　信託財産を構成する資産の状況(信託財産を構成する資産の運用(管理)の概況、損失・延滞の状況、収益状況の推移、買戻し等の実績) 　5.　投資リスク 　6.　信託財産の経理状況(貸借対照表、損益計算書)
第3.　証券事務の概要 第4.　その他	第2.　証券事務の概要
第三部　受託者、委託者および関係法人の情報 第1.　受託者の状況 　1.　受託者の概況、2.　事業の内容および営業の概況、3.　経理の状況、4.　利害関係人との取引制限、5.　その他 第2.　委託者の状況 　1.　会社の場合(会社の概況、事業の内容および営業の概況、経理の状況、利害関係人との取引制限、その他) 　2.　会社以外の団体の場合(団体の沿革・事業の内容、団体の出資・寄附等の額、役員の役名・職名・氏名、成年月日、職歴) 　3.　個人の場合(個人の成年月日、本籍地、職歴、破産手続開始の決定の有無) 第3.　その他関係法人の概況 　1.　名称、資本金の額および事業の内容、2.　関係業務の概要、3.　資本関係、4.　役員の兼職関係、5.　その他	第3.　受託者、委託者および関係法人の情報 　1.　受託者の状況(受託者の概況、事業の内容および営業の概況、経理の状況、利害関係人との取引制限、その他) 　2.　委託者の状況(会社の場合：会社の概況、事業の内容および営業の概況、経理の状況、利害関係人との取引制限、その他、会社以外の団体の場合：団体の沿革、団体の目的および事業の内容、団体の出資・寄附等の額、役員の役名・職名・氏名、生年月日および職歴、個人の場合：生年月日、本籍地、職歴、破産手続開始の決定の有無) 　3.　その他関係法人の概況(名称、資本金の額および事業の内容、関係業務の概要、資本関係、役員の兼職関係、その他) 第4.　参考情報

信託取引に係る金融商品取引法上の業規制

1……信託業務類型に応じた金融商品取引法の適用関係

　信託に関する取引（信託取引）は、前述したように、信託の引受け（信託契約の締結等）と信託の受益権の譲渡等に大別することができ、信託業に該当する場合は信託業法が適用されて信託業法上の業規制（開業規制・行為規制）を受けるが、信託の受益権が金商法上の有価証券とされたことから、この信託取引が金融商品取引行為に該当する場合があり、それを業として行うと金融商品取引業（信託兼営金融機関が業として行う場合は、登録金融機関業務、以下同じ。）に該当して金商法上の業規制（開業規制・行為規制）を受けることになる。

　信託の受益権に関しては、信託業務類型に応じて、信託受益証券（第一項有価証券）については「発行者」が、信託受益権（第二項有価証券）については「発行者」と「発行時」が定められているので、これに基づいて金商法の適用関係を整理することになるが、ここでは、「発行者」と「発行時」の双方が定められていて適用関係がより複雑になる信託受益権を前提として、信託業務類型に応じた信託取引に係る金商法の適用関係を整理する。

（1）委託者指図型自益信託の場合における適用関係

　委託者指図型自益信託の受益権の発行者は委託者であり、その発行時は委託者（兼受益者）の信託受益権譲渡時であるので、委託者兼受益者が信託受益権を譲渡するために行う取得勧誘は、その信託受益権の取得勧誘（募集）に該当するが、発行者自ら行う取得勧誘（自己募集）になり、前述したように、信託受益権の自己募集は金商法上の業規制の対象とはされていないので（金商法2条8項7号、金商令1条の9の2）、金商法は適用されない。

　この場合、受託者が委託者（兼受益者）の委託を受けて行う信託受益権の取得勧誘は、委託者（兼受益者）のために行うその信託受益権の募集の取扱いになり、業として行うと第二種金融商品取引業に該当して金商法が適用されると考えられる。

（2）委託者非指図型自益信託の場合における適用関係

　委託者非指図型自益信託の受益権の発行者は委託者および受託者であり、

そのうち自益型金銭の信託の場合は、受託者である。委託者非指図型自益信託の受益権の発行時は、単独運用信託・元本補塡契約のある合同運用金銭信託の場合は委託者（兼受益者）の信託受益権譲渡時であり、合同運用信託（元本補塡契約のある合同運用金銭信託を除く。）の場合は、信託の効力発生時である。

(a) **自益型金銭の信託の場合**　自益型金銭の信託の受益権の発行者は受託者であり、その発行時は委託者（兼受益者）の受益権譲渡時であるが、合同運用信託の場合は、信託の効力発生時となる。ただし、元本補塡契約のある金銭信託は、この合同運用信託から除かれているので（金商定義府令14条4項1号イかっこ書）、元本補塡契約のない合同運用金銭信託の受益権の発行時が、信託の効力発生時となる。

① 元本補塡契約のない合同運用金銭信託の場合

この信託受益権の発行者は受託者であり、発行時が信託の効力発生時であるから、受託者が行う委託者（兼受益者）に対する信託契約締結の勧誘は、その信託受益権の委託者（兼受益者）に対する取得勧誘（募集）に該当するが、発行者自ら行う取得勧誘（自己募集）になるので、金融商品取引業には該当しない。

委託者兼受益者が信託受益権を譲渡するために行う取得勧誘は、すでに信託効力発生時に受託者により発行されている信託受益権の取得勧誘になるので、信託受益権の募集ではなく信託受益権の売付け勧誘（売出し）になるから、業として行うと第二種金融商品取引業に該当して金商法が適用されると考えられる。

② 単独運用金銭信託・元本補塡契約のある合同運用金銭信託の場合

この信託の受益権の発行者は受託者であり、その発行時は委託者（兼受益者）の信託受益権譲渡時である。発行者は受託者であるので、受託者が行う委託者兼受益者に対する信託契約締結の勧誘は、発行者である受託者による委託者兼受益者に対するその信託受益権の取得勧誘（自己募集）に該当しそうであるが、受益権の発行時は委託者（兼受益者）の信託受益権譲渡時であるから、信託契約の締結時（信託の効力発生時）の段階では募集の前提となる信託受益権がまだ発行されていないのでそもそも募集にはならず、金商法は適用されない。

委託者兼受益者が信託受益権を譲渡するために行う取得勧誘は、発行時が委託者（兼受益者）の信託受益権譲渡時であるので、信託受益権の取得勧誘（募集）に該当しそうであるが、発行者は受託者であるので、受託者から取得した信託受益権の売付け勧誘（売出し）になる。しかし、自益型単独運用信託・元本補塡契約のある合同運用金銭信託の委託者兼受益者が行う信託の受益権の売付け勧誘（売出し）は取得勧誘類似行為（募集）とされるので（金商定義府令9条6号）、委託者兼受益者が有する信託受益権の取得勧誘（自己募集）となることから、金融商品取引業には該当しないことになる。

(b) **自益型物・権利等の信託（単独運用信託）の場合** 自益型物・権利等の信託（単独運用信託）の発行者は委託者および受託者であり、その発行時は委託者兼受益者の受益権譲渡時である。発行者が委託者および受託者であるので、受託者が行う委託者兼受益者に対する信託契約締結の勧誘は、発行者である受託者による委託者兼受益者に対するその信託の受益権の取得勧誘（自己募集）に該当しそうであるが、受益権の発行時は委託者（兼受益者）の信託受益権譲渡時であるから、信託契約の締結時（信託の効力発生時）の段階では募集の前提となる受益権がまだ発行されていないのでそもそも募集にはならず、金商法は適用されない。

委託者（兼受益者）が信託受益権を譲渡するために行う取得勧誘は、発行時が委託者兼受益者の信託受益権譲渡時であるので、その信託受益権の取得勧誘（募集）に該当するが、発行者が自ら行う取得勧誘（自己募集）になるので、金融商品取引業には該当しない。

受託者が行う信託受益権の取得勧誘も、形式的には自己募集に該当するが、委託者（兼受益者）から委託を受けて取得勧誘を行う場合は、委託者のために行う信託受益権の募集の取扱いとなり、業として行うと第二種金融商品取引業に該当して金商法が適用されると考えられる。

(3) **他益信託の場合における適用関係**

他益信託における信託受益権の発行者や発行時については、金商法上積極的に規定されているわけではない。自益信託における信託受益権の発行者および発行時について規定した反面効果として他益信託の受益権の発行者および発行時が定められることになる。その結果、発行者は、「委託者および受

託者」(委託者指図型信託の場合は、委託者)となり、発行時は、「信託の効力発生時」となる。

(a) **受益権の贈与としての他益信託**　委託者が自己の有する財産を受託者に信託すると、その信託された財産は信託財産となり、信託の成立により当然に受益者はその信託財産を裏付けとする受益権を取得することとなるが、他益信託においては、委託者と受益者が別人であるから、実質的には委託者の受益者に対する一種の受益権の贈与のようなものであるということができる。

他益信託の受益権の発行者は委託者および受託者であり、発行時が信託の効力発生時とされているから、受託者が行う委託者に対する他益信託契約締結の勧誘は、その他益信託受益権の委託者に対する取得勧誘(募集)であり、発行者自ら行う取得勧誘(自己募集)になるので、金融商品取引業には該当しない。委託者が行う受託者との他益信託契約の締結は、上述したように、一種の受益者に対する信託受益権の贈与のようなものであり、受益者は信託の効力発生時に当然に受益権を取得して委託者による受益権の取得勧誘行為を伴うことはないから、金融商品取引業には該当しないと考えられる。

他益信託の受益権の譲渡に関しては、他益信託においては委託者と受益者は別人であり、委託者は受益権を有していないので、委託者による受益権の譲渡は問題にならない。

受益者は、信託の効力発生時に信託受益権を取得しているので、受益者が行う信託受益権を譲渡するために行う取得勧誘は、既に発行されている信託受益権の売付け勧誘(売出し)になり、業として行うと第二種金融商品取引業に該当して金商法が適用されると考えられる。

(b) **信託受益権の取得勧誘を伴う他益信託**　上述したように、他益信託においては、委託者と受益者は別人であり、実質的には委託者の受益者に対する一種の信託受益権の贈与のようなものということができるから、基本的に他益信託受益権の募集はないと考えられるが、信託受益権の取得勧誘を伴うことで、他益信託でありながら実質的に自益信託における信託受益権の募集のようなことも可能であると考えられる。

たとえば、委託者が、出資者を受益者とする信託を設定する目的で受益者となる出資者から出資を募り、これを受託者に信託する行為は、委託者が受

託者と他益信託契約を締結することによって信託受益権を出資者である受益者に付与するものであるから、信託受益権の募集になると考えられるが、発行者である委託者による自己募集になるので金融商品取引業には該当しない（発行者である受託者が行う場合も同様）。ただし、受託者が委託者の委託を受けて行う信託受益権の取得勧誘を伴う他益信託契約締結の勧誘は、委託者のために行うその信託受益権の募集の取扱いになり、業として行うと第二種金融商品取引業に該当すると考えられる。

このように、他益信託における信託受益権の取得勧誘は、他益信託の形式をとりつつ実質的に自益信託における信託受益権の募集行為を行おうとするようなものであるから、信託受益権の取得勧誘が法律に定められた義務を履行するために行われるものである場合（例：加入者保護信託（振替法51条）、顧客分別金信託（金商法43条の2第2項）等）や、信託行為の定めにより一定の条件成就によって自動的に受益者が信託受益権を取得するようになっている場合（例：社内預金引当信託等）には、ここでの信託受益権の取得勧誘には該当しないと考えられる。

2……信託取引類型に応じた金融商品取引法の適用関係

信託業務類型に応じた信託取引に係る金商法の適用関係を整理したので、これを踏まえて、信託取引類型に応じた金商法の適用関係について整理する。

（1）信託の引受け（信託契約の締結等）における適用関係

信託の引受け（信託契約の締結等）に関しては、信託業法が適用され、信託業法上の業規制の適用を受ける。

さらに、投資性を有する特定信託契約による信託の引受けについては、同じ経済的性質を有する金融商品・取引には同じ利用者保護ルールを適用するという横断的規制を確保する観点から、信託業法において金商法の規定が準用され（信託業法24条の2）、広告規制や契約締結前交付書面の交付・説明義務等の金商法上の販売・勧誘に係る行為規制が適用される。

（2）信託契約の締結の代理・媒介における適用関係

信託契約の締結の代理・媒介に関しては、信託契約代理業に該当する場合は信託業法が適用されて信託業法上の業規制の適用を受け、それ以外で金融商品取引業に該当する場合は金商法が適用されて金商法上の業規制の適用を

受ける。

(a) **信託契約代理業に該当する場合—信託業法の適用**　信託契約の締結の代理・媒介を営業として行う場合には、信託契約代理業として信託業法が適用され、信託契約代理店は、登録等の開業規制（信託業法67条）や、顧客に対する代理または媒介の明示義務、顧客から預託を受けた財産の分別管理義務、信託契約代理業に係る行為準則等の行為規制（同法74条～76条）の適用を受ける。しかし、これは、「委託者」または「委託者および受託者」が発行者となる信託契約（委託者指図型信託契約、委託者非指図型物・権利等の信託契約）の場合に限定され、「受託者」が発行者となる信託契約（自益型金銭の信託契約）の場合は除かれる（同法2条8項）。

　これは、受託者が受益権の発行者となる信託契約の締結の代理・媒介については、信託契約代理業ではなく「信託受益権（有価証券）の募集等の取扱い」に該当して金商法が適用され、第二種金融商品取引業として金商法上の業規制の適用を受けるからである。ただし、受託者が受益権の発行者であっても、受益権の発行時が委託者（兼受益者）の受益権譲渡時である信託（自益型単独運用信託・元本補塡契約のある合同運用金銭信託）契約の代理・媒介については、信託契約締結時の段階では未だ有価証券としての信託受益権が発行されていないので金商法は適用されず、信託契約代理業として信託業法が適用される。

(b) **有価証券の募集等の取扱いに該当する場合—金商法の適用**　上述したように、受託者が信託受益権の発行者であり、その受益権の発行時が信託の効力発生時である信託契約の締結の代理・媒介は、「信託受益権（有価証券）の募集等の取扱い」（金商法2条8項9号）に該当するから、これを業として行うと第二種金融商品取引業（同法28条2項2号）に該当して金商法が適用され、金商法上の業規制の適用を受ける。

　すなわち、受託者が信託受益権の発行者であり、その受益権の発行時が信託の効力発生時である信託の引受け、たとえば、受託者が委託者との間で行う元本補塡契約のない合同運用金銭信託契約締結の勧誘は、受託者の委託者（兼受益者）に対するその信託受益権の取得勧誘（募集）といえる。この受託者の取得勧誘（募集）は、発行者自ら行う取得勧誘（自己募集）であるから金融商品取引業には該当しないが、その信託契約の締結の代理・媒介は、信

託受益権の発行者である受託者のために行う信託受益権の取得勧誘であるから、「信託受益権（有価証券）の募集の取扱い」（金商法2条8項9号）に該当し、これを業として行う場合には第二種金融商品取引業として金商法上の業規制の適用を受ける。

　第二種金融商品取引業の登録を受けた金融商品取引業者等は、その信託の顧客である委託者兼受益者と受託者に対して、特定投資家への告知義務等（金商法34条）、広告等の規制（同法37条）、契約締結前交付書面の交付義務（同法37条の3）、契約結時交付書面の交付義務（同法37条の4）、実質的説明義務（同法38条9号、金商業府令117条1項1号）等の販売・勧誘に係る義務を負う。

　ただし、発行者である受託者に対して負う義務の中の書面交付義務については、顧客がその有価証券の発行者または所有者である場合は、契約締結前交付書面の交付義務が免ぜられることになっているので（金商法37条の3第1項ただし書、金商業府令80条1項5号リ）、この場合は契約締結時交付書面の交付義務のみを負うことになる。

　また、信託受益権の募集等の取扱いを通じて信託受益権を取得させる場合には、その「取得者」に対しても契約締結前交付書面の交付義務等の金商法上の義務を負うが、信託受益権の「発行時」は、①自益信託（元本補塡契約のない合同運用金銭信託を除く。）の場合は、委託者（兼受益者）の受益権譲渡時、②それ以外の場合は、信託の効力発生時とされているので（金商法2条5項、金商定義府令14条4項1号）、自益型金銭の信託（単独運用信託・元本補塡契約のある合同運用金銭信託）契約の締結の代理・媒介を行う場合には、その信託契約締結の段階ではまだ有価証券としての信託受益権は発行されておらず、信託受益権の「取得者」もいないため、信託契約の委託者（兼受益者）に対して契約締結前交付書面の交付義務を負わない。従って、この場合には、受託者に対する契約締結時交付書面の交付等を行えば足りることになる（金商法パブコメ回答（2007（平成19）年7月31日）319頁〜320頁No.3）。

　自益型金銭の信託のうち、元本補塡契約のない合同運用信託契約の締結の代理・媒介の場合には、信託の効力発生時に信託受益権が発行されており、委託者（兼受益者）が信託受益権の「取得者」となるため、その委託者（兼受益者）に対して契約締結前交付書面の交付義務等を負う。

なお、契約締結前交付書面の交付義務は、顧客等が特定投資家の場合は適用されないことになっているので（金商法 45 条）、信託銀行等の適格機関投資家に対しては、契約締結前交付書面の交付義務はない（同法 2 条 31 項 1 号・3 項 1 号、金商定義府令 10 条 1 項 4 号等）。

(3) 信託受益権（有価証券）の引受けにおける適用関係

　信託受益権は、有価証券とみなされるから（金商法 2 条 2 項 1 号）、信託受益権の募集・売出しに際して、その信託受益権を取得させることを目的としてその全部または一部を取得する行為は、有価証券の引受け（同条 8 項 6 号）に該当することになり、業として行う場合には第一種金融商品取引業として金商法が適用され、金商法上の業規制の適用を受ける。

　信託受益権に関しては、「発行者」が「委託者」、「受託者」または「委託者および受託者」である場合があり、また、「発行時」が「委託者（兼受益者）が信託受益権を譲渡する時」と「信託の効力が生ずる時」である場合があるので、これらを踏まえて、信託の関係当事者である、受託者、委託者兼受益者、受益者が行う信託受益権の募集または売出しに際して行う信託受益権の引受けについて考察する。

(a)　信託受益権の発行者である受託者による信託受益権の募集に際しての引受け　発行者が受託者で発行時が信託の効力発生時の自益型金銭の信託（元本補塡契約のない合同運用信託）において受託者が行う委託者兼受益者に対する信託契約締結の勧誘は、委託者兼受益者に対する信託受益権の取得勧誘ということができ、その信託受益権の募集行為に該当するから、委託者（兼受益者）が信託受益権を取得させることを目的として受託者と信託契約を締結して信託受益権を取得する行為は、その信託受益権の引受けに該当すると考えられる。

　発行者が受託者で発行時が委託者（兼受益者）の信託受益権譲渡時である自益型金銭の信託（単独運用金銭信託・元本補塡契約のある合同運用金銭信託）において、受託者が行う委託者兼受益者に対する信託契約締結の勧誘は、信託契約締結の段階ではまだ信託受益権が発行されておらずそもそも信託受益権の募集にはならないので、委託者兼受益者による信託受益権の引受けもない。ただし、その信託（単独運用金銭信託・元本補塡契約のある合同運用金銭信託）の委託者兼受益者が、発行者である受託者から取得した信託受益権を譲

渡するために行う売付け勧誘等（売出し）は取得勧誘類行為（募集）とされるので（金商定義府令9条6号）、その募集行為に際して、信託受益権を取得させることを目的として取得する行為は、その信託受益権の引受けになると考えられる。

(b) **信託受益権の発行者である委託者（兼受益者）による信託受益権の募集に際しての引受け**　発行者が委託者（兼受益者）で発行時が委託者（兼受益者）の信託受益権譲渡時である信託（自益型委託者指図型信託および委託者非指図型物・権利等の信託）において、委託者（兼受益者）が行う信託受益権を譲渡するために行う取得勧誘は、発行時が委託者兼受益者の受益権譲渡時であるから信託受益権の取得勧誘（募集）に該当するので、その募集行為に際して、信託受益権を取得させることを目的として取得する行為は、その信託受益権の引受けに該当すると考えられる。

　たとえば、貸付債権の流動化を目的とする金銭債権信託においては、その信託の受託者が固有財産をもって委託者（兼受益者）から信託受益権を一旦引き受けた上で投資者に売却する場合があるが、この信託における信託受益権の発行者は委託者および受託者で、発行時は信託受益権の譲渡時であるから、委託者（兼受益者）から投資家に取得させる目的をもって信託受益権を受託者の固有財産をもって取得する行為は、委託者（兼受益者）による信託受益権の募集に際して行う受託者によるその信託受益権の引受けに該当する。

　なお、「有価証券の引受け」は、業として行う場合には第一種金融商品取引業に該当してその登録を要するが、信託会社が自らを受託者とする信託受益権について行う「有価証券の引受け」は金融商品取引業から除外されているので、金商法の規制を受けずに信託受益権の引受けを行うことができる（金商法2条8項柱書、金商令1条の8の6第1項4号・金商定義府令16条1項7号）。信託兼営金融機関の場合は、登録金融機関業務として信託受益証券・信託受益権等の有価証券の引受けを行うことができる（金商法33条の2第2号・33条2項1号）。

(c) **受益者による信託受益権の売出しに際しての引受け**　信託受益権の発行時が信託の効力発生時である信託（元本補塡契約のない自益型合同運用金銭信託および他益信託）においては、受益者は、信託の効力発生時に受益権を取得しているから、その有する信託受益権を譲渡するために行う取得勧誘

は売付け勧誘（売出し）に該当するので、その売付け勧誘（売出し）に際して、信託受益権を取得させることを目的として取得する行為は、その信託受益権の引受けに該当すると考えられる。

(4) 信託受益権の譲渡等における適用関係

有価証券である信託受益権を譲渡する行為が、有価証券の売買または売買の媒介・取次ぎ・代理（金商法2条8項1号・2号）や有価証券の募集・売出しまたはその取扱い（同項7号～9号）等に該当する場合には、それを業として行うと第二種金融商品取引業に該当して金商法が適用され、金商法上の業規制の適用を受けるが（同法28条2項2号・29条）、下記の場合は適用されない。

(a) 対外的行為の一切を委託して行う信託受益権の販売の適用除外

信託受益権の発行時が信託の効力発生時である信託（元本補塡契約のない自益型合同運用金銭信託および他益信託）においては、信託受益権は信託の効力発生時に既に発行されているから、受益者が信託受益権を販売するために行う取得勧誘は、信託受益権の取得勧誘（自己募集）ではなく売付け勧誘（売出し）に該当し、それを業として行う場合には第二種金融商品取引業に該当してその登録を要する。

しかし、信託受益権の販売について、勧誘することなく、金融商品取引業者等に勧誘等の全部を委託することによって信託受益権を販売する場合には、金融商品取引業に該当しないものとされている（金商法2条8項、金商令1条の8の6第1項4号、金商定義府令16条1項1号）。

これは、信託受益権販売業について、信託受益権の保有者が売主となるが、勧誘等の対外的行為の一切を信託受益権販売業者に委託している等の場合には、信託受益権販売業の登録を要しないとされていた取扱い（旧信託会社等に関する総合的な監督指針10-2-1(1)）を金商法でも踏襲したものである。

(b) 信託受益権の譲渡が有価証券の自己募集に該当する場合の適用除外

信託受益権の発行時が、委託者（兼受益者）の信託受益権譲渡時（金商定義府令14条4項1号イ）とされている信託、たとえば、委託者指図型自益信託、委託者非指図型自益信託（元本補塡契約のない合同運用金銭信託を除く。）においては、委託者兼受益者の受益権譲渡時に有価証券としての受益権が発行されることになるから、委託者兼受益者が行う信託受益権を譲渡するために行う取得勧誘は、発行者が自ら行う取得勧誘（自己募集）になるので、金融商

品取引業には該当しない。

(c) 信託会社の信託受益権売買等業務に係る開業規制の不適用　信託会社（管理型信託会社を除く。）は、信託業の法定他業として信託受益権売買等業務を営むことができる（信託業法21条1項）。信託受益権の売買等を営業として行うことは、第二項有価証券の売買もしくはその代理・媒介または募集・売出しもしくはその取扱いに該当して（金商法28条2項2号）第二種金融商品取引業の登録を要するところ、信託会社（管理型信託会社を除く。）は、信託業法に基づく規制を受けているので、第二種金融商品取引業の登録を受けなくても、信託受益権売買等業務を営むことができるとされている（同法65条の5第1項）。ただし、信託受益権の売買等を行う信託会社は、金融商品取引業者とみなされて金商法が適用され、一定の金商法上の行為規制を受けることとになる（同条2項）。

　信託兼営金融機関の場合も、金商法上の登録金融機関業務に係る登録を（金商法33条の2）を受けなくても信託受益権売買等業務を営むことができるが（信託兼営法2条3項）、信託受益権売買等業務を営む信託兼営金融機関は、登録金融機関（金商法2条11項）とみなされて金商法が適用され、一定の金商法上の行為規制を受けることとなる（信託兼営法2条4項）。

主要参考文献

信託法
（体系書等）
四宮和夫『信託法〔新版〕』（有斐閣・1989 年）
能見善久『現代信託法』（有斐閣・2004 年）
道垣内弘人『信託法』（有斐閣・2017 年）
能見善久＝道垣内弘人編『信託法セミナー 1～4』（有斐閣・2013 年～2016 年）
新井誠『信託法〔第 4 版〕』（有斐閣・2014 年）
新井誠編『キーワードで読む信託法』（有斐閣・2007 年）
新井誠『財産管理制度と民法・信託法』（有斐閣・1990 年）
樋口範雄『入門 信託と信託法〔第 2 版〕』（弘文堂・2014 年）
道垣内弘人『信託法入門』（日本経済新聞出版社・2007 年）
道垣内弘人＝大村敦志＝滝沢昌彦編『信託取引と民法法理』（有斐閣・2003 年）
水野紀子編著『信託の理論と現代的展開』（商事法務・2014 年）
田中和明＝田村直史『信託の理論と実務入門』（日本加除出版・2016 年）
佐藤勤『信託法概論』（経済法令研究会・2009 年）
道垣内弘人編著『条解 信託法』（弘文堂・2017 年）
能見善久＝樋口範雄＝神田秀樹編『信託法制の新時代』（弘文堂・2017 年）
樋口範雄＝神作裕之編『現代の信託法』（弘文堂・2018 年）
佐久間毅『信託法をひもとく』（商事法務・2019 年）
『信託法コンメンタール』（中間整理）（信託法務研究会報告書・2012 年）

（立案担当者による解説）
佐藤哲治編著『Q＆A 信託法』（ぎょうせい・2007 年）
佐藤哲治編著『よくわかる信託法』（ぎょうせい・2007 年）
寺本昌広『逐条解説 新しい信託法〔補訂版〕』（商事法務・2008 年）
村松秀樹＝冨澤賢一郎＝鈴木秀昭＝三木原聡『概説 新信託法』（金融財政事情研究会・2008 年）

（信託法改正要綱等）
信託法改正要綱試案・同補足説明（法務省ウェブサイト、信託 223 号・2005 年）
信託法改正要綱（法務省ウェブサイト、信託 225 号・2006 年）
法制審議会信託法部会議事録（法務省ウェブサイト）

（信託法務・実務）
寺本振透編集代表『解説 新信託法』（弘文堂・2007 年）
小野傑＝深山雅也編『新しい信託法解説』（三省堂・2007 年）
福田政之＝池袋真実＝大矢一郎＝月岡崇『詳解 新信託法』（清文社・2007 年）

新井誠編『新信託法の基礎と運用』（日本評論社・2007 年）
井上聡『信託の仕組み』（日本経済新聞出版社・2007 年）
井上聡編著『新しい信託 30 講』（弘文堂・2007 年）
道垣内弘人＝小野傑＝福井修編『新しい信託法の理論と実務』（金融・商事判例 1261 号増刊号・2007 年）
天野佳洋＝折原誠＝谷健太郎編著『一問一答 改正信託法の実務』（経済法令研究会・2007 年）
田中和明編著『新類型の信託ハンドブック』（日本加除出版・2017 年）
田中和明編『詳解 民事信託』（日本加除出版・2018 年）
浅岡輝彦・佐久間亨編著『家族信託をもちいた財産の管理・承継』（清文社・2018 年）
第一東京弁護士会司法研究委員会編『信託が拓く新しい実務』（商事法務・2016 年）
天野佳洋＝久保淳一『図解 よくわかる信託と信託ビジネス』（学陽書房・2008 年）
三菱 UFJ 信託銀行編著『信託の法務と実務〔6 訂版〕』（金融財政事情研究会・2015 年）
「信託と倒産」実務研究会『信託と倒産』（商事法務・2008 年）
信託登記実務研究会編著『信託登記の実務〔第 3 版〕』（日本加除出版・2016 年）
能見善久編『信託の実務と理論』（有斐閣・2009 年）
田中和明『詳解 信託法務』（清文社・2010 年）
商事信託法研究会報告（平成 24 年度～28 年度）（信託 256 号、260 号、264 号、270 号、276 号・2013 年～2018 年）

（信託法制の歴史）

社団法人信託協会編『信託実務講座 1 総説』（有斐閣・1962 年）
水島廣雄『信託法史論〔改訂版〕』（学陽書房・1967 年）
麻島昭一「第 2 章 アメリカの信託業務と信託経営」高垣寅次郎監修『世界各国の金融制度 第 12 巻』（大蔵財務協会・1977 年）
麻島昭一『日本信託業立法史の研究』（金融財政事情研究会・1980 年）
山田昭『信託立法過程の研究』（勁草書房・1981 年）
大阪谷公雄『信託法セミナー』（信託研究会・1990 年）
大阪谷公雄『信託法の研究 理論編（上）』（信山社・1991 年）
社団法人信託協会信託業務研究会編『新信託銀行読本』（金融財政事情研究会・1996 年）

信託業法

神田秀樹＝阿部泰久＝小足一寿『新信託業法のすべて』（金融財政事情研究会・2005 年）
小林卓泰＝植田利文＝増島雅和＝青山大樹『Q＆A 新しい信託業法解説』（三省堂・2005 年）
高橋康文『詳解 新しい信託業法』（第一法規・2005 年）
小出卓哉『逐条解説 信託業法』（清文社・2008 年）

金融商品取引法

山下友信=神田秀樹編著『金融商品取引法概説〔第2版〕』(有斐閣・2017年)

神崎克郎=志谷匡史=川口恭弘『金融商品取引法』(青林書院・2012年)

黒沼悦郎『金融商品取引法入門〔第7版〕』(日本経済新聞社・2018年)

黒沼悦郎『金融商品取引法』(有斐閣・2016年)

近藤光男=吉原和志=黒沼悦郎『金融商品取引法入門〔第4版〕』(商事法務・2015年)

松尾直彦『金融商品取引法〔第5版〕』(商事法務・2018年)

三井秀範=池田唯一監修、松尾直彦編著『一問一答 金融商品取引法〔改訂版〕』(商事法務・2008年)

川村正幸監修、畠山久志=田中和明編『登録金融機関のための金融商品取引の実務対応Q&A』(清文社・2008年)

信託規制法研究会報告書『金融商品取引法と信託規制』(トラスト未来フォーラム研究叢書・2017年)

信託法（平成29年民法改正および平成30年民法改正後のもの）

第1章　総則
(趣旨)
第1条　信託の要件、効力等については、他の法令に定めるもののほか、この法律の定めるところによる。
(定義)
第2条　①この法律において「信託」とは、次条各号に掲げる方法のいずれかにより、特定の者が一定の目的（専らその者の利益を図る目的を除く。同条において同じ。）に従い財産の管理又は処分及びその他の当該目的の達成のために必要な行為をすべきものとすることをいう。
②この法律において「信託行為」とは、次の各号に掲げる信託の区分に応じ、当該各号に定めるものをいう。
　1　次条第1号に掲げる方法による信託　同号の信託契約
　2　次条第2号に掲げる方法による信託　同号の遺言
　3　次条第3号に掲げる方法による信託　同号の書面又は電磁的記録（同号に規定する電磁的記録をいう。）によってする意思表示
③この法律において「信託財産」とは、受託者に属する財産であって、信託により管理又は処分をすべき一切の財産をいう。
④この法律において「委託者」とは、次条各号に掲げる方法により信託をする者をいう。
⑤この法律において「受託者」とは、信託行為の定めに従い、信託財産に属する財産の管理又は処分及びその他の信託の目的の達成のために必要な行為をすべき義務を負う者をいう。
⑥この法律において「受益者」とは、受益権を有する者をいう。
⑦この法律において「受益権」とは、信託行為に基づいて受託者が受益者に対し負う債務であって信託財産に属する財産の引渡しその他の信託財産に係る給付をすべきものに係る債権（以下「受益債権」という。）及びこれを確保するためにこの法律の規定に基づいて受託者その他の者に対し一定の行為を求めることができる権利をいう。
⑧この法律において「固有財産」とは、受託者に属する財産であって、信託財産に属する財産でない一切の財産をいう。
⑨この法律において「信託財産責任負担債務」とは、受託者が信託財産に属する財産をもって履行する責任を負う債務をいう。
⑩この法律において「信託の併合」とは、受託者を同一とする二以上の信託の信託財産の全部を一の新たな信託の信託財産とすることをいう。
⑪この法律において「吸収信託分割」とは、ある信託の信託財産の一部を受託者を同一とする他の信託の信託財産として移転することをいい、「新規信託分割」とは、ある信託の信託財産の一部を受託者を同一とする新たな信託の信託財産として移転することをいい、「信託の分割」とは、吸収信託分割又は新規信託分割をいう。
⑫この法律において「限定責任信託」とは、受託者が当該信託のすべての信託財産責任負担債務について信託財産に属する財産のみをもってその履行の責任を負う信託をいう。
(信託の方法)
第3条　信託は、次に掲げる方法のいずれかによってする。
　1　特定の者との間で、当該特定の者に対し財産の譲渡、担保権の設定その他の財産の処分をする旨並びに当該特定の者が一定の目的に従い財産の管理又は処分及びその他の当該目的の達成のために必要な行為をすべき旨の契約（以下「信託契約」という。）を締結する方法
　2　特定の者に対し財産の譲渡、担保権の設定その他の財産の処分をする旨並びに当該特定の者が一定の目的に従い財産の管理又は処分及びその他の当該目的の達成のために必要な行為をすべき旨の遺言をする方法
　3　特定の者が一定の目的に従い自己の有する一定の財産の管理又は処分及びその他の当該目的の達成のために必要な行為を自らすべき旨の意思表示を公正証書その他の書面又は電磁的記録（電子的方式、磁気的方式その他人の知覚によっては認識することができない方式で作られる記録であって、電子計算機による情報処理の用に供されるものとして法務省令で定めるものをいう。以下同じ。）で当該目的、当該財産の特定に必要な事項その他の法務省令で定める事項を記載し又は記録したものによってする

方法
(信託の効力の発生)
第4条 ①前条第1号に掲げる方法によってされる信託は、委託者となるべき者と受託者となるべき者との間の信託契約の締結によってその効力を生ずる。
②前条第2号に掲げる方法によってされる信託は、当該遺言の効力の発生によってその効力を生ずる。
③前条第3号に掲げる方法によってされる信託は、次の各号に掲げる場合の区分に応じ、当該各号に定めるものによってその効力を生ずる。
1 公正証書又は公証人の認証を受けた書面若しくは電磁的記録（以下この号及び次号において「公正証書等」と総称する。）によってされる場合 当該公正証書等の作成
2 公正証書等以外の書面又は電磁的記録によってされる場合 受益者となるべき者として指定された第三者（当該第三者が2人以上ある場合にあっては、その1人）に対する確定日付のある証書による当該信託がされた旨及びその内容の通知
④前3項の規定にかかわらず、信託は、信託行為に停止条件又は始期が付されているときは、当該停止条件の成就又は当該始期の到来によってその効力を生ずる。
(遺言信託における信託の引受けの催告)
第5条 ①第3条第2号に掲げる方法によって信託がされた場合において、当該遺言に受託者となるべき者を指定する定めがあるときは、利害関係人は、受託者となるべき者として指定された者に対し、相当の期間を定めて、その期間内に信託の引受けをするかどうかを確答すべき旨を催告することができる。ただし、当該定めに停止条件又は始期が付されているときは、当該停止条件が成就し、又は当該始期が到来した後に限る。
②前項の規定による催告があった場合において、受託者となるべき者として指定された者が、同項の期間内に委託者の相続人に対し確答をしないときは、信託の引受けをしなかったものとみなす。
③委託者の相続人が現に存しない場合における前項の規定の適用については、同項中「委託者の相続人」とあるのは、「受益者（2人以上の受益者が現に存する場合にあってはその1人、信託管理人が現に存する場合にあっては信託管理人）」とする。
(遺言信託における裁判所による受託者の選任)
第6条 ①第3条第2号に掲げる方法によって信託がされた場合において、当該遺言に受託者の指定に関する定めがないとき、又は受託者となるべき者として指定された者が信託の引受けをせず、若しくはこれをすることができないときは、裁判所は、利害関係人の申立てにより、受託者を選任することができる。
②前項の申立てについての裁判には、理由を付さなければならない。
③第1項の規定による受託者の選任の裁判に対しては、受益者又は既に存する受託者に限り、即時抗告をすることができる。
④前項の即時抗告は、執行停止の効力を有する。
(受託者の資格)
第7条 信託は、未成年者又は成年被後見人若しくは被保佐人を受託者としてすることができない。
(受託者の利益享受の禁止)
第8条 受託者は、受益者として信託の利益を享受する場合を除き、何人の名義をもってするかを問わず、信託の利益を享受することができない。
(脱法信託の禁止)
第9条 法令によりある財産権を享有することができない者は、その権利を有するのと同一の利益を受益者として享受することができない。
(訴訟信託の禁止)
第10条 信託は、訴訟行為をさせることを主たる目的としてすることができない。
(詐害信託の取消し等)
第11条 ①委託者がその債権者を害することを知って信託をした場合には、受託者が債権者を害することを知っていたか否かにかかわらず、債権者は、受託者を被告として、民法（明治29年法律第89号）第424条第3項に規定する詐害行為取消請求をすることができる。ただし、受益者が現に存する場合においては、当該受益者（当該受益者の中に受益権を譲り受けた者がある場合にあっては、当該受益者及びその前に受益権を譲り渡した全ての者）の全部が、受益者としての指定（信託行為の定めにより又は第89条第1項に規定する受益者指定権等の行使により受益者又は変更後の受益者として指定されることをいう。以下同じ。）を受けたことを知った時（受益権を譲り受けた者にあっては、受益権を譲り受けた時）において債権者を害することを知っていたときに限る。
②前項の規定による詐害行為取消請求を認容する判決が確定した場合において、信託財産責任負担債務に係る債権を有する債権者（委託者であるものを除く。）が当該債権を取得した時において債権者を害することを知らなか

ったときは、委託者は、当該債権を有する債権者に対し、当該信託財産責任負担債務について弁済の責任を負う。ただし、同項の規定による詐害行為取消請求により受託者から委託者に移転する財産の価額を限度とする。
③前項の規定の適用については、第49条第1項（第53条第2項及び第54条第4項において準用する場合を含む。）の規定により受託者が有する権利は、金銭債権とみなす。
④委託者がその債権者を害することを知って信託をした場合において、受益者が受託者から信託財産に属する財産の給付を受けたときは、債権者は、受益者を被告として、民法第424条第3項に規定する詐害行為取消請求をすることができる。ただし、当該受益者（当該受益者が受益権を譲り受けた者である場合にあっては、当該受益者及びその前に受益権を譲り渡した全ての者）が、受益者としての指定を受けたことを知った時（受益権を譲り受けた者にあっては、受益権を譲り受けた時）において債権者を害することを知っていたときに限る。
⑤委託者がその債権者を害することを知って信託をした場合には、債権者は、受益者を被告として、その受益権を委託者に譲り渡すことを訴えをもって請求することができる。この場合においては、前項ただし書の規定を準用する。
⑥民法第426条の規定は、前項の規定による請求権について準用する。
⑦受益者の指定又は受益権の譲渡に当たっては、第1項本文、第4項本文又は第5項前段の規定の適用を不当に免れる目的で、債権者を害することを知らない者（以下この項において「善意者」という。）を無償（無償と同視すべき有償を含む。以下この項において同じ。）で受益者として指定し、又は善意者に対し無償で受益権を譲り渡してはならない。
⑧前項の規定に違反する受益者の指定又は受益権の譲渡により受益者となった者については、第1項ただし書及び第4項ただし書（第5項後段において準用する場合を含む。）の規定は、適用しない。

（詐害信託の否認等）
第12条 ①破産者が委託者としてした信託における破産法（平成16年法律第75号）第160条第1項の規定の適用については、同項各号中「これによって利益を受けた者が、その行為の当時」とあるのは「受益者が現に存する場合においては、当該受益者（当該受益者の中に受益権を譲り受けた者がある場合にあっては、当該受益者及びその前に受益権を譲り渡した全ての者）の全部が信託法第11条第1項に規定する受益者としての指定を受けたことを知った時（受益権を譲り受けた者にあっては、受益権を譲り受けた時）において」と、「知らなかったときは、この限りでない」とあるのは「知っていたときに限る」とする。
②破産者が破産債権者を害することを知って委託者として信託をした場合には、破産管財人は、受益者を被告として、その受益権を破産財団に返還することを訴えをもって請求することができる。この場合においては、前条第4項ただし書の規定を準用する。
③再生債務者が委託者としてした信託における民事再生法（平成11年法律第225号）第127条第1項の規定の適用については、同項各号中「これによって利益を受けた者が、その行為の当時」とあるのは「受益者が現に存する場合においては、当該受益者（当該受益者の中に受益権を譲り受けた者がある場合にあっては、当該受益者及びその前に受益権を譲り渡した全ての者）の全部が信託法（平成18年法律第108号）第11条第1項に規定する受益者としての指定を受けたことを知った時（受益権を譲り受けた者にあっては、受益権を譲り受けた時）において」と、「知らなかったときは、この限りでない」とあるのは「知っていたときに限る」とする。
④再生債務者が再生債権者を害することを知って委託者として信託をした場合には、否認権限を有する監督委員又は管財人は、受益者を被告として、その受益権を再生債務者財産（民事再生法第12条第1項第1号に規定する再生債務者財産をいう。第25条第4項において同じ。）に返還することを訴えをもって請求することができる。この場合においては、前条第4項ただし書の規定を準用する。
⑤前2項の規定は、更生会社（会社更生法（平成14年法律第154号）第2条第7項に規定する更生会社又は金融機関等の更生手続の特例等に関する法律（平成8年法律第95号）第169条第7項に規定する更生会社をいう。）又は更生協同組織金融機関（同法第4条第7項に規定する更生協同組織金融機関をいう。）について準用する。この場合において、第3項中「民事再生法（平成11年法律第225号）第127条第1項」とあるのは「会社更生法（平成14年法律第154号）第86条第1項並びに金融機関等の更生手続の特例等に関する法律（平成8年法律第95号）第57条第1項及び第223条第1項」と、「同項各号」とあるのは「これらの規定」と、前項中「再生債

権者」とあるのは「更生債権者又は更生担保権者」と、「否認権限を有する監督委員又は管財人」とあるのは「管財人」と、「再生債務者財産（民事再生法第12条第1項第1号に規定する再生債務者財産をいう。第25条第4項において同じ。）」とあるのは「更生会社財産（会社更生法第2条第14項に規定する更生会社財産又は金融機関等の更生手続の特例等に関する法律第169条第14項に規定する更生会社財産をいう。）又は更生協同組織金融機関財産（同法第4条第14項に規定する更生協同組織金融機関財産をいう。）」と読み替えるものとする。

(会計の原則)
第13条 信託の会計は、一般に公正妥当と認められる会計の慣行に従うものとする。

第2章 信託財産等
(信託財産に属する財産の対抗要件)
第14条 登記又は登録をしなければ権利の得喪及び変更を第三者に対抗することができない財産については、信託の登記又は登録をしなければ、当該財産が信託財産に属することを第三者に対抗することができない。

(信託財産に属する財産の占有の瑕疵の承継)
第15条 受託者は、信託財産に属する財産の占有について、委託者の占有の瑕疵を承継する。

(信託財産の範囲)
第16条 信託行為において信託財産に属すべきものと定められた財産のほか、次に掲げる財産は、信託財産に属する。
 1 信託財産に属する財産の管理、処分、滅失、損傷その他の事由により受託者が得た財産
 2 次条、第18条、第19条（第84条の規定により読み替えて適用する場合を含む。以下この号において同じ。）、第226条第3項、第228条第3項及び第254条第2項の規定により信託財産に属することとなった財産（第18条第1項（同条第3項において準用する場合を含む。）の規定により信託財産に属するものとみなされた共有持分及び第19条の規定による分割によって信託財産に属することとされた財産を含む。）

(信託財産に属する財産の付合等)
第17条 信託財産に属する財産と固有財産若しくは他の信託の信託財産に属する財産との付合若しくは混和又はこれらの財産を材料とする加工があった場合には、各信託の信託財産及び固有財産に属する財産は各別の所有者に属するものとみなして、民法第242条から第248条までの規定を適用する。

第18条 ①信託財産に属する財産と固有財産に属する財産とを識別することができなくなった場合（前条に規定する場合を除く。）には、各財産の共有持分が信託財産と固有財産とに属するものとみなす。この場合において、その共有持分の割合は、その識別することができなくなった当時における各財産の価格の割合に応ずる。
②前項の共有持分は、相等しいものと推定する。
③前2項の規定は、ある信託の受託者が他の信託の受託者を兼ねる場合において、各信託の信託財産に属する財産を識別することができなくなったとき（前条に規定する場合を除く。）について準用する。この場合において、第1項中「信託財産と固有財産と」とあるのは、「各信託の信託財産」と読み替えるものとする。

(信託財産と固有財産等とに属する共有物の分割)
第19条 ①受託者に属する特定の財産について、その共有持分が信託財産と固有財産とに属する場合には、次に掲げる方法により、当該財産の分割をすることができる。
 1 信託行為において定めた方法
 2 受託者と受益者（信託管理人が現に存する場合にあっては、信託管理人）との協議による方法
 3 分割をすることが信託の目的の達成のために合理的に必要と認められる場合であって、受益者の利益を害しないことが明らかであるとき、又は当該分割の信託財産に与える影響、当該分割の目的及び態様、受託者の受益者との実質的な利害関係の状況その他の事情に照らして正当な理由があるときは、受託者が決する方法
②前項に規定する場合において、同項第2号の協議が調わないときその他同項各号に掲げる方法による分割をすることができないときは、受託者又は受益者（信託管理人が現に存する場合にあっては、信託管理人）は、裁判所に対し、同項の共有物の分割を請求することができる。
③受託者に属する特定の財産について、その共有持分が信託財産と他の信託の信託財産とに属する場合には、次に掲げる方法により、当該財産の分割をすることができる。
 1 各信託の信託行為において定めた方法
 2 各信託の受益者（信託管理人が現に存する場合にあっては、信託管理人）の協議による方法
 3 各信託について、分割をすることが信託

の目的の達成のために合理的に必要と認められる場合であって、受益者の利益を害しないことが明らかであるとき、又は当該分割の信託財産に与える影響、当該分割の目的及び態様、受託者の受益者との実質的な利害関係の状況その他の事情に照らして正当な理由があるときは、各信託の受託者が決する方法

④前項に規定する場合において、同項第2号の協議が調わないときその他同項各号に掲げる方法による分割をすることができないときは、各信託の受益者(信託管理人が現に存する場合にあっては、信託管理人)は、裁判所に対し、同項の共有物の分割を請求することができる。

(信託財産に属する財産についての混同の特例)
第20条 ①同一物について所有権及び他の物権が信託財産と固有財産又は他の信託の信託財産とにそれぞれ帰属した場合には、民法第179条第1項本文の規定にかかわらず、当該他の物権は、消滅しない。
②所有権以外の物権及びこれを目的とする他の権利が信託財産と固有財産又は他の信託の信託財産とにそれぞれ帰属した場合には、民法第179条第2項前段の規定にかかわらず、当該他の権利は、消滅しない。
③次に掲げる場合には、民法第520条本文の規定にかかわらず、当該債権は、消滅しない。
 1 信託財産に属する債権に係る債務が受託者に帰属した場合(信託財産責任負担債務となった場合を除く。)
 2 信託財産責任負担債務に係る債権が受託者に帰属した場合(当該債権が信託財産に属することとなった場合を除く。)
 3 固有財産又は他の信託の信託財産に属する債権に係る債務が受託者に帰属した場合(信託財産責任負担債務となった場合に限る。)
 4 受託者の債務(信託財産責任負担債務を除く。)に係る債権が受託者に帰属した場合(当該債権が信託財産に属することとなった場合に限る。)

(信託財産責任負担債務の範囲)
第21条 ①次に掲げる権利に係る債務は、信託財産責任負担債務となる。
 1 受益債権
 2 信託財産に属する財産について信託前の原因によって生じた権利
 3 信託前に生じた委託者に対する債権であって、当該債権に係る債務を信託財産責任負担債務とする旨の信託行為の定めがあるもの
 4 第103条第1項又は第2項の規定による受益権取得請求権
 5 信託財産のためにした行為であって受託者の権限に属するものによって生じた権利
 6 信託財産のためにした行為であって受託者の権限に属しないもののうち、次に掲げるものによって生じた権利
  イ 第27条第1項又は第2項(これらの規定を第75条第4項において準用する場合を含む。ロにおいて同じ。)の規定により取り消すことができない行為(当該行為の相手方が、当該行為の当時、当該行為が信託財産のためにされたものであることを知らなかったもの(信託財産に属する財産について権利を設定し又は移転する行為を除く。)を除く。)
  ロ 第27条第1項又は第2項の規定により取り消すことができる行為であって取り消されていないもの
 7 第31条第6項に規定する処分その他の行為又は同条第7項に規定する行為のうち、これらの規定により取り消すことができない行為又はこれらの規定により取り消すことができる行為であって取り消されていないものによって生じた権利
 8 受託者が信託事務を処理するについてした不法行為によって生じた権利
 9 第5号から前号までに掲げるもののほか、信託事務の処理について生じた権利
②信託財産責任負担債務のうち次に掲げる権利に係る債務について、受託者は、信託財産に属する財産のみをもってその履行の責任を負う。
 1 受益債権
 2 信託行為に第216条第1項の定めがあり、かつ、第232条の定めるところにより登記がされた場合における信託債権(信託財産責任負担債務に係る債権であって、受益債権でないものをいう。以下同じ。)
 3 前2号に掲げる場合のほか、この法律の規定により信託財産に属する財産のみをもってその履行の責任を負うものとされる場合における信託債権
 4 信託債権を有する者(以下「信託債権者」という。)との間で信託財産に属する財産のみをもってその履行の責任を負う旨の合意がある場合における信託債権

(信託財産に属する債権等についての相殺の制限)
第22条 ①受託者が固有財産又は他の信託の信託財産(第1号において「固有財産等」という。)に属する財産のみをもって履行する

責任を負う債務（第1号及び第2号において「固有財産等責任負担債務」という。）に係る債権を有する者は、当該債権をもって信託財産に属する債権に係る債務と相殺をすることができない。ただし、次に掲げる場合は、この限りでない。
1　当該固有財産等責任負担債務に係る債権を有する者が、当該債権を取得した時又は当該信託財産に属する債権に係る債務を負担した時のいずれか遅い時において、当該信託財産に属する債権が固有財産等に属するものでないことを知らず、かつ、知らなかったことにつき過失がなかった場合
2　当該固有財産等責任負担債務に係る債権を有する者が、当該債権を取得した時又は当該信託財産に属する債権に係る債務を負担した時のいずれか遅い時において、当該固有財産等責任負担債務が信託財産責任負担債務でないことを知らず、かつ、知らなかったことにつき過失がなかった場合
②前項本文の規定は、第31条第2項各号に掲げる場合において、受託者が前項の相殺を承認したときは、適用しない。
③信託財産責任負担債務（信託財産に属する財産のみをもってその履行の責任を負うものに限る。）に係る債権を有する者は、当該債権をもって固有財産に属する債権に係る債務と相殺をすることができない。ただし、当該信託財産責任負担債務に係る債権を有する者が、当該債権を取得した時又は当該固有財産に属する債権に係る債務を負担した時のいずれか遅い時において、当該固有財産に属する債権が信託財産に属するものでないことを知らず、かつ、知らなかったことにつき過失がなかった場合は、この限りでない。
④前項本文の規定は、受託者が同項の相殺を承認したときは、適用しない。

（信託財産に属する財産に対する強制執行等の制限等）
第23条　①信託財産責任負担債務に係る債権（信託財産に属する財産について生じた権利を含む。次項において同じ。）に基づく場合を除き、信託財産に属する財産に対しては、強制執行、仮差押え、仮処分若しくは担保権の実行若しくは競売（担保権の実行としてのものを除く。以下同じ。）又は国税滞納処分（その例による処分を含む。以下同じ。）をすることができない。
②第3条第3号に掲げる方法によって信託がされた場合において、委託者がその債権者を害することを知って当該信託をしたときは、前項の規定にかかわらず、信託財産責任負担債務に係る債権を有する債権者のほか、当該委託者（受託者であるものに限る。）に対する債権で信託前に生じたものを有する者は、信託財産に属する財産に対し、強制執行、仮差押え、仮処分若しくは担保権の実行若しくは競売又は国税滞納処分をすることができる。
③第11条第1項ただし書、第7項及び第8項の規定は、前項の規定の適用について準用する。
④前2項の規定は、第2項の信託がされた時から2年間を経過したときは、適用しない。
⑤第1項又は第2項の規定に違反してされた強制執行、仮差押え、仮処分又は担保権の実行若しくは競売に対しては、受託者又は受益者は、異議を主張することができる。この場合においては、民事執行法（昭和54年法律第4号）第38条及び民事保全法（平成元年法律第91号）第45条の規定を準用する。
⑥第1項又は第2項の規定に違反してされた国税滞納処分に対しては、受託者又は受益者は、異議を主張することができる。この場合においては、当該異議の主張は、当該国税滞納処分について不服の申立てをする方法による。

（費用又は報酬の支弁等）
第24条　①前条第5項又は第6項の規定による異議に係る訴えを提起した受益者が勝訴（一部勝訴を含む。）した場合において、当該訴えに係る訴訟に関し、必要な費用（訴訟費用を除く。）を支出したとき又は弁護士、弁護士法人、司法書士若しくは司法書士法人に報酬を支払うべきときは、その費用又は報酬は、その額の範囲内で相当と認められる額を限度として、信託財産から支弁する。
②前項の訴えを提起した受益者が敗訴した場合であっても、悪意があったときを除き、当該受益者は、受託者に対し、これによって生じた損害を賠償する義務を負わない。

（信託財産と受託者の破産手続等との関係等）
第25条　①受託者が破産手続開始の決定を受けた場合であっても、信託財産に属する財産は、破産財団に属しない。
②前項の場合には、受益債権は、破産債権とならない。信託債権であって受託者が信託財産に属する財産のみをもってその履行の責任を負うものも、同様とする。
③第1項の場合には、破産法第252条第1項の免責許可の決定による信託債権（前項に規定する信託債権を除く。）に係る債務の免責は、信託財産との関係においては、その効力を主張することができない。
④受託者が再生手続開始の決定を受けた場合であっても、信託財産に属する財産は、再生債

務者財産に属しない。
⑤前項の場合には、受益債権は、再生債権とならない。信託債権であって受託者が信託財産に属する財産のみをもってその履行の責任を負うものも、同様とする。
⑥第4項の場合には、再生計画、再生計画認可の決定又は民事再生法第235条第1項の免責の決定による信託債権（前項に規定する信託債権を除く。）に係る債務の免責又は変更は、信託財産との関係においては、その効力を主張することができない。
⑦前3項の規定は、受託者が更生手続開始の決定を受けた場合について準用する。この場合において、第4項中「再生債務者財産」とあるのは「更生会社財産（会社更生法第2条第14項に規定する更生会社財産又は金融機関等の更生手続の特例等に関する法律第169条第14項に規定する更生会社財産をいう。）又は更生協同組織金融機関財産（同法第四条第14項に規定する更生協同組織金融機関財産をいう。）」と、第5項中「再生債権」とあるのは「更生債権又は更生担保権」と、前項中「再生計画、再生計画認可の決定又は民事再生法第235条第1項の免責の決定」とあるのは「更生計画又は更生計画認可の決定」と読み替えるものとする。

第3章　受託者等
第1節　受託者の権限
（受託者の権限の範囲）
第26条　受託者は、信託財産に属する財産の管理又は処分及びその他の信託の目的の達成のために必要な行為をする権限を有する。ただし、信託行為によりその権限に制限を加えることを妨げない。

（受託者の権限違反行為の取消し）
第27条　①受託者が信託財産のためにした行為がその権限に属しない場合において、次のいずれにも該当するときは、受益者は、当該行為を取り消すことができる。
1　当該行為の相手方が、当該行為の当時、当該行為が信託財産のためにされたものであることを知っていたこと。
2　当該行為の相手方が、当該行為の当時、当該行為が受託者の権限に属しないことを知っていたこと又は知らなかったことにつき重大な過失があったこと。
②前項の規定にかかわらず、受託者が信託財産に属する財産（第14条の信託の登記又は登録をすることができるものに限る。）について権利を設定し又は移転した行為がその権限に属しない場合には、次のいずれにも該当す

るときに限り、受益者は、当該行為を取り消すことができる。
1　当該行為の当時、当該信託財産に属する財産について第14条の信託の登記又は登録がされていたこと。
2　当該行為の相手方が、当該行為の当時、当該行為が受託者の権限に属しないことを知っていたこと又は知らなかったことにつき重大な過失があったこと。
③2人以上の受益者のうちの1人が前2項の規定による取消権を行使したときは、その取消しは、他の受益者のためにも、その効力を生ずる。
④第1項又は第2項の規定による取消権は、受益者（信託管理人が現に存する場合にあっては、信託管理人）が取消しの原因があることを知った時から3箇月間行使しないときは、時効によって消滅する。行為の時から1年を経過したときも、同様とする。

（信託事務の処理の第三者への委託）
第28条　受託者は、次に掲げる場合には、信託事務の処理を第三者に委託することができる。
1　信託行為に信託事務の処理を第三者に委託する旨又は委託することができる旨の定めがあるとき。
2　信託行為に信託事務の処理の第三者への委託に関する定めがない場合において、信託事務の処理を第三者に委託することが信託の目的に照らして相当であると認められるとき。
3　信託行為に信託事務の処理を第三者に委託してはならない旨の定めがある場合において、信託事務の処理を第三者に委託することにつき信託の目的に照らしてやむを得ない事由があると認められるとき。

第2節　受託者の義務等
（受託者の注意義務）
第29条　①受託者は、信託の本旨に従い、信託事務を処理しなければならない。
②受託者は、信託事務を処理するに当たっては、善良な管理者の注意をもって、これをしなければならない。ただし、信託行為に別段の定めがあるときは、その定めるところによる注意をもって、これをするものとする。
（忠実義務）
第30条　受託者は、受益者のため忠実に信託事務の処理その他の行為をしなければならない。
（利益相反行為の制限）
第31条　①受託者は、次に掲げる行為をして

はならない。
1　信託財産に属する財産（当該財産に係る権利を含む。）を固有財産に帰属させ、又は固有財産に属する財産（当該財産に係る権利を含む。）を信託財産に帰属させること。
2　信託財産に属する財産（当該財産に係る権利を含む。）を他の信託の信託財産に帰属させること。
3　第三者との間において信託財産のためにする行為であって、自己が当該第三者の代理人となって行うもの
4　信託財産に属する財産につき固有財産に属する財産のみをもって履行する責任を負う債務に係る債権を被担保債権とする担保権を設定することその他第三者との間において信託財産のためにする行為であって受託者又はその利害関係人と受益者との利益が相反することとなるもの
②前項の規定にかかわらず、次のいずれかに該当するときは、同項各号に掲げる行為をすることができる。ただし、第2号に掲げる事由にあっては、同号に該当する場合でも当該行為をすることができない旨の信託行為の定めがあるときは、この限りでない。
1　信託行為に当該行為をすることを許容する旨の定めがあるとき。
2　受託者が当該行為について重要な事実を開示して受益者の承認を得たとき。
3　相続その他の包括承継により信託財産に属する財産に係る権利が固有財産に帰属したとき。
4　受託者が当該行為をすることが信託の目的の達成のために合理的に必要と認められる場合であって、受益者の利益を害しないことが明らかであるとき、又は当該行為の信託財産に与える影響、当該行為の目的及び態様、受託者の受益者との実質的な利害関係の状況その他の事情に照らして正当な理由があるとき。
③受託者は、第1項各号に掲げる行為をしたときは、受益者に対し、当該行為についての重要な事実を通知しなければならない。ただし、信託行為に別段の定めがあるときは、その定めるところによる。
④第1項及び第2項の規定に違反して第1項第1号又は第2号に掲げる行為がされた場合には、これらの行為は、無効とする。
⑤前項の行為は、受益者の追認により、当該行為の時にさかのぼってその効力を生ずる。
⑥第4項に規定する場合において、受託者が第三者との間において第1項第1号又は第2号の財産について処分その他の行為をしたときは、当該第三者が同項及び第2項の規定に違反して第1項第1号又は第2号に掲げる行為がされたことを知っていたとき又は知らなかったことにつき重大な過失があったときに限り、受益者は、当該処分その他の行為を取り消すことができる。この場合においては、第27条第3項及び第4項の規定を準用する。
⑦第1項及び第2項の規定に違反して第1項第3号又は第4号に掲げる行為がされた場合には、当該第三者がこれを知っていたとき又は知らなかったことにつき重大な過失があったときに限り、受益者は、当該行為を取り消すことができる。この場合においては、第27条第3項及び第4項の規定を準用する。
第32条　①受託者は、受託者として有する権限に基づいて信託事務の処理としてすることができる行為であってこれをしないことが受益者の利益に反するものについては、これを固有財産又は受託者の利害関係人の計算でしてはならない。
②前項の規定にかかわらず、次のいずれかに該当するときは、同項に規定する行為を固有財産又は受託者の利害関係人の計算ですることができる。ただし、第2号に掲げる事由にあっては、同号に該当する場合でも当該行為を固有財産又は受託者の利害関係人の計算ですることができない旨の信託行為の定めがあるときは、この限りでない。
1　信託行為に当該行為を固有財産又は受託者の利害関係人の計算ですることを許容する旨の定めがあるとき。
2　受託者が当該行為を固有財産又は受託者の利害関係人の計算ですることについて重要な事実を開示して受益者の承認を得たとき。
③受託者は、第1項に規定する行為を固有財産又は受託者の利害関係人の計算でした場合には、受益者に対し、当該行為についての重要な事実を通知しなければならない。ただし、信託行為に別段の定めがあるときは、その定めるところによる。
④第1項及び第2項の規定に違反して受託者が第1項に規定する行為をした場合には、受益者は、当該行為は信託財産のためにされたものとみなすことができる。ただし、第三者の権利を害することはできない。
⑤前項の規定による権利は、当該行為の時から1年を経過したときは、消滅する。
（公平義務）
第33条　受益者が2人以上ある信託においては、受託者は、受益者のために公平にその職

務を行わなければならない。
(分別管理義務)
第34条 ①受託者は、信託財産に属する財産と固有財産及び他の信託の信託財産に属する財産とを、次の各号に掲げる財産の区分に応じ、当該各号に定める方法により、分別して管理しなければならない。ただし、分別して管理する方法について、信託行為に別段の定めがあるときは、その定めるところによる。
1 第14条の信託の登記又は登録をすることができる財産(第3号に掲げるものを除く。) 当該信託の登記又は登録
2 第14条の信託の登記又は登録をすることができない財産(次号に掲げるものを除く。) 次のイ又はロに掲げる財産の区分に応じ、当該イ又はロに定める方法
イ 動産(金銭を除く。) 信託財産に属する財産と固有財産及び他の信託の信託財産に属する財産とを外形上区別することができる状態で保管する方法
ロ 金銭その他のイに掲げる財産以外の財産 その計算を明らかにする方法
3 法務省令で定める財産 当該財産を適切に分別して管理する方法として法務省令で定めるもの
②前項ただし書の規定にかかわらず、同項第1号に掲げる財産について第十四条の信託の登記又は登録をする義務は、これを免除することができない。
(信託事務の処理の委託における第三者の選任及び監督に関する義務)
第35条 ①第28条の規定により信託事務の処理を第三者に委託するときは、受託者は、信託の目的に照らして適切な者に委託しなければならない。
②第28条の規定により信託事務の処理を第三者に委託したときは、受託者は、当該第三者に対し、信託の目的の達成のために必要かつ適切な監督を行わなければならない。
③受託者が信託事務の処理を次に掲げる第三者に委託したときは、前2項の規定は、適用しない。ただし、受託者は、当該第三者が不適任若しくは不誠実であること又は当該第三者による事務の処理が不適切であることを知ったときは、その旨の受益者に対する通知、当該第三者への委託の解除その他の必要な措置をとらなければならない。
1 信託行為において指名された第三者
2 信託行為において受託者が委託者又は受益者の指名に従い信託事務の処理を第三者に委託する旨の定めがある場合において、当該定めに従い指名された第三者

④前項ただし書の規定にかかわらず、信託行為に別段の定めがあるときは、その定めるところによる。
(信託事務の処理の状況についての報告義務)
第36条 委託者又は受益者は、受託者に対し、信託事務の処理の状況並びに信託財産に属する財産及び信託財産責任負担債務の状況について報告を求めることができる。
(帳簿等の作成等、報告及び保存の義務)
第37条 ①受託者は、信託事務に関する計算並びに信託財産に属する財産及び信託財産責任負担債務の状況を明らかにするため、法務省令で定めるところにより、信託財産に係る帳簿その他の書類又は電磁的記録を作成しなければならない。
②受託者は、毎年1回、一定の時期に、法務省令で定めるところにより、貸借対照表、損益計算書その他の法務省令で定める書類又は電磁的記録を作成しなければならない。
③受託者は、前項の書類又は電磁的記録を作成したときは、その内容について受益者(信託管理人が現に存する場合にあっては、信託管理人)に報告しなければならない。ただし、信託行為に別段の定めがあるときは、その定めるところによる。
④受託者は、第1項の書類又は電磁的記録を作成した場合には、その作成の日から10年間(当該期間内に信託の清算の結了があったときは、その日までの間。次項において同じ。)、当該書類(当該書類に代えて電磁的記録を法務省令で定める方法により作成した場合にあっては、当該電磁的記録)又は電磁的記録(当該電磁的記録に代えて書面を作成した場合にあっては、当該書面)を保存しなければならない。ただし、受益者(2人以上の受益者が現に存する場合にあってはそのすべての受益者、信託管理人が現に存する場合にあっては信託管理人。第6項ただし書において同じ。)に対し、当該書類若しくはその写しを交付し、又は当該電磁的記録に記録された事項を法務省令で定める方法により提供したときは、この限りでない。
⑤受託者は、信託財産に属する財産の処分に係る契約書その他の信託事務の処理に関する書類又は電磁的記録を作成し、又は取得した場合には、その作成又は取得の日から10年間、当該書類(当該書類に代えて電磁的記録を法務省令で定める方法により作成した場合にあっては、当該電磁的記録)又は電磁的記録(当該電磁的記録に代えて書面を作成した場合にあっては、当該書面)を保存しなければならない。この場合においては、前項ただし

書の規定を準用する。
⑥受託者は、第2項の書類又は電磁的記録を作成した場合には、信託の清算の結了の日までの間、当該書類(当該書類に代えて電磁的記録を法務省令で定める方法により作成した場合にあっては、当該電磁的記録)又は電磁的記録(当該電磁的記録に代えて書面を作成した場合にあっては、当該書面)を保存しなければならない。ただし、その作成の日から10年間を経過した後において、受益者に対し、当該書類若しくはその写しを交付し、又は当該電磁的記録に記録された事項を法務省令で定める方法により提供したときは、この限りでない。

(帳簿等の閲覧等の請求)
第38条 ①受益者は、受託者に対し、次に掲げる請求をすることができる。この場合においては、当該請求の理由を明らかにしてしなければならない。
1 前条第1項又は第5項の書類の閲覧又は謄写の請求
2 前条第1項又は第5項の電磁的記録に記録された事項を法務省令で定める方法により表示したものの閲覧又は謄写の請求
②前項の請求があったときは、受託者は、次のいずれかに該当すると認められる場合を除き、これを拒むことができない。
1 当該請求を行う者(以下この項において「請求者」という。)がその権利の確保又は行使に関する調査以外の目的で請求を行ったとき。
2 請求者が不適当な時に請求を行ったとき。
3 請求者が信託事務の処理を妨げ、又は受益者の共同の利益を害する目的で請求を行ったとき。
4 請求者が当該信託に係る業務と実質的に競争関係にある事業を営み、又はこれに従事するものであるとき。
5 請求者が前項の規定による閲覧又は謄写によって知り得た事実を利益を得て第三者に通報するため請求したとき。
6 請求者が、過去2年以内において、前項の規定による閲覧又は謄写によって知り得た事実を利益を得て第三者に通報したことがあるものであるとき。
③前項(第1号及び第2号を除く。)の規定は、受益者が2人以上ある信託のすべての受益者から第1項の請求があったとき、又は受益者が1人である信託の当該受益者から同項の請求があったときは、適用しない。
④信託行為において、次に掲げる情報以外の情報について、受益者が同意をしたときは第1項の規定による閲覧又は謄写の請求をすることができない旨の定めがある場合には、当該同意をした受益者(その承継人を含む。以下この条において同じ。)は、その同意を撤回することができない。
1 前条第2項の書類又は電磁的記録の作成に欠くことのできない情報その他の信託に関する重要な情報
2 当該受益者以外の者の利益を害するおそれのない情報
⑤受託者は、前項の同意をした受益者から第1項の規定による閲覧又は謄写の請求があったときは、前項各号に掲げる情報に該当する部分を除き、これを拒むことができる。
⑥利害関係人は、受託者に対し、次に掲げる請求をすることができる。
1 前条第2項の書類の閲覧又は謄写の請求
2 前条第2項の電磁的記録に記録された事項を法務省令で定める方法により表示したものの閲覧又は謄写の請求

(他の受益者の氏名等の開示の請求)
第39条 ①受益者が2人以上ある信託においては、受益者は、受託者に対し、次に掲げる事項を相当な方法により開示することを請求することができる。この場合においては、当該請求の理由を明らかにしてしなければならない。
1 他の受益者の氏名又は名称及び住所
2 他の受益者が有する受益権の内容
②前項の請求があったときは、受託者は、次のいずれかに該当すると認められる場合を除き、これを拒むことができない。
1 当該請求を行う者(以下この項において「請求者」という。)がその権利の確保又は行使に関する調査以外の目的で請求を行ったとき。
2 請求者が不適当な時に請求を行ったとき。
3 請求者が信託事務の処理を妨げ、又は受益者の共同の利益を害する目的で請求を行ったとき。
4 請求者が前項の規定による開示によって知り得た事実を利益を得て第三者に通報するため請求を行ったとき。
5 請求者が、過去2年以内において、前項の規定による開示によって知り得た事実を利益を得て第三者に通報したことがあるものであるとき。
③前2項の規定にかかわらず、信託行為に別段の定めがあるときは、その定めるところによる。

第3節 受託者の責任等

(受託者の損失てん補責任等)
第40条 ①受託者がその任務を怠ったことによって次の各号に掲げる場合に該当するに至ったときは、受益者は、当該受託者に対し、当該各号に定める措置を請求することができる。ただし、第2号に定める措置にあっては、原状の回復が著しく困難であるとき、原状の回復をするのに過分の費用を要するとき、その他受託者に原状の回復をさせることを不適当とする特別の事情があるときは、この限りでない。
　1　信託財産に損失が生じた場合　当該損失のてん補
　2　信託財産に変更が生じた場合　原状の回復
②受託者が第28条の規定に違反して信託事務の処理を第三者に委託した場合において、信託財産に損失又は変更を生じたときは、受託者は、第三者に委託をしなかったとしても損失又は変更が生じたことを証明しなければ、前項の責任を免れることができない。
③受託者が第30条、第31条第1項及び第2項又は第32条第1項及び第2項の規定に違反する行為をした場合には、受託者は、当該行為によって受託者又はその利害関係人が得た利益の額と同額の損失を信託財産に生じさせたものと推定する。
④受託者が第34条の規定に違反して信託財産に属する財産を管理した場合において、信託財産に損失又は変更を生じたときは、受託者は、同条の規定に従い分別して管理をしたとしても損失又は変更が生じたことを証明しなければ、第1項の責任を免れることができない。

(法人である受託者の役員の連帯責任)
第41条　法人である受託者の理事、取締役若しくは執行役又はこれらに準ずる者は、当該法人が前条の規定による責任を負う場合において、当該法人が行った法令又は信託行為の定めに違反する行為につき悪意又は重大な過失があるときは、受益者に対し、当該法人と連帯して、損失のてん補又は原状の回復をする責任を負う。

(損失てん補責任等の免除)
第42条　受益者は、次に掲げる責任を免除することができる。
　1　第40条の規定による責任
　2　前条の規定による責任

(損失てん補責任等に係る債権の期間の制限)
第43条　①第40条の規定による責任に係る債権の消滅時効は、債務の不履行によって生じた責任に係る債権の消滅時効の例による。

②第41条の規定による責任に係る債権は、次に掲げる場合には、時効によって消滅する。
　1　受益者が当該債権を行使することができることを知った時から5年間行使しないとき。
　2　当該債権を行使することができる時から10年間行使しないとき。
③第40条又は第41条の規定による責任に係る受益者の債権の消滅時効は、受益者が受益者としての指定を受けたことを知るに至るまでの間(受益者が現に存しない場合にあっては、信託管理人が選任されるまでの間)は、進行しない。
④前項に規定する債権は、受託者がその任務を怠ったことによって信託財産に損失又は変更が生じた時から20年を経過したときは、消滅する。

(受益者による受託者の行為の差止め)
第44条　①受益者が法令若しくは信託行為の定めに違反する行為をし、又はこれらの行為をするおそれがある場合において、当該行為によって信託財産に著しい損害が生ずるおそれがあるときは、受益者は、当該受託者に対し、当該行為をやめることを請求することができる。
②受託者が第33条の規定に違反する行為をし、又はこれをするおそれがある場合において、当該行為によって一部の受益者に著しい損害が生ずるおそれがあるときは、当該受益者は、当該受託者に対し、当該行為をやめることを請求することができる。

(費用又は報酬の支弁等)
第45条　①第40条、第41条又は前条の規定による請求に係る訴えを提起した受益者が勝訴(一部勝訴を含む。)した場合において、当該訴えに係る訴訟に関し、必要な費用(訴訟費用を除く。)を支出したとき又は弁護士、弁護士法人、司法書士若しくは司法書士法人に報酬を支払うべきときは、その費用又は報酬は、その額の範囲内で相当と認められる額を限度として、信託財産から支弁する。
②前項の訴えを提起した受益者が敗訴した場合であっても、悪意があったときを除き、当該受益者は、受託者に対し、これによって生じた損害を賠償する義務を負わない。

(検査役の選任)
第46条　①受託者の信託事務の処理に関し、不正の行為又は法令若しくは信託行為の定めに違反する重大な事実があることを疑うに足りる事由があるときは、受益者は、信託事務の処理の状況並びに信託財産に属する財産及び信託財産責任負担債務の状況を調査させる

ため、裁判所に対し、検査役の選任の申立てをすることができる。
② 前項の申立てがあった場合には、裁判所は、これを不適法として却下する場合を除き、検査役を選任しなければならない。
③ 第1項の申立てを却下する裁判には、理由を付さなければならない。
④ 第1項の規定による検査役の選任の裁判に対しては、不服を申し立てることができない。
⑤ 第2項の検査役は、信託財産から裁判所が定める報酬を受けることができる。
⑥ 前項の規定による検査役の報酬を定める裁判をする場合には、受託者及び第2項の検査役の陳述を聴かなければならない。
⑦ 第5項の規定による検査役の報酬を定める裁判に対しては、受託者及び第2項の検査役に限り、即時抗告をすることができる。

第47条 ① 前条第2項の検査役は、その職務を行うため必要があるときは、受託者に対し、信託事務の処理の状況並びに信託財産に属する財産及び信託財産責任負担債務の状況について報告を求め、又は当該信託に係る帳簿、書類その他の物件を調査することができる。
② 前条第2項の検査役は、必要な調査を行い、当該調査の結果を記載し、又は記録した書面又は電磁的記録（法務省令で定めるものに限る。）を裁判所に提供して報告をしなければならない。
③ 裁判所は、前項の報告について、その内容を明瞭にし、又はその根拠を確認するため必要があると認めるときは、前条第2項の検査役に対し、更に前項の報告を求めることができる。
④ 前条第2項の検査役は、第2項の報告をしたときは、受託者及び同条第1項の申立てをした受益者に対し、第2項の書面の写しを交付し、又は同項の電磁的記録に記録された事項を法務省令で定める方法により提供しなければならない。
⑤ 受託者は、前項の規定による書面の写しの交付又は電磁的記録に記録された事項の法務省令で定める方法による提供があったときは、直ちに、その旨を受益者（前条第1項の申立てをしたものを除く。次項において同じ。）に通知しなければならない。ただし、信託行為に別段の定めがあるときは、その定めるところによる。
⑥ 裁判所は、第2項の報告があった場合において、必要があると認めるときは、受託者に対し、同項の調査の結果を受益者に通知することその他の当該報告の内容を周知するための適切な措置をとるべきことを命じなければならない。

第4節 受託者の費用等及び信託報酬等
（信託財産からの費用等の償還等）
第48条 ① 受託者は、信託事務を処理するのに必要と認められる費用を固有財産から支出した場合には、信託財産から当該費用及び支出の日以後におけるその利息（以下「費用等」という。）の償還を受けることができる。ただし、信託行為に別段の定めがあるときは、その定めるところによる。
② 受託者は、信託事務を処理するについて費用を要するときは、信託財産からその前払を受けることができる。ただし、信託行為に別段の定めがあるときは、その定めるところによる。
③ 受託者は、前項本文の規定により信託財産から費用の前払を受けるには、受益者に対し、前払を受ける額及びその算定根拠を通知しなければならない。ただし、信託行為に別段の定めがあるときは、その定めるところによる。
④ 第1項又は第2項の規定にかかわらず、費用等の償還又は費用の前払は、受託者が第40条の規定による責任を負う場合には、これを履行した後でなければ、受けることができない。ただし、信託行為に別段の定めがあるときは、その定めるところによる。
⑤ 第1項又は第2項の場合には、受託者が受益者との間の合意に基づいて当該受益者から費用等の償還又は費用の前払を受けることを妨げない。

（費用等の償還等の方法）
第49条 ① 受託者は、前条第1項又は第2項の規定により信託財産から費用等の償還又は費用の前払を受けることができる場合には、その額の限度で、信託財産に属する金銭を固有財産に帰属させることができる。
② 前項に規定する場合において、必要があるときは、受託者は、信託財産に属する財産（当該財産を処分することにより信託の目的を達成することができないこととなるものを除く。）を処分することができる。ただし、信託行為に別段の定めがあるときは、その定めるところによる。
③ 第1項に規定する場合において、第31条第2項各号のいずれかに該当するときは、受託者は、第1項の規定により有する権利の行使に代えて、信託財産に属する財産で金銭以外のものを固有財産に帰属させることができる。ただし、信託行為に別段の定めがあるときは、その定めるところによる。
④ 第1項の規定により受託者が有する権利は、

信託財産に属する財産に対し強制執行又は担保権の実行の手続が開始したときは、これらの手続との関係においては、金銭債権とみなす。
⑤前項の場合には、同項に規定する権利の存在を証する文書により当該権利を有することを証明した受託者も、同項の強制執行又は担保権の実行の手続において、配当要求をすることができる。
⑥各債権者（信託財産責任負担債務に係る債権を有する債権者に限る。以下この項及び次項において同じ。）の共同の利益のためにされた信託財産に属する財産の保存、清算又は配当に関する費用等について第1項の規定により受託者が有する権利は、第4項の強制執行又は担保権の実行の手続において、他の債権者（当該費用等がすべての債権者に有益でなかった場合にあっては、当該費用等によって利益を受けていないものを除く。）の権利に優先する。この場合においては、その順位は、民法第307条第1項に規定する先取特権と同順位とする。
⑦次の各号に該当する費用等について第1項の規定により受託者が有する権利は、当該各号に掲げる区分に応じ、当該各号の財産に係る第4項の強制執行又は担保権の実行の手続において、当該各号に定める金額について、他の債権者の権利に優先する。
1 信託財産に属する財産の保存のために支出した金額その他の当該財産の価値の維持のために必要であると認められるもの その金額
2 信託財産に属する財産の改良のために支出した金額その他の当該財産の価値の増加に有益であると認められるもの その金額又は現に存する増価額のいずれか低い金額

（信託財産責任負担債務の弁済による受託者の代位）
第50条 ①受託者は、信託財産責任負担債務を固有財産をもって弁済した場合において、これにより前条第1項の規定による権利を有することとなったときは、当該信託財産責任負担債務に係る債権を有する債権者に代位する。この場合においては、同項の規定により受託者が有する権利は、その代位との関係においては、金銭債権とみなす。
②前項の規定により受託者が同項の債権者に代位するときは、受託者は、遅滞なく、当該債権者の有する債権が信託財産責任負担債務に係る債権である旨及びこれを固有財産をもって弁済した旨を当該債権者に通知しなければならない。

（費用等の償還等と同時履行）
第51条 受託者は、第49条第1項の規定により受託者が有する権利が消滅するまでは、受益者又は第182条第1項第2号に規定する帰属権利者に対する信託財産に係る給付をすべき債務の履行を拒むことができる。ただし、信託行為に別段の定めがあるときは、その定めるところによる。

（信託財産が費用等の償還等に不足している場合の措置）
第52条 ①受託者は、第48条第1項又は第2項の規定により信託財産から費用等の償還又は費用の前払を受けるのに信託財産（第49条第2項の規定により処分することができないものを除く。第1号及び第4項において同じ。）が不足している場合において、委託者及び受益者に対し次に掲げる事項を通知し、第2号の相当の期間を経過しても委託者又は受益者から費用等の償還又は費用の前払を受けなかったときは、信託を終了させることができる。
1 信託財産が不足しているため費用等の償還又は費用の前払を受けることができない旨
2 受託者の定める相当の期間内に委託者又は受益者から費用等の償還又は費用の前払を受けないときは、信託を終了させる旨
②委託者が現に存しない場合における前項の規定の適用については、同項中「委託者及び受益者」とあり、及び「委託者又は受益者」とあるのは、「受益者」とする。
③受益者が現に存しない場合における第1項の規定の適用については、同項中「委託者及び受益者」とあり、及び「委託者又は受益者」とあるのは、「委託者」とする。
④第48条第1項又は第2項の規定により信託財産から費用等の償還又は費用の前払を受けるのに信託財産が不足している場合において、委託者及び受益者が現に存しないときは、受託者は、信託を終了させることができる。

（信託財産からの損害の賠償）
第53条 ①受託者は、次の各号に掲げる場合には、当該各号に定める損害の額について、信託財産からその賠償を受けることができる。ただし、信託行為に別段の定めがあるときは、その定めるところによる。
1 受託者が信託事務を処理するため自己に過失なく損害を受けた場合 当該損害の額
2 受託者が信託事務を処理するため第三者の故意又は過失によって損害を受けた場合（前号に掲げる場合を除く。） 当該第三者に対し賠償を請求することができる額

②第48条第4項及び第5項、第49条（第6項及び第7項を除く。）並びに前2条の規定は、前項の規定による信託財産からの損害の賠償について準用する。

（受託者の信託報酬）
第54条　①受託者は、信託の引受けについて商法（明治32年法律第48号）第512条の規定の適用がある場合のほか、信託行為に受託者が信託財産から信託報酬（信託事務の処理の対価として受託者の受ける財産上の利益をいう。以下同じ。）を受ける旨の定めがある場合に限り、信託財産から信託報酬を受けることができる。
②前項の場合には、信託報酬の額は、信託行為に信託報酬の額又は算定方法に関する定めがあるときはその定めるところにより、その定めがないときは相当の額とする。
③前項の定めがないときは、受託者は、信託財産から信託報酬を受けるには、受益者に対し、信託報酬の額及びその算定の根拠を通知しなければならない。
④第48条第4項及び第5項、第49条（第6項及び第7項を除く。）、第51条並びに第52条並びに民法第648条第2項及び第3項並びに第648条の2の規定は、受託者の信託報酬について準用する。

（受託者による担保権の実行）
第55条　担保権が信託財産である信託において、信託行為において受益者が当該担保権によって担保される債権に係る債権者とされている場合には、担保権者である受託者は、信託事務として、当該担保権の実行の申立てをし、売却代金の配当又は弁済金の交付を受けることができる。

第5節　受託者の変更等
　第1款　受託者の任務の終了

（受託者の任務の終了事由）
第56条　①受託者の任務は、信託の清算が結了した場合のほか、次に掲げる事由によって終了する。ただし、第3号に掲げる事由による場合にあっては、信託行為に別段の定めがあるときは、その定めるところによる。
　1　受託者である個人の死亡
　2　受託者である個人が後見開始又は保佐開始の審判を受けたこと。
　3　受託者（破産手続開始の決定により解散するものを除く。）が破産手続開始の決定を受けたこと。
　4　受託者である法人が合併以外の理由により解散したこと。
　5　次条の規定による受託者の辞任
　6　第58条の規定による受託者の解任
　7　信託行為において定めた事由
②受託者である法人が合併をした場合における合併後存続する法人又は合併により設立する法人は、受託者の任務を引き継ぐものとする。受託者である法人が分割をした場合における分割により受託者としての権利義務を承継する法人も、同様とする。
③前項の規定にかかわらず、信託行為に別段の定めがあるときは、その定めるところによる。
④第1項第3号に掲げる事由が生じた場合において、同項ただし書の定めにより受託者の任務が終了しないときは、受託者の職務は、破産者が行う。
⑤受託者の任務は、受託者が再生手続開始の決定を受けたことによっては、終了しない。ただし、信託行為に別段の定めがあるときは、その定めるところによる。
⑥前項本文に規定する場合において、管財人があるときは、受託者の職務の遂行並びに信託財産に属する財産の管理及び処分をする権利は、管財人に専属する。保全管理人があるときも、同様とする。
⑦前2項の規定は、受託者が更生手続開始の決定を受けた場合について準用する。この場合において、前項中「管財人があるとき」とあるのは、「管財人があるとき（会社更生法第74条第2項（金融機関等の更生手続の特例等に関する法律第47条及び第213条において準用する場合を含む。）の期間を除く。）」と読み替えるものとする。

（受託者の辞任）
第57条　①受託者は、委託者及び受益者の同意を得て、辞任することができる。ただし、信託行為に別段の定めがあるときは、その定めるところによる。
②受託者は、やむを得ない事由があるときは、裁判所の許可を得て、辞任することができる。
③受託者は、前項の許可の申立てをする場合には、その原因となる事実を疎明しなければならない。
④第2項の許可の申立てを却下する裁判には、理由を付さなければならない。
⑤第2項の規定による辞任の許可の裁判に対しては、不服を申し立てることができない。
⑥委託者が現に存しない場合には、第1項本文の規定は、適用しない。

（受託者の解任）
第58条　①委託者及び受益者は、いつでも、その合意により、受託者を解任することができる。
②委託者及び受益者が受託者に不利な時期に受

託者を解任したときは、委託者及び受益者は、受託者の損害を賠償しなければならない。ただし、やむを得ない事由があったときは、この限りでない。
③前２項の規定にかかわらず、信託行為に別段の定めがあるときは、その定めるところによる。
④受託者がその任務に違反して信託財産に著しい損害を与えたことその他重要な事由があるときは、裁判所は、委託者又は受益者の申立てにより、受託者を解任することができる。
⑤裁判所は、前項の規定により受託者を解任する場合には、受託者の陳述を聴かなければならない。
⑥第４項の申立てについての裁判には、理由を付さなければならない。
⑦第４項の規定による解任の裁判に対しては、委託者、受託者又は受益者に限り、即時抗告をすることができる。
⑧委託者が現に存しない場合には、第１項及び第２項の規定は、適用しない。

　　　第２款　前受託者の義務等
（前受託者の通知及び保管の義務等）
第59条　①第56条第１項第３号から第７号までに掲げる事由により受託者の任務が終了した場合には、受託者であった者（以下「前受託者」という。）は、受益者に対し、その旨を通知しなければならない。ただし、信託行為に別段の定めがあるときは、その定めるところによる。
②第56条第１項第３号に掲げる事由により受託者の任務が終了した場合には、前受託者は、破産管財人に対し、信託財産に属する財産の内容及び所在、信託財産責任負担債務の内容その他の法務省令で定める事項を通知しなければならない。
③第56条第１項第４号から第７号までに掲げる事由により受託者の任務が終了した場合には、前受託者は、新たな受託者等（第64条第１項の規定により信託財産管理者が選任された場合にあっては、信託財産管理者。以下この節において「新受託者等」という。）が信託事務の処理をすることができるに至るまで、引き続き信託財産に属する財産の保管をし、かつ、信託事務の引継ぎに必要な行為をしなければならない。ただし、信託行為に別段の定めがあるときは、その義務を加重することができる。
④前項の規定にかかわらず、第56条第１項第５号に掲げる事由（第57条第１項の規定によるものに限る。）により受託者の任務が終了した場合には、前受託者は、新受託者等が信託事務の処理をすることができるに至るまで、引き続き受託者としての権利義務を有する。ただし、信託行為に別段の定めがあるときは、この限りでない。
⑤第３項の場合（前項本文に規定する場合を除く。）において、前受託者が信託財産に属する財産の処分をしようとするときは、受益者は、前受託者に対し、当該財産の処分をやめることを請求することができる。ただし、新受託者等が信託事務の処理をすることができるに至った後は、この限りでない。

（前受託者の相続人等の通知及び保管の義務等）
第60条　①第56条第１項第１号又は第２号に掲げる事由により受託者の任務が終了した場合において、前受託者の相続人（法定代理人が現に存する場合にあっては、その法定代理人）又は成年後見人若しくは保佐人（以下この節において「前受託者の相続人等」と総称する。）がその事実を知っているときは、前受託者の相続人等は、知れている受益者に対し、これを通知しなければならない。ただし、信託行為に別段の定めがあるときは、その定めるところによる。
②第56条第１項第１号又は第２号に掲げる事由により受託者の任務が終了した場合には、前受託者の相続人等は、新受託者等又は信託財産法人管理人が信託事務の処理をすることができるに至るまで、信託財産に属する財産の保管をし、かつ、信託事務の引継ぎに必要な行為をしなければならない。
③前項の場合において、前受託者の相続人等が信託財産に属する財産の処分をしようとするときは、受益者は、これらの者に対し、当該財産の処分をやめることを請求することができる。ただし、新受託者等又は信託財産法人管理人が信託事務の処理をすることができるに至った後は、この限りでない。
④第56条第１項第３号に掲げる事由により受託者の任務が終了した場合には、破産管財人は、新受託者等が信託事務を処理することができるに至るまで、信託財産に属する財産の保管をし、かつ、信託事務の引継ぎに必要な行為をしなければならない。
⑤前項の場合において、破産管財人が信託財産に属する財産の処分をしようとするときは、受益者は、破産管財人に対し、当該財産の処分をやめることを請求することができる。ただし、新受託者等が信託事務の処理をすることができるに至った後は、この限りでない。
⑥前受託者の相続人等又は破産管財人は、新受託者等又は信託財産法人管理人に対し、第１項、第２項又は第４項の規定による行為をす

るために支出した費用及び支出の日以後におけるその利息の償還を請求することができる。
⑦第49条第6項及び第7項の規定は、前項の規定により前受託者の相続人等又は破産管財人が有する権利について準用する。
　(費用又は報酬の支弁等)
第61条　①第59条第5項又は前条第3項若しくは第5項の規定による請求に係る訴えを提起した受益者が勝訴（一部勝訴を含む。）した場合において、当該訴えに係る訴訟に関し、必要な費用（訴訟費用を除く。）を支出したとき又は弁護士、弁護士法人、司法書士若しくは司法書士法人に報酬を支払うべきときは、その費用又は報酬は、その額の範囲内で相当と認められる額を限度として、信託財産から支弁する。
②前項の訴えを提起した受益者が敗訴した場合であっても、悪意があったときを除き、当該受益者は、受託者に対し、これによって生じた損害を賠償する義務を負わない。
　第3款　新受託者の選任
第62条　①第56条第1項各号に掲げる事由により受託者の任務が終了した場合において、信託行為に新たな受託者（以下「新受託者」という。）に関する定めがないとき、又は信託行為の定めにより新受託者となるべき者として指定された者が信託の引受けをせず、若しくはこれをすることができないときは、委託者及び受益者は、その合意により、新受託者を選任することができる。
②第56条第1項各号に掲げる事由により受託者の任務が終了した場合において、信託行為に新受託者となるべき者を指定する定めがあるときは、利害関係人は、新受託者となるべき者として指定された者に対し、相当の期間を定めて、その期間内に就任の承諾をするかどうかを確答すべき旨を催告することができる。ただし、当該定めに停止条件又は始期が付されているときは、当該停止条件が成就し、又は当該始期が到来した後に限る。
③前項の規定による催告があった場合において、新受託者となるべき者として指定された者が、同項の期間内に委託者及び受益者（2人以上の受益者が現に存する場合にあってはその1人、信託管理人が現に存する場合にあっては信託管理人）に対し確答をしないときは、就任の承諾をしなかったものとみなす。
④第1項の場合において、同項の合意に係る協議の状況その他の事情に照らして必要があると認めるときは、裁判所は、利害関係人の申立てにより、新受託者を選任することができる。

⑤前項の申立てについての裁判には、理由を付さなければならない。
⑥第4項の規定による新受託者の選任の裁判に対しては、委託者若しくは受益者又は現に存する受託者に限り、即時抗告をすることができる。
⑦前項の即時抗告は、執行停止の効力を有する。
⑧委託者が現に存しない場合における前各項の規定の適用については、第1項中「委託者及び受益者は、その合意により」とあるのは「受益者は」と、第3項中「委託者及び受益者」とあるのは「受益者」と、第4項中「同項の合意に係る協議の状況」とあるのは「受益者の状況」とする。
　第4款　信託財産管理者等
　(信託財産管理命令)
第63条　①第56条第1項各号に掲げる事由により受託者の任務が終了した場合において、新受託者が選任されておらず、かつ、必要があると認めるときは、新受託者が選任されるまでの間、裁判所は、利害関係人の申立てにより、信託財産管理者による管理を命ずる処分（以下この款において「信託財産管理命令」という。）をすることができる。
②前項の申立てを却下する裁判には、理由を付さなければならない。
③裁判所は、信託財産管理命令を変更し、又は取り消すことができる。
④信託財産管理命令及び前項の規定による決定に対しては、利害関係人に限り、即時抗告をすることができる。
　(信託財産管理者の選任等)
第64条　①裁判所は、信託財産管理命令をする場合には、当該信託財産管理命令において、信託財産管理者を選任しなければならない。
②前項の規定による信託財産管理者の選任の裁判に対しては、不服を申し立てることができない。
③裁判所は、第1項の規定による信託財産管理者の選任の裁判をしたときは、直ちに、次に掲げる事項を公告しなければならない。
　1　信託財産管理者を選任した旨
　2　信託財産管理者の氏名又は名称
④前項第2号の規定は、同号に掲げる事項に変更を生じた場合について準用する。
⑤信託財産管理命令があった場合において、信託財産に属する権利で登記又は登録がされたものがあることを知ったときは、裁判所書記官は、職権で、遅滞なく、信託財産管理命令の登記又は登録を嘱託しなければならない。
⑥信託財産管理命令を取り消す裁判があったとき、又は信託財産管理命令があった後に新受

託者が選任された場合において当該新受託者が信託財産管理命令の登記若しくは登録の抹消の嘱託の申立てをしたときは、裁判所書記官は、職権で、遅滞なく、信託財産管理命令の登記又は登録の抹消を嘱託しなければならない。
（前受託者がした法律行為の効力）
第65条 ①前受託者が前条第1項の規定による信託財産管理者の選任の裁判があった後に信託財産に属する財産に関してした法律行為は、信託財産との関係においては、その効力を主張することができない。
②前受託者が前条第1項の規定による信託財産管理者の選任の裁判があった日にした法律行為は、当該裁判があった後にしたものと推定する。
（信託財産管理者の権限）
第66条 ①第64条第1項の規定により信託財産管理者が選任された場合には、受託者の職務の遂行並びに信託財産に属する財産の管理及び処分をする権利は、信託財産管理者に専属する。
②2人以上の信託財産管理者があるときは、これらの者が共同してその権限に属する行為をしなければならない。ただし、裁判所の許可を得て、それぞれ単独にその職務を行い、又は職務を分掌することができる。
③2人以上の信託財産管理者があるときは、第三者の意思表示は、その1人に対してすれば足りる。
④信託財産管理者が次に掲げる行為の範囲を超える行為をするには、裁判所の許可を得なければならない。
1　保存行為
2　信託財産に属する財産の性質を変えない範囲内において、その利用又は改良を目的とする行為
⑤前項の規定に違反して行った信託財産管理者の行為は、無効とする。ただし、信託財産管理者は、これをもって善意の第三者に対抗することができない。
⑥信託財産管理者は、第2項ただし書又は第4項の許可の申立てをする場合には、その原因となる事実を疎明しなければならない。
⑦第2項ただし書又は第4項の許可の申立てを却下する裁判には、理由を付さなければならない。
⑧第2項ただし書又は第4項の規定による許可の裁判に対しては、不服を申し立てることができない。
（信託財産に属する財産の管理）
第67条　信託財産管理者は、就職の後直ちに信託財産に属する財産の管理に着手しなければならない。
（当事者適格）
第68条　信託財産に関する訴えについては、信託財産管理者を原告又は被告とする。
（信託財産管理者の義務等）
第69条　信託財産管理者は、その職務を行うに当たっては、受託者と同一の義務及び責任を負う。
（信託財産管理者の辞任及び解任）
第70条　第57条第2項から第5項までの規定は信託財産管理者の辞任について、第58条第4項から第7項までの規定は信託財産管理者の解任について、それぞれ準用する。この場合において、第57条第2項中「やむを得ない事由」とあるのは、「正当な事由」と読み替えるものとする。
（信託財産管理者の報酬等）
第71条　①信託財産管理者は、信託財産から裁判所が定める額の費用の前払及び報酬を受けることができる。
②前項の規定による費用又は報酬の額を定める裁判をする場合には、信託財産管理者の陳述を聴かなければならない。
③第1項の規定による費用又は報酬の額を定める裁判に対しては、信託財産管理者に限り、即時抗告をすることができる。
（信託財産管理者による新受託者への信託事務の引継ぎ等）
第72条　第77条の規定は、信託財産管理者の選任後に新受託者が就任した場合について準用する。この場合において、同条第1項中「受益者（2人以上の受益者が現に存する場合にあってはそのすべての受益者、信託管理人が現に存する場合にあっては信託管理人）」とあり、同条第2項中「受益者（信託管理人が現に存する場合にあっては、信託管理人。次項において同じ。）」とあり、及び同条第3項中「受益者」とあるのは「新受託者」と、同条第2項中「当該受益者」とあるのは「当該新受託者」と読み替えるものとする。
（受託者の職務を代行する者の権限）
第73条　第66条の規定は、受託者の職務を代行する者を選任する仮処分命令により選任された受託者の職務を代行する者について準用する。
（受託者の死亡により任務が終了した場合の信託財産の帰属等）
第74条　①第56条第1項第1号に掲げる事由により受託者の任務が終了した場合には、信託財産は、法人とする。
②前項に規定する場合において、必要があると

認めるときは、裁判所は、利害関係人の申立てにより、信託財産法人管理人による管理を命ずる処分（第6項において「信託財産法人管理命令」という。）をすることができる。
③第63条第2項から第4項までの規定は、前項の申立てに係る事件について準用する。
④新受託者が就任したときは、第1項の法人は、成立しなかったものとみなす。ただし、信託財産法人管理人がその権限内でした行為の効力を妨げない。
⑤信託財産法人管理人の代理権は、新受託者が信託事務の処理をすることができるに至った時に消滅する。
⑥第64条の規定は信託財産法人管理命令をする場合について、第66条から第72条までの規定は信託財産法人管理人について、それぞれ準用する。

第5款　受託者の変更に伴う権利義務の承継等

(信託に関する権利義務の承継等)
第75条　①第56条第1項各号に掲げる事由により受託者の任務が終了した場合において、新受託者が就任したときは、新受託者は、前受託者の任務が終了した時に、その時に存する信託に関する権利義務を前受託者から承継したものとみなす。
②前項の規定にかかわらず、第56条第1項第5号に掲げる事由（第57条第1項の規定によるものに限る。）により受託者の任務が終了した場合（第59条第4項ただし書の場合を除く。）には、新受託者は、新受託者等が就任した時に、その時に存する信託に関する権利義務を前受託者から承継したものとみなす。
③前2項の規定は、新受託者が就任するに至るまでの間に前受託者、信託財産管理者又は信託財産法人管理人がその権限内でした行為の効力を妨げない。
④第27条の規定は、新受託者等が就任するに至るまでの間に前受託者がその権限に属しない行為をした場合について準用する。
⑤前受託者（その相続人を含む。以下この条において同じ。）が第40条の規定による責任を負う場合又は法人である前受託者の理事、取締役若しくは執行役若しくはこれらに準ずる者（以下この項において「理事等」と総称する。）が第41条の規定による責任を負う場合には、新受託者等又は信託財産法人管理人、前受託者又は理事等に対し、第40条又は第41条の規定による請求をすることができる。
⑥前受託者が信託財産から費用等の償還若しくは損害の賠償を受けることができ、又は信託報酬を受けることができる場合には、前受託者は、新受託者等又は信託財産法人管理人に対し、費用等の償還若しくは損害の賠償又は信託報酬の支払を請求することができる。ただし、新受託者等又は信託財産法人管理人は、信託財産に属する財産のみをもってこれを履行する責任を負う。
⑦第48条第4項並びに第49条第6項及び第7項の規定は、前項の規定により前受託者が有する権利について準用する。
⑧新受託者が就任するに至るまでの間に信託財産に属する財産に対し既にされている強制執行、仮差押え若しくは仮処分の執行又は担保権の実行若しくは競売の手続は、新受託者に対し続行することができる。
⑨前受託者は、第6項の規定による請求に係る債権の弁済を受けるまで、信託財産に属する財産を留置することができる。

(承継された債務に関する前受託者及び新受託者の責任)
第76条　①前条第1項又は第2項の規定により信託債権に係る債務が新受託者に承継された場合にも、前受託者は、自己の固有財産をもって、その承継された債務を履行する責任を負う。ただし、信託財産に属する財産のみをもって当該債務を履行する責任を負うときは、この限りでない。
②新受託者は、前項本文に規定する債務を承継した場合には、信託財産に属する財産のみをもってこれを履行する責任を負う。

(前受託者による新受託者等への信託事務の引継ぎ等)
第77条　①新受託者等が就任した場合には、前受託者は、遅滞なく、信託事務に関する計算を行い、受益者（2人以上の受益者が現に存する場合にあってはそのすべての受益者、信託管理人が現に存する場合にあっては信託管理人）に対しその承認を求めるとともに、新受託者等が信託事務の処理を行うのに必要な信託事務の引継ぎをしなければならない。
②受益者（信託管理人が現に存する場合にあっては、信託管理人。次項において同じ。）が前項の計算を承認した場合には、同項の規定による当該受益者に対する信託事務の引継ぎに関する責任は、免除されたものとみなす。ただし、前受託者の職務の執行に不正の行為があったときは、この限りでない。
③受益者が前受託者から第1項の計算の承認を求められた時から1箇月以内に異議を述べなかった場合には、当該受益者は、同項の計算を承認したものとみなす。

(前受託者の相続人等又は破産管財人による新

受託者等への信託事務の引継ぎ等）
第78条　前条の規定は、第56条第1項第1号又は第2号に掲げる事由により受託者の任務が終了した場合における前受託者の相続人等及び同項第3号に掲げる事由により受託者の任務が終了した場合における破産管財人について準用する。

第6節　受託者が2人以上ある信託の特例
（信託財産の合有）
第79条　受託者が2人以上ある信託においては、信託財産は、その合有とする。
（信託事務の処理の方法）
第80条　①受託者が2人以上ある信託においては、信託事務の処理については、受託者の過半数をもって決する。
②前項の規定にかかわらず、保存行為については、各受託者が単独で決することができる。
③前2項の規定により信託事務の処理について決定がされた場合には、各受託者は、当該決定に基づいて信託事務を執行することができる。
④前3項の規定にかかわらず、信託行為に受託者の職務の分掌に関する定めがある場合には、各受託者は、その定めに従い、信託事務の処理について決し、これを執行する。
⑤前2項の規定による信託事務の処理についての決定に基づく信託財産のためにする行為については、各受託者は、他の受託者を代理する権限を有する。
⑥前各項の規定にかかわらず、信託行為に別段の定めがあるときは、その定めるところによる。
⑦受託者が2人以上ある信託においては、第三者の意思表示は、その1人に対してすれば足りる。ただし、受益者の意思表示については、信託行為に別段の定めがあるときは、その定めるところによる。
（職務分掌者の当事者適格）
第81条　前条第4項に規定する場合には、信託財産に関する訴えについて、各受託者は、自己の分掌する職務に関し、他の受託者のために原告又は被告となる。
（信託事務の処理についての決定の他の受託者への委託）
第82条　受託者が2人以上ある信託においては、各受託者は、信託行為に別段の定めがある場合又はやむを得ない事由がある場合を除き、他の受託者に対し、信託事務（常務に属するものを除く。）の処理についての決定を委託することができない。
（信託事務の処理に係る債務の負担関係）

第83条　①受託者が2人以上ある信託において、信託事務を処理するに当たって各受託者が第三者に対し債務を負担した場合には、各受託者は、連帯債務者とする。
②前項の規定にかかわらず、信託行為に受託者の職務の分掌に関する定めがある場合において、ある受託者がその定めに従い信託事務を処理するに当たって第三者に対し債務を負担したときは、他の受託者は、信託財産に属する財産のみをもってこれを履行する責任を負う。ただし、当該第三者が、その債務の負担の原因である行為の当時、当該行為が信託事務の処理としてされたこと及び受託者が2人以上ある信託であることを知っていた場合であって、信託行為に受託者の職務の分掌に関する定めがあることを知らず、かつ、知らなかったことにつき過失がなかったときは、当該他の受託者は、これをもって当該第三者に対抗することができない。
（信託財産と固有財産等とに属する共有物の分割の特例）
第84条　受託者が2人以上ある信託における第19条の規定の適用については、同条第1項中「場合には」とあるのは「場合において、当該信託財産に係る信託に受託者が2人以上あるときは」と、同項第2号中「受託者」とあるのは「固有財産に共有持分が属する受託者」と、同項第3号中「受託者の」とあるのは「固有財産に共有持分が属する受託者の」と、同条第2項中「受託者」とあるのは「固有財産に共有持分が属する受託者」と、同条第3項中「場合には」とあるのは「場合において、当該信託財産に係る信託又は他の信託財産に係る信託に受託者が2人以上あるときは」と、同項第3号中「受託者の」とあるのは「各信託財産の共有持分が属する受託者の」と、「受託者が決する」とあるのは「受託者の協議による」と、同条第4項中「第2号」とあるのは「第2号又は第3号」とする。
（受託者の責任等の特例）
第85条　①受託者が2人以上ある信託において、2人以上の受託者がその任務に違反する行為をしたことにより第40条の規定による責任を負う場合には、当該行為をした各受託者は、連帯債務者とする。
②受託者が2人以上ある信託における第40条第1項及び第41条の規定の適用については、これらの規定中「受益者」とあるのは、「受益者又は他の受託者」とする。
③受託者が2人以上ある信託において第42条の規定により第40条又は第41条の規定による責任が免除されたときは、他の受託者は、

これらの規定によれば当該責任を負うべき者に対し、当該責任の追及に係る請求をすることができない。ただし、信託行為に別段の定めがあるときは、その定めるところによる。
④受託者が2人以上ある信託における第44条の規定の適用については、同条第1項中「受益者」とあるのは「受益者又は他の受託者」と、同条第2項中「当該受益者」とあるのは「当該受益者又は他の受託者」とする。

(受託者の変更等の特例)
第86条 ①受託者が2人以上ある信託における第59条の規定の適用については、同条第1項中「受益者」とあるのは「受益者及び他の受託者」と、同条第3項及び第4項中「受託者の任務」とあるのは「すべての受託者の任務」とする。
②受託者が2人以上ある信託における第60条の規定の適用については、同条第1項中「受益者」とあるのは「受益者及び他の受託者」と、同条第2項及び第4項中「受託者の任務」とあるのは「すべての受託者の任務」とする。
③受託者が2人以上ある信託における第74条第1項の規定の適用については、同項中「受託者の任務」とあるのは、「すべての受託者の任務」とする。
④受託者が2人以上ある信託においては、第75条第1項及び第2項の規定にかかわらず、その1人の任務が第56条第1項各号に掲げる事由により終了した場合には、その任務が終了した時に存する信託に関する権利義務は他の受託者が当然に承継し、その任務は他の受託者が行う。ただし、信託行為に別段の定めがあるときは、その定めるところによる。

(信託の終了の特例)
第87条 ①受託者が2人以上ある信託における第163条第3号の規定の適用については、同号中「受託者が欠けた場合」とあるのは、「すべての受託者が欠けた場合」とする。
②受託者が2人以上ある信託においては、受託者の一部が欠けた場合であって、前条第4項ただし書の規定によりその任務が他の受託者によって行われず、かつ、新受託者が就任しない状態が1年間継続したときも、信託は、終了する。

第4章 受益者等
第1節 受益者の権利の取得及び行使
(受益権の取得)
第88条 ①信託行為の定めにより受益者となるべき者として指定された者(次条第1項に規定する受益者指定権等の行使により受益者又は変更後の受益者として指定された者を含む。)は、当然に受益権を取得する。ただし、信託行為に別段の定めがあるときは、その定めるところによる。
②受託者は、前項に規定する者が同項の規定により受益権を取得したことを知らないときは、その者に対し、遅滞なく、その旨を通知しなければならない。ただし、信託行為に別段の定めがあるときは、その定めるところによる。

(受益者指定権等)
第89条 ①受益者を指定し、又はこれを変更する権利(以下この条において「受益者指定権等」という。)を有する者の定めのある信託においては、受益者指定権等は、受託者に対する意思表示によって行使する。
②前項の規定にかかわらず、受益者指定権等は、遺言によって行使することができる。
③前項の規定により遺言によって受益者指定権等が行使された場合において、受託者がこれを知らないときは、これにより受益者となったことをもって当該受託者に対抗することができない。
④受託者は、受益者を変更する権利が行使されたことにより受益者であった者がその受益権を失ったときは、その者に対し、遅滞なく、その旨を通知しなければならない。ただし、信託行為に別段の定めがあるときは、その定めるところによる。
⑤受益者指定権等は、相続によって承継されない。ただし、信託行為に別段の定めがあるときは、その定めるところによる。
⑥受益者指定権等を有する者が受託者である場合における第1項の規定の適用については、同項中「受託者」とあるのは、「受益者となるべき者」とする。

(委託者の死亡の時に受益権を取得する旨の定めのある信託等の特例)
第90条 ①次の各号に掲げる信託においては、当該各号の委託者は、受益者を変更する権利を有する。ただし、信託行為に別段の定めがあるときは、その定めるところによる。
 1 委託者の死亡の時に受益者となるべき者として指定された者が受益権を取得する旨の定めのある信託
 2 委託者の死亡の時以後に受益者が信託財産に係る給付を受ける旨の定めのある信託
②前項第2号の受益者は、同号の委託者が死亡するまでは、受益者としての権利を有しない。ただし、信託行為に別段の定めがあるときは、その定めるところによる。

(受益者の死亡により他の者が新たに受益権を

取得する旨の定めのある信託の特例)
第91条　受益者の死亡により、当該受益者の有する受益権が消滅し、他の者が新たな受益権を取得する旨の定め（受益者の死亡により順次他の者が受益権を取得する旨の定めを含む。）のある信託は、当該信託がされた時から30年を経過した時以後に現に存する受益者が当該定めにより受益権を取得した場合であって当該受益者が死亡するまで又は当該受益権が消滅するまでの間、その効力を有する。

(信託行為の定めによる受益者の権利行使の制限の禁止)
第92条　受益者による次に掲げる権利の行使は、信託行為の定めにより制限することができない。
1　この法律の規定による裁判所に対する申立権
2　第5条第1項の規定による催告権
3　第23条第5項又は第6項の規定による異議を主張する権利
4　第24条第1項の規定による支払の請求権
5　第27条第1項又は第2項（これらの規定を第75条第4項において準用する場合を含む。）の規定による取消権
6　第31条第6項又は第7項の規定による取消権
7　第36条の規定による報告を求める権利
8　第38条第1項又は第6項の規定による閲覧又は謄写の請求権
9　第40条の規定による損失のてん補又は原状の回復の請求権
10　第41条の規定による損失のてん補又は原状の回復の請求権
11　第44条の規定による差止めの請求権
12　第45条第1項の規定による支払の請求権
13　第59条第5項の規定による差止めの請求権
14　第60条第3項又は第5項の規定による差止めの請求権
15　第61条第1項の規定による支払の請求権
16　第62条第2項の規定による催告権
17　第99条第1項の規定による受益権を放棄する権利
18　第103条第1項又は第2項の規定による受益権取得請求権
19　第131条第2項の規定による催告権
20　第138条第2項の規定による催告権
21　第187条第1項の規定による交付又は提供の請求権
22　第190条第2項の規定による閲覧又は謄写の請求権
23　第198条第1項の規定による記載又は記録の請求権
24　第226条第1項の規定による金銭のてん補又は支払の請求権
25　第228条第1項の規定による金銭のてん補又は支払の請求権
26　第254条第1項の規定による損失のてん補の請求権

第2節　受益権等
第1款　受益権の譲渡等
(受益権の譲渡性)
第93条　①受益者は、その有する受益権を譲り渡すことができる。ただし、その性質がこれを許さないときは、この限りでない。
②前項の規定にかかわらず、受益権の譲渡を禁止し、又は制限する旨の信託行為の定め（以下この項において「譲渡制限の定め」という。）は、その譲渡制限の定めがされたことを知り、又は重大な過失によって知らなかった譲受人その他の第三者に対抗することができる。

(受益権の譲渡の対抗要件)
第94条　①受益権の譲渡は、譲渡人が受託者に通知をし、又は受託者が承諾をしなければ、受託者その他の第三者に対抗することができない。
②前項の通知及び承諾は、確定日付のある証書によってしなければ、受託者以外の第三者に対抗することができない。

(受益権の譲渡における受託者の抗弁)
第95条　受託者は、前条第1項の通知又は承諾がされるまでに譲渡人に対し生じた事由をもって譲受人に対抗することができる。

(共同相続における受益権の承継の対抗要件)
第95条の2　相続により受益権が承継された場合において、民法第九百条及び第901条の規定により算定した相続分を超えて当該受益権を承継した共同相続人が当該受益権に係る遺言の内容（遺産の分割により当該受益権を承継した場合にあっては、当該受益権に係る遺産の分割の内容）を明らかにして受託者にその承継の通知をしたときは、共同相続人の全員が受託者に通知をしたものとみなして、同法第899条の2第1項の規定を適用する。

(受益権の質入れ)
第96条　①受益者は、その有する受益権に質権を設定することができる。ただし、その性質がこれを許さないときは、この限りでない。
②前項の規定にかかわらず、受益権の質入れを

禁止し、又は制限する旨の信託行為の定め（以下この項において「質入制限の定め」という。）は、その質入制限の定めがされたことを知り、又は重大な過失によって知らなかった質権者その他の第三者に対抗することができる。

（受益権の質入れの効果）
第97条 受益権を目的とする質権は、次に掲げる金銭等（金銭その他の財産をいう。以下この条及び次条において同じ。）について存在する。
1 当該受益権を有する受益者が受託者から信託財産に係る給付として受けた金銭等
2 第103条第6項に規定する受益権取得請求によって当該受益権を有する受益者が受ける金銭等
3 信託の変更による受益権の併合又は分割によって当該受益権を有する受益者が受ける金銭等
4 信託の併合又は分割（信託の併合又は信託の分割をいう。以下同じ。）によって当該受益権を有する受益者が受ける金銭等
5 前各号に掲げるもののほか、当該受益権を有する受益者が当該受益権に代わるものとして受ける金銭等

第98条 ①受益権の質権者は、前条の金銭等（金銭に限る。）を受領し、他の債権者に先立って自己の債権の弁済に充てることができる。
②前項の債権の弁済期が到来していないときは、受益権の質権者は、受託者に同項に規定する金銭等に相当する金額を供託させることができる。この場合において、質権は、その供託金について存在する。

第2款 受益権の放棄

第99条 ①受益者は、受託者に対し、受益権を放棄する旨の意思表示をすることができる。ただし、受益者が信託行為の当事者である場合は、この限りでない。
②受益者は、前項の規定による意思表示をしたときは、当初から受益権を有していなかったものとみなす。ただし、第三者の権利を害することはできない。

第3款 受益債権

（受益債権に係る受託者の責任）
第100条 受益債権に係る債務については、受託者は、信託財産に属する財産のみをもってこれを履行する責任を負う。

（受益債権と信託債権との関係）
第101条 受益債権は、信託債権に後れる。

（受益債権の期間の制限）
第102条 ①受益債権の消滅時効は、次項及び第3項に定める事項を除き、債権の消滅時効の例による。
②受益債権の消滅時効は、受益者が受益者としての指定を受けたことを知るに至るまでの間（受益者が現に存しない場合にあっては、信託管理人が選任されるまでの間）は、進行しない。
③受益債権の消滅時効は、次に掲げる場合に限り、援用することができる。
1 受託者が、消滅時効の期間の経過後、遅滞なく、受益者に対し受益債権の存在及びその内容を相当の期間を定めて通知し、かつ、受益者からその期間内に履行の請求を受けなかったとき。
2 消滅時効の期間の経過時において受益者の所在が不明であるとき、その他信託行為の定め、受益者の状況、関係資料の滅失その他の事情に照らして、受益者に対し前号の規定による通知をしないことについて正当な理由があるとき。
④受益債権は、これを行使することができる時から20年を経過したときは、消滅する。

第4款 受益権取得請求権

（受益権取得請求）
第103条 ①次に掲げる事項に係る信託の変更（第3項において「重要な信託の変更」という。）がされる場合には、これにより損害を受けるおそれのある受益者は、受託者に対し、自己の有する受益権を公正な価格で取得することを請求することができる。ただし、第1号又は第2号に掲げる事項に係る信託の変更がされる場合にあっては、これにより損害を受けるおそれのあることを要しない。
1 信託の目的の変更
2 受益権の譲渡の制限
3 受託者の義務の全部又は一部の減免（当該減免について、その範囲及びその意思決定の方法につき信託行為に定めがある場合を除く。）
4 受益債権の内容の変更（当該内容の変更について、その範囲及びその意思決定の方法につき信託行為に定めがある場合を除く。）
5 信託行為において定めた事項
②信託の併合又は分割がされる場合には、これらにより損害を受けるおそれのある受益者は、受託者に対し、自己の有する受益権を公正な価格で取得することを請求することができる。ただし、前項第1号又は第2号に掲げる事項に係る変更を伴う信託の併合又は分割がされる場合にあっては、これらにより損害を受けるおそれのあることを要しない。
③前2項の受益者が、重要な信託の変更又は信

託の併合若しくは信託の分割（以下この章において「重要な信託の変更等」という。）の意思決定に関与し、その際に当該重要な信託の変更等に賛成する旨の意思を表示したときは、前2項の規定は、当該受益者については、適用しない。
④受託者は、重要な信託の変更等の意思決定の日から20日以内に、受益者に対し、次に掲げる事項を通知しなければならない。
　1　重要な信託の変更等をする旨
　2　重要な信託の変更等がその効力を生ずる日（次条第1項において「効力発生日」という。）
　3　重要な信託の変更等の中止に関する条件を定めたときは、その条件
⑤前項の規定による通知は、官報による公告をもって代えることができる。
⑥第1項又は第2項の規定による請求（以下この款において「受益権取得請求」という。）は、第4項の規定による通知又は前項の規定による公告の日から20日以内に、その受益権取得請求に係る受益権の内容を明らかにしてしなければならない。
⑦受益権取得請求をした受益者は、受託者の承諾を得た場合に限り、その受益権取得請求を撤回することができる。
⑧重要な信託の変更等が中止されたときは、受益権取得請求は、その効力を失う。

（受益権の価格の決定等）
第104条　①受益権取得請求があった場合において、受益権の価格の決定について、受託者と受益者との間に協議が調ったときは、受託者は、受益権取得請求の日から60日を経過する日（その日までに効力発生日が到来していない場合にあっては、効力発生日）までにその支払をしなければならない。
②受益権の価格の決定について、受益権取得請求の日から30日以内に協議が調わないときは、受託者又は受益者は、その期間の満了の日後30日以内に、裁判所に対し、価格の決定の申立てをすることができる。
③裁判所は、前項の規定により価格の決定をする場合には、同項の申立てをすることができる者の陳述を聴かなければならない。
④第2項の申立てについての裁判には、理由を付さなければならない。
⑤第2項の規定による価格の決定の裁判に対しては、申立人及び同項の申立てをすることができる者に限り、即時抗告をすることができる。
⑥前項の即時抗告は、執行停止の効力を有する。
⑦前条第7項の規定にかかわらず、第2項に規定する場合において、受益権取得請求の日から60日以内に同項の申立てがないときは、その期間の満了後は、受益者は、いつでも、受益権取得請求を撤回することができる。
⑧第1項の受託者は、裁判所の決定した価格に対する同項の期間の満了の日後の利息をも支払わなければならない。
⑨受託者は、受益権の価格の決定があるまでは、受益者に対し、当該受託者が公正な価格と認める額を支払うことができる。
⑩受益権取得請求に係る受託者による受益権の取得は、当該受益権の価格に相当する金銭の支払の時に、その効力を生ずる。
⑪受益証券（第185条第1項に規定する受益証券をいう。以下この章において同じ。）が発行されている受益権について受益権取得請求があったときは、当該受益証券と引換えに、その受益権取得請求に係る受益権の価格に相当する金銭を支払わなければならない。
⑫受益権取得請求に係る債務については、受託者は、信託財産に属する財産のみをもってこれを履行する責任を負う。ただし、信託行為又は当該重要な信託の変更等の意思決定において別段の定めがされたときは、その定めるところによる。
⑬前条第1項又は第2項の規定により受託者が受益権を取得したときは、その受益権は、消滅する。ただし、信託行為又は当該重要な信託の変更等の意思決定において別段の定めがされたときは、その定めるところによる。

第3節　2人以上の受益者による意思決定の方法の特例
　　第1款　総則

第105条　①受益者が2人以上ある信託における受益者の意思決定（第92条各号に掲げる権利の行使に係るものを除く。）は、すべての受益者の一致によってこれを決する。ただし、信託行為に別段の定めがあるときは、その定めるところによる。
②前項ただし書の場合において、信託行為に受益者集会における多数決による旨の定めがあるときは、次款の定めるところによる。ただし、信託行為に別段の定めがあるときは、その定めるところによる。
③第1項ただし書又は前項の規定にかかわらず、第42条の規定による責任の免除に係る意思決定の方法についての信託行為の定めは、次款の定めるところによる受益者集会における多数決による旨の定めに限り、その効力を有する。
④第1項ただし書及び前2項の規定は、次に掲

げる責任の免除については、適用しない。
1　第42条の規定による責任の全部の免除
2　第42条第1号の規定による責任（受託者がその任務を行うにつき悪意又は重大な過失があった場合に生じたものに限る。）の一部の免除
3　第42条第2号の規定による責任の一部の免除
　　　第2款　受益者集会

(受益者集会の招集)
第106条　①受益者集会は、必要がある場合には、いつでも、招集することができる。
②受益者集会は、受託者（信託監督人が現に存する場合にあっては、受託者又は信託監督人）が招集する。

(受益者による招集の請求)
第107条　①受益者は、受託者（信託監督人が現に存する場合にあっては、受託者又は信託監督人）に対し、受益者集会の目的である事項及び招集の理由を示して、受益者集会の招集を請求することができる。
②次に掲げる場合において、信託財産に著しい損害を生ずるおそれがあるときは、前項の規定による請求をした受益者は、受益者集会を招集することができる。
1　前項の規定による請求の後遅滞なく招集の手続が行われない場合
2　前項の規定による請求があった日から8週間以内の日を受益者集会の日とする受益者集会の招集の通知が発せられない場合

(受益者集会の招集の決定)
第108条　受益者集会を招集する者（以下この款において「招集者」という。）は、受益者集会を招集する場合には、次に掲げる事項を定めなければならない。
1　受益者集会の日時及び場所
2　受益者集会の目的である事項があるときは、当該事項
3　受益者集会に出席しない受益者が電磁的方法（電子情報処理組織を使用する方法その他の情報通信の技術を利用する方法であって法務省令で定めるものをいう。以下この款において同じ。）によって議決権を行使することができることとするときは、その旨
4　前3号に掲げるもののほか、法務省令で定める事項

(受益者集会の招集の通知)
第109条　①受益者集会を招集するには、招集者は、受益者集会の日の2週間前までに、知れている受益者及び受託者（信託監督人が現に存する場合にあっては、知れている受益者、受託者及び信託監督人）に対し、書面をもってその通知を発しなければならない。
②招集者は、前項の書面による通知の発出に代えて、政令で定めるところにより、同項の通知を受けるべき者の承諾を得て、電磁的方法により通知を発することができる。この場合において、当該招集者は、同項の書面による通知を発したものとみなす。
③前2項の通知には、前条各号に掲げる事項を記載し、又は記録しなければならない。
④無記名式の受益証券が発行されている場合において、受益者集会を招集するには、招集者は、受益者集会の日の3週間前までに、受益者集会を招集する旨及び前条各号に掲げる事項を官報により公告しなければならない。

(受益者集会参考書類及び議決権行使書面の交付等)
第110条　①招集者は、前条第1項の通知に際しては、法務省令で定めるところにより、知れている受益者に対し、議決権の行使について参考となるべき事項を記載した書類（以下この款において「受益者集会参考書類」という。）及び受益者が議決権を行使するための書面（以下この款において「議決権行使書面」という。）を交付しなければならない。
②招集者は、前条第2項の承諾をした受益者に対し同項の電磁的方法による通知を発するときは、前項の規定による受益者集会参考書類及び議決権行使書面の交付に代えて、これらの書類に記載すべき事項を電磁的方法により提供することができる。ただし、受益者の請求があったときは、これらの書類を当該受益者に交付しなければならない。
③招集者は、前条第4項の規定による公告をした場合において、受益者集会の日の1週間前までに無記名受益権（無記名式の受益証券が発行されている受益権をいう。第8章において同じ。）の受益者集会参考書類及び議決権行使書面を当該受益者に交付しなければならない。
④招集者は、前項の規定による受益者集会参考書類及び議決権行使書面の交付に代えて、政令で定めるところにより、受益者の承諾を得て、これらの書類に記載すべき事項を電磁的方法により提供することができる。この場合において、当該招集者は、同項の規定によるこれらの書類の交付をしたものとみなす。

第111条　①招集者は、第108条第3号に掲げる事項を定めた場合には、第109条第2項の承諾をした受益者に対する電磁的方法による通知に際して、法務省令で定めるところにより、受益者に対し、議決権行使書面に記載

すべき事項を当該電磁的方法により提供しなければならない。
② 招集者は、第108条第3号に掲げる事項を定めた場合において、第109条第2項の承諾をしていない受益者から受益者集会の日の1週間前までに議決権行使書面に記載すべき事項の電磁的方法による提供の請求があったときは、法務省令で定めるところにより、直ちに、当該受益者に対し、当該事項を電磁的方法により提供しなければならない。

（受益者の議決権）
第112条　① 受益者は、受益者集会において、次の各号に掲げる区分に従い、当該各号に定めるものに応じて、議決権を有する。
　1　各受益権の内容が均等である場合　受益権の個数
　2　前号に掲げる場合以外の場合　受益者集会の招集の決定の時における受益権の価格
② 前項の規定にかかわらず、受益権が当該受益権に係る信託の信託財産に属するときは、受託者は、当該受益権については、議決権を有しない。

（受益者集会の決議）
第113条　① 受益者集会の決議は、議決権を行使することができる受益者の議決権の過半数を有する受益者が出席し、出席した当該受益者の議決権の過半数をもって行う。
② 前項の規定にかかわらず、次に掲げる事項に係る受益者集会の決議は、当該受益者集会において議決権を行使することができる受益者の議決権の過半数を有する受益者が出席し、出席した当該受益者の議決権の3分の2以上に当たる多数をもって行わなければならない。
　1　第42条の規定による責任の免除（第105条第4項各号に掲げるものを除く。）
　2　第136条第1項第1号に規定する合意
　3　第143条第1項第1号に規定する合意
　4　第149条第1項若しくは第2項第1号に規定する合意又は同条第3項に規定する意思表示
　5　第151条第1項又は第2項第1号に規定する合意
　6　第155条第1項又は第2項第1号に規定する合意
　7　第159条第1項又は第2項第1号に規定する合意
　8　第164条第1項に規定する合意
③ 前2項の規定にかかわらず、第103条第1項第2号から第4号までに掲げる事項（同項に掲げる事項にあっては、受益者間の権衡に変更を及ぼすものを除く。）に係る重要な信託の変更等に係る受益者集会の決議は、当該受益者集会において議決権を行使することができる受益者の半数以上であって、当該受益者の議決権の3分の2以上に当たる多数をもって行わなければならない。
④ 前3項の規定にかかわらず、第103条第1項第1号又は第4号に掲げる事項（同号に掲げる事項にあっては、受益者間の権衡に変更を及ぼすものに限る。）に係る重要な信託の変更等に係る受益者集会の決議は、総受益者の半数以上であって、総受益者の議決権の4分の3以上に当たる多数をもって行わなければならない。
⑤ 受益者集会は、第108条第2号に掲げる事項以外の事項については、決議をすることができない。

（議決権の代理行使）
第114条　① 受益者は、代理人によってその議決権を行使することができる。この場合においては、当該受益者又は代理人は、代理権を証明する書面を招集者に提出しなければならない。
② 前項の代理権の授与は、受益者集会ごとにしなければならない。
③ 第1項の受益者又は代理人は、代理権を証明する書面の提出に代えて、政令で定めるところにより、招集者の承諾を得て、当該書面に記載すべき事項を電磁的方法により提供することができる。この場合において、当該受益者又は代理人は、当該書面を提出したものとみなす。
④ 受益者が第109条第2項の承諾をした者である場合には、招集者は、正当な理由がなければ、前項の承諾をすることを拒んではならない。

（書面による議決権の行使）
第115条　① 受益者集会に出席しない受益者は、書面によって議決権を行使することができる。
② 書面による議決権の行使は、議決権行使書面に必要な事項を記載し、法務省令で定める時までに当該記載をした議決権行使書面を招集者に提出して行う。
③ 前項の規定により書面によって行使した議決権は、出席した議決権者の行使した議決権とみなす。

（電磁的方法による議決権の行使）
第116条　① 電磁的方法による議決権の行使は、政令で定めるところにより、招集者の承諾を得て、法務省令で定める時までに議決権行使書面に記載すべき事項を、電磁的方法により当該招集者に提供して行う。
② 受益者が第109条第2項の承諾をした者であ

る場合には、招集者は、正当な理由がなければ、前項の承諾をすることを拒んではならない。
③第1項の規定により電磁的方法によって行使した議決権は、出席した議決権者の行使した議決権とみなす。
(議決権の不統一行使)
第117条　①受益者は、その有する議決権を統一しないで行使することができる。この場合においては、受益者集会の日の3日前までに、招集者に対しその旨及びその理由を通知しなければならない。
②招集者は、前項の受益者が他人のために受益権を有する者でないときは、当該受益者が同項の規定によりその有する議決権を統一しないで行使することを拒むことができる。
(受託者の出席等)
第118条　①受託者(法人である受託者にあっては、その代表者又は代理人。次項において同じ。)は、受益者集会に出席し、又は書面により意見を述べることができる。
②受益者集会又は招集者は、必要があると認めるときは、受託者に対し、その出席を求めることができる。この場合において、受益者集会にあっては、これをする旨の決議を経なければならない。
(延期又は続行の決議)
第119条　受益者集会においてその延期又は続行について決議があった場合には、第108条及び第109条の規定は、適用しない。
(議事録)
第120条　受益者集会の議事については、招集者は、法務省令で定めるところにより、議事録を作成しなければならない。
(受益者集会の決議の効力)
第121条　受益者集会の決議は、当該信託のすべての受益者に対してその効力を有する。
(受益者集会の費用の負担)
第122条　①受益者集会に関する必要な費用を支出した者は、受託者に対し、その償還を請求することができる。
②前項の規定による請求に係る債務については、受託者は、信託財産に属する財産のみをもってこれを履行する責任を負う。

第4節　信託管理人等
第1款　信託管理人
(信託管理人の選任)
第123条　①信託行為においては、受益者が現に存しない場合に信託管理人となるべき者を指定する定めを設けることができる。
②信託行為に信託管理人となるべき者を指定する定めがあるときは、利害関係人は、信託管理人となるべき者として指定された者に対し、相当の期間を定めて、その期間内に就任の承諾をするかどうかを確答すべき旨を催告することができる。ただし、当該定めに停止条件又は始期が付されているときは、当該停止条件が成就し、又は当該始期が到来した後に限る。
③前項の規定による催告があった場合において、信託管理人となるべき者として指定された者は、同項の期間内に委託者(委託者が現に存しない場合にあっては、受託者)に対し確答をしないときは、就任の承諾をしなかったものとみなす。
④受益者が現に存しない場合において、信託行為に信託管理人に関する定めがないとき、又は信託行為の定めにより信託管理人となるべき者として指定された者が就任の承諾をせず、若しくはこれをすることができないときは、裁判所は、利害関係人の申立てにより、信託管理人を選任することができる。
⑤前項の規定による信託管理人の選任の裁判があったときは、当該信託管理人について信託行為に第1項の定めが設けられたものとみなす。
⑥第4項の申立てについての裁判には、理由を付さなければならない。
⑦第4項の規定による信託管理人の選任の裁判に対しては、委託者若しくは受託者又は既に存する信託管理人に限り、即時抗告をすることができる。
⑧前項の即時抗告は、執行停止の効力を有する。
(信託管理人の資格)
第124条　次に掲げる者は、信託管理人となることができない。
1　未成年者又は成年被後見人若しくは被保佐人
2　当該信託の受託者である者
(信託管理人の権限)
第125条　①信託管理人は、受益者のために自己の名をもって受益者の権利に関する一切の裁判上又は裁判外の行為をする権限を有する。ただし、信託行為に別段の定めがあるときは、その定めるところによる。
②2人以上の信託管理人があるときは、これらの者が共同してその権限に属する行為をしなければならない。ただし、信託行為に別段の定めがあるときは、その定めるところによる。
③この法律の規定により受益者に対してすべき通知は、信託管理人があるときは、信託管理人に対してしなければならない。
(信託管理人の義務)

第126条 ①信託管理人は、善良な管理者の注意をもって、前条第1項の権限を行使しなければならない。
②信託管理人は、受益者のために、誠実かつ公平に前条第1項の権限を行使しなければならない。
(信託管理人の費用等及び報酬)
第127条 ①信託管理人は、その事務を処理するのに必要と認められる費用及び支出の日以後におけるその利息を受託者に請求することができる。
②信託管理人は、次の各号に掲げる場合には、当該各号に定める損害の額について、受託者にその賠償を請求することができる。
　1　信託管理人がその事務を処理するため自己に過失なく損害を受けた場合　当該損害の額
　2　信託管理人がその事務を処理するため第三者の故意又は過失によって損害を受けた場合（前号に掲げる場合を除く。）　当該第三者に対し賠償を請求することができる額
③信託管理人は、商法第512条の規定の適用がある場合のほか、信託行為に信託管理人が報酬を受ける旨の定めがある場合に限り、受託者に報酬を請求することができる。
④前3項の規定による請求に係る債務については、受託者は、信託財産に属する財産のみをもってこれを履行する責任を負う。
⑤第3項の場合には、報酬の額は、信託行為に報酬の額又は算定方法に関する定めがあるときはその定めるところにより、その定めがないときは相当の額とする。
⑥裁判所は、第123条第4項の規定により信託管理人を選任した場合には、信託管理人の報酬を定めることができる。
⑦前項の規定による信託管理人の報酬の裁判があったときは、当該信託管理人について信託行為に第3項の定め及び第5項の報酬の額に関する定めがあったものとみなす。
⑧第6項の規定による信託管理人の報酬の裁判をする場合には、受託者及び信託管理人の陳述を聴かなければならない。
⑨第6項の規定による信託管理人の報酬の裁判に対しては、受託者及び信託管理人に限り、即時抗告をすることができる。
(信託管理人の任務の終了)
第128条 ①第56条の規定は、信託管理人の任務の終了について準用する。この場合において、同条第1項第5号中「次条」とあるのは「第128条第2項において準用する次条」と、同項第6号中「第58条」とあるのは「第128条第2項において準用する第58条」

と読み替えるものとする。
②第57条の規定は信託管理人の辞任について、第58条の規定は信託管理人の解任について、それぞれ準用する。
(新信託管理人の選任等)
第129条 ①第62条の規定は、前条第1項において準用する第56条第1項各号の規定により信託管理人の任務が終了した場合における新たな信託管理人（次項において「新信託管理人」という。）の選任について準用する。
②新信託管理人が就任した場合には、信託管理人であった者は、遅滞なく、新信託管理人がその事務の処理を行うのに必要な事務の引継ぎをしなければならない。
③前項の信託管理人であった者は、受益者が存するに至った後においてその受益者となった者を知ったときは、遅滞なく、当該受益者となった者に対しその事務の経過及び結果を報告しなければならない。
(信託管理人による事務の処理の終了等)
第130条 ①信託管理人による事務の処理は、次に掲げる事由により終了する。ただし、第2号に掲げる事由による場合にあっては、信託行為に別段の定めがあるときは、その定めるところによる。
　1　受益者が存するに至ったこと。
　2　委託者が信託管理人に対し事務の処理を終了する旨の意思表示をしたこと。
　3　信託行為において定めた事由
②前項の規定により信託管理人による事務の処理が終了した場合には、信託管理人であった者は、遅滞なく、受益者に対しその事務の経過及び結果を報告しなければならない。ただし、受益者が存するに至った後においてその受益者となった者を知った場合に限る。
　　　第2款　信託監督人
(信託監督人の選任)
第131条 ①信託行為においては、受益者が現に存する場合に信託監督人となるべき者を指定する定めを設けることができる。
②信託行為に信託監督人となるべき者を指定する定めがあるときは、利害関係人は、信託監督人となるべき者として指定された者に対し、相当の期間を定めて、その期間内に就任の承諾をするかどうかを確答すべき旨を催告することができる。ただし、当該定めに停止条件又は始期が付されているときは、当該停止条件が成就し、又は当該始期が到来した後に限る。
③前項の規定による催告があった場合において、信託監督人となるべき者として指定された者は、同項の期間内に委託者（委託者が現に存

しない場合にあっては、受託者）に対し確答をしないときは、就任の承諾をしなかったものとみなす。
④受益者が受託者の監督を適切に行うことができない特別の事情がある場合において、信託行為に信託監督人に関する定めがないとき、又は信託行為の定めにより信託監督人となるべき者として指定された者が就任の承諾をせず、若しくはこれをすることができないときは、裁判所は、利害関係人の申立てにより、信託監督人を選任することができる。
⑤前項の規定による信託監督人の選任の裁判があったときは、当該信託監督人について信託行為に第1項の定めが設けられたものとみなす。
⑥第4項の申立てについての裁判には、理由を付さなければならない。
⑦第4項の規定による信託監督人の選任の裁判に対しては、委託者、受託者若しくは受益者又は既に存する信託監督人に限り、即時抗告をすることができる。
⑧前項の即時抗告は、執行停止の効力を有する。
（信託監督人の権限）
第132条　①信託監督人は、受益者のために自己の名をもって第92条各号（第17号、第18号、第21号及び第23号を除く。）に掲げる権利に関する一切の裁判上又は裁判外の行為をする権限を有する。ただし、信託行為に別段の定めがあるときは、その定めるところによる。
②2人以上の信託監督人があるときは、これらの者が共同してその権限に属する行為をしなければならない。ただし、信託行為に別段の定めがあるときは、その定めるところによる。
（信託監督人の義務）
第133条　①信託監督人は、善良な管理者の注意をもって、前条第1項の権限を行使しなければならない。
②信託監督人は、受益者のために、誠実かつ公平に前条第1項の権限を行使しなければならない。
（信託監督人の任務の終了）
第134条　①第56条の規定は、信託監督人の任務の終了について準用する。この場合において、同条第1項第5号中「次条」とあるのは「第134条第2項において準用する次条」と、同項第6号中「第58条」とあるのは「第134条第2項において準用する第58条」と読み替えるものとする。
②第57条の規定は信託監督人の辞任について、第58条の規定は信託監督人の解任について、それぞれ準用する。

（新信託監督人の選任等）
第135条　①第62条の規定は、前条第1項において準用する第56条第1項各号の規定により信託監督人の任務が終了した場合における新たな信託監督人（次項において「新信託監督人」という。）の選任について準用する。
②新信託監督人が就任した場合には、信託監督人であった者は、遅滞なく、受益者に対しその事務の経過及び結果を報告し、新信託監督人がその事務の処理を行うのに必要な事務の引継ぎをしなければならない。
（信託監督人による事務の処理の終了等）
第136条　①信託監督人による事務の処理は、信託の清算の結了のほか、次に掲げる事由により終了する。ただし、第1号に掲げる事由による場合にあっては、信託行為に別段の定めがあるときは、その定めるところによる。
　1　委託者及び受益者が信託監督人による事務の処理を終了する旨の合意をしたこと。
　2　信託行為において定めた事由
②前項の規定により信託監督人による事務の処理が終了した場合には、信託監督人であった者は、遅滞なく、受益者に対しその事務の経過及び結果を報告しなければならない。
③委託者が現に存しない場合には、第1項第1号の規定は、適用しない。
（信託管理人に関する規定の準用）
第137条　第124条及び第127条の規定は、信託監督人について準用する。この場合において、同条第6項中「第123条第4項」とあるのは、「第131条第4項」と読み替えるものとする。
　　　第3款　受益者代理人
（受益者代理人の選任）
第138条　①信託行為においては、その代理する受益者を定めて、受益者代理人となるべき者を指定する定めを設けることができる。
②信託行為に受益者代理人となるべき者を指定する定めがあるときは、利害関係人は、受益者代理人となるべき者として指定された者に対し、相当の期間を定めて、その期間内に就任の承諾をするかどうかを確答すべき旨を催告することができる。ただし、当該定めに停止条件又は始期が付されているときは、当該停止条件が成就し、又は当該始期が到来した後に限る。
③前項の規定による催告があった場合において、受益者代理人となるべき者として指定された者は、同項の期間内に委託者（委託者が現に存しない場合にあっては、受託者）に対し確答をしないときは、就任の承諾をしなかったものとみなす。

(受益者代理人の権限等)
第139条 ①受益者代理人は、その代理する受益者のために当該受益者の権利（第42条の規定による責任の免除に係るものを除く。）に関する一切の裁判上又は裁判外の行為をする権限を有する。ただし、信託行為に別段の定めがあるときは、その定めるところによる。
②受益者代理人がその代理する受益者のために裁判上又は裁判外の行為をするときは、その代理する受益者の範囲を示せば足りる。
③1人の受益者につき2人以上の受益者代理人があるときは、これらの者が共同してその権限に属する行為をしなければならない。ただし、信託行為に別段の定めがあるときは、その定めるところによる。
④受益者代理人があるときは、当該受益者代理人に代理される受益者は、第92条各号に掲げる権利及び信託行為において定めた権利を除き、その権利を行使することができない。

(受益者代理人の義務)
第140条 ①受益者代理人は、善良な管理者の注意をもって、前条第1項の権限を行使しなければならない。
②受益者代理人は、その代理する受益者のために、誠実かつ公平に前条第1項の権限を行使しなければならない。

(受益者代理人の任務の終了)
第141条 ①第56条の規定は、受益者代理人の任務の終了について準用する。この場合において、同条第1項第5号中「次条」とあるのは「第141条第2項において準用する次条」と、同項第6号中「第58条」とあるのは「第141条第2項において準用する第58条」と読み替えるものとする。
②第57条の規定は受益者代理人の辞任について、第58条の規定は受益者代理人の解任について、それぞれ準用する。

(新受益者代理人の選任等)
第142条 ①第62条の規定は、前条第1項において準用する第56条第1項各号の規定により受益者代理人の任務が終了した場合における新たな受益者代理人（次項において「新受益者代理人」という。）の選任について準用する。この場合において、第62条第2項及び第4項中「利害関係人」とあるのは、「委託者又は受益者代理人に代理される受益者」と読み替えるものとする。
②新受益者代理人が就任した場合には、受益者代理人であった者は、遅滞なく、その代理する受益者に対しその事務の経過及び結果を報告し、新受益者代理人がその事務の処理を行うのに必要な事務の引継ぎをしなければならない。

(受益者代理人による事務の処理の終了等)
第143条 ①受益者代理人による事務の処理は、信託の清算の結了のほか、次に掲げる事由により終了する。ただし、第1号に掲げる事由による場合にあっては、信託行為に別段の定めがあるときは、その定めるところによる。
1 委託者及び受益者代理人に代理される受益者が受益者代理人による事務の処理を終了する旨の合意をしたこと。
2 信託行為において定めた事由
②前項の規定により受益者代理人による事務の処理が終了した場合には、受益者代理人であった者は、遅滞なく、その代理した受益者に対しその事務の経過及び結果を報告しなければならない。
③委託者が現に存しない場合には、第1項第1号の規定は、適用しない。

(信託管理人に関する規定の準用)
第144条 第124条及び第127条第1項から第5項までの規定は、受益者代理人について準用する。

第5章 委託者
(委託者の権利等)
第145条 ①信託行為においては、委託者がこの法律の規定によるその権利の全部又は一部を有しない旨を定めることができる。
②信託行為においては、委託者も次に掲げる権利の全部又は一部を有する旨を定めることができる。
1 第23条第5項又は第6項の規定による異議を主張する権利
2 第27条第1項又は第2項（これらの規定を第75条第4項において準用する場合を含む。）の規定による取消権
3 第31条第6項又は第7項の規定による取消権
4 第32条第4項の規定による権利
5 第38条第1項の規定による閲覧又は謄写の請求権
6 第39条第1項の規定による開示の請求権
7 第40条の規定による損失のてん補又は原状の回復の請求権
8 第41条の規定による損失のてん補又は原状の回復の請求権
9 第44条の規定による差止めの請求権
10 第46条第1項の規定による検査役の選任の申立権
11 第59条第5項の規定による差止めの請

求権
　12　第60条第3項又は第5項の規定による差止めの請求権
　13　第226条第1項の規定による金銭のてん補又は支払の請求権
　14　第228条第1項の規定による金銭のてん補又は支払の請求権
　15　第254条第1項の規定による損失のてん補の請求権
③前項第1号、第7号から第9号まで又は第11号から第15号までに掲げる権利について同項の信託行為の定めがされた場合における第24条、第45条（第226条第6項、第228条第6項及び第254条第3項において準用する場合を含む。）又は第61条の規定の適用については、これらの規定中「受益者」とあるのは、「委託者又は受益者」とする。
④信託行為においては、受託者が次に掲げる義務を負う旨を定めることができる。
　1　この法律の規定により受託者が受益者（信託管理人が現に存する場合にあっては、信託管理人。次号において同じ。）に対し通知すべき事項を委託者に対しても通知する義務
　2　この法律の規定により受託者が受益者に対し報告すべき事項を委託者に対しても報告する義務
　3　第77条第1項又は第184条第1項の規定により受託者がする計算の承認を委託者に対しても求める義務
⑤委託者が2人以上ある信託における第1項、第2項及び前項の規定の適用については、これらの規定中「委託者」とあるのは、「委託者の全部又は一部」とする。
　（委託者の地位の移転）
第146条　①委託者の地位は、受託者及び受益者の同意を得て、又は信託行為において定めた方法に従い、第三者に移転することができる。
②委託者が2人以上ある信託における前項の規定の適用については、同項中「受託者及び受益者」とあるのは、「他の委託者、受託者及び受益者」とする。
　（遺言信託における委託者の相続人）
第147条　第3条第2号に掲げる方法によって信託がされた場合には、委託者の相続人は、委託者の地位を相続により承継しない。ただし、信託行為に別段の定めがあるときは、その定めるところによる。
　（委託者の死亡の時に受益権を取得する旨の定めのある信託等の特例）
第148条　第90条第1項各号に掲げる信託において、その信託の受益者が現に存せず、又は同条第2項の規定により受益者としての権利を有しないときは、委託者が第145条第2項各号に掲げる権利を有し、受益者が同条第4項各号に掲げる義務を負う。ただし、信託行為に別段の定めがあるときは、その定めるところによる。

第6章　信託の変更、併合及び分割
第1節　信託の変更
　（関係当事者の合意等）
第149条　①信託の変更は、委託者、受託者及び受益者の合意によってすることができる。この場合においては、変更後の信託行為の内容を明らかにしてしなければならない。
②前項の規定にかかわらず、信託の変更は、次の各号に掲げる場合には、当該各号に定めるものによりすることができる。この場合において、受託者は、第1号に掲げるときは受益者に対し、第2号に掲げるときは委託者及び受益者に対し、遅滞なく、変更後の信託行為の内容を通知しなければならない。
　1　信託の目的に反しないことが明らかであるとき　受託者及び受益者の合意
　2　信託の目的に反しないこと及び受益者の利益に適合することが明らかであるとき　受託者の書面又は電磁的記録によってする意思表示
③前2項の規定にかかわらず、信託の変更は、次の各号に掲げる場合には、当該各号に定める者による受託者に対する意思表示によってすることができる。この場合において、第2号に掲げるときは、受託者は、委託者に対し、遅滞なく、変更後の信託行為の内容を通知しなければならない。
　1　受託者の利益を害しないことが明らかであるとき　委託者及び受益者
　2　信託の目的に反しないこと及び受託者の利益を害しないことが明らかであるとき　受益者
④前3項の規定にかかわらず、信託行為に別段の定めがあるときは、その定めるところによる。
⑤委託者が現に存しない場合においては、第1項及び第3項第1号の規定は適用せず、第2項中「第1号に掲げるときは受益者に対し、第2号に掲げるときは委託者及び受益者に対し」とあるのは、「第2号に掲げるときは、受益者に対し」とする。
　（特別の事情による信託の変更を命ずる裁判）
第150条　①信託行為の当時予見することのできなかった特別の事情により、信託事務の

処理の方法に係る信託行為の定めが信託の目的及び信託財産の状況その他の事情に照らして受益者の利益に適合しなくなるに至ったときは、裁判所は、委託者、受託者又は受益者の申立てにより、信託の変更を命ずることができる。
②前項の申立ては、当該申立てに係る変更後の信託行為の定めを明らかにしてしなければならない。
③裁判所は、第1項の申立てについての裁判をする場合には、受託者の陳述を聴かなければならない。ただし、不適法又は理由がないことが明らかであるとして申立てを却下する裁判をするときは、この限りでない。
④第1項の申立てについての裁判には、理由の要旨を付さなければならない。
⑤第1項の申立てについての裁判に対しては、委託者、受託者又は受益者に限り、即時抗告をすることができる。
⑥前項の即時抗告は、執行停止の効力を有する。

第2節　信託の併合
（関係当事者の合意等）
第151条　①信託の併合は、従前の各信託の委託者、受託者及び受益者の合意によってすることができる。この場合においては、次に掲げる事項を明らかにしてしなければならない。
1　信託の併合後の信託行為の内容
2　信託行為において定める受益権の内容に変更があるときは、その内容及び変更の理由
3　信託の併合に際して受益者に対し金銭その他の財産を交付するときは、当該財産の内容及びその価額
4　信託の併合がその効力を生ずる日
5　その他法務省令で定める事項
②前項の規定にかかわらず、信託の併合は、次の各号に掲げる場合には、当該各号に定めるものによってすることができる。この場合において、受託者は、第1号に掲げるときは委託者に対し、第2号に掲げるときは委託者及び受益者に対し、遅滞なく、同項各号に掲げる事項を通知しなければならない。
1　信託の目的に反しないことが明らかであるとき　受託者及び受益者の合意
2　信託の目的に反しないこと及び受益者の利益に適合することが明らかであるとき　受託者の書面又は電磁的記録によってする意思表示
③前2項の規定にかかわらず、各信託行為に別段の定めがあるときは、その定めるところによる。
④委託者が現に存しない場合においては、第1項の規定は適用せず、第2項中「第1号に掲げるときは委託者に対し、第2号に掲げるときは委託者及び受益者に対し」とあるのは、「第2号に掲げるときは、受益者に対し」とする。

（債権者の異議）
第152条　①信託の併合をする場合には、従前の信託の信託財産責任負担債務に係る債権を有する債権者は、受託者に対し、信託の併合について異議を述べることができる。ただし、信託の併合をしても当該債権者を害するおそれのないことが明らかであるときは、この限りでない。
②前項の規定により同項の債権者の全部又は一部が異議を述べることができる場合には、受託者は、次に掲げる事項を官報に公告し、かつ、同項の債権者で知れているものには、各別にこれを催告しなければならない。ただし、第2号の期間は、1箇月を下ることができない。
1　信託の併合をする旨
2　前項の債権者が一定の期間内に異議を述べることができる旨
3　その他法務省令で定める事項
③前項の規定にかかわらず、法人である受託者は、公告（次に掲げる方法によるものに限る。）をもって同項の規定による各別の催告に代えることができる。
1　時事に関する事項を掲載する日刊新聞紙に掲載する方法
2　電子公告（公告の方法のうち、電磁的方法（会社法（平成17年法律第86号）第2条第34号に規定する電磁的方法をいう。）により不特定多数の者が公告すべき内容である情報の提供を受けることができる状態に置く措置であって同号に規定するものをとる方法をいう。次節において同じ。）
④第1項の債権者が第2項第2号の期間内に異議を述べなかったときは、当該債権者は、当該信託の併合について承認をしたものとみなす。
⑤第1項の債権者が第2項第2号の期間内に異議を述べたときは、受託者は、当該債権者に対し、弁済し、若しくは相当の担保を提供し、又は当該債権者に弁済を受けさせることを目的として信託会社等（信託会社及び信託業務を営む金融機関（金融機関の信託業務の兼営等に関する法律（昭和18年法律第43号）第1条第1項の認可を受けた金融機関をいう。）をいう。次節において同じ。）に相当の財産

を信託しなければならない。ただし、当該信託の併合をしても当該債権者を害するおそれがないときは、この限りでない。

(信託の併合後の信託の信託財産責任負担債務の範囲等)
第153条　信託の併合がされた場合において、従前の信託の信託財産責任負担債務であった債務は、信託の併合後の信託の信託財産責任負担債務となる。
第154条　信託の併合がされた場合において、前条に規定する従前の信託の信託財産責任負担債務のうち信託財産限定責任負担債務(受託者が信託財産に属する財産のみをもって履行する責任を負う信託財産責任負担債務をいう。以下この章において同じ。)であるものは、信託の併合後の信託の信託財産限定責任負担債務となる。

第3節　信託の分割
第1款　吸収信託分割
(関係当事者の合意等)
第155条　①吸収信託分割は、委託者、受託者及び受益者の合意によってすることができる。この場合においては、次に掲げる事項を明らかにしてしなければならない。
1　吸収信託分割後の信託行為の内容
2　信託行為において定める受益権の内容に変更があるときは、その内容及び変更の理由
3　吸収信託分割に際して受益者に対し金銭その他の財産を交付するときは、当該財産の内容及びその価額
4　吸収信託分割がその効力を生ずる日
5　移転する財産の内容
6　吸収信託分割によりその信託財産の一部を他の信託に移転する信託(以下この款において「分割信託」という。)の信託財産責任負担債務でなくなり、分割信託からその信託財産の一部の移転を受ける信託(以下「承継信託」という。)の信託財産責任負担債務となる債務があるときは、当該債務に係る事項
7　その他法務省令で定める事項
②前項の規定にかかわらず、吸収信託分割は、次の各号に掲げる場合には、当該各号に定めるものによってすることができる。この場合において、受託者は、第1号に掲げるときは委託者に対し、第2号に掲げるときは委託者及び受益者に対し、遅滞なく、同項各号に掲げる事項を通知しなければならない。
1　信託の目的に反しないことが明らかであるとき　受託者及び受益者の合意
2　信託の目的に反しないこと及び受益者の利益に適合することが明らかであるとき　受託者の書面又は電磁的記録によってする意思表示
③前2項の規定にかかわらず、各信託行為に別段の定めがあるときは、その定めるところによる。
④委託者が現に存しない場合においては、第1項の規定は適用せず、第2項中「第1号に掲げるときは委託者に対し、第2号に掲げるときは委託者及び受益者に対し」とあるのは、「第2号に掲げるときは、受益者に対し」とする。

(債権者の異議)
第156条　①吸収信託分割をする場合には、分割信託又は承継信託の信託財産責任負担債務に係る債権を有する債権者は、受託者に対し、吸収信託分割について異議を述べることができる。ただし、吸収信託分割をしても当該債権者を害するおそれのないことが明らかであるときは、この限りでない。
②前項の規定により同項の債権者の全部又は一部が異議を述べることができる場合には、受託者は、次に掲げる事項を官報に公告し、かつ、同項の債権者で知れているものには、各別にこれを催告しなければならない。ただし、第2号の期間は、1箇月を下ることができない。
1　吸収信託分割をする旨
2　前項の債権者が一定の期間内に異議を述べることができる旨
3　その他法務省令で定める事項
③前項の規定にかかわらず、法人である受託者は、公告(次に掲げる方法によるものに限る。)をもって同項の規定による各別の催告に代えることができる。
1　時事に関する事項を掲載する日刊新聞紙に掲載する方法
2　電子公告
④第1項の債権者が第2項第2号の期間内に異議を述べなかったときは、当該債権者は、当該吸収信託分割について承認をしたものとみなす。
⑤第1項の債権者が第2項第2号の期間内に異議を述べたときは、受託者は、当該債権者に対し、弁済し、若しくは相当の担保を提供し、又は当該債権者に弁済を受けさせることを目的として信託会社等に相当の財産を信託しなければならない。ただし、当該吸収信託分割をしても当該債権者を害するおそれがないときは、この限りでない。

(吸収信託分割後の分割信託及び承継信託の信

(信託財産責任負担債務の範囲等)
第157条　吸収信託分割がされた場合において、第155条第1項第6号の債務は、吸収信託分割後の分割信託の信託財産責任負担債務でなくなり、吸収信託分割後の承継信託の信託財産責任負担債務となる。この場合において、分割信託の信託財産限定責任負担債務であった債務は、承継信託の信託財産限定責任負担債務となる。

第158条　第156条第1項の規定により異議を述べることができる債権者（同条第2項の規定により各別の催告をしなければならないものに限る。）は、同条第2項の催告を受けなかった場合には、吸収信託分割前から有する次の各号に掲げる債権に基づき、受託者に対し、当該各号に定める財産をもって当該債権に係る債務を履行することを請求することもできる。ただし、第1号に定める財産に対しては吸収信託分割がその効力を生ずる日における承継信託の移転を受ける財産の価額を、第2号に定める財産に対しては当該日における分割信託の信託財産の価額を限度とする。
1　分割信託の信託財産責任負担債務に係る債権（第155条第1項第6号の債務に係る債権を除く。）　吸収信託分割後の承継信託の信託財産に属する財産
2　承継信託の信託財産責任負担債務に係る債権（第155条第1項第6号の債務に係る債権に限る。）　吸収信託分割後の分割信託の信託財産に属する財産

第2款　新規信託分割

(関係当事者の合意等)
第159条　①新規信託分割は、委託者、受託者及び受益者の合意によってすることができる。この場合においては、次に掲げる事項を明らかにしてしなければならない。
1　新規信託分割後の信託行為の内容
2　信託行為において定める受益権の内容に変更があるときは、その内容及び変更の理由
3　新規信託分割に際して受益者に対し金銭その他の財産を交付するときは、当該財産の内容及びその価額
4　新規信託分割がその効力を生ずる日
5　移転する財産の内容
6　新規信託分割により従前の信託の信託財産責任負担債務でなくなり、新たな信託の信託財産責任負担債務となる債務があるときは、当該債務に係る事項
7　その他法務省令で定める事項
②前項の規定にかかわらず、新規信託分割は、次の各号に掲げる場合には、当該各号に定めるものによってすることができる。この場合において、受託者は、第1号に掲げるときは委託者に対し、第2号に掲げるときは委託者及び受益者に対し、遅滞なく、同項各号に掲げる事項を通知しなければならない。
1　信託の目的に反しないことが明らかであるとき　受益者及び受益者の合意
2　信託の目的に反しないこと及び受益者の利益に適合することが明らかであるとき　受託者の書面又は電磁的記録によってする意思表示
③前2項の規定にかかわらず、各信託行為に別段の定めがあるときは、その定めるところによる。
④委託者が現に存しない場合においては、第1項の規定は適用せず、第2項中「第1号に掲げるときは委託者に対し、第2号に掲げるときは委託者及び受益者に対し」とあるのは、「第2号に掲げるときは、受益者に対し」とする。

(債権者の異議)
第160条　①新規信託分割をする場合には、従前の信託の信託財産責任負担債務に係る債権を有する債権者は、受託者に対し、新規信託分割について異議を述べることができる。ただし、新規信託分割をしても当該債権者を害するおそれのないことが明らかであるときは、この限りでない。
②前項の規定により同項の債権者の全部又は一部が異議を述べることができる場合には、受託者は、次に掲げる事項を官報に公告し、かつ、同項の債権者で知れているものには、各別に催告しなければならない。ただし、第2号の期間は、1箇月を下ることができない。
1　新規信託分割をする旨
2　前項の債権者が一定の期間内に異議を述べることができる旨
3　その他法務省令で定める事項
③前項の規定にかかわらず、法人である受託者は、公告（次に掲げる方法によるものに限る。）をもって同項の規定による各別の催告に代えることができる。
1　時事に関する事項を掲載する日刊新聞紙に掲載する方法
2　電子公告
④第1項の債権者が第2項第2号の期間内に異議を述べなかったときは、当該債権者は、当該新規信託分割について承認をしたものとみなす。
⑤第1項の債権者が第2項第2号の期間内に異議を述べたときは、受託者は、当該債権者に対し、弁済し、若しくは相当の担保を提供し、

又は当該債権者に弁済を受けさせることを目的として信託会社等に相当の財産を信託しなければならない。ただし、当該新規信託分割をしても当該債権者を害するおそれがないときは、この限りでない。
（新規信託分割後の従前の信託及び新たな信託の信託財産責任負担債務の範囲等）
第161条　新規信託分割がされた場合において、第159条第1項第6号の債務は、新規信託分割後の従前の信託の信託財産責任負担債務でなくなり、新規信託分割後の新たな信託の信託財産責任負担債務となる。この場合において、従前の信託の信託財産限定責任負担債務であった債務は、新たな信託の信託財産限定責任負担債務となる。
第162条　第160条第1項の規定により異議を述べることができる債権者（同条第2項の規定により各別の催告をしなければならないものに限る。）は、同条第2項の催告を受けなかった場合には、新規信託分割前から有する次の各号に掲げる債権に基づき、受託者に対し、当該各号に定める財産をもって当該債権に係る債務を履行することを請求することもできる。ただし、第1号に定める財産に対しては新規信託分割がその効力を生ずる日における新たな信託の信託財産の価額を、第2号に定める財産に対しては当該日における従前の信託の信託財産の価額を限度とする。
　1　従前の信託の信託財産責任負担債務に係る債権（第159条第1項第6号の債務に係る債権を除く。）　新規信託分割後の新たな信託の信託財産に属する財産
　2　新たな信託の信託財産責任負担債務に係る債権となった債権（第159条第1項第6号の債務に係る債権に限る。）　新規信託分割後の従前の信託の信託財産に属する財産

　　第7章　信託の終了及び清算
　　　第1節　信託の終了
（信託の終了事由）
第163条　信託は、次条の規定によるほか、次に掲げる場合に終了する。
　1　信託の目的を達成したとき、又は信託の目的を達成することができなくなったとき。
　2　受託者が受益権の全部を固有財産で有する状態が1年間継続したとき。
　3　受託者が欠けた場合であって、新受託者が就任しない状態が1年間継続したとき。
　4　受託者が第52条（第53条第2項及び第54条第4項において準用する場合を含む。）の規定により信託を終了させたとき。
　5　信託の併合がされたとき。
　6　第165条又は第166条の規定により信託の終了を命ずる裁判があったとき。
　7　信託財産についての破産手続開始の決定があったとき。
　8　委託者が破産手続開始の決定、再生手続開始の決定又は更生手続開始の決定を受けた場合において、破産法第53条第1項、民事再生法第49条第1項又は会社更生法第61条第1項（金融機関等の更生手続の特例等に関する法律第41条第1項及び第206条第1項において準用する場合を含む。）の規定による信託契約の解除がされたとき。
　9　信託行為において定めた事由が生じたとき。
（委託者及び受益者の合意等による信託の終了）
第164条　①委託者及び受益者は、いつでも、その合意により、信託を終了することができる。
②委託者及び受益者が受託者に不利な時期に信託を終了したときは、委託者及び受益者は、受託者の損害を賠償しなければならない。ただし、やむを得ない事由があったときは、この限りでない。
③前2項の規定にかかわらず、信託行為に別段の定めがあるときは、その定めるところによる。
④委託者が現に存しない場合には、第1項及び第2項の規定は、適用しない。
（特別の事情による信託の終了を命ずる裁判）
第165条　①信託行為の当時予見することのできなかった特別の事情により、信託を終了することが信託の目的及び信託財産の状況その他の事情に照らして受益者の利益に適合するに至ったことが明らかであるときは、裁判所は、委託者、受託者又は受益者の申立てにより、信託の終了を命ずることができる。
②裁判所は、前項の申立てについての裁判をする場合には、受託者の陳述を聴かなければならない。ただし、不適法又は理由がないことが明らかであるとして申立てを却下する裁判をするときは、この限りでない。
③第1項の申立てについての裁判には、理由を付さなければならない。
④第1項の申立てについての裁判に対しては、委託者、受託者又は受益者に限り、即時抗告をすることができる。
⑤前項の即時抗告は、執行停止の効力を有する。
（公益の確保のための信託の終了を命ずる裁判）
第166条　①裁判所は、次に掲げる場合において、公益を確保するため信託の存立を許すことができないと認めるときは、法務大臣又

は委託者、受益者、信託債権者その他の利害関係人の申立てにより、信託の終了を命ずることができる。
　一　不法な目的に基づいて信託がされたとき。
　二　受託者が、法令若しくは信託行為で定めるその権限を逸脱し若しくは濫用する行為又は刑罰法令に触れる行為をした場合において、法務大臣から書面による警告を受けたにもかかわらず、なお継続的に又は反覆して当該行為をしたとき。
②裁判所は、前項の申立てについての裁判をする場合には、受託者の陳述を聴かなければならない。ただし、不適法又は理由がないことが明らかであるとして申立てを却下する裁判をするときは、この限りでない。
③第１項の申立てについての裁判には、理由を付さなければならない。
④第１項の申立てについての裁判に対しては、同項の申立てをした者又は委託者、受託者若しくは受益者に限り、即時抗告をすることができる。
⑤前項の即時抗告は、執行停止の効力を有する。
⑥委託者、受益者、信託債権者その他の利害関係人が第１項の申立てをしたときは、裁判所は、受託者の申立てにより、同項の申立てをした者に対し、相当の担保を立てるべきことを命ずることができる。
⑦受託者は、前項の規定による申立てをするには、第１項の申立てが悪意によるものであることを疎明しなければならない。
⑧民事訴訟法（平成８年法律第109号）第75条第５項及び第７項並びに第76条から第80条までの規定は、第６項の規定により第１項の申立てについて立てるべき担保について準用する。

（官庁等の法務大臣に対する通知義務）
第167条　裁判所その他の官庁、検察官又は吏員は、その職務上前条第１項の申立て又は同項第２号の警告をすべき事由があることを知ったときは、法務大臣にその旨を通知しなければならない。

（法務大臣の関与）
第168条　①裁判所は、第166条第１項の申立てについての裁判をする場合には、法務大臣に対し、意見を求めなければならない。
②法務大臣は、裁判所が前項の申立てに係る事件について審問をするときは、当該審問に立ち会うことができる。
③裁判所は、法務大臣に対し、第１項の申立てに係る事件が係属したこと及び前項の審問の期日を通知しなければならない。
④第１項の申立てを却下する裁判に対しては、

第166条第４項に規定する者のほか、法務大臣も、即時抗告をすることができる。

（信託財産に関する保全処分）
第169条　①裁判所は、第166条第１項の申立てがあった場合には、法務大臣若しくは委託者、受益者、信託債権者その他の利害関係人の申立てにより又は職権で、同項の申立てにつき決定があるまでの間、信託財産に関し、管理人による管理を命ずる処分（次条において「管理命令」という。）その他の必要な保全処分を命ずることができる。
②裁判所は、前項の規定による保全処分を変更し、又は取り消すことができる。
③第１項の規定による保全処分及び前項の規定による決定に対しては、利害関係人に限り、即時抗告をすることができる。

第170条　①裁判所は、管理命令をする場合には、当該管理命令において、管理人を選任しなければならない。
②前項の管理人は、裁判所が監督する。
③裁判所は、第１項の管理人に対し、信託財産に属する財産及び信託財産責任負担債務の状況の報告をし、かつ、その管理の計算をすることを命ずることができる。
④第64条から第72条までの規定は、第１項の管理人について準用する。この場合において、第65条中「前受託者」とあるのは、「受託者」と読み替えるものとする。
⑤信託財産に属する権利で登記又は登録がされたものに関し前条第１項の規定による保全処分（管理命令を除く。）があったときは、裁判所書記官は、職権で、遅滞なく、当該保全処分の登記又は登録を嘱託しなければならない。
⑥前項の規定は、同項に規定する保全処分の変更若しくは取消しがあった場合又は当該保全処分が効力を失った場合について準用する。

（保全処分に関する費用の負担）
第171条　①裁判所が第169条第１項の規定による保全処分をした場合には、非訟事件の手続の費用は、受託者の負担とする。当該保全処分について必要な費用も、同様とする。
②前項の保全処分又は第169条第１項の申立てを却下する裁判に対して即時抗告があった場合において、抗告裁判所が当該即時抗告を理由があると認めて原裁判を取り消したときは、その抗告審における手続に要する裁判費用及び抗告人が負担した前審における手続に要する裁判費用は、受託者の負担とする。

（保全処分に関する資料の閲覧等）
第172条　①利害関係人は、裁判所書記官に対し、第170条第３項の報告又は計算に関す

る資料の閲覧を請求することができる。
② 利害関係人は、裁判所書記官に対し、前項の資料の謄写又はその正本、謄本若しくは抄本の交付を請求することができる。
③ 前項の規定は、第1項の資料のうち録音テープ又はビデオテープ（これらに準ずる方法により一定の事項を記録した物を含む。）に関しては、適用しない。この場合において、これらの物について利害関係人の請求があるときは、裁判所書記官は、その複製を許さなければならない。
④ 法務大臣は、裁判所書記官に対し、第1項の資料の閲覧を請求することができる。
⑤ 民事訴訟法第91条第5項の規定は、第1項の資料について準用する。

（新受託者の選任）
第173条 ① 裁判所は、第166条第1項の規定により信託の終了を命じた場合には、法務大臣若しくは委託者、受益者、信託債権者その他の利害関係人の申立てにより又は職権で、当該信託の清算のために新受託者を選任しなければならない。
② 前項の規定による新受託者の選任の裁判に対しては、不服を申し立てることができない。
③ 第1項の規定により新受託者が選任されたときは、前受託者の任務は、終了する。
④ 第1項の新受託者は、信託財産から裁判所が定める額の費用の前払及び報酬を受けることができる。
⑤ 前項の規定による費用又は報酬の額を定める裁判をする場合には、第1項の新受託者の陳述を聴かなければならない。
⑥ 第4項の規定による費用又は報酬の額を定める裁判に対しては、第1項の新受託者に限り、即時抗告をすることができる。

（終了した信託に係る吸収信託分割の制限）
第174条 信託が終了した場合には、当該信託を承継信託とする吸収信託分割は、することができない。

第2節 信託の清算

（清算の開始原因）
第175条 信託は、当該信託が終了した場合（第163条第5号に掲げる事由によって終了した場合及び信託財産についての破産手続開始の決定により終了した場合であって当該破産手続が終了していない場合を除く。）には、この節の定めるところにより、清算をしなければならない。

（信託の存続の擬制）
第176条 信託は、当該信託が終了した場合においても、清算が結了するまではなお存続するものとみなす。

（清算受託者の職務）
第177条 信託が終了した時以後の受託者（以下「清算受託者」という。）は、次に掲げる職務を行う。
1 現務の結了
2 信託財産に属する債権の取立て及び信託債権に係る債務の弁済
3 受益債権（残余財産の給付を内容とするものを除く。）に係る債務の弁済
4 残余財産の給付

（清算受託者の権限等）
第178条 ① 清算受託者は、信託の清算のために必要な一切の行為をする権限を有する。ただし、信託行為に別段の定めがあるときは、その定めるところによる。
② 清算受託者は、次に掲げる場合には、信託財産に属する財産を競売に付することができる。
1 受益者又は第182条第1項第2号に規定する帰属権利者（以下この条において「受益者等」と総称する。）が信託財産に属する財産を受領することを拒み、又はこれを受領することができない場合において、相当の期間を定めてその受領の催告をしたとき。
2 受益者等の所在が不明である場合
③ 前項第1号の規定により信託財産に属する財産を競売に付したときは、遅滞なく、受益者等に対しその旨の通知を発しなければならない。
④ 損傷その他の事由による価格の低落のおそれがある物は、第2項第1号の催告をしないで競売に付することができる。

（清算中の信託財産についての破産手続の開始）
第179条 ① 清算中の信託において、信託財産に属する財産がその債務を完済するのに足りないことが明らかになったときは、清算受託者は、直ちに信託財産についての破産手続開始の申立てをしなければならない。
② 信託財産についての破産手続開始の決定がされた場合において、清算受託者が既に信託財産責任負担債務に係る債権を有する債権者に支払ったものがあるときは、破産管財人は、これを取り戻すことができる。

（条件付債権等に係る債務の弁済）
第180条 ① 清算受託者は、条件付債権、存続期間が不確定な債権その他その額が不確定な債権に係る債務を弁済することができる。この場合においては、これらの債権を評価させるため、裁判所に対し、鑑定人の選任の申立てをしなければならない。
② 前項の場合には、清算受託者は、同項の鑑定

人の評価に従い同項の債権に係る債務を弁済しなければならない。
③第1項の鑑定人の選任の手続に関する費用は、清算受託者の負担とする。当該鑑定人による鑑定のための呼出し及び質問に関する費用についても、同様とする。
④第1項の申立てを却下する裁判には、理由を付さなければならない。
⑤第1項の規定による鑑定人の選任の裁判に対しては、不服を申し立てることができない。
⑥前各項の規定は、清算受託者、受益者、信託債権者及び第182条第1項第2号に規定する帰属権利者の間に別段の合意がある場合には、適用しない。

(債務の弁済前における残余財産の給付の制限)
第181条 清算受託者は、第177条第2号及び第3号の債務を弁済した後でなければ、信託財産に属する財産を次条第2項に規定する残余財産受益者等に給付することができない。ただし、当該債務についてその弁済をするために必要と認められる財産を留保した場合は、この限りでない。

(残余財産の帰属)
第182条 ①残余財産は、次に掲げる者に帰属する。
　1　信託行為において残余財産の給付を内容とする受益債権に係る受益者（次項において「残余財産受益者」という。）となるべき者として指定された者
　2　信託行為において残余財産の帰属すべき者（以下この節において「帰属権利者」という。）となるべき者として指定された者
②信託行為に残余財産受益者若しくは帰属権利者（以下この項において「残余財産受益者等」と総称する。）の指定に関する定めがない場合又は信託行為の定めにより残余財産受益者等として指定を受けた者のすべてがその権利を放棄した場合には、信託行為に委託者又はその相続人その他の一般承継人を帰属権利者として指定する旨の定めがあったものとみなす。
③前2項の規定により残余財産の帰属が定まらないときは、残余財産は、清算受託者に帰属する。

(帰属権利者)
第183条 ①信託行為の定めにより帰属権利者となるべき者として指定された者は、当然に残余財産の給付をすべき債務に係る債権を取得する。ただし、信託行為に別段の定めがあるときは、その定めるところによる。
②第88条第2項の規定は、前項に規定する帰属権利者となるべき者として指定された者について準用する。
③信託行為の定めにより帰属権利者となった者は、受託者に対し、その権利を放棄する旨の意思表示をすることができる。ただし、信託行為の定めにより帰属権利者となった者が信託行為の当事者である場合は、この限りでない。
④前項本文に規定する帰属権利者となった者は、同項の規定による意思表示をしたときは、当初から帰属権利者としての権利を取得していなかったものとみなす。ただし、第三者の権利を害することはできない。
⑤第100条及び第102条の規定は、帰属権利者が有する債権で残余財産の給付をすべき債務に係るものについて準用する。
⑥帰属権利者は、信託の清算中は、受益者とみなす。

(清算受託者の職務の終了等)
第184条 ①清算受託者は、その職務を終了したときは、遅滞なく、信託事務に関する最終の計算を行い、信託が終了した時における受益者（信託管理人が現に存する場合にあっては、信託管理人）及び帰属権利者（以下この条において「受益者等」と総称する。）のすべてに対し、その承認を求めなければならない。
②受益者等が前項の計算を承認した場合には、当該受益者等に対する清算受託者の責任は、免除されたものとみなす。ただし、清算受託者の職務の執行に不正の行為があったときは、この限りでない。
③受益者等が清算受託者から第1項の計算の承認を求められた時から1箇月以内に異議を述べなかった場合には、当該受益者等は、同項の計算を承認したものとみなす。

第8章　受益証券発行信託の特例
　第1節　総則
(受益証券の発行に関する信託行為の定め)
第185条 ①信託行為においては、この章の定めるところにより、一又は二以上の受益権を表示する証券（以下「受益証券」という。）を発行する旨を定めることができる。
②前項の規定は、当該信託行為において特定の内容の受益権については受益証券を発行しない旨を定めることを妨げない。
③第1項の定めのある信託（以下「受益証券発行信託」という。）においては、信託の変更によって前2項の定めを変更することはできない。
④第1項の定めのない信託においては、信託の変更によって同項又は第2項の定めを設ける

ことはできない。
(受益権原簿)
第186条　受益証券発行信託の受託者は、遅滞なく、受益権原簿を作成し、これに次に掲げる事項（以下この章において「受益権原簿記載事項」という。）を記載し、又は記録しなければならない。
　1　各受益権に係る受益債権の内容その他の受益権の内容を特定するものとして法務省令で定める事項
　2　各受益権に係る受益証券の番号、発行の日、受益証券が記名式か又は無記名式かの別及び無記名式の受益証券の数
　3　各受益権に係る受益者（無記名受益権の受益者を除く。）の氏名又は名称及び住所
　4　前号の受益者が各受益権を取得した日
　5　前各号に掲げるもののほか、法務省令で定める事項
(受益権原簿記載事項を記載した書面の交付等)
第187条　①第185条第2項の定めのある受益権の受益者は、受益証券発行信託の受託者に対し、当該受益者についての受益権原簿に記載され、若しくは記録された受益権原簿記載事項を記載した書面の交付又は当該受益権原簿記載事項を記録した電磁的記録の提供を請求することができる。
②前項の書面には、受益証券発行信託の受託者（法人である受託者にあっては、その代表者。次項において同じ。）が署名し、又は記名押印しなければならない。
③第1項の電磁的記録には、受益証券発行信託の受託者が法務省令で定める署名又は記名押印に代わる措置をとらなければならない。
④受益証券発行信託の受託者が2人以上ある場合における前2項の規定の適用については、これらの規定中「受益証券発行信託の受託者」とあるのは、「受益証券発行信託のすべての受託者」とする。
(受益権原簿管理人)
第188条　受益証券発行信託の受託者は、受益権原簿管理人（受益証券発行信託の受託者に代わって受益権原簿の作成及び備置きその他の受益権原簿に関する事務を行う者をいう。以下同じ。）を定め、当該事務を行うことを委託することができる。
(基準日)
第189条　①受益証券発行信託の受託者は、一定の日（以下この条において「基準日」という。）を定めて、基準日において受益権原簿に記載され、又は記録されている受益者（以下この条において「基準日受益者」という。）をその権利を行使することができる者

と定めることができる。
②前項の規定は、無記名受益権の受益者については、適用しない。
③基準日を定める場合には、受益証券発行信託の受託者は、基準日受益者が行使することができる権利（基準日から3箇月以内に行使するものに限る。）の内容を定めなければならない。
④受益証券発行信託の受託者は、基準日を定めたときは、当該基準日の2週間前までに、当該基準日及び前項の規定により定めた事項を官報に公告しなければならない。ただし、信託行為に当該基準日及び基準日受益者が行使することができる権利の内容について定めがあるときは、この限りでない。
⑤第1項、第3項及び前項本文の規定にかかわらず、信託行為に別段の定めがあるときは、その定めるところによる。
(受益権原簿の備置き及び閲覧等)
第190条　①受益証券発行信託の受託者は、受益権原簿をその住所（当該受託者が法人である場合（受益権原簿管理人が現に存する場合を除く。）にあってはその主たる事務所、受益権原簿管理人が現に存する場合にあってはその営業所）に備え置かなければならない。
②委託者、受益者その他の利害関係人は、受益証券発行信託の受託者に対し、次に掲げる請求をすることができる。この場合においては、当該請求の理由を明らかにしてしなければならない。
　1　受益権原簿が書面をもって作成されているときは、当該書面の閲覧又は謄写の請求
　2　受益権原簿が電磁的記録をもって作成されているときは、当該電磁的記録に記録された事項を法務省令で定める方法により表示したものの閲覧又は謄写の請求
③前項の請求があったときは、受益証券発行信託の受託者は、次のいずれかに該当すると認められる場合を除き、これを拒むことができない。
　1　当該請求を行う者（以下この項において「請求者」という。）がその権利の確保又は行使に関する調査以外の目的で請求を行ったとき。
　2　請求者が不適当な時に請求を行ったとき。
　3　請求者が信託事務の処理を妨げ、又は受益者の共同の利益を害する目的で請求を行ったとき。
　4　請求者が前項の規定による閲覧又は謄写によって知り得た事実を利益を得て第三者に通報するため請求を行ったとき。
　5　請求者が、過去2年以内において、前項

の規定による閲覧又は謄写によって知り得た事実を利益を得て第三者に通報したことがあるものであるとき。

④第186条第3号又は第4号に掲げる事項（第185条第2項の定めのない受益権に係るものに限る。）について第2項の請求があった場合において、信託行為に別段の定めがあるときは、その定めるところによる。

(受益者に対する通知等)
第191条 ①受益証券発行信託の受託者が受益者に対してする通知又は催告は、受益権原簿に記載し、又は記録した当該受益者の住所（当該受益者が別に通知又は催告を受ける場所又は連絡先を当該受託者に通知した場合にあっては、その場所又は連絡先）にあてて発すれば足りる。

②前項の通知又は催告は、その通知又は催告が通常到達すべきであった時に、到達したものとみなす。

③受益証券発行信託の受益権が2人以上の者の共有に属するときは、共有者は、受益証券発行信託の受託者が受益者に対してする通知又は催告を受領する者1人を定め、当該受託者に対し、その者の氏名又は名称を通知しなければならない。この場合においては、その者を受益者とみなして、前2項の規定を適用する。

④前項の規定による共有者の通知がない場合には、受益証券発行信託の受託者が受益権の共有者に対してする通知又は催告は、そのうちの1人に対してすれば足りる。

⑤この法律の規定により受益証券発行信託の受託者が無記名受益権の受益者に対してすべき通知は、当該受益者のうち当該受託者に氏名又は名称及び住所の知れている者に対してすれば足りる。この場合においては、当該受託者は、その通知すべき事項を官報に公告しなければならない。

(無記名受益権の受益者による権利の行使)
第192条 ①無記名受益権の受益者は、受益証券発行信託の受託者その他の者に対しその権利を行使しようとするときは、その受益証券を当該受託者その他の者に提示しなければならない。

②無記名受益権の受益者は、受益者集会において議決権を行使しようとするときは、受益者集会の日の1週間前までに、その受益証券を第108条に規定する招集者に提示しなければならない。

(共有者による権利の行使)
第193条 受益証券発行信託の受益権が2人以上の者の共有に属するときは、共有者は、当該受益権についての権利を行使する者1人を定め、受益証券発行信託の受託者に対し、その者の氏名又は名称を通知しなければ、当該受益権についての権利を行使することができない。ただし、当該受託者が当該権利を行使することに同意した場合は、この限りでない。

第2節 受益権の譲渡等の特例
(受益証券の発行された受益権の譲渡)
第194条 受益証券発行信託の受益権（第185条第2項の定めのある受益権を除く。）の譲渡は、当該受益権に係る受益証券を交付しなければ、その効力を生じない。

(受益証券発行信託における受益権の譲渡の対抗要件)
第195条 ①受益証券発行信託の受益権の譲渡は、その受益権を取得した者の氏名又は名称及び住所を受益権原簿に記載し、又は記録しなければ、受益証券発行信託の受託者に対抗することができない。

②第185条第2項の定めのある受益権に関する前項の規定の適用については、同項中「受託者」とあるのは、「受託者その他の第三者」とする。

③第1項の規定は、無記名受益権については、適用しない。

(権利の推定等)
第196条 ①受益証券の占有者は、当該受益証券に係る受益権を適法に有するものと推定する。

②受益証券の交付を受けた者は、当該受益証券に係る受益権についての権利を取得する。ただし、その者に悪意又は重大な過失があるときは、この限りでない。

(受益者の請求によらない受益権原簿記載事項の記載又は記録)
第197条 ①受益証券発行信託の受託者は、次の各号に掲げる場合には、法務省令で定めるところにより、当該各号の受益権の受益者に係る受益権原簿記載事項を受益権原簿に記載し、又は記録しなければならない。
 1 受益証券発行信託の受益権を取得した場合において、当該受益権が消滅しなかったとき。
 2 前号の受益証券発行信託の受益権を処分したとき。

②受益証券発行信託の受託者は、信託の変更によって受益権の併合がされた場合には、併合された受益権について、その受益権の受益者に係る受益権原簿記載事項を受益権原簿に記載し、又は記録しなければならない。

③受益証券発行信託の受託者は、信託の変更によって受益権の分割がされた場合には、分割された受益権について、その受益権の受益者に係る受益権原簿記載事項を受益権原簿に記載し、又は記録しなければならない。
④前3項の規定は、無記名受益権については、適用しない。

(受益者の請求による受益権原簿記載事項の記載又は記録)
第198条　①受益証券発行信託の受益権を受益証券発行信託の受託者以外の者から取得した者(当該受託者を除く。)は、受益証券発行信託の受託者に対し、当該受益権に係る受益権原簿記載事項を受益権原簿に記載し、又は記録することを請求することができる。
②前項の規定による請求は、利害関係人の利益を害するおそれがないものとして法務省令で定める場合を除き、その取得した受益権の受益者として受益権原簿に記載され、若しくは記録された者又はその相続人その他の一般承継人と共同してしなければならない。
③前2項の規定は、無記名受益権については、適用しない。

(受益証券の発行された受益権の質入れ)
第199条　受益証券発行信託の受益権(第185条第2項の定めのある受益権を除く。)の質入れは、当該受益権に係る受益証券を交付しなければ、その効力を生じない。

(受益証券発行信託における受益権の質入れの対抗要件)
第200条　①受益証券発行信託の受益権(第185条第2項の定めのある受益権を除く。)の質権者は、継続して当該受益権に係る受益証券を占有しなければ、その質権をもって受益証券発行信託の受託者その他の第三者に対抗することができない。
②第185条第2項の定めのある受益権の質入れは、その質権者の氏名又は名称及び住所を受益権原簿に記載し、又は記録しなければ、受益証券発行信託の受託者その他の第三者に対抗することができない。

(質権に関する受益権原簿の記載等)
第201条　①受益証券発行信託の受益権に質権を設定した者は、受益証券発行信託の受託者に対し、次に掲げる事項を受益権原簿に記載し、又は記録することを請求することができる。
　1　質権者の氏名又は名称及び住所
　2　質権の目的である受益権
②前項の規定は、無記名受益権については、適用しない。

(質権に関する受益権原簿の記載事項を記載した書面の交付等)
第202条　①前条第1項各号に掲げる事項が受益権原簿に記載され、又は記録された質権者(以下この節において「登録受益権質権者」という。)は、受益証券発行信託の受託者に対し、当該登録受益権質権者についての受益権原簿に記載され、若しくは記録された同項各号に掲げる事項を記載した書面の交付又は当該事項を記録した電磁的記録の提供を請求することができる。
②前項の書面には、受益証券発行信託の受託者(法人である受託者にあっては、その代表者。次項において同じ。)が署名し、又は記名押印しなければならない。
③第1項の電磁的記録には、受益証券発行信託の受託者が法務省令で定める署名又は記名押印に代わる措置をとらなければならない。
④受益証券発行信託の受託者が2人以上ある場合における前2項の規定の適用については、これらの規定中「受益証券発行信託の受託者」とあるのは、「受益証券発行信託のすべての受託者」とする。

(登録受益権質権者に対する通知等)
第203条　①受益証券発行信託の受託者が登録受益権質権者に対してする通知又は催告は、受益権原簿に記載し、又は記録した当該登録受益権質権者の住所(当該登録受益権質権者が別に通知又は催告を受ける場所又は連絡先を当該受託者に通知した場合にあっては、その場所又は連絡先)にあてて発すれば足りる。
②前項の通知又は催告は、その通知又は催告が通常到達すべきであった時に、到達したものとみなす。

(受益権の併合又は分割に係る受益権原簿の記載等)
第204条　①受益証券発行信託の受託者は、信託の変更によって受益権の併合がされた場合において、当該受益権を目的とする質権の質権者が登録受益権質権者であるときは、併合された受益権について、その質権者の氏名又は名称及び住所を受益権原簿に記載し、又は記録しなければならない。
②受益証券発行信託の受託者は、信託の変更によって受益権の分割がされた場合において、当該受益権を目的とする質権の質権者が登録受益権質権者であるときは、分割された受益権について、その質権者の氏名又は名称及び住所を受益権原簿に記載し、又は記録しなければならない。

第205条　①受益証券発行信託の受託者は、前条第1項に規定する場合には、併合された受益権に係る受益証券を登録受益権質権者に

引き渡さなければならない。
② 受益証券発行信託の受託者は、前条第2項に規定する場合には、分割された受益権に係る受益証券を登録受益権質権者に引き渡さなければならない。

（受益証券の発行されない受益権についての対抗要件等）
第206条　① 第185条第2項の定めのある受益権で他の信託の信託財産に属するものについては、当該受益権が信託財産に属する旨を受益権原簿に記載し、又は記録しなければ、当該受益権が信託財産に属することを受益証券発行信託の受託者その他の第三者に対抗することができない。
② 前項の受益権が属する他の信託の受託者は、受益証券発行信託の受託者に対し、当該受益権が信託財産に属する旨を受益権原簿に記載し、又は記録することを請求することができる。
③ 受益権原簿に前項の規定による記載又は記録がされた場合における第187条の規定の適用については、同条第1項中「第185条第2項の定めのある受益権の受益者」とあるのは「第206条第1項の受益権が属する他の信託の受託者」と、「当該受益者」とあるのは「当該受益権」と、「記録された受益権原簿記載事項」とあるのは「記録された受益権原簿記載事項（当該受益権が信託財産に属する旨を含む。）」とする。

第3節　受益証券
（受益証券の発行）
第207条　受益証券発行信託の受託者は、信託行為の定めに従い、遅滞なく、当該受益権に係る受益証券を発行しなければならない。

（受益証券不所持の申出）
第208条　① 受益証券発行信託の受託者は、受益証券発行信託の受託者に対し、当該受益者の有する受益権に係る受益証券の所持を希望しない旨を申し出ることができる。ただし、信託行為に別段の定めがあるときは、その定めるところによる。
② 前項の規定による申出は、その申出に係る受益権の内容を明らかにしてしなければならない。この場合において、当該受益権に係る受益証券が発行されているときは、当該受益者は、当該受益証券を受益証券発行信託の受託者に提出しなければならない。
③ 第1項の規定による申出を受けた受益証券発行信託の受託者は、遅滞なく、前項前段の受益権に係る受益証券を発行しない旨を受益権原簿に記載し、又は記録しなければならない。

④ 受益証券発行信託の受託者は、前項の規定による記載又は記録をしたときは、第2項前段の受益権に係る受益証券を発行することができない。
⑤ 第2項後段の規定により提出された受益証券は、第3項の規定による記載又は記録をした時において、無効となる。
⑥ 第1項の規定による申出をした受益者は、いつでも、受益証券発行信託の受託者に対し、第2項前段の受益権に係る受益証券を発行することを請求することができる。この場合において、同項後段の規定により提出された受益証券があるときは、受益証券の発行に要する費用は、当該受益者の負担とする。
⑦ 前各項の規定は、無記名受益権については、適用しない。

（受益証券の記載事項）
第209条　① 受益証券には、次に掲げる事項及びその番号を記載し、受益証券発行信託の受託者（法人である受託者にあっては、その代表者）がこれに署名し、又は記名押印しなければならない。
1　受益証券発行信託の受益証券である旨
2　当初の委託者及び受益証券発行信託の受託者の氏名又は名称及び住所
3　記名式の受益証券にあっては、受益者の氏名又は名称
4　各受益権に係る受益債権の内容その他の受益権の内容を特定するものとして法務省令で定める事項
5　受益証券発行信託の受託者に対する費用等の償還及び損害の賠償に関する信託行為の定め
6　信託報酬の計算方法並びにその支払の方法及び時期
7　記名式の受益証券をもって表示される受益権について譲渡の制限があるときは、その旨及びその内容
8　受益者の権利の行使に関する信託行為の定め（信託監督人及び受益者代理人に係る事項を含む。）
9　その他法務省令で定める事項
② 受益証券発行信託の受託者が2人以上ある場合における前項の規定の適用については、同項中「受益証券発行信託の受託者」とあるのは、「受益証券発行信託のすべての受託者」とする。

（記名式と無記名式との間の転換）
第210条　受益証券が発行されている受益権の受益者は、いつでも、その記名式の受益証券を無記名式とし、又はその無記名式の受益証券を記名式とすることを請求することがで

きる。ただし、信託行為に別段の定めがあるときは、その定めるところによる。
(受益証券の喪失)
第211条 ①受益証券は、非訟事件手続法(平成23年法律第51号)第100条に規定する公示催告手続によって無効とすることができる。
②受益証券を喪失した者は、非訟事件手続法第106条第1項に規定する除権決定を得た後でなければ、その再発行を請求することができない。
③受益証券を喪失した者が非訟事件手続法第114条に規定する公示催告の申立てをしたときは、当該受益証券を喪失した者は、相当の担保を供して、受益証券発行信託の受託者に当該受益証券に係る債務を履行させることができる。

第4節 関係当事者の権利義務等の特例
(受益証券発行信託の受託者の義務の特例)
第212条 ①受益証券発行信託においては、第29条第2項ただし書の規定にかかわらず、信託行為の定めにより同項本文の義務を軽減することはできない。
②受益証券発行信託においては、第35条第4項の規定は、適用しない。
(受益者の権利行使の制限に関する信託行為の定めの特例)
第213条 ①受益証券発行信託においては、第92条第1号、第5号、第6号及び第8号の規定にかかわらず、次に掲げる権利の全部又は一部について、総受益者の議決権の100分の3(これを下回る割合を信託行為において定めた場合にあっては、その割合。以下この項において同じ。)以上の割合の受益権を有する受益者又は現に存する受益権の総数の100分の3以上の数の受益権を有する受益者に限り当該権利を行使することができる旨の信託行為の定めを設けることができる。
 1 第27条第1項又は第2項(これらの規定を第75条第4項において準用する場合を含む。)の規定による取消権
 2 第31条第6項又は第7項の規定による取消権
 3 第38条第1項の規定による閲覧又は謄写の請求権
 4 第46条第1項の規定による検査役の選任の申立権
②受益証券発行信託においては、第92条第1号の規定にかかわらず、次に掲げる権利の全部又は一部について、総受益者の議決権の10分の1(これを下回る割合を信託行為において定めた場合にあっては、その割合。以下この項において同じ。)以上の割合の受益権を有する受益者又は現に存する受益権の総数の10分の1以上の数の受益権を有する受益者に限り当該権利を行使することができる旨の信託行為の定めを設けることができる。
 1 第150条第1項の規定による信託の変更を命ずる裁判の申立権
 2 第165条第1項の規定による信託の終了を命ずる裁判の申立権
③受益証券発行信託において、第39条第1項の規定による開示が同条第3項の信託行為の定めにより制限されているときは、前2項の規定は、適用しない。
④受益証券発行信託においては、第92条第11号の規定にかかわらず、6箇月(これを下回る期間を信託行為において定めた場合にあっては、その期間)前から引き続き受益権を有する受益者に限り第44条第1項の規定による差止めの請求権を行使することができる旨の信託行為の定めを設けることができる。
(2人以上の受益者による意思決定の方法の特例)
第214条 受益者が2人以上ある受益証券発行信託においては、信託行為に別段の定めがない限り、信託行為に受益者の意思決定(第92条各号に掲げる権利の行使に係るものを除く。)は第4章第3節第2款の定めるところによる受益者集会における多数決による旨の定めがあるものとみなす。
(委託者の権利の特例)
第215条 受益証券発行信託においては、この法律の規定による委託者の権利のうち次に掲げる権利は、受益者がこれを行使する。
 1 第36条の規定による報告を求める権利
 2 第58条第4項(第134条第2項及び第141条第2項において準用する場合を含む。)、第62条第4項(第135条第1項及び第142条第1項において準用する場合を含む。)、第63条第1項、第74条第2項、第131条第4項、第150条第1項、第165条第1項、第166条第1項、第169条第1項又は第173条第1項の規定による申立権
 3 第62条第2項、第131条第2項又は第138条第2項の規定による催告権
 4 第172条第1項、第2項又は第3項後段の規定による閲覧、謄写若しくは交付又は複製の請求権
 5 第190条第2項の規定による閲覧又は謄写の請求権

第9章 限定責任信託の特例

第1節　総則

(限定責任信託の要件)

第216条　①限定責任信託は、信託行為においてそのすべての信託財産責任負担債務について受託者が信託財産に属する財産のみをもってその履行の責任を負う旨の定めをし、第232条の定めるところにより登記をすることによって、限定責任信託としての効力を生ずる。

②前項の信託行為においては、次に掲げる事項を定めなければならない。
1　限定責任信託の目的
2　限定責任信託の名称
3　委託者及び受託者の氏名又は名称及び住所
4　限定責任信託の主たる信託事務の処理を行うべき場所（第3節において「事務処理地」という。）
5　信託財産に属する財産の管理又は処分の方法
6　その他法務省令で定める事項

(固有財産に属する財産に対する強制執行等の制限)

第217条　①限定責任信託においては、信託財産責任負担債務（第21条第1項第8号に掲げる権利に係る債務を除く。）に係る債権に基づいて固有財産に属する財産に対し強制執行、仮差押え、仮処分若しくは担保権の実行若しくは競売又は国税滞納処分をすることはできない。

②前項の規定に違反してされた強制執行、仮差押え、仮処分又は担保権の実行若しくは競売に対しては、受託者は、異議を主張することができる。この場合においては、民事執行法第38条及び民事保全法第45条の規定を準用する。

③第1項の規定に違反してされた国税滞納処分に対しては、受託者は、異議を主張することができる。この場合においては、当該異議の主張は、当該国税滞納処分について不服の申立てをする方法でする。

(限定責任信託の名称等)

第218条　①限定責任信託には、その名称中に限定責任信託という文字を用いなければならない。

②何人も、限定責任信託でないものについて、その名称又は商号中に、限定責任信託であると誤認されるおそれのある文字を用いてはならない。

③何人も、不正の目的をもって、他の限定責任信託であると誤認されるおそれのある名称又は商号を使用してはならない。

④前項の規定に違反する名称又は商号の使用によって事業に係る利益を侵害され、又は侵害されるおそれがある限定責任信託の受託者は、その利益を侵害する者又は侵害するおそれがある者に対し、その侵害の停止又は予防を請求することができる。

(取引の相手方に対する明示義務)

第219条　受託者は、限定責任信託の受託者として取引をするに当たっては、その旨を取引の相手方に示さなければ、これを当該取引の相手方に対し主張することができない。

(登記の効力)

第220条　①この章の規定により登記すべき事項は、登記の後でなければ、これをもって善意の第三者に対抗することができない。登記の後であっても、第三者が正当な事由によってその登記があることを知らなかったときは、同様とする。

②この章の規定により登記すべき事項につき故意又は過失によって不実の事項を登記した者は、その事項が不実であることをもって善意の第三者に対抗することができない。

(限定責任信託の定めを廃止する旨の信託の変更)

第221条　第216条第1項の定めを廃止する旨の信託の変更がされ、第235条の終了の登記がされたときは、その変更後の信託については、この章の規定は、適用しない。

第2節　計算等の特例

(帳簿等の作成等、報告及び保存の義務等の特例)

第222条　①限定責任信託における帳簿その他の書類又は電磁的記録の作成、内容の報告及び保存並びに閲覧及び謄写については、第37条及び第38条の規定にかかわらず、次項から第9項までに定めるところによる。

②受託者は、法務省令で定めるところにより、限定責任信託の会計帳簿を作成しなければならない。

③受託者は、限定責任信託の効力が生じた後速やかに、法務省令で定めるところにより、その効力が生じた日における限定責任信託の貸借対照表を作成しなければならない。

④受託者は、毎年、法務省令で定める一定の時期において、法務省令で定めるところにより、限定責任信託の貸借対照表及び損益計算書並びにこれらの附属明細書その他の法務省令で定める書類又は電磁的記録を作成しなければならない。

⑤受託者は、前項の書類又は電磁的記録を作成したときは、その内容について受益者（信託

管理人が現に存する場合にあっては、信託管理人）に報告しなければならない。ただし、信託行為に別段の定めがあるときは、その定めるところによる。
⑥受託者は、第2項の会計帳簿を作成した場合には、その作成の日から10年間（当該期間内に信託の清算の結了があったときは、その日までに同じ。次項において同じ。）、当該会計帳簿（書面に代えて電磁的記録を法務省令で定める方法により作成した場合にあっては当該電磁的記録、電磁的記録に代えて書面を作成した場合にあっては当該書面）を保存しなければならない。ただし、受託者（2人以上の受益者が現に存する場合にあってはそのすべての受益者、信託管理人が現に存する場合にあっては信託管理人。第8項において同じ。）に対し、当該書類若しくはその写しを交付し、又は当該電磁的記録に記録された事項を法務省令で定める方法により提供したときは、この限りでない。
⑦受託者は、信託財産に属する財産の処分に係る契約書その他の信託事務の処理に関する書類又は電磁的記録を作成し、又は取得した場合には、その作成又は取得の日から10年間、当該書類又は電磁的記録（書類に代えて電磁的記録を法務省令で定める方法により作成した場合にあっては当該電磁的記録、電磁的記録に代えて書面を作成した場合にあっては当該書面）を保存しなければならない。この場合においては、前項ただし書の規定を準用する。
⑧受託者は、第3項の貸借対照表及び第4項の書類又は電磁的記録（以下この項及び第224条第2項第1号において「貸借対照表等」という。）を作成した場合には、信託の清算の結了の日までの間、当該貸借対照表等（書類に代えて電磁的記録を法務省令で定める方法により作成した場合にあっては当該電磁的記録、電磁的記録に代えて書面を作成した場合にあっては当該書面）を保存しなければならない。ただし、その作成の日から10年間を経過した後において、受益者に対し、当該書類若しくはその写しを交付し、又は当該電磁的記録に記録された事項を法務省令で定める方法により提供したときは、この限りでない。
⑨限定責任信託における第38条の規定の適用については、同条第1項各号中「前条第1項又は第5項」とあるのは「第222条第2項又は第7項」と、同条第4項第1号及び第6項各号中「前条第2項」とあるのは「第222条第3項又は第4項」とする。

（裁判所による提出命令）
第223条　裁判所は、申立てにより又は職権で、訴訟の当事者に対し、前条第2項から第4項までの書類の全部又は一部の提出を命ずることができる。

（受託者の第三者に対する責任）
第224条　①限定責任信託において、受託者が信託事務を行うについて悪意又は重大な過失があったときは、当該受託者は、これによって第三者に生じた損害を賠償する責任を負う。
②限定責任信託の受託者が、次に掲げる行為をしたときも、前項と同様とする。ただし、受託者が当該行為をすることについて注意を怠らなかったことを証明したときは、この限りでない。
　1　貸借対照表等に記載し、又は記録すべき重要な事項についての虚偽の記載又は記録
　2　虚偽の登記
　3　虚偽の公告
③前2項の場合において、当該損害を賠償する責任を負う他の受託者があるときは、これらの者は、連帯債務者とする。

（受益者に対する信託財産に係る給付の制限）
第225条　限定責任信託においては、受益者に対する信託財産に係る給付は、その給付可能額（受益者に対し給付をすることができる額として純資産額の範囲内において法務省令で定める方法により算定される額をいう。以下この節において同じ。）を超えてすることはできない。

（受益者に対する信託財産に係る給付に関する責任）
第226条　①受託者が前条の規定に違反して受益者に対する信託財産に係る給付をした場合には、次の各号に掲げる者は、連帯して（第2号に掲げる受益者にあっては、現に受けた個別の給付額の限度で連帯して）、当該各号に定める義務を負う。ただし、受託者がその職務を行うについて注意を怠らなかったことを証明した場合は、この限りでない。
　1　受託者　当該給付の帳簿価額（以下この節において「給付額」という。）に相当する金銭の信託財産に対するてん補の義務
　2　当該給付を受けた受益者　現に受けた個別の給付額に相当する金銭の受託者に対する支払の義務
②受託者が前項第1号に定める義務の全部又は一部を履行した場合には、同項第2号に掲げる受益者は、当該履行された金額に同号の給付額の同項第1号の給付額に対する割合を乗じて得た金額の限度で同項第2号に定める義務を免れ、受益者が同号に定める義務の全部

又は一部を履行した場合には、受託者は、当該履行された金額の限度で同項第1号に定める義務を免れる。
③第1項（第2号に係る部分に限る。）の規定により受益者から受託者に対し支払われた金銭は、信託財産に帰属する。
④第1項に規定する義務は、免除することができない。ただし、当該給付をした日における給付可能額を限度として当該義務を免除することについて総受益者の同意がある場合は、この限りでない。
⑤第1項本文に規定する場合において、同項第1号の義務を負う他の受託者があるときは、これらの者は、連帯債務者とする。
⑥第45条の規定は、第1項の規定による請求に係る訴えについて準用する。

（受益者に対する求償権の制限等）
第227条　①前条第1項本文に規定する場合において、当該給付を受けた受益者は、給付額が当該給付をした日における給付可能額を超えることにつき善意であるときは、当該給付額について、受託者からの求償の請求に応ずる義務を負わない。
②前条第1項本文に規定する場合には、信託債権者は、当該給付を受けた受益者に対し、給付額（当該給付額が当該信託債権者の債権額を超える場合にあっては、当該債権額）に相当する金銭を支払わせることができる。

（欠損が生じた場合の責任）
第228条　受託者が受益者に対する信託財産に係る給付をした場合において、当該給付をした日後最初に到来する第222条第4項の時期に欠損額（貸借対照表上の負債の額が資産の額を上回る場合において、当該負債の額から当該資産の額を控除して得た額をいう。以下この項において同じ。）が生じたときは、次の各号に掲げる者は、連帯して（第2号に掲げる受益者にあっては、現に受けた個別の給付額の限度で連帯して）、当該各号に定める義務を負う。ただし、受託者がその職務を行うについて注意を怠らなかったことを証明した場合は、この限りでない。
1　受託者　その欠損額（当該欠損額が給付額を超える場合にあっては、当該給付額）に相当する金銭の信託財産に対するてん補の義務
2　当該給付を受けた受益者　欠損額（当該欠損額が現に受けた個別の給付額を超える場合にあっては、当該給付額）に相当する金銭の受託者に対する支払の義務
②受託者が前項第1号に定める義務の全部又は一部を履行した場合には、同項第2号に掲げる受益者は、当該履行された金額に同号の給付額の同項第1号の給付額に対する割合を乗じて得た金額の限度で同項第2号に定める義務を免れ、受益者が同号に定める義務の全部又は一部を履行した場合には、受託者は、当該履行された金額の限度で同項第1号に定める義務を免れる。
③第1項（第2号に係る部分に限る。）の規定により受益者から受託者に対し支払われた金銭は、信託財産に帰属する。
④第1項に規定する義務は、総受益者の同意がなければ、免除することができない。
⑤第1項本文に規定する場合において、同項第1号の義務を負う他の受託者があるときは、これらの者は、連帯債務者とする。
⑥第45条の規定は、第1項の規定による請求に係る訴えについて準用する。

（債権者に対する公告）
第229条　①限定責任信託の清算受託者は、その就任後遅滞なく、信託債権者に対し、一定の期間内にその債権を申し出るべき旨を官報に公告し、かつ、知れている信託債権者には、各別にこれを催告しなければならない。ただし、当該期間は、2箇月を下ることができない。
②前項の規定による公告には、当該信託債権者が当該期間内に申出をしないときは清算から除斥される旨を付記しなければならない。

（債務の弁済の制限）
第230条　①限定責任信託の清算受託者は、前条第1項の期間内は、清算中の限定責任信託の債務の弁済をすることができない。この場合において、清算受託者は、その債務の不履行によって生じた責任を免れることができない。
②前項の規定にかかわらず、清算受託者は、前条第1項の期間内であっても、裁判所の許可を得て、少額の債権、清算中の限定責任信託の信託財産に属する財産につき存する担保権によって担保される債権その他これを弁済しても他の債権者を害するおそれがない債権に係る債務について、その弁済をすることができる。この場合において、当該許可の申立ては、清算受託者が2人以上あるときは、その全員の同意によってしなければならない。
③清算受託者は、前項の許可の申立てをする場合には、その原因となる事実を疎明しなければならない。
④第2項の許可の申立てを却下する裁判には、理由を付さなければならない。
⑤第2項の規定による弁済の許可の裁判に対しては、不服を申し立てることができない。

（清算からの除斥）
第231条 ①清算中の限定責任信託の信託債権者（知れているものを除く。）であって第229条第1項の期間内にその債権の申出をしなかったものは、清算から除斥される。
②前項の規定により清算から除斥された信託債権者は、給付がされていない残余財産に対してのみ、弁済を請求することができる。
③2人以上の受益者がある場合において、清算中の限定責任信託の残余財産の給付を受益者の一部に対してしたときは、当該受益者の受けた給付と同一の割合の給付を当該受益者以外の受益者に対してするために必要な財産は、前項の残余財産から控除する。

第3節　限定責任信託の登記
（限定責任信託の定めの登記）
第232条　信託行為において第216条第1項の定めがされたときは、限定責任信託の定めの登記は、2週間以内に、次に掲げる事項を登記してしなければならない。
1　限定責任信託の目的
2　限定責任信託の名称
3　受託者の氏名又は名称及び住所
4　限定責任信託の事務処理地
5　第64条第1項（第74条第6項において準用する場合を含む。）の規定により信託財産管理者又は信託財産法人管理人が選任されたときは、その氏名又は名称及び住所
6　第163条第9号の規定による信託の終了についての信託行為の定めがあるときは、その定め
7　会計監査人設置信託（第248条第3項に規定する会計監査人設置信託をいう。第240条第3号において同じ。）であるときは、その旨及び会計監査人の氏名又は名称

（変更の登記）
第233条　①限定責任信託の事務処理地に変更があったときは、2週間以内に、旧事務処理地においてはその変更の登記をし、新事務処理地においては前条各号に掲げる事項を登記しなければならない。
②同一の登記所の管轄区域内において限定責任信託の事務処理地に変更があったときは、その変更の登記をすれば足りる。
③前条各号（第4号を除く。）に掲げる事項に変更があったときは、2週間以内に、その変更の登記をしなければならない。

（職務執行停止の仮処分命令等の登記）
第234条　限定責任信託の受託者の職務の執行を停止し、若しくはその職務を代行する者を選任する仮処分命令又はその仮処分命令を変更し、若しくは取り消す決定がされたときは、その事務処理地において、その登記をしなければならない。

（終了の登記）
第235条　第163条（第6号及び第7号に係る部分を除く。）若しくは第164条第1項若しくは第3項の規定により限定責任信託が終了したとき、又は第216条第1項の定めを廃止する旨の信託の変更がされたときは、2週間以内に、終了の登記をしなければならない。

（清算受託者の登記）
第236条　①限定責任信託が終了した場合において、限定責任信託が終了した時における受託者が清算受託者となるときは、終了の日から、2週間以内に、清算受託者の氏名又は名称及び住所を登記しなければならない。
②信託行為の定め又は第62条第1項若しくは第4項若しくは第173条第1項の規定により清算受託者が選任されたときも、前項と同様とする。
③第233条第3項の規定は、前2項の規定による登記について準用する。

（清算結了の登記）
第237条　限定責任信託の清算が結了したときは、第184条第1項の計算の承認の日から、2週間以内に、清算結了の登記をしなければならない。

（管轄登記所及び登記簿）
第238条　①限定責任信託の登記に関する事務は、限定責任信託の事務処理地を管轄する法務局若しくは地方法務局若しくはこれらの支局又はこれらの出張所が管轄登記所としてつかさどる。
②登記所に、限定責任信託登記簿を備える。

（登記の申請）
第239条　①第232条及び第233条の規定による登記は受託者の申請によって、第235条から第237条までの規定による登記は清算受託者の申請によってする。
②前項の規定にかかわらず、信託財産管理者又は信託財産法人管理人が選任されている場合には、第232条及び第233条の規定による登記（第246条の規定によるものを除く。）は、信託財産管理者又は信託財産法人管理人の申請によってする。

（限定責任信託の定めの登記の添付書面）
第240条　限定責任信託の定めの登記の申請書には、次に掲げる書面を添付しなければならない。
1　限定責任信託の信託行為を証する書面
2　受託者が法人であるときは、当該法人の登記事項証明書。ただし、当該登記所の管

轄区域内に当該法人の本店又は主たる事務所がある場合を除く。
3 会計監査人設置信託においては、次に掲げる書面
　イ　就任を承諾したことを証する書面
　ロ　会計監査人が法人であるときは、当該法人の登記事項証明書。ただし、当該登記所の管轄区域内に当該法人の主たる事務所がある場合を除く。
　ハ　会計監査人が法人でないときは、第249条第1項に規定する者であることを証する書面

（変更の登記の添付書面）
第241条　①事務処理地の変更又は第232条各号（第4号を除く。）に掲げる事項の変更の登記の申請書には、事務処理地の変更又は登記事項の変更を証する書面を添付しなければならない。
②法人である新受託者の就任による変更の登記の申請書には、前条第2号に掲げる書面を添付しなければならない。
③会計監査人の就任による変更の登記の申請書には、前条第3号ロ又はハに掲げる書面を添付しなければならない。

（終了の登記の添付書面）
第242条　限定責任信託の終了の登記の申請書には、その事由の発生を証する書面を添付しなければならない。

（清算受託者の登記の添付書面）
第243条　①次の各号に掲げる者が清算受託者となった場合の清算受託者の登記の申請書には、当該各号に定める書面を添付しなければならない。
1　信託行為の定めにより選任された者　次に掲げる書面
　イ　当該信託行為の定めがあることを証する書面
　ロ　選任された者が就任を承諾したことを証する書面
2　第62条第1項の規定により選任された者　次に掲げる書面
　イ　第62条第1項の合意があったことを証する書面
　ロ　前号ロに掲げる書面
3　第62条第4項又は第173条第1項の規定により裁判所が選任した者　その選任を証する書面
②第240条（第2号に係る部分に限る。）の規定は、清算受託者が法人である場合の清算受託者の登記について準用する。

（清算受託者に関する変更の登記の添付書面）
第244条　①清算受託者の退任による変更の登記の申請書には、退任を証する書面を添付しなければならない。
②第236条第1項に規定する事項の変更の登記の申請書には、登記事項の変更を証する書面を添付しなければならない。
③第241条第2項の規定は、法人である清算受託者の就任による変更の登記について準用する。

（清算結了の登記の添付書面）
第245条　清算結了の登記の申請書には、第184条第1項の計算の承認があったことを証する書面を添付しなければならない。

（裁判による登記の嘱託）
第246条　次に掲げる場合には、裁判所書記官は、職権で、遅滞なく、限定責任信託の事務処理地を管轄する登記所にその登記を嘱託しなければならない。
1　次に掲げる裁判があったとき。
　イ　第58条第4項（第70条（第74条第6項において準用する場合を含む。）において準用する場合を含む。）の規定による受託者又は信託財産管理者若しくは信託財産法人管理人の解任の裁判
　ロ　第64条第1項（第74条第6項において準用する場合を含む。）の規定による信託財産管理者又は信託財産法人管理人の選任の裁判
2　次に掲げる裁判が確定したとき。
　イ　前号イに掲げる裁判を取り消す裁判
　ロ　第165条又は第166条の規定による信託の終了を命ずる裁判

（商業登記法及び民事保全法の準用）
第247条　限定責任信託の登記については、商業登記法（昭和38年法律第125号）第2条から第5条まで、第七条から第15条まで、第17条（第3項を除く。）、第18条から第19条の3まで、第20条第1項及び第2項、第21条から第24条まで、第26条、第27条、第51条から第53条まで、第71条第1項、第132条から第137条まで並びに第139条から第148条まで並びに民事保全法第56条の規定を準用する。この場合において、商業登記法第51条第1項中「本店」とあるのは「事務処理地（信託法（平成18年法律第108号）第216条第2項第4号に規定する事務処理地をいう。以下同じ。）」と、「移転した」とあるのは「変更した」と、同項並びに同法第52条第2項、第3項及び第5項中「新在地」とあるのは「新事務処理地」と、同法第51条第1項及び第2項並びに第52条中「旧所在地」とあるのは「旧事務処理地」と、同法第71条第1項中「解散」とあるのは

「限定責任信託の終了」と、民事保全法第56条中「法人を代表するその他法人の役員」とあるのは「限定責任信託の受託者又は清算受託者」と、「法人の本店又は主たる事務所の所在地（外国法人にあっては、各事務所の所在地）」とあるのは「限定責任信託の事務処理地（信託法（平成18年法律第108号）第216条第2項第4号に規定する事務処理地をいう。）」と読み替えるものとする。

第10章　受益証券発行限定責任信託の特例
（会計監査人の設置等）
第248条　①受益証券発行信託である限定責任信託（以下「受益証券発行限定責任信託」という。）においては、信託行為の定めにより、会計監査人を置くことができる。
②受益証券発行限定責任信託であって最終の貸借対照表（直近の第222条第4項の時期において作成された貸借対照表をいう。）の負債の部に計上した額の合計額が200億円以上であるものにおいては、会計監査人を置かなければならない。
③第1項の信託行為の定めのある信託及び前項に規定する信託（以下「会計監査人設置信託」と総称する。）においては、信託行為に会計監査人を指定する定めを設けなければならない。

（会計監査人の資格等）
第249条　①会計監査人は、公認会計士（外国公認会計士（公認会計士法（昭和23年法律第103号）第16条の2第5項に規定する外国公認会計士をいう。）を含む。第3項第2号において同じ。）又は監査法人でなければならない。
②会計監査人に選任された監査法人は、その社員の中から会計監査人の職務を行うべき者を選定し、これを受託者に通知しなければならない。この場合においては、次項第2号に掲げる者を選定することはできない。
③次に掲げる者は、会計監査人となることができない。
　1　公認会計士法の規定により、第222条第4項に規定する書類又は電磁的記録について監査をすることができない者
　2　受託者若しくはその利害関係人から公認会計士若しくは監査法人の業務以外の業務により継続的な報酬を受けている者又はその配偶者
　3　監査法人でその社員の半数以上が前号に掲げる者であるもの

（会計監査人が欠けた場合の措置）
第250条　①会計監査人設置信託において、会計監査人が欠けたときは、委託者及び受益者は、会計監査人が欠けた時から2箇月以内に、その合意により、新たな会計監査人（以下この条において「新会計監査人」という。）を選任しなければならない。
②前項に規定する場合において、委託者が現に存しないとき、又は会計監査人が欠けた時から2箇月を経過しても同項の合意が調わないときは、新会計監査人の選任は、受益者のみでこれをすることができる。
③前2項に規定する場合において、受益者が2人以上あるときは、受益者（信託監督人が現に存する場合にあっては、受益者又は信託監督人）は、前2項の規定により新会計監査人を選任するため、遅滞なく、受益者集会を招集しなければならない。
④第1項又は第2項の規定により新会計監査人が選任されたときは、当該新会計監査人について信託行為に第248条第3項の定めが設けられたものとみなす。
⑤会計監査人が欠けた場合には、辞任により退任した会計監査人は、新会計監査人が選任されるまで、なお会計監査人としての権利義務を有する。

（会計監査人の辞任及び解任）
第251条　第57条第1項本文の規定は会計監査人の辞任について、第58条第1項及び第2項の規定は会計監査人の解任について、それぞれ準用する。

（会計監査人の権限等）
第252条　①会計監査人は、第222条第4項の書類又は電磁的記録を監査する。この場合において、会計監査人は、法務省令で定めるところにより、会計監査報告を作成しなければならない。
②会計監査人は、いつでも、次に掲げるものの閲覧及び謄写をし、又は受託者に対し、会計に関する報告を求めることができる。
　1　会計帳簿又はこれに関する資料が書面をもって作成されているときは、当該書面
　2　会計帳簿又はこれに関する資料が電磁的記録をもって作成されているときは、当該電磁的記録に記録された事項を法務省令で定める方法により表示したもの
③会計監査人は、その職務を行うに当たっては、次のいずれかに該当する者を使用してはならない。
　1　第249条第3項第1号又は第2号に掲げる者
　2　受託者又はその利害関係人
　3　受託者又はその利害関係人から公認会計士又は監査法人の業務以外の業務により継

続的な報酬を受けている者
④会計監査人設置信託における第222条第4項、第5項及び第8項の規定の適用については、同条第4項中「作成しなければ」とあるのは「作成し、第252条第1項の会計監査を受けなければ」と、同条第5項中「その内容」とあるのは「その内容及び会計監査報告」と、同条第8項中「作成した場合には」とあるのは「作成し、第252条第1項の会計監査を受けた場合には」と、「当該書面）」とあるのは「当該書面）及び当該会計監査報告」とする。

(会計監査人の注意義務)
第253条 会計監査人は、その職務を行うに当たっては、善良な管理者の注意をもって、これをしなければならない。

(会計監査人の損失てん補責任等)
第254条 ①会計監査人がその任務を怠ったことによって信託財産に損失が生じた場合には、受益者は、当該会計監査人に対し、当該損失のてん補をすることを請求することができる。
②前項の規定による損失のてん補として会計監査人が受託者に対し交付した金銭その他の財産は、信託財産に帰属する。
③第42条（第1号に係る部分に限る。）並びに第105条第3項及び第4項（第3号を除く。）の規定は第1項の規定による責任の免除について、第43条の規定は第1項の規定による責任に係る債権について、第45条の規定は第1項の規定による請求に係る訴えについて、それぞれ準用する。この場合において、第105条第4項第2号中「受託者がその任務」とあるのは、「会計監査人がその職務」と読み替えるものとする。

(会計監査人の第三者に対する責任)
第255条 ①会計監査人設置信託において、会計監査人がその職務を行うについて悪意又は重大な過失があったときは、当該会計監査人は、これによって第三者に生じた損害を賠償する責任を負う。
②会計監査人設置信託の会計監査人が、第252条第1項の会計監査報告に記載し、又は記録すべき重要な事項について虚偽の記載又は記録をしたときも、前項と同様とする。ただし、会計監査人が当該行為をすることについて注意を怠らなかったことを証明したときは、この限りでない。
③前2項の場合において、当該損害を賠償する責任を負う他の会計監査人があるときは、これらの者は、連帯債務者とする。

(会計監査人の費用等及び報酬)
第256条 第127条第1項から第5項までの規定は、会計監査人の費用及び支出の日以後におけるその利息、損害の賠償並びに報酬について準用する。

(受益者集会の特例)
第257条 会計監査人設置信託に係る信託行為に第214条の別段の定めがない場合における第118条の規定の適用については、同条第1項中「同じ。）」とあるのは「同じ。）及び会計監査人」と、同条第2項中「受託者」とあるのは「受託者又は会計監査人」とする。

第11章 受益者の定めのない信託の特例
(受益者の定めのない信託の要件)
第258条 ①受益者の定め（受益者を定める方法の定めを含む。以下同じ。）のない信託は、第3条第1号又は第2号に掲げる方法によってすることができる。
②受益者の定めのない信託においては、信託の変更によって受益者の定めを設けることはできない。
③受益者の定めのある信託においては、信託の変更によって受益者の定めを廃止することはできない。
④第3条第2号に掲げる方法によって受益者の定めのない信託をするときは、信託管理人を指定する定めを設けなければならない。この場合においては、信託管理人の権限のうち第145条第2項各号（第6号を除く。）に掲げるものを行使する権限を制限する定めを設けることはできない。
⑤第3条第2号に掲げる方法によってされた受益者の定めのない信託において信託管理人を指定する定めがない場合において、遺言執行者の定めがあるときは、当該遺言執行者は、信託管理人を選任しなければならない。この場合において、当該遺言執行者が信託管理人を選任したときは、当該信託管理人について信託行為に前項前段の定めが設けられたものとみなす。
⑥第3条第2号に掲げる方法によってされた受益者の定めのない信託において信託管理人を指定する定めがない場合において、遺言執行者の定めがないとき、又は遺言執行者となるべき者として指定された者が信託管理人の選任をせず、若しくはこれをすることができないときは、裁判所は、利害関係人の申立てにより、信託管理人を選任することができる。この場合において、信託管理人の選任の裁判があったときは、当該信託管理人について信託行為に第4項前段の定めが設けられたものとみなす。
⑦第123条第6項から第8項までの規定は、前

⑧第3条第2号に掲げる方法によってされた受益者の定めのない信託において、信託管理人が欠けた場合であって、信託管理人が就任しない状態が1年間継続したときは、当該信託は、終了する。

（受益者の定めのない信託の存続期間）
第259条　受益者の定めのない信託の存続期間は、20年を超えることができない。

（受益者の定めのない信託における委託者の権利）
第260条　①第3条第1号に掲げる方法によってされた受益者の定めのない信託においては、委託者（委託者が2人以上ある場合にあっては、そのすべての委託者）が第145条第2項各号（第6号を除く。）に掲げる権利を有する旨及び受益者が同条第4項各号に掲げる義務を負う旨の定めが設けられたものとみなす。この場合においては、信託の変更によってこれを変更することはできない。
②第3条第2号に掲げる方法によってされた受益者の定めのない信託であって、第258条第5項後段又は第6項後段の規定により同条第4項前段の定めが設けられたものとみなされるものにおいては、信託の変更によって信託管理人の権限のうち第145条第2項各号（第6号を除く。）に掲げるものを行使する権限を制限することはできない。

（この法律の適用関係）
第261条　①受益者の定めのない信託に関する次の表の上欄に掲げるこの法律の規定の適用については、これらの規定中同表の中欄に掲げる字句は、同表の下欄に掲げる字句とする。

第19条第1項第3号及び第3項第3号	受益者の利益を害しない	信託の目的の達成の支障とならない
	受益者との	信託の目的に関して有する
第19条第3項第2号	各信託の受益者（信託管理人が現に存する場合にあっては、信託管理人）の協議	受益者の定めのない信託の信託管理人と他の信託の受益者（信託管理人が現に存する場合にあっては、信託管理人）との協議又は受益者の定めのない各信託の信託管理人の協議
第30条	受益者	信託の目的の達成
第31条第1項第4号	受託者又はその利害関係人と受益者との利益が相反する	受託者又はその利害関係人の利益となり、かつ、信託の目的の達成の支障となる
第31条第2項第4号	受益者の利益を害しない	信託の目的の達成の支障とならない
	受益者との	信託の目的に関して有する
第32条第1項	受益者の利益に反する	信託の目的の達成の支障となる
第37条第4項ただし書	受益者	委託者
	信託管理人。	信託管理人又は委託者。
第37条第6項ただし書	受益者	委託者
第38条第2項第3号	受益者の共同の利益を害する	信託の目的の達成を妨げる
第57条第1項	委託者及び受益者	委託者（信託管理人が現に存する場合にあっては、委託者及び信託管理人）
第58条第1項	委託者及び受益者は、いつでも、その合意により	委託者は、いつでも（信託管理人が現に存する場合にあっては、委託者及び信託管理人は、いつでも、その合意により）
第58条第2項	委託者及び受益者が	委託者（信託管理人が現に存する場合にあっては、委託者及び信託管理人）が
	委託者及び受益者は	委託者は
第62条第1項	委託者及び受益者は、その合意により	委託者は（信託管理人が現に存する場合にあっては、委託者及び信託管理人は、その合意により）
第62条第3項	委託者及び受益者（2人以	委託者（信託管理人が現に存する場

条項		
	上の受益者が現に存する場合にあってはその1人、信託管理人が現に存する場合にあっては信託管理人）	合にあっては、委託者及び信託管理人）
第62条第4項	同項の合意に係る協議の状況	委託者の状況（信託管理人が現に存する場合にあっては、同項の合意に係る協議の状況）
第62条第8項	「受益者は」	「信託管理人は」
	「受益者」	「信託管理人」
	「受益者の状況」	「信託管理人の状況」
第125条第1項	受益者のために	信託の目的の達成のために
第126条第2項	受益者	信託の目的の達成
第146条第1項	受託者及び受益者	受託者
第146条第2項	他の委託者、受託者及び受益者	他の委託者及び受託者
第149条第1項	委託者、受託者及び受益者	委託者及び受託者（信託管理人が現に存する場合にあっては、委託者、受託者及び信託管理人）
第149条第2項（第1号を除く。）	委託者及び受益者	委託者（信託管理人が現に存する場合にあっては、委託者及び信託管理人）
	信託の目的に反しないこと及び受益者の利益に適合すること	信託の目的の達成のために必要であること
第149条第3項第1号	委託者及び受益者	委託者（信託管理人が現に存する場合にあっては、委託者及び信託管理人）
第149条第5項	、受益者に対し	、信託管理人に対し
第150条第1項	受益者の利益に適合しなくなる	信託の目的の達成の支障となる
第151条第1項	委託者、受託者及び受益者	委託者及び受託者（信託管理人が現に存する場合にあっては、委託者、受託者及び信託管理人）
第151条第2項（第1号を除く。）	委託者及び受益者	委託者（信託管理人が現に存する場合にあっては、委託者及び信託管理人）
	信託の目的に反しないこと及び受益者の利益に適合すること	信託の目的の達成のために必要であること
第151条第4項	、受益者に対し	、信託管理人に対し
第155条第1項	委託者、受託者及び受益者	委託者及び受託者（信託管理人が現に存する場合にあっては、委託者、受託者及び信託管理人）
第155条第2項（第1号を除く。）	委託者及び受益者	委託者（信託管理人が現に存する場合にあっては、委託者及び信託管理人）
	信託の目的に反しないこと及び受益者の利益に適合すること	信託の目的の達成のために必要であること
第155条第4項	、受益者に対し	、信託管理人に対し
第159条第1項	委託者、受託者及び受益者	委託者及び受託者（信託管理人が現に存する場合にあっては、委託者、受託者及び信託管理人）

第159条第2項（第1号を除く。）	委託者及び受益者	委託者（信託管理人が現に存する場合にあっては、委託者及び信託管理人）
	信託の目的に反しないこと及び受益者の利益に適合すること	信託の目的の達成のために必要であること
第159条第4項	、受益者に対し	、信託管理人に対し
第164条第1項	委託者及び受益者は、いつでも、その合意により	委託者は、いつでも（信託管理人が現に存する場合にあっては、委託者及び信託管理人は、いつでも、その合意により）
第164条第2項	委託者及び受益者が	委託者（信託管理人が現に存する場合にあっては、委託者及び信託管理人）が
	委託者及び受益者は	委託者は
第165条第1項	受益者の利益に適合する	相当となる
第222条第6項ただし書	受益者	委託者
	信託管理人。	信託管理人又は委託者。
第222条第8項ただし書	受益者	委託者
第243条第1項第2号イ	合意	委託者の意思表示（信託管理人が現に存する場合にあっては、委託者及び信託管理人の合意）

② 受益者の定めのない信託に係る受託者の費用等、損害の賠償及び信託報酬については、第48条第5項（第53条第2項及び第54条第4項において準用する場合を含む。）の規定は、適用しない。
③ 受益者の定めのない信託に係る信託の変更については、第149条第2項第1号及び第3項第2号の規定は、適用しない。
④ 受益者の定めのない信託に係る信託の併合については、第151条第2項第1号の規定は、適用しない。
⑤ 受益者の定めのない信託に係る信託の分割については、第155条第2項第1号及び第159条第2項第1号の規定は、適用しない。

第12章　雑　則
第1節　非　訟
（信託に関する非訟事件の管轄）
第262条　① この法律の規定による非訟事件は、この条に特別の定めがある場合を除き、受託者の住所地を管轄する地方裁判所の管轄に属する。
② 受託者が2人以上ある場合における前項の規定の適用については、同項中「住所地」とあるのは、「いずれかの住所地」とする。
③ 受託者の任務の終了後新受託者の就任前におけるこの法律の規定による裁判所に対する申立てに係る事件は、前受託者の住所地を管轄する地方裁判所の管轄に属する。
④ 受託者が2人以上ある場合における前項の規定の適用については、同項中「受託者の任務」とあるのは、「すべての受託者の任務」とし、前受託者が2人以上ある場合における同項の規定の適用については、同項中「住所地」とあるのは、「いずれかの住所地」とする。
⑤ 第6条第1項又は第258条第6項の申立てに係る事件は、遺言者の最後の住所地を管轄する地方裁判所の管轄に属する。
（信託に関する非訟事件の手続の特例）
第263条　この法律の規定による非訟事件については、非訟事件手続法第40条及び第57条第2項第2号の規定は、適用しない。
（最高裁判所規則）
第264条　この法律に定めるもののほか、この法律の規定による非訟事件の手続に関し必要な事項は、最高裁判所規則で定める。

第2節　公告等
（法人である受託者についての公告の方法）
第265条　この法律の規定（第152条第2項、第156条第2項、第160条第2項及び第229条第1項を除く。）による公告は、受託者（受託者の任務の終了後新受託者の就任前にあっては、前受託者）が法人である場合には、当該法人における公告の方法（公告の期間を含む。）によりしなければならない。
（法人である受託者の合併等についての公告の手続等の特例）
第266条　① 会社法その他の法律の規定によ

りある法人が組織変更、合併その他の行為をするときは当該法人の債権者が当該行為について公告、催告その他の手続を経て異議を述べることができることとされている場合において、法人である受託者が当該行為をしようとするときは、受託者が信託財産に属する財産のみをもって履行する責任を負う信託財産責任負担債務に係る債権を有する債権者は、当該行為についてこれらの手続を経て異議を述べることができる債権者に含まれないものとする。

②会社法その他の法律の規定による法人の事業の譲渡に関する規定の適用については、第3条第3号に掲げる方法によってする信託は、その適用の対象となる行為に含まれるものとする。ただし、当該法律に別段の定めがあるときは、この限りでない。

第13章 罰則

（受益証券発行限定責任信託の受託者等の贈収賄罪）

第267条 ①次に掲げる者が、その職務に関して、賄賂を収受し、又はその要求若しくは約束をしたときは、3年以下の懲役又は300万円以下の罰金に処する。これによって不正の行為をし、又は相当の行為をしないときは、5年以下の懲役又は500万円以下の罰金に処する。
1　受益証券発行限定責任信託の受託者（前受託者又は清算受託者を含む。以下同じ。）
2　受益証券発行限定責任信託の信託財産管理者
3　受益証券発行限定責任信託の民事保全法第56条に規定する仮処分命令により選任された受託者の職務を代行する者
4　受益証券発行限定責任信託の信託財産法人管理人
5　受益証券発行限定責任信託の信託管理人
6　受益証券発行限定責任信託の信託監督人
7　受益証券発行限定責任信託の受益者代理人
8　受益証券発行限定責任信託の検査役
9　会計監査人

②前項に規定する賄賂を供与し、又はその申込み若しくは約束をした者は、3年以下の懲役又は300万円以下の罰金に処する。

③第1項の場合において、犯人の収受した賄賂は、没収する。その全部又は一部を没収することができないときは、その価額を追徴する。

（国外犯）

第268条 ①前条第1項の罪は、日本国外においてこれらの罪を犯した者にも適用する。

②前条第2項の罪は、刑法（明治40年法律第45号）第2条の例に従う。

（法人における罰則の適用）

第269条 第267条第1項に規定する者が法人であるときは、同項の規定は、その行為をした取締役、執行役その他業務を執行する役員又は支配人に対してそれぞれ適用する。

（過料に処すべき行為）

第270条 ①受託者、第60条第1項に規定する前受託者の相続人等、信託財産管理者、民事保全法第56条に規定する仮処分命令により選任された受託者の職務を代行する者、信託財産法人管理人、信託管理人、信託監督人、受益者代理人又は検査役は、次のいずれかに該当する場合には、100万円以下の過料に処する。ただし、その行為について刑を科すべきときは、この限りでない。
1　この法律の規定による公告若しくは通知をすることを怠ったとき、又は不正の公告若しくは通知をしたとき。
2　この法律の規定による開示をすることを怠ったとき。
3　この法律の規定に違反して、正当な理由がないのに、書類又は電磁的記録に記録された事項を法務省令で定める方法により表示したものの閲覧又は謄写を拒んだとき。
4　この法律の規定による報告をせず、又は虚偽の報告をしたとき。
5　この法律の規定による調査を妨げたとき。
6　第37条第1項、第2項若しくは第5項の書類若しくは電磁的記録又は第120条の議事録（信託行為に第4章第3節第2款の定めるところによる受益者集会における多数決による旨の定めがある場合に限る。）を作成せず、若しくは保存せず、又はこれらに記載し、若しくは記録すべき事項を記載せず、若しくは記録せず、若しくは虚偽の記載若しくは記録をしたとき。
7　第152条第2項若しくは第5項、第156条第2項若しくは第5項又は第160条第2項若しくは第5項の規定に違反して、信託の併合又は分割をしたとき。
8　第179条第1項の規定に違反して、破産手続開始の申立てをすることを怠ったとき。
9　第181条の規定に違反して、清算中の信託財産に属する財産の給付をしたとき。

②受益証券発行信託の受託者、信託財産管理者、民事保全法第56条に規定する仮処分命令により選任された受託者の職務を代行する者、信託財産法人管理人、信託監督人又は受益権原簿管理人は、次のいずれかに該当する場合には、100万円以下の過料に処する。ただし、

その行為について刑を科すべきときは、この限りでない。
1 第120条の議事録（信託行為に第214条の別段の定めがない場合に限る。）又は第186条の受益権原簿を作成せず、若しくは保存せず、又はこれらに記載し、若しくは記録すべき事項を記載せず、若しくは記録せず、若しくは虚偽の記載若しくは記録をしたとき。
2 第187条第1項又は第202条第1項の規定に違反して、書面の交付又は電磁的記録の提供を拒んだとき。
3 第190条第1項の規定に違反して、第186条の受益権原簿を備え置かなかったとき。
4 第207条の規定に違反して、遅滞なく、受益証券を発行しなかったとき。
5 第209条の規定に違反して、受益証券に記載すべき事項を記載せず、又は虚偽の記載をしたとき。

③限定責任信託の受託者、信託財産管理者、民事保全法第56条に規定する仮処分命令により選任された受託者の職務を代行する者又は信託財産法人管理人は、次のいずれかに該当する場合には、100万円以下の過料に処する。ただし、その行為について刑を科すべきときは、この限りでない。
1 第9章第3節の規定による登記をすることを怠ったとき。
2 第222条第2項の会計帳簿、同条第3項の貸借対照表又は同条第4項若しくは第7項の書類若しくは電磁的記録を作成せず、若しくは保存せず、又はこれらに記載し、若しくは記録すべき事項を記載せず、若しくは記録せず、若しくは虚偽の記載若しくは記録をしたとき。
3 清算の結了を遅延させる目的で、第229条第1項の期間を不当に定めたとき。
4 第230条第1項の規定に違反して、債務の弁済をしたとき。

④会計監査人設置信託の受託者、信託財産管理者、民事保全法第56条に規定する仮処分命令により選任された受託者の職務を代行する者、信託財産法人管理人又は信託監督人は、第250条第3項の規定に違反して、会計監査人の選任の手続をすることを怠ったときは、100万円以下の過料に処する。ただし、その行為について刑を科すべきときは、この限りでない。

第271条 次のいずれかに該当する者は、100万円以下の過料に処する。
1 第218条第1項の規定に違反して、限定責任信託の名称中に限定責任信託という文字を用いなかった者
2 第218条第2項の規定に違反して、限定責任信託であると誤認されるおそれのある文字をその名称又は商号中に使用した者
3 第218条第3項の規定に違反して、他の限定責任信託であると誤認されるおそれのある名称又は商号を使用した者

信託業法（平成16・12・3法154）（抄）

第1章 総則
(目的)
第1条 この法律は、信託業を営む者等に関し必要な事項を定め、信託に関する引受けその他の取引の公正を確保することにより、信託の委託者及び受益者の保護を図り、もって国民経済の健全な発展に資することを目的とする。
(定義)
第2条 ①この法律において「信託業」とは、信託の引受け（他の取引に係る費用に充てるべき金銭の預託を受けるものその他他の取引に付随して行われるものであって、その内容等を勘案し、委託者及び受益者の保護のため支障を生ずることがないと認められるものとして政令で定めるものを除く。以下同じ。）を行う営業をいう。
②この法律において「信託会社」とは、第3条の内閣総理大臣の免許又は第7条第1項の内閣総理大臣の登録を受けた者をいう。
③この法律において「管理型信託業」とは、次の各号のいずれかに該当する信託のみの引受けを行う営業をいう。
　1　委託者又は委託者から指図の権限の委託を受けた者（委託者又は委託者から指図の権限の委託を受けた者が株式の所有関係又は人的関係において受託者と密接な関係を有する者として政令で定める者以外の者である場合に限る。）のみの指図により信託財産の管理又は処分（当該信託の目的の達成のために必要な行為を含む。以下同じ。）が行われる信託
　2　信託財産につき保存行為又は財産の性質を変えない範囲内の利用行為若しくは改良行為のみが行われる信託
④この法律において「管理型信託会社」とは、第7条第1項の内閣総理大臣の登録を受けた者をいう。
⑤この法律において「外国信託業者」とは、外国の法令に準拠して外国において信託業を営む者（信託会社を除く。）をいう。
⑥この法律において「外国信託会社」とは、第53条第1項の内閣総理大臣の免許又は第54条第1項の内閣総理大臣の登録を受けた者をいう。
⑦この法律において「管理型外国信託会社」とは、第54条第1項の内閣総理大臣の登録を受けた者をいう。
⑧この法律において「信託契約代理業」とは、信託契約（当該信託契約に基づく信託の受益者が当該信託の受益権（当該受益権を表示する証券又は証書を含む。）の発行者（金融商品取引法（昭和23年法律第25号）第2条第5項に規定する発行者をいう。）とされる場合を除く。）の締結の代理（信託会社又は外国信託会社を代理する場合に限る。）又は媒介を行う営業をいう。
⑨この法律において「信託契約代理店」とは、第67条第1項の内閣総理大臣の登録を受けた者をいう。
⑩この法律において「指定紛争解決機関」とは、第85条の2第1項の規定による指定を受けた者をいう。
⑪この法律において「手続対象信託業務」とは、次に掲げるものをいう。
　1　信託会社及び外国信託会社が営む信託業並びにこれらの者が第21条第1項（第63条第2項において準用する場合を含む。）の規定により営む業務並びに当該信託会社及び外国信託会社のために信託契約代理店が営む信託契約代理業
　2　第52条第1項の登録を受けた者が営む信託業及び当該登録を受けた者が第21条第1項の規定により営む業務
　3　第50条の2第1項の登録を受けた者が行う信託法（平成18年法律第108号）第3条第3号に掲げる方法によってする信託に係る事務及び当該登録を受けた者が営む信託受益権売買等業務（金融商品取引法第65条の5第1項に規定する信託受益権の売買等を行う業務をいう。以下同じ。）
⑫この法律において「苦情処理手続」とは、手続対象信託業務関連苦情（手続対象信託業務に関する苦情をいう。第85条の7、第85条の8及び第85条の12において同じ。）を処理する手続をいう。
⑬この法律において「紛争解決手続」とは、手続対象信託業務関連紛争（手続対象信託業務に関する紛争で当事者が和解をすることができるものをいう。第85条の7、第85条の8及び第85条の13から第85条の15までにおいて同じ。）について訴訟手続によらずに解

⑭　この法律において「紛争解決等業務」とは、苦情処理手続及び紛争解決手続に係る業務並びにこれに付随する業務をいう。
⑮　この法律において「手続実施基本契約」とは、紛争解決等業務の実施に関し指定紛争解決機関と信託会社等（信託会社、外国信託会社、第50条の2第1項の登録を受けた者及び第52条第1項の登録を受けた者をいう。第5章の2において同じ。）との間で締結される契約をいう。

第2章　信託会社
第1節　総則
（免許）
第3条　①信託業は、内閣総理大臣の免許を受けた者でなければ、営むことができない。
（免許の申請）
第4条　①前条の免許を受けようとする者は、次に掲げる事項を記載した申請書を内閣総理大臣に提出しなければならない。
　1　商号
　2　資本金の額
　3　取締役及び監査役（監査等委員会設置会社にあっては取締役、指名委員会等設置会社にあっては取締役及び執行役。第8条第1項において同じ。）の氏名
　4　会計参与設置会社にあっては、会計参与の氏名又は名称
　5　信託業務以外の業務を営むときは、その業務の種類
　6　本店その他の営業所の名称及び所在地
②前項の申請書には、次に掲げる書類を添付しなければならない。
　1　定款
　2　会社の登記事項証明書
　3　業務方法書
　4　貸借対照表
　5　収支の見込みを記載した書類
　6　その他内閣府令で定める書類
③前項第3号の業務方法書には、次に掲げる事項を記載しなければならない。
　1　引受けを行う信託財産の種類
　2　信託財産の管理又は処分の方法
　3　信託財産の分別管理の方法
　4　信託業務の実施体制
　5　信託業務の一部を第三者に委託する場合には、委託する信託業務の内容並びに委託先の選定に係る基準及び手続（第22条第3項各号に掲げる業務を委託する場合を除く。）
　6　信託受益権売買等業務を営む場合には、当該業務の実施体制
　7　その他内閣府令で定める事項
（免許の基準）
第5条　①内閣総理大臣は、第3条の免許の申請があった場合においては、当該申請を行う者（次項において「申請者」という。）が次に掲げる基準に適合するかどうかを審査しなければならない。
　1　定款及び業務方法書の規定が法令に適合し、かつ、信託業務を適正に遂行するために十分なものであること。
　2　信託業務を健全に遂行するに足りる財産的基礎を有していること。
　3　人的構成に照らして、信託業務を的確に遂行することができる知識及び経験を有し、かつ、十分な社会的信用を有していること。
②内閣総理大臣は、申請者が次の各号のいずれかに該当するとき、又は前条第1項の申請書若しくは同条第2項各号に掲げる添付書類のうちに虚偽の記載があり、若しくは重要な事実の記載が欠けているときは、免許を与えてはならない。
　1　株式会社（次に掲げる機関を置くものに限る。）でない者
　　イ　取締役会
　　ロ　監査役、監査等委員会又は指名委員会等（会社法（平成17年法律第86号）第2条第12号に規定する指名委員会等をいう。）
　2　資本金の額が委託者又は受益者の保護のため必要かつ適当なものとして政令で定める金額に満たない株式会社
　3　純資産額が前号に規定する金額に満たない株式会社
　4　他の信託会社が現に用いている商号と同一の商号又は他の信託会社と誤認されるおそれのある商号を用いようとする株式会社
　5　第10条第1項の規定により第7条第3項の登録の更新を拒否され、第44条第1項の規定により第3条の免許を取り消され、第45条第1項の規定により第7条第1項の登録、第50条の2第1項の登録若しくは第52条第1項の登録を取り消され、第50条の2第6項の規定により同条第2項において準用する第7条第3項の登録の更新を拒否され、第82条第1項の規定により第67条第1項の登録を取り消され、担保付社債信託法（明治38年法律第52号）第12条の規定により同法第3条の免許を取り消され、若しくは金融機関の信託業務の兼営等に関する法律（昭和18年法律第43号）第10条の規定により同法第1条第

1項の認可を取り消され、又はこの法律、担保付社債信託法若しくは金融機関の信託業務の兼営等に関する法律に相当する外国の法令の規定により当該外国において受けている同種類の免許、登録若しくは認可（当該免許、登録又は認可に類する許可その他の行政処分を含む。以下この号、第8号ニ及び第10号ニにおいて同じ。）を取り消され、若しくは当該免許、登録若しくは認可の更新を拒否され、その取消しの日（更新の拒否の場合にあっては、当該更新の拒否の処分がなされた日。第8号ニ、ホ及びヘ並びに第10号イにおいて同じ。）から5年を経過しない株式会社

6 この法律、信託法、担保付社債信託法、金融機関の信託業務の兼営等に関する法律、金融商品取引法、投資信託及び投資法人に関する法律（昭和26年法律第198号）、商品投資に係る事業の規制に関する法律（平成3年法律第66号）、資産の流動化に関する法律（平成10年法律第105号）若しくは著作権等管理事業法（平成12年法律第131号）その他政令で定める法律又はこれらに相当する外国の法令の規定に違反し、罰金の刑（これに相当する外国の法令による刑を含む。）に処せられ、その刑の執行を終わり、又はその刑の執行を受けることがなくなった日から5年を経過しない株式会社

7 他に営む業務がその信託業務に関連しない業務である株式会社又は当該他に営む業務を営むことがその信託業務を適正かつ確実に営むことにつき支障を及ぼすおそれがあると認められる株式会社

8 取締役若しくは執行役（相談役、顧問その他のいかなる名称を有する者であるかを問わず、会社に対し取締役又は執行役と同等以上の支配力を有するものと認められる者を含む。以下この号、第44条第2項、第45条第2項及び第50条の2第6項第8号において同じ。）、会計参与又は監査役のうちに次のいずれかに該当する者のある株式会社
　イ　成年被後見人若しくは被保佐人又は外国の法令上これらと同様に取り扱われている者
　ロ　破産者で復権を得ないもの又は外国の法令上これと同様に取り扱われている者
　ハ　禁錮以上の刑（これに相当する外国の法令による刑を含む。）に処せられ、その刑の執行を終わり、又はその刑の執行を受けることがなくなった日から5年を経過しない者
　ニ　第10条第1項の規定により第7条第3項の登録の更新を拒否され、第44条第1項の規定により第3条の免許を取り消され、第45条第1項の規定により第7条第1項の登録、第50条の2第1項の登録若しくは第52条第1項の登録を取り消され、第50条の2第6項の規定により同条第2項において準用する第7条第3項の登録の更新を拒否され、第54条第6項の規定により同条第2項において準用する第7条第3項の登録の更新を拒否され、第59条第1項の規定により第53条第1項の免許を取り消され、第60条第1項の規定により第54条第1項の登録を取り消され、若しくは第82条第1項の規定により第67条第1項の登録を取り消された場合、担保付社債信託法第12条の規定により同法第3条の免許を取り消された場合、若しくは金融機関の信託業務の兼営等に関する法律第10条の規定により同法第1条第1項の認可を取り消された場合又はこの法律、担保付社債信託法若しくは金融機関の信託業務の兼営等に関する法律に相当する外国の法令の規定により当該外国において受けている同種類の免許、登録若しくは認可を取り消された場合、若しくは当該免許、登録若しくは認可の更新を拒否された場合において、その取消しの日前30日以内にその法人の取締役若しくは執行役、会計参与若しくはこれらに準ずる者又は国内における代表者（第53条第2項に規定する国内における代表者をいう。）であった者でその取消しの日から5年を経過しない者
　ホ　第82条第1項の規定により第67条第1項の登録を取り消された場合において、その取消しの日から5年を経過しない者
　ヘ　この法律に相当する外国の法令の規定により当該外国において受けている第67条第1項と同種類の登録を取り消され、又は当該登録の更新を拒否された場合において、その取消しの日から5年を経過しない者
　ト　第44条第2項若しくは第45条第2項の規定により解任を命ぜられた取締役若しくは執行役、会計参与若しくは監査役、第59条第2項若しくは第60条第2項の規定により解任を命ぜられた国内における代表者若しくは支店に駐在する役員若しくは第82条第2項の規定により解任

を命ぜられた役員又はこの法律に相当する外国の法令の規定により解任を命ぜられた取締役若しくは執行役、会計参与若しくは監査役若しくはこれらに準ずる者でその処分を受けた日から5年を経過しない者
　　チ　第6号に規定する法律、会社法若しくはこれらに相当する外国の法令の規定に違反し、又は刑法（明治40年法律第45号）第204条、第206条、第208条、第208条の2、第222条若しくは第247条の罪、暴力行為等処罰に関する法律（大正15年法律第60号）の罪若しくは暴力団員による不当な行為の防止等に関する法律（平成3年法律第77号）第46条から第49条まで、第50条（第1号に係る部分に限る。）若しくは第51条の罪を犯し、罰金の刑（これに相当する外国の法令による刑を含む。）に処せられ、その刑の執行を終わり、又はその刑の執行を受けることがなくなった日から5年を経過しない者
　9　個人である主要株主（申請者が持株会社（私的独占の禁止及び公正取引の確保に関する法律（昭和22年法律第54号）第9条第4項第1号に規定する持株会社をいう。以下同じ。）の子会社であるときは、当該持株会社の主要株主を含む。次号において同じ。）のうちに次のいずれかに該当する者のある株式会社
　　イ　成年被後見人若しくは被保佐人又は外国の法令上これらと同様に取り扱われている者であって、その法定代理人が前号イからチまでのいずれかに該当するもの
　　ロ　前号ロからチまでのいずれかに該当する者
　10　法人である主要株主のうちに次のいずれかに該当する者のある株式会社
　　イ　第10条の規定により第7条第3項の登録の更新を拒否され、第44条第1項の規定により第3条の免許を取り消され、第45条第1項の規定により第7条第1項、第50条の2第1項若しくは第52条第1項の登録を取り消され、第50条の2第6項の規定により同条第2項において準用する第7条第3項の登録の更新を拒否され、第54条第6項の規定により同条第2項において準用する第7条第3項の登録の更新を拒否され、第59条第1項の規定により第53条第1項の免許を取り消され、第60条第1項の規定により第54条第1項の登録を取り消され、第82条第1項の規定により第67条第1項の登録を取り消され、担保付社債信託法第12条の規定により同法第3条の免許を取り消され、若しくは金融機関の信託業務の兼営等に関する法律第10条の規定により同法第1条第1項の認可を取り消され、又はこの法律、担保付社債信託法若しくは金融機関の信託業務の兼営等に関する法律に相当する外国の法令の規定により当該外国において受けている同種類の免許、登録若しくは認可を取り消され、その取消しの日から5年を経過しない者
　　ロ　第6号に規定する法律の規定又はこれらに相当する外国の法令の規定に違反し、罰金の刑（これに相当する外国の法令による刑を含む。）に処せられ、その刑の執行を終わり、又はその刑の執行を受けることがなくなった日から5年を経過しない者
　　ハ　法人を代表する取締役若しくは執行役、会計参与若しくは監査役又はこれらに準ずる者のうちに第8号イからチまでのいずれかに該当する者のある者
③前項第2号の政令で定める金額は、1億円を下回ってはならない。
④第2項第3号の純資産額は、内閣府令で定めるところにより計算するものとする。
⑤第2項第9号及び第10号の「主要株主」とは、会社の総株主又は総出資者の議決権（株式会社にあっては、株主総会において決議をすることができる事項の全部につき議決権を行使することができない株式についての議決権を除き、会社法第879条第3項の規定により議決権を有するものとみなされる株式についての議決権を含む。以下同じ。）の100分の20（会社の財務及び営業の方針の決定に対して重要な影響を与えることが推測される事実として内閣府令で定める事実がある場合には、100分の15）以上の数の議決権（社債、株式等の振替に関する法律（平成13年法律第75号）第147条第1項又は第148条第1項の規定により発行者に対抗することができない株式に係る議決権を含み、保有の態様その他の事情を勘案して内閣府令で定めるものを除く。以下この条及び第17条第1項において「対象議決権」という。）を保有している者をいう。
⑥第2項第9号の「子会社」とは、会社がその総株主の議決権の過半数を保有する他の会社をいう。この場合において、会社及びその一若しくは二以上の子会社又は当該会社の一若

しくは二以上の子会社がその総株主の議決権の過半数を保有する他の会社は、当該会社の子会社とみなす。
⑦次の各号に掲げる場合における第5項の規定の適用については、当該各号に定める対象議決権は、これを保有しているものとみなす。
  1　信託契約その他の契約若しくは法律の規定に基づき、会社の対象議決権を行使することができる権限又は当該対象議決権の行使について指図を行うことができる権限を有する場合　当該対象議決権
  2　株式の所有関係、親族関係その他の政令で定める特別の関係にある者が会社の対象議決権を保有する場合　当該特別の関係にある者が保有する当該対象議決権
⑧内閣総理大臣は、第1項の規定による審査の基準に照らし必要があると認めるときは、その必要の限度において、第3条の免許に条件を付し、及びこれを変更することができる。

（資本金の額の減少）
第6条　信託会社（管理型信託会社を除く。）は、その資本金の額を減少しようとするときは、内閣総理大臣の認可を受けなければならない。

（登録）
第7条　①第3条の規定にかかわらず、内閣総理大臣の登録を受けた者は、管理型信託業を営むことができる。
②前項の登録の有効期間は、登録の日から起算して3年とする。
③有効期間の満了後引き続き管理型信託業を営もうとする者は、政令で定める期間内に、登録の更新の申請をしなければならない。
④前項の登録の更新がされたときは、その登録の有効期間は、従前の登録の有効期間の満了の日の翌日から起算して3年とする。
⑤第3項の登録の更新を受けようとする者は、政令で定めるところにより、手数料を納めなければならない。
⑥第3項の登録の更新の申請があった場合において、その登録の有効期間の満了の日までにその申請について処分がされないときは、従前の登録は、その有効期間の満了後もその処分がされるまでの間は、なお効力を有する。

（登録の申請）
第8条　①前条第1項の登録（同条第3項の登録の更新を含む。第10条第1項、第45条第1項第3号及び第91条第3号において同じ。）を受けようとする者（第10条第1項において「申請者」という。）は、次に掲げる事項を記載した申請書を内閣総理大臣に提出しなければならない。
  1　商号
  2　資本金の額
  3　取締役及び監査役の氏名
  4　会計参与設置会社にあっては、会計参与の氏名又は名称
  5　信託業務以外の業務を営むときは、その業務の種類
  6　本店その他の営業所の名称及び所在地
②前項の申請書には、次に掲げる書類を添付しなければならない。
  1　定款
  2　会社の登記事項証明書
  3　業務方法書
  4　貸借対照表
  5　その他内閣府令で定める書類
③前項第3号の業務方法書には、次に掲げる事項を記載しなければならない。
  1　引受けを行う信託財産の種類
  2　信託財産の管理又は処分の方法
  3　信託財産の分別管理の方法
  4　信託業務の実施体制
  5　信託業務の一部を第三者に委託する場合には、委託する信託業務の内容並びに委託先の選定に係る基準及び手続（第22条第3項各号に掲げる業務を委託する場合を除く。）
  6　その他内閣府令で定める事項

（登録簿への登録）
第9条　①内閣総理大臣は、第7条第1項の登録の申請があった場合においては、次条第1項の規定により登録を拒否する場合を除くほか、次に掲げる事項を管理型信託会社登録簿に登録しなければならない。
  1　前条第1項各号に掲げる事項
  2　登録年月日及び登録番号
②内閣総理大臣は、管理型信託会社登録簿を公衆の縦覧に供しなければならない。

（登録の拒否）
第10条　①内閣総理大臣は、申請者が次の各号のいずれかに該当するとき、又は第8条第1項の申請書若しくは同条第2項各号に掲げる添付書類のうちに虚偽の記載があり、若しくは重要な事実の記載が欠けているときは、その登録を拒否しなければならない。
  1　第5条第2項各号（第2号及び第3号を除く。）のいずれかに該当する者
  2　資本金の額が委託者又は受益者の保護のため必要かつ適当なものとして政令で定める金額に満たない株式会社
  3　純資産額が前号に規定する金額に満たない株式会社
  4　定款又は業務方法書の規定が法令に適合

せず、又は管理型信託業務を適正に遂行するために十分なものでない株式会社
5　人的構成に照らして、管理型信託業務を的確に遂行することができる知識及び経験を有すると認められない株式会社
②前項第3号の純資産額は、内閣府令で定めるところにより計算するものとする。

(営業保証金)
第11条　①信託会社は、営業保証金を本店の最寄りの供託所に供託しなければならない。
②前項の営業保証金の額は、信託業務の内容及び受益者の保護の必要性を考慮して政令で定める金額とする。
③信託会社は、政令で定めるところにより、当該信託会社のために所要の営業保証金が内閣総理大臣の命令に応じて供託される旨の契約を締結し、その旨を内閣総理大臣に届け出たときは、当該契約の効力の存する間、当該契約において供託されることとなっている金額(以下この条において「契約金額」という。)につき第1項の営業保証金の全部又は一部の供託をしないことができる。
④内閣総理大臣は、受益者の保護のため必要があると認めるときは、信託会社と前項の契約を締結した者又は当該信託会社に対し、契約金額の全部又は一部を供託すべき旨を命ずることができる。
⑤信託会社は、第1項の営業保証金につき供託(第3項の契約の締結を含む。)を行い、その旨を内閣総理大臣に届け出た後でなければ、信託業務を開始してはならない。
⑥信託会社の受益者は、当該信託に関して生じた債権に関し、当該信託の受託者たる信託会社に係る営業保証金について、他の債権者に先立ち弁済を受ける権利を有する。
⑦前項の権利の実行に関し必要な事項は、政令で定める。
⑧信託会社は、営業保証金の額(契約金額を含む。第10項において同じ。)が第2項の政令で定める金額に不足することとなったときは、内閣府令で定める日から3週間以内にその不足額につき供託(第3項の契約の締結を含む。)を行い、遅滞なく、その旨を内閣総理大臣に届け出なければならない。
⑨第1項又は前項の規定により供託する営業保証金は、国債証券、地方債証券その他の内閣府令で定める有価証券(社債、株式等の振替に関する法律第278条第1項に規定する振替債を含む。)をもってこれに充てることができる。
⑩第1項、第4項又は第8項の規定により供託した営業保証金は、第7条第3項の登録の更新がされなかった場合、第44条第1項の規定により第3条の免許が取り消された場合、第45条第1項の規定により第7条第1項の登録が取り消された場合若しくは第46条第1項の規定により第3条の免許若しくは第7条第1項の登録がその効力を失った場合において信託財産の新受託者への譲渡若しくは帰属権利者への移転が終了したとき、又は営業保証金の額が第2項の政令で定める金額を超えることとなったときは、政令で定めるところにより、その全部又は一部を取り戻すことができる。
⑪前各項に規定するもののほか、営業保証金に関し必要な事項は、内閣府令・法務省令で定める。

(変更の届出)
第12条　①信託会社(管理型信託会社を除く。)は、第4条第1項各号に掲げる事項に変更があったときは、その日から2週間以内に、その旨を内閣総理大臣に届け出なければならない。
②管理型信託会社は、第8条第1項各号に掲げる事項に変更があったときは、その日から2週間以内に、その旨を内閣総理大臣に届け出なければならない。
③内閣総理大臣は、前項の届出を受理したときは、その旨を管理型信託会社登録簿に登録しなければならない。

(業務方法書の変更)
第13条　①信託会社(管理型信託会社を除く。)は、業務方法書を変更しようとするときは、内閣総理大臣の認可を受けなければならない。
②管理型信託会社は、業務方法書を変更しようとするときは、あらかじめ、その旨を内閣総理大臣に届け出なければならない。

(商号)
第14条　①信託会社は、その商号中に信託という文字を用いなければならない。
②信託会社でない者は、その名称又は商号のうちに信託会社であると誤認されるおそれのある文字を用いてはならない。ただし、担保付社債信託法第3条の免許又は金融機関の信託業務の兼営等に関する法律第1条第1項の認可を受けた者については、この限りでない。

(名義貸しの禁止)
第15条　信託会社は、自己の名義をもって、他人に信託業を営ませてはならない。

(取締役の兼職の制限等)
第16条　①信託会社の常務に従事する取締役(指名委員会等設置会社にあっては、執行役)は、他の会社の常務に従事し、又は事業を営

む場合には、内閣総理大臣の承認を受けなければならない。
② 会社法第331条第2項ただし書（同法第335条第1項において準用する場合を含む。）、第332条第2項（同法第334条第1項において準用する場合を含む。）、第336条第2項及び第402条第5項ただし書の規定は、信託会社については、適用しない。

第2節　主要株主
(主要株主の届出)
第17条 ① 信託会社の主要株主（第5条第5項に規定する主要株主をいう。以下同じ。）となった者は、対象議決権保有割合（対象議決権の保有者の保有する当該対象議決権の数を当該信託会社の総株主の議決権の数で除して得た割合をいう。）、保有の目的その他内閣府令で定める事項を記載した対象議決権保有届出書を、遅滞なく、内閣総理大臣に提出しなければならない。
② 前項の対象議決権保有届出書には、第5条第2項第9号及び第10号に該当しないことを誓約する書面その他内閣府令で定める書類を添付しなければならない。

(措置命令)
第18条 内閣総理大臣は、信託会社の主要株主が第5条第2項第9号イ若しくはロ又は第10号イからハまでのいずれかに該当する場合には、当該主要株主に対し3月以内の期間を定めて当該信託会社の主要株主でなくなるための措置その他必要な措置をとることを命ずることができる。

(主要株主でなくなった旨の届出)
第19条 信託会社の主要株主は、当該信託会社の主要株主でなくなったときは、遅滞なく、その旨を内閣総理大臣に届け出なければならない。

(信託会社を子会社とする持株会社に対する適用)
第20条 前3条の規定は、信託会社を子会社（第5条第6項に規定する子会社をいう。第51条を除き、以下同じ。）とする持株会社の株主又は出資者について準用する。

第3節　業　務
(業務の範囲)
第21条 ① 信託会社は、信託業のほか、信託契約代理業、信託受益権売買等業務及び財産の管理業務（当該信託会社の業務方法書（第4条第2項第3号又は第8条第2項第3号の業務方法書をいう。）において記載されている信託財産と同じ種類の財産につき、当該信託財産の管理の方法と同じ方法により管理を行うものに限る。）を営むことができる。
② 信託会社は、前項の規定により営む業務のほか、内閣総理大臣の承認を受けて、その信託業務を適正かつ確実に営むことにつき支障を及ぼすおそれがない業務であって、当該信託業務に関連するものを営むことができる。
③ 信託会社は、前項の承認を受けようとするときは、営む業務の内容及び方法並びに当該業務を営む理由を記載した書類を添付して、申請書を内閣総理大臣に提出しなければならない。
④ 信託会社は、第2項の規定により営む業務の内容又は方法を変更しようとするときは、内閣総理大臣の承認を受けなければならない。
⑤ 信託会社は、第1項及び第2項の規定により営む業務のほか、他の業務を営むことができない。
⑥ 第3条の免許又は第7条第1項の登録の申請書に申請者が第1項の規定により営む業務以外の業務を営む旨の記載がある場合において、当該申請者が当該免許又は登録を受けたときには、当該業務を営むことにつき第2項の承認を受けたものとみなす。

(信託業務の委託)
第22条 ① 信託会社は、次に掲げるすべての要件を満たす場合に限り、その受託する信託財産について、信託業務の一部を第三者に委託することができる。
　1　信託業務の一部を委託すること及びその信託業務の委託先（委託先が確定していない場合は、委託先の選定に係る基準及び手続）が信託行為において明らかにされていること。
　2　委託先が委託された信託業務を的確に遂行することができる者であること。
② 信託会社が信託業務を委託した場合における第28条及び第29条（第3項を除く。）の規定並びにこれらの規定に係る第七章の規定の適用については、これらの規定中「信託会社」とあるのは、「信託会社（当該信託会社から委託を受けた者を含む。）」とする。
③ 前2項の規定（第1項第2号を除く。）は、次に掲げる業務を委託する場合には、適用しない。
　1　信託財産の保存行為に係る業務
　2　信託財産の性質を変えない範囲内において、その利用又は改良を目的とする業務
　3　前2号のいずれにも該当しない業務であって、受益者の保護に支障を生ずることがないと認められるものとして内閣府令で定めるもの

(信託業務の委託に係る信託会社の責任)
第23条 ①信託会社は、信託業務の委託先が委託を受けて行う業務につき受益者に加えた損害を賠償する責めに任ずる。ただし、信託会社が委託先の選任につき相当の注意をし、かつ、委託先が委託を受けて行う業務につき受益者に加えた損害の発生の防止に努めたときは、この限りでない。
②信託会社が信託業務を次に掲げる第三者(第1号又は第2号にあっては、株式の所有関係又は人的関係において、委託者と密接な関係を有する者として政令で定める者に該当し、かつ、受託者と密接な関係を有する者として政令で定める者に該当しない者に限る。)に委託したときは、前項の規定は、適用しない。ただし、信託会社が、当該委託先が不適任若しくは不誠実であること又は当該委託先が委託された信託業務を的確に遂行していないことを知りながら、その旨の受益者(信託管理人又は受益者代理人が現に存する場合にあっては、当該信託管理人又は受益者代理人を含む。第3号、第29条の3及び第51条第1項第5号において同じ。)に対する通知、当該委託先への委託の解除その他の必要な措置をとることを怠ったときは、この限りでない。
1 信託行為において指名された第三者
2 信託行為において信託会社が委託者の指名に従い信託業務を第三者に委託する旨の定めがある場合において、当該定めに従い指名された第三者
3 信託行為において信託会社が受益者の指名に従い信託業務を第三者に委託する旨の定めがある場合において、当該定めに従い指名された第三者

(指定紛争解決機関との契約締結義務等)
第23条の2 ①信託会社は、次の各号に掲げる場合の区分に応じ、当該各号に定める措置を講じなければならない。
1 指定紛争解決機関が存在する場合 1の指定紛争解決機関との間で手続実施基本契約を締結する措置
2 指定紛争解決機関が存在しない場合 手続対象信託業務に関する苦情処理措置(顧客からの苦情の処理の業務に従事する使用人その他の従業者に対する助言若しくは指導を第85条の13第3項第3号に掲げる者に行わせること又はこれに準ずるものとして内閣府令で定める措置をいう。)及び紛争解決措置(顧客との紛争の解決を認証紛争解決手続(裁判外紛争解決手続の利用の促進に関する法律(平成16年法律第151号)第2条第3号に規定する認証紛争解決手続をいう。)により図ること又はこれに準ずるものとして内閣府令で定める措置をいう。)
②信託会社は、前項の規定により手続実施基本契約を締結する措置を講じた場合には、当該手続実施基本契約の相手方である指定紛争解決機関の商号又は名称を公表しなければならない。
③第1項の規定は、次の各号に掲げる場合の区分に応じ、当該各号に定める期間においては、適用しない。
1 第1項第1号に掲げる場合に該当していた場合において、同項第2号に掲げる場合に該当することとなったとき 第85条の23第1項の規定による紛争解決等業務の廃止の認可又は第85条の24第1項の規定による指定の取消しの時に、同号に定める措置を講ずるために必要な期間として内閣総理大臣が定める期間
2 第1項第1号に掲げる場合に該当していた場合において、同号の一の指定紛争解決機関の紛争解決等業務の廃止が第85条の23第1項の規定により認可されたとき、又は同号の1の指定紛争解決機関の第85条の2第1項の規定による指定が第85条の24第1項の規定により取り消されたとき(前号に掲げる場合を除く。) その認可又は取消しの時に、第1項第1号に定める措置を講ずるために必要な期間として内閣総理大臣が定める期間
3 第1項第2号に掲げる場合に該当していた場合において、同項第1号に掲げる場合に該当することとなったとき 第85条の2第1項の規定による指定の時に、同号に定める措置を講ずるために必要な期間として内閣総理大臣が定める期間

(信託の引受けに係る行為準則)
第24条 ①信託会社は、信託の引受けに関し、次に掲げる行為(次条に規定する特定信託契約による信託の引受けにあっては、第5号に掲げる行為を除く。)をしてはならない。
1 委託者に対し虚偽のことを告げる行為
2 委託者に対し、不確実な事項について断定的判断を提供し、又は確実であると誤解させるおそれのあることを告げる行為
3 委託者若しくは受益者又は第三者に対し、特別の利益の提供を約し、又はこれを提供する行為(第三者をして特別の利益の提供を約させ、又はこれを提供させる行為を含む。)
4 委託者若しくは受益者又は第三者に対し、信託の受益権について損失を生じた場合に

これを補てんし、若しくはあらかじめ一定額の利益を得なかった場合にこれを補足することを約し、又は信託の受益権について損失を生じた場合にこれを補てんし、若しくはあらかじめ一定額の利益を得なかった場合にこれを補足する行為（第三者をして当該行為を約させ、又は行わせる行為を含み、自己の責めに帰すべき事故による損失を補てんする場合を除く。）

5　その他委託者の保護に欠けるものとして内閣府令で定める行為

②信託会社は、委託者の知識、経験、財産の状況及び信託契約を締結する目的に照らして適切な信託の引受けを行い、委託者の保護に欠けることのないように業務を営まなければならない。

（金融商品取引法の準用）

第24条の2　金融商品取引法第3章第1節第5款（第34条の2第6項から第8項まで（特定投資家が特定投資家以外の顧客とみなされる場合）並びに第34条の3第5項及び第6項（特定投資家以外の顧客である法人が特定投資家とみなされる場合）を除く。）（特定投資家）、同章第2節第1款（第35条から第36条の4まで（第一種金融商品取引業又は投資運用業を行う者の業務の範囲、第二種金融商品取引業又は投資助言・代理業のみを行う者の兼業の範囲、業務管理体制の整備、顧客に対する誠実義務、標識の掲示、名義貸しの禁止、社債の管理の禁止等）、第37条第1項第2号（広告等の規制）、第37条の2（取引態様の事前明示義務）、第37条の3第1項第2号から第4号まで及び第6号並びに第3項（契約締結前の書面の交付）、第37条の4（契約締結時等の書面の交付）、第37条の5（保証金の受領に係る書面の交付）、第37条の7（指定紛争解決機関との契約締結義務等）、第38条第1号、第2号及び第7号並びに第38条の2（禁止行為）、第39条第1項、第2項第2号、第3項及び第5項（損失補てん等の禁止）、第40条第1号（適合性の原則等）並びに第40条の2から第40条の7まで（最良執行方針等、分別管理が確保されていない場合の売買等の禁止、金銭の流用が行われている場合の募集等の禁止、特定投資家向け有価証券の売買等の制限、特定投資家向け有価証券に関する告知義務、のみ行為の禁止、店頭デリバティブ取引に関する電子情報処理組織の使用義務等）を除く。）（通則）及び第45条（第3号及び第4号を除く。）（雑則）の規定は、信託会社が行う信託契約（金利、通貨の価格、金融商品市場（同法第2条第14項に規定する金融商品市場をいう。）における相場その他の指標に係る変動により信託の元本について損失が生ずるおそれがある信託契約として内閣府令で定めるものをいう。以下「特定信託契約」という。）による信託の引受けについて準用する。この場合において、これらの規定中「金融商品取引契約」とあるのは「特定信託契約」と、「金融商品取引業」とあるのは「特定信託契約の締結の業務」と、これらの規定（同法第34条の規定を除く。）中「金融商品取引行為」とあるのは「特定信託契約の締結」と、同法第34条中「顧客を相手方とし、又は顧客のために金融商品取引行為（第2条第8項各号に掲げる行為をいう。以下同じ。）を行うことを内容とする契約」とあるのは「信託業法第24条の2に規定する特定信託契約」と、同法第37条の3第1項第1号中「商号、名称又は氏名及び住所」とあるのは「住所」と、同法第37条の6第1項中「第37条の4第1項」とあるのは「信託業法第26条第1項」と、同法第39条第2項第1号中「有価証券売買取引等」とあるのは「特定信託契約の締結」と、「前項第1号」とあるのは「損失補填等（信託業法第24条第1項第4号の損失の補てん又は利益の補足をいう。第3号において同じ。）」と、同項第3号中「有価証券売買取引等」とあるのは「特定信託契約の締結」と、「前項第3号の提供」とあるのは「損失補填等」と、同条第4項中「事故」とあるのは「信託会社の責めに帰すべき事故」と読み替えるものとするほか、必要な技術的読替えは、政令で定める。

（信託契約の内容の説明）

第25条　信託会社は、信託契約による信託の引受けを行うときは、あらかじめ、委託者に対し当該信託会社の商号及び次条第1項第3号から第16号までに掲げる事項（特定信託契約による信託の引受けを行うときは、同号に掲げる事項を除く。）を説明しなければならない。ただし、委託者の保護に支障を生ずることがない場合として内閣府令で定める場合は、この限りでない。

（信託契約締結時の書面交付）

第26条　①信託会社は、信託契約による信託の引受けを行ったときは、遅滞なく、委託者に対し次に掲げる事項を明らかにした書面を交付しなければならない。ただし、当該書面を委託者に交付しなくても委託者の保護に支障を生ずることがない場合として内閣府令で定める場合は、この限りでない。

1　信託契約の締結年月日

2　委託者の氏名又は名称及び受託者の商号
3　信託の目的
4　信託財産に関する事項
5　信託契約の期間に関する事項
6　信託財産の管理又は処分の方法に関する事項（第2条第3項各号のいずれにも該当しない信託にあっては、信託財産の管理又は処分の方針を含む。）
7　信託業務を委託する場合（第22条第3項各号に掲げる業務を委託する場合を除く。）には、委託する信託業務の内容並びにその業務の委託先の氏名又は名称及び住所又は所在地（委託先が確定していない場合は、委託先の選定に係る基準及び手続）
8　第29条第2項各号に掲げる取引を行う場合には、その旨及び当該取引の概要
9　受益者に関する事項
10　信託財産の交付に関する事項
11　信託報酬に関する事項
12　信託財産に関する租税その他の費用に関する事項
13　信託財産の計算期間に関する事項
14　信託財産の管理又は処分の状況の報告に関する事項
15　信託契約の合意による終了に関する事項
16　その他内閣府令で定める事項
②信託会社は、前項の書面の交付に代えて、政令で定めるところにより、委託者の承諾を得て、当該書面に記載すべき事項を電磁的方法（電子情報処理組織を使用する方法その他の情報通信の技術を利用する方法であって内閣府令で定めるものをいう。以下同じ。）により提供することができる。この場合において、当該信託会社は、当該書面を交付したものとみなす。
③第1項第13号の信託財産の計算期間は、内閣府令で定める場合を除き、1年を超えることができない。

(信託財産状況報告書の交付)
第27条　①信託会社は、その受託する信託財産について、当該信託財産の計算期間（信託行為においてこれより短い期間の定めがある場合その他の信託の目的に照らして受益者の利益に適合することが明らかな場合として内閣府令で定める場合には、計算期間より短い期間で内閣府令で定める期間）ごとに、信託財産状況報告書を作成し、当該信託財産に係る受益者に対し交付しなければならない。ただし、信託財産状況報告書を受益者に交付しなくても受益者の保護に支障を生ずることがない場合として内閣府令で定める場合は、この限りでない。

②前条第2項の規定は、受益者に対する前項の信託財産状況報告書の交付について準用する。

(信託会社の忠実義務等)
第28条　①信託会社は、信託の本旨に従い、受益者のため忠実に信託業務その他の業務を行わなければならない。
②信託会社は、信託の本旨に従い、善良な管理者の注意をもって、信託業務を行わなければならない。
③信託会社は、内閣府令で定めるところにより、信託法第34条の規定に基づき信託財産に属する財産と固有財産及び他の信託の信託財産に属する財産とを分別して管理するための体制その他信託財産に損害を生じさせ、又は信託業の信用を失墜させることのない体制を整備しなければならない。

(信託財産に係る行為準則)
第29条　①信託会社は、その受託する信託財産について、次に掲げる行為をしてはならない。
1　通常の取引の条件と異なる条件で、かつ、当該条件での取引が信託財産に損害を与えることとなる条件での取引を行うこと。
2　信託の目的、信託財産の状況又は信託財産の管理若しくは処分の方針に照らして不必要な取引を行うこと。
3　信託財産に関する情報を利用して自己又は当該信託財産に係る受益者以外の者の利益を図る目的をもって取引（内閣府令で定めるものを除く。）を行うこと。
4　その他信託財産に損害を与え、又は信託業の信用を失墜させるおそれがある行為として内閣府令で定める行為
②信託会社は、信託行為において次に掲げる取引を行う旨及び当該取引の概要について定めがあり、又は当該取引に関する重要な事実を開示してあらかじめ書面若しくは電磁的方法による受益者（信託管理人又は受益者代理人が現に存する場合にあっては、当該信託管理人又は受益者代理人を含む。）の承認を得た場合（当該取引をすることができない旨の信託行為の定めがある場合を除く。）であり、かつ、受益者の保護に支障を生ずることがない場合として内閣府令で定める場合を除き、次に掲げる取引をしてはならない。
1　自己又はその利害関係人（株式の所有関係又は人的関係において密接な関係を有する者として政令で定める者をいう。）と信託財産との間における取引
2　一の信託の信託財産と他の信託の信託財産との間の取引
3　第三者との間において信託財産のために

する取引であって、自己が当該第三者の代理人となって行うもの
③信託会社は、前項各号の取引をした場合には、信託財産の計算期間ごとに、当該期間における当該取引の状況を記載した書面を作成し、当該信託財産に係る受益者に対し交付しなければならない。ただし、当該書面を受益者に対し交付しなくても受益者の保護に支障を生ずることがない場合として内閣府令で定める場合は、この限りでない。
④第26条第2項の規定は、受益者に対する前項の書面の交付について準用する。

（重要な信託の変更等）
第29条の2　①信託会社は、重要な信託の変更（信託法第103条第1項各号に掲げる事項に係る信託の変更をいう。）又は信託の併合若しくは信託の分割（以下この条において「重要な信託の変更等」という。）をしようとする場合には、これらが当該信託の目的に反しないこと及び受益者の利益に適合することが明らかである場合その他内閣府令で定める場合を除き、次に掲げる事項を、内閣府令で定めるところにより公告し、又は受益者（信託管理人又は受益者代理人が現に存する場合にあっては、当該信託管理人又は受益者代理人を含む。以下この条において同じ。）に各別に催告しなければならない。
 1　重要な信託の変更等をしようとする旨
 2　重要な信託の変更等に異議のある受益者は一定の期間内に異議を述べるべき旨
 3　その他内閣府令で定める事項
②前項第2号の期間は、1月を下ることができない。
③第1項第2号の期間内に異議を述べた受益者の当該信託の受益権の個数が当該信託の受益権の総個数の2分の1を超えるとき（各受益権の内容が均等でない場合にあっては、当該信託の受益権の価格の額が同項の規定による公告又は催告の時における当該信託の受益権の価格の総額の2分の1を超えるときその他内閣府令で定めるとき）は、同項の重要な信託の変更等をしてはならない。
④前3項の規定は、次の各号のいずれかに該当するときは、適用しない。
 1　信託行為に受益者集会における多数決による旨の定めがあるとき。
 2　前号に定める方法以外の方法により当該信託の受益権の総個数（各受益権の内容が均等でない場合にあっては、当該信託の受益権の価格の総額その他内閣府令で定めるもの）の2分の1を超える受益権を有する受益者の承認を得たとき。
 3　前2号に掲げる場合のほか、これらの場合に準ずる場合として内閣府令で定める場合に該当するとき。
⑤1個の信託約款に基づいて、信託会社が多数の委託者との間に締結する信託契約にあっては、当該信託契約の定めにより当該信託約款に係る信託を一の信託とみなして、前各項の規定を適用する。

（費用等の償還又は前払の範囲等の説明）
第29条の3　信託会社は、受益者との間において、信託法第48条第5項（同法第54条第4項において準用する場合を含む。）に規定する合意を行おうとするときは、当該合意に基づいて費用等（同法第48条第1項に規定する費用等をいう。）若しくは信託報酬の償還又は費用若しくは信託報酬の前払を受けることができる範囲その他の内閣府令で定める事項を説明しなければならない。

（信託の公示の特例）
第30条　信託会社が信託財産として所有する登録国債（国債に関する法律（明治39年法律第34号）第2条第2項の規定により登録をした国債をいう。）について同法第3条の移転の登録その他内閣府令・財務省令で定める登録を内閣府令・財務省令で定めるところにより信託財産である旨を明示してする場合は、信託法第14条の規定の適用については、これらの登録を信託の登録とみなす。

（信託財産に係る債務の相殺）
第31条　①信託会社は、信託財産に属する債権で清算機関（金融商品取引法第2条第29項に規定する金融商品取引清算機関又は外国金融商品取引清算機関をいう。以下この項において同じ。）を債務者とするもの（清算機関が債務引受け等（同法第156条の3第1項第6号に規定する金融商品債務引受業等として、引受け、更改その他の方法により債務を負担することをいう。以下この項において同じ。）により債務者となった場合に限る。）については、他の信託財産に属する債務（清算機関による債務引受け等の対価として負担したものに限る。）と相殺をすることができる。ただし、信託行為に別段の定めがある場合は、この限りでない。
②前項の規定により相殺を行う信託会社は、当該相殺により信託財産に損害を生じさせたときは、その損害を賠償する責めに任ずる。

第32条から第64条まで　略

第4章　指図権者
（指図権者の忠実義務）

第65条　信託財産の管理又は処分の方法について指図を行う業を営む者（次条において「指図権者」という。）は、信託の本旨に従い、受益者のため忠実に当該信託財産の管理又は処分に係る指図を行わなければならない。

(指図権者の行為準則)
第66条　指図権者は、その指図を行う信託財産について、次に掲げる行為をしてはならない。
1　通常の取引の条件と異なる条件で、かつ、当該条件での取引が信託財産に損害を与えることとなる条件での取引を行うことを受託者に指図すること。
2　信託の目的、信託財産の状況又は信託財産の管理若しくは処分の方針に照らして不必要な取引を行うことを受託者に指図すること。
3　信託財産に関する情報を利用して自己又は当該信託財産に係る受益者以外の者の利益を図る目的をもって取引（内閣府令で定めるものを除く。）を行うことを受託者に指図すること。
4　その他信託財産に損害を与えるおそれがある行為として内閣府令で定める行為

第67条以下　　略

金融機関の信託業務の兼営等に関する法律（抄）

第1章　総則
（兼営の認可）
第1条　①銀行その他の金融機関（政令で定めるものに限る。以下「金融機関」という。）は、他の法律の規定にかかわらず、内閣総理大臣の認可を受けて、信託業法（平成16年法律第154号）第2条第1項に規定する信託業及び次に掲げる業務（政令で定めるものを除く。以下「信託業務」という。）を営むことができる。
1　信託業法第2条第8項に規定する信託契約代理業
2　信託受益権売買等業務（信託受益権の売買等（金融商品取引法（昭和23年法律第25号）第65条の五第1項に規定する信託受益権の売買等をいう。）を行う業務をいう。次条第3項及び第4項において同じ。）
3　財産の管理（受託する信託財産と同じ種類の財産について、次項の信託業務の種類及び方法に規定する信託財産の管理の方法と同じ方法により管理を行うものに限る。）
4　財産に関する遺言の執行
5　会計の検査
6　財産の取得、処分又は貸借に関する代理又は媒介
7　次に掲げる事項に関する代理事務
　イ　第3号に掲げる財産の管理
　ロ　財産の整理又は清算
　ハ　債権の取立て
　ニ　債務の履行
②金融機関は、内閣府令で定めるところにより、信託業務の種類及び方法を定めて、前項の認可を受けなければならない。
③内閣総理大臣は、第1項の認可の申請があったときは、次に掲げる基準に適合するかどうかを審査しなければならない。
1　申請者が、信託業務を健全に遂行するに足りる財産的基礎を有し、かつ、信託業務を的確に遂行することができること。
2　申請者による信託業務の遂行が金融秩序を乱すおそれがないものであること。

（信託業法の準用等）
第2条　①信託業法第11条、第22条から第24条まで、第25条から第31条まで、第42条及び第49条の規定は、金融機関が信託業務を営む場合について準用する。この場合において、同法第11条第10項中「第7条第3項の登録の更新がされなかった場合、第44条第1項の規定により第3条の免許が取り消された場合、第45条第1項の規定により第7条第1項の登録が取り消された場合若しくは第46条第1項の規定により第3条の免許若しくは第7条第1項の登録がその効力を失った」とあるのは「金融機関の信託業務の兼営等に関する法律第10条の規定により同法第1条第1項の認可が取り消された場合若しくは同法第11条の規定により同法第1条第1項の認可がその効力を失った」と、同法第23条の2中「指定紛争解決機関」とあるのは「金融機関の信託業務の兼営等に関する法律第12条の2第1項第8号に規定する指定紛争解決機関」と、同条第1項第1号中「手続実施基本契約」とあるのは「手続実施基本契約（金融機関の信託業務の兼営等に関する法律第12条の2第1項第8号に規定する手続実施基本契約をいう。次項において同じ。）」と、同項第2号中「手続対象信託業務」とあるのは「金融機関の信託業務の兼営等に関する法律第12条の2第4項に規定する特定兼営業務」と、同条第3項中「紛争解決等業務」とあるのは「金融機関の信託業務の兼営等に関する法律第12条の2第1項に規定する紛争解決等業務」と、「第85条の2第1項」とあるのは「金融機関の信託業務の兼営等に関する法律第12条の2第1項」と、同法第42条第2項中「第17条から第19条までの届出若しくは措置若しくは当該」とあるのは「当該」と、同法第49条第1項中「第7条第3項の登録の更新をしなかった場合、第44条第1項の規定により第3条の免許を取り消した場合又は第45条第1項の規定により第7条第1項の登録を取り消した」とあるのは「金融機関の信託業務の兼営等に関する法律第10条の規定により同法第1条第1項の認可を取り消した」と読み替えるものとするほか、必要な技術的読替えは、政令で定める。
②信託業務を営む金融機関が信託契約（内閣府令で定めるものを除く。）の締結の代理又は媒介を第三者に委託する場合には、当該金融機関を信託会社とみなして、信託業法第2条第8項及び第5章の規定（これらの規定に係

る罰則を含む。）を適用する。この場合において、同章中「所属信託会社」とあるのは「所属信託兼営金融機関」と、同法第78条第1項中「第34条第1項の規定」とあるのは「銀行法（昭和56年法律第59号）第21条第1項その他政令で定める規定」とする。
③金融商品取引法第33条の2の規定にかかわらず、信託業務を営む金融機関は、信託受益権売買等業務を営むことができる。
④信託業務を営む金融機関が前項の規定により信託受益権売買等業務を営む場合においては、当該金融機関を登録金融機関（金融商品取引法第2条第11項に規定する登録金融機関をいう。）とみなして、同法第34条から第34条の5まで、第36条第1項、第36条の3、第37条（第1項第2号を除く。）、第37条の2、第37条の3（第1項第2号を除く。）、第37条の4、第37条の6、第38条（第7号を除く。）、第39条（第4項及び第6項を除く。）、第40条、第40条の4、第40条の5、第45条第1号及び第2号、第48条、第48条の2、第51条、第52条の2第1項及び第2項、第56条の2第1項、第190条並びに第194条の5第2項の規定並びにこれらの規定に係る同法第8章及び第8章の2の規定を適用する。この場合において、同法第52条の2第1項中「次の各号のいずれか」とあるのは「第3号又は第5号」と、「当該登録金融機関の第33条の2の登録を取り消し、又は6月以内の期間を定めて」とあるのは「6月以内の期間を定めて」と、同条第2項中「前項第3号から第5号までのいずれか」とあるのは「前項第3号又は第5号」とする。

（金融商品取引法の準用）
第2条の2　金融商品取引法第3章第1節第5款（第34条の2第6項から第8項まで並びに第34条の3第5項及び第6項を除く。）、同章第2節第1款（第35条から第36条の4まで、第37条第1項第2号、第37条の2、第37条の3第1項第2号から第4号まで及び第6号並びに第3項、第37条の4、第37条の5、第37条の7、第38条第1号、第2号、第7号及び第8号、第38条の2、第39条第1項、第2項第2号、第3項、第4項、第6項及び第7項、第40条第1号並びに第40条の2から第40条の7までを除く。）及び第45条（第3号及び第4号を除く。）の規定は、金融機関が行う特定信託契約（信託法第24条の2に規定する特定信託契約をいう。）による信託の引受けについて準用する。この場合において、これらの規定中「金融商品取引契約」とあるのは「特定信託契約」と、「金融商品取引業」とあるのは「特定信託契約の締結の業務」と、これらの規定（金融商品取引法第34条の規定を除く。）中「金融商品取引行為」とあるのは「特定信託契約の締結」と、同法第34条中「顧客を相手方とし、又は顧客のために金融商品取引行為（第2条第8項各号に掲げる行為をいう。以下同じ。）を行うことを内容とする契約」とあるのは「信託業法第24条の2に規定する特定信託契約」と、同法第37条の3第1項第1号中「商号、名称又は氏名及び住所」とあるのは「住所」と、同法第37条の6第1項中「第37条の4第1項」とあるのは「金融機関の信託業務の兼営等に関する法律第2条第1項において準用する信託業法第26条第1項」と、同法第39条第2項第1号中「有価証券売買取引等」とあるのは「特定信託契約（金融機関の信託業務の兼営等に関する法律第6条に規定する信託契約を除く。第3号において同じ。）の締結」と、「前項第1号」とあるのは「損失補塡等（同法第2条第1項において準用する信託業法第24条第1項第4号の損失の補塡又は利益の補足をいう。第3号において同じ。）」と、同項第3号中「有価証券売買取引等」とあるのは「特定信託契約の締結」と、「前項第3号の提供」とあるのは「損失補塡等」と、同条第5項中「事故」とあるのは「金融機関（金融機関の信託業務の兼営等に関する法律第1条第1項に規定する金融機関をいう。）の責めに帰すべき事故」と読み替えるものとするほか、必要な技術的読替えは、政令で定める。

（信託業務の種類又は方法の変更の認可）
第3条　金融機関が信託業務を営む場合において、当該信託業務の種類又は方法を変更しようとするときは、内閣総理大臣の認可を受けなければならない。

第2章　業務

（同一人に対する信用の供与等）
第4条　信託業務を営む金融機関に対し、銀行法（昭和56年法律第59号）第13条の規定その他の金融機関の同一人に対する信用の供与等に係る規定を適用する場合には、これらの規定に規定する信用の供与の区分及び信用供与等限度額について政令で別段の定めをすることができる。

（定型的信託契約約款の変更等）
第5条　①信託業務を営む金融機関は、多数人を委託者又は受益者とする定型的信託契約（貸付信託又は投資信託に係る信託契約を除

く。）について約款の変更をしようとするときは、当該定型的信託契約における委託者及び受益者のすべての同意を得る方法によるほか、内閣総理大臣の認可を受けて、当該変更に異議のある委託者又は受益者は一定の期間内にその異議を述べるべき旨を公告する方法によりすることができる。
② 前項の期間は、１月を下ることができない。
③ 委託者又は受益者が第１項の期間内に異議を述べなかった場合には、当該委託者又は受益者は、当該契約の変更を承諾したものとみなす。
④ 第１項の期間内に異議を述べた受益者は、信託業務を営む金融機関に対して、その変更がなかったならば有したであろう公正な価格で受益権を買い取ることを請求することができる。
⑤ 信託法（平成18年法律第108号）第103条第７項及び第104条の規定は、前項の請求があった場合について準用する。この場合において、同条第12項ただし書中「信託行為又は当該重要な信託の変更等の意思決定」とあるのは「定型的信託契約約款」と、同条第13項中「前条第１項又は第２項」とあるのは「金融機関の信託業務の兼営等に関する法律第５条第４項」と、同項ただし書中「信託行為又は当該重要な信託の変更等の意思決定」とあるのは「定型的信託契約約款」と読み替えるものとする。

（損失の補てん等を行う旨の信託契約の締結）
第６条　信託業務を営む金融機関は、第２条第１項において準用する信託業法第24条第１項第４号の規定にかかわらず、内閣府令で定めるところにより、運用方法の特定しない金銭信託に限り、元本に損失を生じた場合又はあらかじめ一定額の利益を得なかった場合にこれを補てんし又は補足する旨を定める信託契約（内閣府令で定めるものに限る。）を締結することができる。

第７条以下　　略

事項索引

あ
後継ぎ遺贈型受益者連続信託　181

い
遺言信託　10, 270
遺言代用信託　175, 179
委託先の責任　281
委託した信託会社の責任　282
委託者　2, 171
　──の権利　171
　──の占有の瑕疵の承継　56
　──の地位　176
委託者指図型自益信託　348, 350, 358
委託者非指図型自益信託　348, 358
委任　1, 7

え
営業　270
営業信託　12

お
オーガナイザー（統合）機能　4

か
開業規制（自己信託会社の）　308
開業規制（信託会社の）　265
開業規制（信託兼営金融機関の）　327
会計監査人　253
会計監査人設置信託　253
会計帳簿　242, 245
開示規制　345
介入権　87
間接代理　9
間接取引　82
管理型信託業　271

き
議決権行使書面　150
基準日　224
帰属権利者　209

寄託　8
吸収信託分割　195
給付可能額　247
競合行為　86, 97
強行法規性　291
強制執行　61, 121, 238
共有物の分割　54, 129
金商法上の有価証券　340
金銭信託　12
金銭信託以外の金銭の信託（金外信）　12
金融商品取引業　363

け
計算関係書類等　242, 243
契約信託　10, 32, 270
兼業業務　273
検査役　101
原状回復　95
限定責任信託　237

こ
行為規制（自己信託会社の）　309
行為規制（信託会社の）　267, 273
行為規制（信託契約代理店の）　315
行為規制（信託兼営金融機関の）　329
公益信託　12, 260
広告規制　286
広告類似行為　286
公正証書　35
合同運用　12
公平義務　87, 292
国債　307
固有財産　51, 106, 238
混同　55

さ
債権者異議手続　189, 194
財産管理制度　1, 7
財産状況開示資料　91
財産の管理業務　272
裁判所による受託者の選任　35

詐害信託　45
指図権者　311

し

自益型物・権利等の信託　342, 351
自益信託　6, 11
識別不能　53
事業の信託　39
自己執行義務　79
自己信託　10, 35, 61, 270, 308
　──の登記・登録　36
自己信託会社　309
自己取引　82, 294
自己取引等報告書　296, 297
自己募集　344, 367
指定　12
私募　344
集団信託　11
受益権　3, 131
　──の質入れ　139
　──の譲渡　138
　──の放棄　140
受益権原簿　223
受益権取得請求権　57, 144
受益債権　3, 57, 131, 142, 216
　──との相殺　67
受益者　2, 131
　──の議決権　151
　──の定めのない信託　37, 259
受益者指定権等　178
受益者集会　148
受益者集会参考書類　150
受益者代理制度　156
受益者代理人　167
受益証券　231
受益証券発行限定責任信託　253
受益証券発行信託　89, 222
受託者　2
　──からする相殺　66
　──の解任　112
　──の義務　80
　──の権限　74
　──の権限外の行為　58, 76
　──の権利　102
　──の行為の差止め　100

　──の資格　42
　──の辞任　112
　──の職務代行者　125
　──の職務分掌　128
　──の信託の利益享受　74
　──の責任　95
　──の善管注意義務　80, 233
　──の忠実義務　81, 97, 292
　──の任務の終了　110
　──の破産　73, 116
　──の変更　110
　──の無限責任　4
　──の有限責任　142
　──の利益享受の禁止　44
　──の利益相反行為　59
受託者責任　4
受託者複数の信託　126
受働信託　11
取得勧誘類似行為（信託の受益権の）　343
商号規制　273
商事信託　6
消滅時効　78, 85, 99, 143
除斥期間　99, 144
所属信託会社　314, 318
所属信託兼営金融機関　330
書面取次ぎ行為　337
新規信託分割　195
新受託者　110, 113
　──の選任　117
信託　1, 7
　──の会計　50
　──の機能　4
　──の公示　68, 307
　──の終了　108, 197
　──の清算　204
　──の設定　38
　──の定義　28
　──の登記　68, 70, 78, 88
　──の登録　68, 78, 88
　──の破産　212
　──の引受け　270, 362
　──の引受けに係る禁止行為　275
　──の引受けに係る適合性の原則　276
　──の分割　191
　──の併合　187

──の変更　184
──の目的　2, 28, 42, 75
──の歴史　17
重要な──の変更　145, 303
担保権の──　39
信託遺言　28, 34, 263
信託概況報告　244
信託会社の義務　291
信託会社の行為規制　267, 273
信託監督人　163
信託管理人　159
信託業　270
──の信用失墜防止体制整備義務　299
信託業法　265
信託業務の委託　280
信託業務の委託規制　280
信託契約　28, 32
信託契約代理業　272, 363
信託契約代理店　313
信託契約締結時交付書面　277
信託契約締結時の書面交付義務　277
信託契約締結前交付書面　287
信託契約内容の説明義務　277
信託契約の締結　362
──の代理・媒介　362
信託兼営金融機関の行為規制　329
信託兼営法　323
信託行為　2, 32
信託債権　143, 216
信託財産　2, 51, 106
──に係る行為準則　292
──の独立性　3, 51, 61
──の物上代位性　52
──の法人化　125
信託財産管理者　122
信託財産状況報告書　301
信託財産責任負担債務　56, 107
信託財産法人管理人　126
信託事務処理関係書類　92
信託事務遂行義務　80
信託事務の処理の第三者への委託　78, 96
信託事務の引継ぎ　121
信託社債　236
信託受益権の引受け　365
信託受益権の募集・売出し　350

信託受益権売買業　368
信託受益権売買等業務　272
信託受益証券　345
信託宣言　28, 35
信託帳簿　91
信託取引に係る業規制　358
信託報酬　109
信託法リステイトメント　19
信託目的→信託の目的
信認義務　4

清算受託者　205
責任の免除　98
セキュリティトラスト　39
設定信託　10
善管注意義務　80
前受託者　113
──の相続人　115
選任・監督義務　90

相殺　63, 66, 307
受託者からする──　66
第三者からする──　63
訴訟信託　45
損失の塡補　95

た

第三者からする相殺　63
第三者のためにする契約　131
貸借対照表等　243, 245
代物弁済　106
代理　1, 7
他益信託　5, 11
脱法信託　45
単独運用　12
担保権の設定　39

忠実義務　81, 97, 292
帳簿等の閲覧等の請求　92
帳簿等の作成・報告・保存義務　90

事項索引 | 443

つ
追認 84

て
定型的信託契約 306
転換機能 5
添付 53

と
問屋 9
統合機能 4
動産 70
倒産隔離性 3
投資運用業務（信託兼営金融機関の） 338
当事者適格 76, 128
当初信託財産 12
登録国際 307
特定 12
特定信託契約 283, 362
特定信託契約締結前交付書面 287
特定投資家 284
特定有価証券 345
　──の開示方法 347
匿名組合 9

の
能働信託 11

は
破産管財人 116, 219
破産債権 62
破産財団 62
発行時（信託受益権の） 343
発行時（特定有価証券の） 348
発行者（信託の受益権の） 342
発行者（特定有価証券の） 348

ひ
否認権 217
費用 62, 101, 117
　──の償還等 108, 306
　──の前払い 103, 306
費用等の償還 103
費用等の償還請求 116

ふ
分別管理義務 88, 97, 292
分別管理体制 298

ほ
包括信託 12
報酬 109
法人 10
法人受託者 98
　──の役員 98
法定信託 10

み
民事信託 5
　──と商事信託 14

め
名義信託 11

も
目的信託 259
目論見書 353
ものの信託 12

ゆ
有価証券 69
有価証券関連業務（信託兼営金融機関の） 336
有価証券届出書 352
有価証券報告書 353
ユース 17

り
利益相反行為 82, 97
利益相反取引 294

れ
レギュレーション9 20

著者紹介

神田秀樹（かんだ・ひでき）
　1953年生まれ。
　1977年東京大学法学部卒業。
　現在、学習院大学教授、東京大学名誉教授。
　『会社法〔第21版〕』（弘文堂・2019）、『会社法入門』（岩波書店・2006）、『金融商品取引法概説〔第2版〕』（共編著、有斐閣・2017）、『電子株主総会の研究』（共編、弘文堂・2003）、『会社法の経済学』（共編著、東京大学出版会・1998）、『「法と経済学」入門』（共著、弘文堂・1986）ほか

折原　誠（おりはら・まこと）
　1948年生まれ。
　1974年明治学院大学大学院法学研究科修士課程修了。
　社団法人信託協会調査部長・上席専門役を経て、東京大学大学院法学政治学研究科特任教授、法政大学法学部兼任講師、立教大学法学部兼任講師を歴任。
　『一問一答　改正信託法の実務』（共編著、経済法令研究会・2007）、『キーワードで読む信託法』（共著、有斐閣・2007）ほか

信託法講義〔第2版〕

2014（平成26）年7月15日　初　版1刷発行
2019（平成31）年4月30日　第2版1刷発行

著　者　神田秀樹・折原　誠
発行者　鯉渕　友南
発行所　株式会社　弘文堂　　101-0062　東京都千代田区神田駿河台1の7
　　　　　　　　　　　　　　TEL 03(3294)4801　振替 00120-6-53909
　　　　　　　　　　　　　　http://www.koubundou.co.jp
装　幀　笠井　亞子
印　刷　三陽社
製　本　井上製本所

© 2019 Hideki Kanda & Makoto Orihara. Printed in Japan

JCOPY 〈(社)出版者著作権管理機構　委託出版物〉
本書の無断複写は著作権法上での例外を除き禁じられています。複写される場合は、そのつど事前に、(社)出版者著作権管理機構（電話 03-5244-5088、FAX 03-5244-5089、e-mail: info@jcopy.or.jp）の許諾を得てください。
また本書を代行業者等の第三者に依頼してスキャンやデジタル化することは、たとえ個人や家庭内での利用であっても一切認められておりません。

ISBN 978-4-335-35768-8

信託法を正しく理解するために──

弘文堂の「信託法」の本

条解 信託法
道垣内弘人◎編
新信託法施行後の状況をふまえ、条文ごとに、その趣旨・改正の経緯・旧法との対比、詳細な解説を付した、第一線の研究者による逐条解説書。 15,000円

信託法制の新時代
能見善久・樋口範雄・神田秀樹◎編
信託の現代的展開と将来展望 新しい活用方法、担い手、新たな概念の登場で、あらためて注目されている「信託」に、多角的な視点から迫る。 4,000円

現代の信託法
樋口範雄・神作裕之◎編
アメリカと日本 現代のアメリカ「信託」事情を知るために不可欠な信託法第3次リステイトメントを読み解き、日本の信託法の今後を考える。 4,900円

フィデューシャリー
タマール・フランケル◎著
溜箭将之◎監訳
三菱UFJ信託銀行 Fiduciary Law 研究会◎訳
信託の根底をなすフィデューシャリーという概念を正しく理解するための基本書。学界へも強いインパクトを与えた信託実務の中から生まれた好著。 3,000円

入門 信託と信託法【第2版】
樋口範雄◎著
「信託」ってそもそも何？ 信託の意義としくみ、そして新しい信託法のことがよくわかる入門書。信託の面白さを伝える東大での講義を再現。 1,700円

アメリカ信託法ノートⅠ・Ⅱ
樋口範雄◎著
判例やリステイトメントを素材に、基本的な重要項目から最新論点までをわかりやすく解説。信託の全体像が見えてくる入門書。 2,800円・3,500円

新しい信託30講
井上聡◎編著
新しい信託法制の枠組みとそれが現実にどのような場面で適用されるかがよくわかる。信託のしくみを利用した新しい金融取引の設計図を描く。 3,000円

解説 新信託法
寺本振透◎編集代表
80余年ぶりに全面改正された信託法を、新進気鋭の弁護士が逐条解説。専門家が信託法制を活用するためのシミュレーションを示す実務書。 3,500円

＊価格（税抜）は、2019年4月現在のものです。

——— 好評発売中 ———

基礎から学べる会社法
[第4版]

近藤光男＋志谷匡史＋石田眞得＋釜田薫子 著

商法から独立した会社法は、むずかしい。ソフトな記述と図表・2色刷でわかりやすさを追求、会社法の基礎と考え方をしっかり伝える好評の入門書。コンパクトさはそのままで、平成26年改正後の動きに完全対応した充実の最新版。Ａ５判 320頁 本体2500円

基礎から学べる金融商品取引法
[第4版]

近藤光男＋志谷匡史＋石田眞得＋釜田薫子 著

『基礎から学べる会社法』の姉妹編。金融商品取引法の条文は、むずかしい。ソフトな記述と図表・2色刷でわかりやすさを徹底追求、基礎的知識と考え方をきっちり伝えるテキスト。金融商品取引法の学習は、この本から始めよう！ Ａ５判 248頁 本体2200円

＊定価(税抜)は、2019年4月現在のものです。

法律学講座双書

法 学 入 門	三ケ月　章
法 哲 学 概 論	碧 海 純 一
憲　　　　　法	鵜 飼 信 成
憲　　　　　法	伊 藤 正 己
行 政 法 (上・中・下)	田 中 二 郎
行 政 法 (上・*下)	小早川 光 郎
租　　税　　法	金 子　宏
民 法 総 則	四宮和夫・能見善久
債 権 総 論	平 井 宜 雄
債 権 各 論 I (上)	平 井 宜 雄
債 権 各 論 II	平 井 宜 雄
親族法・相続法	有 泉　亨
商 法 総 則	石 井 照 久
商 法 総 則	鴻　常　夫
会　　社　　法	鈴 木 竹 雄
会　　社　　法	神 田 秀 樹
手形法・小切手法	石 井 照 久
*手形法・小切手法	岩 原 紳 作
商行為法・保険法・海商法	鈴 木 竹 雄
商 取 引 法	江 頭 憲治郎
民 事 訴 訟 法	兼子一・竹下守夫
民 事 訴 訟 法	三ケ月　章
民 事 執 行 法	三ケ月　章
刑　　　　　法	藤 木 英 雄
刑 法 総 論	西田典之/橋爪隆補訂
刑 法 各 論	西田典之/橋爪隆補訂
刑事訴訟法 (上・下)	松 尾 浩 也
労　　働　　法	菅 野 和 夫
*社 会 保 障 法	岩 村 正 彦
国際法概論 (上・下)	高 野 雄 一
国 際 私 法	江 川 英 文
特　許　法	中 山 信 弘

＊印未刊